Kohlhammer
Urban
-Taschenbücher

Band 351

Grundkurs Philosophie

Der Grundkurs Philosophie in den Urban-Taschenbüchern gibt einen umfassenden Einblick in die fundamentalen Fragen heutigen Philosophierens. Er stellt die wichtigsten Bereiche der Philosophie systematisch dar; ergänzend gibt er eine Übersicht über ihre Geschichte von der Antike bis zur Gegenwart. Anliegen des Grundkurses ist es, den Einstieg in die Philosophie zu ermöglichen und zu eigenständigem Denken anzuregen. Besonderer Wert wird deshalb auf eine verständliche Sprache und eine klare Gliederung der Gedankenführung gelegt; zu allen Abschnitten ist weiterführende Literatur angegeben.
Koordination: Friedo Ricken und Gerd Haeffner

Band 1
Gerd Haeffner
Philosophische Anthropologie

Band 2
Albert Keller
Allgemeine Erkenntnistheorie

Band 3
Béla Weissmahr
Ontologie

Band 4
Friedo Ricken
Allgemeine Ethik

Band 5
Béla Weissmahr
Philosophische Gotteslehre

Band 6
Friedo Ricken
Philosophie der Antike

Band 7
Richard Heinzmann
Philosophie des Mittelalters

Band 8
Emerich Coreth/Harald Schöndorf
Philosophie des 17. und 18. Jahrhunderts

Band 9
Emerich Coreth/Peter Ehlen/
Josef Schmidt
Philosophie des 19. Jahrhunderts

Band 10
Emerich Coreth/Peter Ehlen/
Gerd Haeffner/Friedo Ricken
Philosophie des 20. Jahrhunderts

Band 11
Edmund Runggaldier
Sprachphilosophie

Band 12
Manfred Stöckler
Naturphilosophie

Band 13
Walter Kerber
Sozialethik

Band 14
Norbert Brieskorn
Rechtsphilosophie

Band 15
Emil Angehrn
Geschichtsphilosophie

Band 16
Annemarie Gethmann-Siefert/
Bernadette Collenberg
Philosophische Ästhetik

Band 17
N. N.
Religionsphilosophie

Richard Heinzmann

Philosophie des Mittelalters

Grundkurs Philosophie 7

2., durchgesehene und ergänzte Auflage

Verlag W. Kohlhammer
Stuttgart Berlin Köln

MICHAEL – RICHARD – ANDREAS

filiis meis
rebus in arduis
indefessis adiutoribus

Die Deutsche Bibliothek – CIP-Einheitsaufnahme

Grundkurs Philosophie. – Stuttgart ; Berlin ; Köln : Kohlhammer
(Urban-Taschenbücher ; ...)

Bd. 7. Geschichte der Philosophie
Heinzmann, Richard: Philosophie des Mittelalters. – 2., durchges. und erg. Aufl. – 1998

Heinzmann, Richard:
Philosophie des Mittelalters / Richard Heinzmann. – 2., durchges. und erg. Aufl. – Stuttgart ; Berlin ; Köln : Kohlhammer, 1998
(Geschichte der Philosophie) (Grundkurs Philosophie ; Bd. 7)
(Urban-Taschenbücher ; Bd. 351)
ISBN 3-17-015529-6

Zweite, durchgesehene und ergänzte Auflage 1998

Stuttgart Berlin Köln
Verlagsort: Stuttgart
Umschlag: Data Images GmbH
Gesamtherstellung
W. Kohlhammer Druckerei GmbH + Co. Stuttgart
Printed in Germany

Inhalt

Aus dem Vorwort zur ersten Auflage

Die Philosophie des Mittelalters umfaßt, wenn man die Patristik einbezieht, einen Zeitraum von weit mehr als 1000 Jahren. Rein formal unterscheidet sich diese Epoche von den anderen der abendländischen Philosophiegeschichte dadurch, daß die meisten Autoren Theologen und Philosophen in einer Person waren. Das hat zur Folge, daß der Zugang zu den philosophischen Themen häufig nur über den theologischen Kontext zu gewinnen ist, was bisweilen besondere Schwierigkeiten aufwirft.

Angesichts der Zielsetzung eines Grundkurses und des dadurch begrenzten Raumes war es unvermeidlich, in formaler und materialer Hinsicht auszuwählen und Kompromisse einzugehen. Abgesehen von den Repräsentanten und den die Entwicklung tragenden und vorantreibenden zentralen Fragestellungen mittelalterlicher Philosophie hätte im einzelnen manche Entscheidung auch anders ausfallen können. Die Mystik wurde lediglich im Zusammenhang der Erkenntnistheorie angesprochen, als eigenständige Größe mußte sie unberücksichtigt bleiben. Trotz seiner Bedeutung blieb das soziokulturelle Umfeld ausgeklammert. Gleiches gilt für die Spezialprobleme der Mediävistik.

Für die doxographische Darstellung wurde, mittelalterlicher Tradition folgend, nach Möglichkeit die Methode der Dokumentation gewählt, um auf diese Weise einen unmittelbaren Zugang zu den Quellen und deren Gedankenführung zu eröffnen. Dieses Vorgehen bewahrt die Interpretation vor subjektiver Verengung der Perspektive und bietet dem Leser die Möglichkeit, sich selbst ein kritisches Urteil zu bilden. Dazu sollen vor allem auch die lateinischen Zitate beitragen; sie dienen der Präzision, die durch keine Übersetzung zu erreichen ist, und machen unmittelbar mit der Terminologie vertraut, die zum Instrumentarium nicht nur der mittelalterlichen Philosophie geworden ist.

Vorwort zur zweiten Auflage

Für die 2. Auflage wurde der Text durchgesehen, blieb aber im wesentlichen unverändert. Die Bibliographie dagegen wurde durch die Aufnahme der wichtigsten, seit 1992 erschienenen Literatur auf den neuesten Stand gebracht. Besondere Aufmerksamkeit galt dabei den Übersetzungen von Quellentexten in moderne Sprachen. Herrn Dr. Martin Thurner, meinem Assistenten, habe ich dafür zu danken.

München, im Februar 1998

Richard Heinzmann

A. Griechische Philosophie und christliches Glaubenswissen

I. Zeitliche und sachliche Grenzen der Philosophie des christlichen Altertums und des Mittelalters

Nach der allgemein üblichen Einteilung der abendländischen Geschichte versteht man unter dem Mittelalter die Epoche zwischen dem Ausgang der Antike (5. Jahrhundert) und dem Beginn der Neuzeit (15. Jahrhundert). Die Bezeichnung ›Mittelalter‹ stammt aus der humanistischen Tradition und sollte ursprünglich diese Zeit als reine Übergangsphase charakterisieren. Wenn der Terminus hier beibehalten wird, so wird er ohne Wertung, vor allem ohne Abwertung gebraucht, um rein chronologisch die Zwischenstellung zwischen Altertum und Neuzeit zum Ausdruck zu bringen. 1

Für diese Begrenzung gibt es gute Gründe. Die Fragwürdigkeit und Problematik einer punktuellen Fixierung des Umschlags von einer Epoche in eine andere, dieses Eingriffs in einen lebendigen Entwicklungsprozeß, soll damit nicht in Abrede gestellt werden. Gleichwohl gibt es Ereignisse und Daten, in denen sich solche Übergangsprozesse wie in einem Brennpunkt sammeln, in denen Zuendegehendes und Neuaufbrechendes sich verdichten, die aus der Distanz im Rückblick besonders deutlich werden. So konkretisiert sich unter mehr politischem Aspekt das Ende der Antike und der Beginn des Mittelalters etwa im Jahr 324, als Konstantin der Große mit dem Sieg über Licinius bei Chrysopolis auch die Herrschaft über den Orient gewann. Im Jahre 375 wird durch die Hunnen das Ostgotenreich zerstört und mit der Völkerwanderung ein Prozeß von kaum absehbarer Tragweite ausgelöst. Nicht ohne Grund läßt sich auch der Zusammenbruch und das Ende des Weströmischen Reiches im Jahre 476 als Markierung nennen.

Mehr geistesgeschichtlich betrachtet, kommt zwei Ereignissen des Jahres 529 symbolische Bedeutung zu: Kaiser Justinian läßt nach fast 1000jährigem Bestehen in Athen die platonische Akademie schließen; Benedikt von Nursia gründet in Monte Cassino seinen Orden. Im Zuge der politischen Entwicklung verlagert sich der Schwerpunkt des geistigen Lebens im umfassenden Sinne aus dem Mittelmeerraum nach Norden. Paris, Köln, Canterbury, Oxford werden im Verlauf des Mittelalters zu den beherrschenden und maßgebenden Zentren der Bildung und Wissenschaft des Abendlandes werden.

Auch für das Ende der Epoche lassen sich charakteristische Ereignisse und Entwicklungen nennen. Symptomatisch ist hierfür etwa der Fall von

Konstantinopel im Jahr 1453 und der Untergang des Oströmischen Reiches. Mit der Entdeckung fremder, bisher unbekannter Kontinente und dem damit beginnenden Kolonialzeitalter geschieht nicht nur geographisch, wirtschaftlich und politisch, sondern auch bewußtseinsmäßig eine Horizonterweiterung, die einen nicht zu unterschätzenden Einschnitt in der abendländischen Denkgeschichte darstellt. In diesem Zusammenhang sind auch die entstehenden modernen Naturwissenschaften zu sehen. Nicht zuletzt signalisiert die Reformation zu Beginn des 16. Jahrhunderts eine deutliche Zäsur. Sie versteht sich im Rückgriff auf die Bibel als neuen Aufbruch des christlichen Glaubens und wirkt sich in alle Bereiche menschlichen Lebens hinein aus.

2 Läßt sich, so muß man nun fragen, diese Periodisierung der abendländischen Geschichte mit der zu tolerierenden Randunschärfe der Abgrenzung auch auf die Philosophiegeschichte anwenden, gibt es greifbare Kriterien und signifikante Merkmale, die dazu berechtigen, von einer Philosophie des Mittelalters zu sprechen?

Bei der Beantwortung dieser Frage kommt dem Eintritt des Christentums in die abendländische Denkgeschichte einschneidende Bedeutung zu. Gleichwohl darf man nicht das Ganze mittelalterlicher Philosophie auf die dadurch aufgeworfenen Probleme reduzieren. Nicht jedes philosophische Thema, man denke etwa an die formale Logik, wird vom Christentum tangiert. Manche Denker und philosophische Strömungen, wie etwa Siger von Brabant und der lateinische Averroismus haben bewußt alle christlichen Elemente aus ihrem Philosophieren eliminiert. Diese Tatsache ist aber kein Argument dagegen, die Philosophie des Mittelalters mit den Anfängen der Begegnung von griechischem Denken und Christentum beginnen zu lassen. Bei aller Kontinuität des Übergangs geschieht in der Sache durch die Begegnung von christlichem Offenbarungswissen und antiker Philosophie ein Einschnitt in die abendländische Denkgeschichte, der mit keinem anderen Epochenumbruch zu vergleichen ist. In der Sache begründet, ergibt sich dadurch zeitlich eine Parallelität zwischen der Phase der ausgehenden Antike und den ersten Anfängen mittelalterlicher Philosophie bei den griechischen und lateinischen Kirchenvätern.

Fast noch schwieriger ist es, das Ende mittelalterlicher Philosophie zu fixieren. Wiederum sind verschiedene Faktoren und Entwicklungen zu nennen, in denen Zuendegehendes und Neuaufbrechendes sich überlagern und gegenseitig bedingen. Das Auseinanderbrechen der Synthese von Glauben und Wissen, um die sich mittelalterliches Denken in seinen bedeutendsten Vertretern bemühte und die Thomas von Aquin exemplarisch realisierte, ist dafür ebenso kennzeichnend wie der Nominalismus mit seiner Metaphysikkritik und der daraus resultierenden Infragestellung einer eindeutigen Seins- und Wertordnung. Die Lehre von dem Vorrang des Willens und der Liebe vor der Erkenntnis führt schließlich zu einem extremen Verständnis der Freiheit Gottes als Willkür mit verhängnisvollen theologischen Konsequenzen. Gegenüber dem Allgemeinen gewinnen das Einzelne und vor allem der Einzelmensch und seine Freiheit immer mehr an Bedeutung.

Nicht nur im Bereich der Philosophie, sondern auch in der Theologie wird die Frage nach der Gewißheit menschlichen Wissens und seiner Kriterien zunehmend drängender. Luther und die Reformation sind davon stark geprägt. In diesem Phänomen spiegelt sich, was man mit dem Wort von der Wende vom Sein zum Bewußtsein zum Ausdruck bringt. Während Humanismus und Renaissance unmittelbar auf die Antike zurückgreifen und sich so zumindest der Absicht nach vom Mittelalter distanzieren, verstehen sich die Denker zu Beginn der Neuzeit als einen radikalen Neuansatz. Dieser Anspruch darf aber nicht darüber hinwegtäuschen, daß sich Wurzeln und Ansätze dafür mehr oder weniger deutlich bereits in der Entwicklung des mittelalterlichen Denkens abzeichnen. Man kann die sogenannte Spätscholastik unter bestimmten Gesichtspunkten durchaus als Niedergang und Zerfall des mittelalterlichen Denkens deuten. Es würde aber Wesentliches übersehen, wenn man nicht auch das Positive und in die Zukunft Weisende, den durch diesen Zerfall ermöglichten Neuaufbruch philosophischen Denkens erkennen würde. Gerade moderne philosophisch-methodische Anforderungen schärfen dafür den Blick.

II. Grundstrukturen griechischen und christlichen Denkens

Wenn die Philosophie des christlichen Altertums und des Mittelalters, 3
zwar nicht ausschließlich, aber doch in ihren herausragenden Vertretern und wesentlichen Themen, das Ergebnis des Gesprächs oder das Gespräch selbst zwischen christlichem und heidnischem Denken ist, dann ergibt sich aus dieser Tatsache eine unabdingbare Voraussetzung für das Verständnis dieser Epoche. Unabhängig davon, ob dieser Dialog sich in eine Synthese hinein aufhob, oder zu einer abgrenzenden Diastase führte, in jedem Fall ist es unumgänglich, die heterogenen Grundpositionen von griechischer Philosophie und christlichem Glaubenswissen sich zu vergegenwärtigen. Die Gemeinsamkeit gleicher Grundworte wie Gott, Welt, Seele, Mensch verdeckt leicht die vom Ansatz her radikale Verschiedenheit dessen, was mit diesen Worten in den beiden zutiefst unterschiedlichen Traditionsströmen eines je anderen Selbst- und Weltverständnisses gemeint ist. Von den Grundstrukturen griechischen und jüdisch-christlichen Denkens her läßt sich die Ausgangslage und grundsätzliche Problemstellung mittelalterlicher Philosophie begreifen und die angemessene Perspektive auf das Ganze ebenso wie auf die Einzelfragen eröffnen. Es soll damit natürlich nicht gesagt werden, diese streng zu unterscheidenden Ansätze

seien als solche immer erkannt und von Anfang an Gegenstand der Auseinandersetzung zwischen antiker Philosophie und Christentum gewesen. Sie bilden aber im Untergrund die Trennungslinie, deren Unüberwindbarkeit sich häufig an der aporetischen Diskussion von Einzelfragen manifestierte. Eine Synthese von griechischer Philosophie und christlichem Glaubenswissen läßt sich ohne Identitätsverlust auf der einen oder anderen Seite nicht realisieren. Deshalb ist mittelalterliche Philosophie, insoweit sie christliche Philosophie ist, in wesentlichen Themen mehr und anderes als nur Kommentar zu Plato oder Aristoteles.

4 Nicht ohne Vorbehalt kann man verallgemeinernd von dem griechischen Denken und dem christlichen Glaubenswissen sprechen. Es gibt auf beiden Seiten unterschiedliche Richtungen und Differenzierungen, die immer mitbedacht werden müssen. Diese lassen sich jedoch auf wenige, gemeinsame Grundpositionen zurückführen, die eine solche Verallgemeinerung rechtfertigen. Für griechisches Denken ist die Welt ein großes Ordnungsgefüge. Obwohl von Anfang und immer auf die Einheit, auf das Eine ausgerichtet, bringt die philosophische Reflexion auf das Ganze der Welt in der Gestalt der Metaphysik eine nicht mehr aufhebbare Scheidung und Dualität in das Vernehmen und Denken der Wirklichkeit und damit in die Wirklichkeit selbst. Der Begriff Metaphysik, wenn auch später geprägt, bringt diese Weltanschauung unmittelbar zum Ausdruck. Die Welt wird geteilt in die Natur, die Physik, und das, was die Natur übersteigt, eben die Metaphysik (meta ta physica). Die Natur ist die Welt, insofern sie dem Menschen unmittelbar vorgegeben und für ihn sinnlich erfahrbar ist: mundus sensibilis. Das sinnliche Vernehmen und Wahrnehmen ist immer dem Einzelnen, konkret Faktischen und deshalb zeitlich Vergänglichen zugeordnet. Die sinnlich erfahrbare Welt ist mehr Nicht-Sein als Sein. Die Sinnenwelt, die Welt ständigen Wandels, des Werdens und Vergehens, kann keine wirkliche Erkenntnis vermitteln. Sinnliche Erfahrung führt nur zur doxa, zum Meinen.

5 Von Anfang an fragt aber griechisches Denken auch nach dem Sein als dem Bleibenden im Gegensatz zum Werden. Diese Frage führt über die erfahrbare Welt hinaus zum kosmos noetos, mundus intelligibilis, zur eigentlichen Wirklichkeit der rein geistigen Welt. Auf sie ist das noetische Vernehmen, das reine Denken hingeordnet, das zur episteme, zum wirklichen Wissen führt. Sein Gegenstand ist das Allgemeine und Unveränderliche. Mit sich selbst identisch, ist es das Gültige, Normgebende. Unbedingt und ewig, ist es aller Veränderung und Zeitlichkeit entzogen. Diese Sicht der Welt führt mit innerer Notwendigkeit zu einer vergleichenden Wertung innerhalb der Dualität. Das Allgemeine als das Bleibende hat immer den Vorrang vor der Vereinzelung, die nur als grundsätzlich zu überwindende Durchgangsphase verstanden werden kann, die in sich selbst weder Bestand noch Wert besitzt. Die Unterscheidung oder, schärfer gesagt, die Scheidung von Sein und Werden, von Wesen und Verwirkli-

chung, von Urbild und uneigentlichem Abbild, von allgemeiner Form und konkreter Vereinzelung führt jedoch nicht zu einem völligen Auseinanderbrechen dieser beiden Welten, sie schließt vielmehr gleichzeitig eine wesentliche und unaufhebbare gegenseitige Verwiesenheit ein. Das Unbedingte der Idee, des Wesens und Seins gehört als Bedingung zu dieser Welt des Werdens und Vergehens, es ist ihr immanent als das Tragende und in aller Vergänglichkeit sich Durchhaltende. Als Ermöglichung des Ganzen, aller Wesen und Ideen ist auch der Gott – nach Plato das Gute, nach Aristoteles das unbewegt Bewegende – nur in einer relativen Transzendenz und Jenseitigkeit denkbar. Der immanente Weltgrund ist Gott, das Göttliche, und als solcher, obwohl der Veränderlichkeit entzogen und so gesehen transzendent, zutiefst doch zur Welt gehörig. In der Weltperiodik, im immerwährenden Kreislauf von Entstehen und Vergehen, wird auch das zeitliche Geschehen auf ein Bleibendes zurückgeführt und darin verankert. Die Zeit, alles Einzelne, alle Vielheit sind nur Abfall, defizienter Modus des Ewigen, Allgemeinen, Einen. Alles Einzelne ist kontingent, nicht aber die Welt als Ganze, sie ist ewig.

Das gilt auch für den Menschen. In ihm spiegelt sich die Dualität von 6
bleibendem Sein und Schein bzw. wandelbarer Erscheinung. Die Vernunft des Menschen, auf die Idee, das Wesen, die Form bezogen, gehört als logisticon bei Plato oder als nous bei Aristoteles, weil sie eben das Eine und Allgemeine vernimmt, selbst auf die Seite des beständigen, allem Wandel entzogenen Geistes. Entsprechend teilt die leibgebundene Sinnlichkeit das Geschick ihres spezifischen Gegenstandes. Auf das Einzelne, Zeitliche, Materiegebundene gerichtet, ist sie, wie die gesamte Welt der Erscheinungen, wandelbar und vergänglich. Aus dieser Konstellation erhebt sich mit unabweisbarer Dringlichkeit die Frage, was eigentlich der Mensch sei. Die Antwort im Horizont griechischer Philosophie ist eindeutig. Menschsein in dieser Welt ist, wie alle Vereinzelung, ein zu überwindender Zustand, Durchgangsphase, unbeständige Vereinzelung des allgemeinen unveränderlichen Geistes. Der Mensch ist im Grunde Geist und soll es wieder werden. Dadurch ist Menschsein in dieser Welt von der Wurzel her negativ bestimmt: Gleich aus welchem Grund, der Mensch befindet sich in einem Zustand, dessen Sinn darin liegt, überwunden zu werden. Es geht also gerade nicht um den Einzelnen, um die Möglichkeit bleibender Vereinzelung, sondern um die Aufhebung und Überwindung des Einzelnen. Darüber sollte auch die Rede von der Unsterblichkeit der Seele nicht hinwegtäuschen.

Aus dieser Problemlage wird unmittelbar einsichtig, daß es im antiken 7
Denken Geschichte als etwas Positives, als zielgerichtete Selbstverwirklichung des Menschen und der Menschheit nicht geben kann. Die Entdeckung des Menschen durch die Griechen steht nicht im Widerspruch zu dieser Analyse, denn es »ist nicht die Entdeckung des subjektiven Ich, sondern die Bewußtwerdung der allgemeinen Wesensgesetze des Men-

schen. Das geistige Prinzip der Griechen ist nicht der Individualismus, sondern der Humanismus« (W. Jäger 1959, I, S. 13).

8 Es wurde im Vorausgehenden mit Bedacht darauf verzichtet, in diese Grundstrukturen griechischen Denkens die individuellen Züge einzelner Philosophen und philosophischer Richtungen oder gar unterscheidende Interpretationen einzutragen, auch auf das Risiko einer gewissen Vereinfachung hin, denn in der Auseinandersetzung mit dem Christentum sind letztlich diese Grundpositionen das Entscheidende und Unterscheidende. Diese Unterschiedenheit steht nicht am Ende als Ergebnis des Nachdenkens, sondern an seinem Ursprung. In der Sicht jüdisch-christlichen Glaubens und in der die Offenbarung des Alten und Neuen Testamentes reflektierenden Denktradition ist Gott nicht das notwendige Ergebnis eines Denkprozesses, die Theologie ist nicht die denknotwendige Konsequenz der Ontologie, wie etwa bei Aristoteles. In christlichem Denken steht Gott am Anfang als die absolut transzendente Vorgegebenheit, nicht als ein Seinsprinzip, sondern als Person, als der lebendige Gott. Der Mensch versteht sich aus seiner geschichtlichen Begegnung mit diesem Gott, dessen Anspruch er sich in Freiheit versagt hat, der aber gleichwohl diesen Dialog nicht abgebrochen, sondern ihn in der Geschichte mit dem Volk Israel und vor allem in Jesus Christus erneut angeboten und aufgenommen hat. Der letzte tragende Grund aller nichtgöttlichen Wirklichkeit ist also nicht das allgemeine Sein oder die Idee als das Bleibende im ständigen Wandel, sondern die freie schöpferische Tat des lebendigen Gottes, der der Heilige, d.h. der ganz Andere ist.

9 Im Begriff der Schöpfung als creatio ex nihilo sind alle Differenzen und die grundsätzliche Unvereinbarkeit von griechischer Philosophie und christlichem Glaubensdenken gleichsam zusammengefaßt. Es liegt darin eine Vorentscheidung für eine Reihe zentraler Themen. Die damit gemeinte Sache läßt sich nicht im Nachdenken über die Realität philosophisch erschließen. Es geht um einen streng offenbarungstheologischen Sachverhalt. Mit der Qualifizierung als Schöpfung wird die gesamte Wirklichkeit von Gott her ihrem innersten Wesen nach, verglichen mit griechischer Weltanschauung, völlig neu gesehen und anders erschlossen. Welt ist in christlicher Perspektive etwas ganz anderes. Sie ist natürlich als solche dann auch Gegenstand des Denkens. Vergleichbares muß über Gott als Schöpfer gesagt werden. Gott erweist sich als der absolut Souveräne, als Subjekt, Person und Selbst schlechthin. Solches meint der biblische Gottesname ›Jahwe‹. In der jüdischchristlichen Tradition wird das Wort ›Gott‹ nicht prädikativ verwendet, um den bleibenden Urgrund, die Tiefen- und Innendimension der erfahrbaren Wirklichkeit zum Ausdruck zu bringen. Gott ist nicht die Ewigkeit des Kosmos, sondern der Ewige, der dem Kosmos gegenübersteht. Es reicht deshalb nicht aus, den als statisches Es-Prinzip verstandenen Gott der Antike nachträglich zu personifizieren, um in dieser zentralen Frage griechische Philosophie und Chri-

stentum in Einklang zu bringen; Gott und die Welt sind von Grund auf je radikal anders gedacht. Der lebendige Gott des Christentums und das Unbewegt-Bewegende des Aristoteles können nicht einfach gleichgesetzt werden. Die antike Seinsspekulation von Parmenides über Plato und Aristoteles bis zu Plotin mündet nicht im christlichen Gottesbegriff. Die Inkommensurabilität beider Weisen, Gott zu denken, tritt vollends ans Licht und ins Bewußtsein, wenn man die eigentliche Tiefendimension des spezifisch christlichen Gottesverständnisses in die Überlegung einbezieht: die Trinität. Gott ist nicht das bleibende, unveränderliche Sein, starres apathisches Seinsprinzip, sondern lebendiger, dreipersonaler Lebensvollzug, dessen innerstes Geheimnis nach christlicher Offenbarung die Liebe ist. Die letzte Wirklichkeit ist also nicht primär vom Wesen und der Substanz her zu denken. Personsein und Relation erhalten die Priorität. Die trinitarische Einheit subsistenter Relationen wird, analog vermittelt, zum Strukturmodell eines völlig neuen Wirklichkeitsverständnisses. Das starre und statische Einheitsprinzip ist aufgebrochen hinein in die Dynamik und Vielheit eines personalen Lebensvollzugs. In diesem Sinne, wenn auch nicht numerisch, ist auch Vielheit christlich gesehen etwas Ursprüngliches, in Gott selbst gründend, und nicht Seinsminderung. Der personal und trinitarisch geglaubte Gott ist der neue und philosophisch nicht ableitbare Verstehenshorizont christlichen Denkens.

Bei dem Bemühen, das spezifisch christliche Gottesverständnis zu denken und zu formulieren, genügte die Kategorie der Substanz nicht mehr, der Begriff der Relation, und zwar der subsistenten Relation, da Gott nur als reine Wirklichkeit gedacht werden kann, mußte mit herangezogen werden. Ebenso ergab sich eine Höherbewertung der Relation aus der Reflexion auf die Schöpfung als creatio ex nihilo. Die völlige Abhängigkeit aller nichtgöttlichen Wirklichkeit von Gott kann nicht als nur akzidentelle verstanden werden, denn sie ist für alles wesenhaft. Von diesen zentralen Gegenständen philosophisch-theologischen Nachdenkens her kam es in der Sache zu einer zukunftsweisenden Akzentverlagerung innerhalb der aristotelischen Kategorientafel, in der sich spezifisch griechisches Begreifen der Wirklichkeit niedergeschlagen hatte. 10

Die Frage, wie das Allgemeine und die konkrete Vereinzelung, wie Einheit und Vielheit in ihrem Zusammenhang zu denken und erklärbar sind, findet mit der creatio ex nihilo eine Beantwortung, die keine Seinsminderung oder gar Abwertung impliziert, wie es etwa bei der Emanation und allen Modifikationen des Kreislaufs der Fall ist. Insbesondere der Dualismus in allen Spielarten ist damit vom Ursprung her entschieden abgewiesen. Die Wirklichkeit ist nicht zwischen Gut und Böse gestellt, es gibt keinen Ab- und Aufstieg. Die gesamte Welt ist Gottes gute Schöpfung, von ihm gewollt, aus nichts in freier Allmacht ins Dasein gerufen und permanent im Sein gehalten. Werden, Zeitlichkeit, Bedingtheit, Vielheit, Vereinzelung sind nicht Abfall vom bleibenden Sein, von der Ewig- 11 keit, der Unbedingtheit und inneren Einheit, nicht mindere und deshalb zu überwindende Seinsweisen des Ewigen, sondern gottgewollte Wirklichkeit von eigenem Wert. Trotz der notwendigen Abhängigkeit der Schöpfung vom Schöpfer darf die entscheidende Differenz nicht außer acht gelassen werden. Beide liegen nicht auf einer gemeinsamen Ebene und dürfen deshalb nicht wie univoke Größen miteinander verglichen werden, so daß das Geschöpf vor dem wahren Sein Gottes zum Nichts absinkt. Geschaffensein ist immer Positivität, das ist die Perspektive christlichen Denkens; darin etwas Negatives sehen, hieße, wie Thomas von Aquin formulieren wird, durch die Mißachtung der Schöpfung den Schöpfer gering achten (ScG III 69).

Damit stellt sich die Frage nach dem Sein nicht nur völlig neu, sondern als ausdrückliche Frage zum ersten Mal in der abendländischen Denkgeschichte. Die mit dem Gedanken der Schöpfung gegebene totale Endlichkeit der Welt auch unter dem Gesichtspunkt des Wirklichseins, des ›Daß‹ des Seins, eröffnet eine neue Dimension der Seinsfrage. Im griechischen Denken ging es um das Wesen, die ousia. Das Dasein war strenggenommen gar kein Problem, denn der Kosmos als ganzer war ja nicht kontingent. Seit Parmenides galt der Grundsatz, daß Seiendes nicht aus Nichtseiendem geworden sein kann. Bei dem Bemühen, die zentrale theologische Aussage von der Schöpfung mit Hilfe griechischer Ontologie zu reflektieren und zu explizieren – anders hätte sie nicht vermittelt werden können –, stellen sich von dem theologischen Inhalt von Schöpfung her bis dahin rein philosophisch nicht deduzierbare Fragen nach dem ›Daß‹ des Seins. Die Unterscheidung von Dasein und Sosein und deren Verhältnis zueinander, das Verständnis des Seins als Akt, vor allem die Frage, »quid est esse et non esse« (Augustinus, Enarrationes in Psalmos 38, 22), das sind Themen, die ihren Ursprung im christlichen Weltverständnis haben und auf die Philosophie des Mittelalters nachhaltigen Einfluß ausübten.

12 In der Anthropologie kommt dieser Denkansatz zu seiner letzten Konsequenz und vollen Bedeutung. Der Mensch ist nicht vorübergehende Vereinzelung des allgemeinen Geistes in zufälliger leiblicher Existenzweise, er ist wesenhaft Geist in Leib. Als Einzelner, als Person ist er zu einem bleibenden Dialog mit dem ewigen Gott berufen. Erlösung ist deshalb nicht die Befreiung einer Geistseele aus dem Körper, sondern in der Auferstehung der Toten bleibende Individualität im Dialog mit Gott. Nicht das Allgemeine, sondern die Vereinzelung, letztlich der Einzelne, die Subjektivität ist die höchste Seinsweise, von der her deshalb das Ganze verstanden werden muß. Das am Ende Bestimmende ist deshalb nicht die Determination eines alle Individualität aufhebenden Kreislaufs, sondern die Freiheit des Einzelnen. Dieser Gedanke erfährt seine Aufgipfelung in der These vom absolut verpflichtenden Charakter auch des subjektiv irrenden Gewissens.

In christlicher Sicht ist Geschichte nicht Negativität, sondern die Art 13
und Weise, wie sich der Mensch als Geschöpf in Freiheit auf ein Ziel hin verwirklicht und so positiv bestimmt. Geschichte wird zur Heilsgeschichte. Schöpfung, die nicht als mit dem Schöpfer konkurrierend verstanden werden darf, bedeutet, daß innerweltlich Pluralität ursprünglich und nicht abgeleitet ist. Das Individuum ist die eigentlich primäre Wirklichkeit (substantia prima), das Allgemeine ist sekundär, Begriff und Abstraktion (substantia secunda). Der ›Nominalismus‹ der Spätscholastik ist so gesehen eine letzte – in der extremen Form nicht notwendige – Konsequenz dieses spezifisch christlichen, schöpfungsorientierten Denkens. Die Überlagerung beider Sichtweisen zeigt sich in der Tatsache, daß gerade in der christlichen Philosophie des Mittelalters der Frage nach dem Individuationsprinzip hohes Gewicht zukommt, der Frage also nach dem inneren Seinsgrund für die Individualität. Sinnvollerweise kann diese ja nur gestellt werden, wenn erklärt werden muß, wie es von der Idee zum konkret Einzelnen kommt, wenn also der Schöpfungsgedanke nicht berücksichtigt oder im voraus schon essentialistisch interpretiert wird.

Die je verschiedene Art, wie Welt erfahren und verstanden wurde, hat 14
in der Eigenart des griechischen und hebräischen Denkens und Sprechens ihren unmittelbaren Niederschlag gefunden. Griechische Metaphysik, immer auf der Suche nach dem Bleibenden, nach der Wahrheit, fragt, was etwas ist; sie fragt nach dem Wesen des Seienden, in Unterscheidung von seinem Seiendsein, und findet es in der Idee oder Form, in der Substanz als dem, was aller Erfahrbarkeit und Veränderung als bleibende Wirklichkeit zugrundeliegt. Durch diese Verankerung in der unwandelbaren Identität des Wesens gewinnt das Ganze einen eher statischen Charakter. In dem Verhältnis des Subjekts zur Wirklichkeit entspricht dem die Priorität der intellektualistischen Sicht.

Schon von dem anderen Gottesbegriff her erhält hebräisches Denken 15
einen dynamischen Grundzug. Gott ist nicht das unveränderliche Substrat des Kosmos, er ist vielmehr weltunabhängiges Subjekt, das aus freiem Wollen die Welt ins Dasein setzt und in der Geschichte handelt. Transzendenz, Aktivität, freier Wille, personaler Bezug zu den Menschen sind die wesentlichen Kennzeichen. Von dem in solcher Weise erfahrbaren Gott her wird dann die Weltwirklichkeit verstanden und ausgelegt. In der Sprache und der ursprünglichen Bedeutung der Worte findet diese Denkform ihren greifbaren Niederschlag. Das zentrale Wort ›sein‹ etwa bedeutet nicht primär ›Wesen‹, wie im Griechischen, sondern ›werden‹, ›wirksam sein‹. Alle Verben und Adjektive, die einen Zustand zum Ausdruck bringen, werden von dem Ursprung, dem Werden und der Bewegung her gedacht, die zu diesem Zustand führten und ihm vorausliegen. Das griechische ›logos‹, ›Wort‹, steht im Bedeutungsfeld von ordnen, rechnen, denken, reden, Vernunft, Sinn; demgegenüber versteht sich das hebräische ›dabar‹ aus der Wurzel vorantreiben, sich machtvoll offenba-

ren; über ›reden‹ und ›Wort‹ hinaus hat es schließlich die Bedeutung ›Tat‹.

16 Dieser je andere Verstehenshorizont spiegelt sich nicht zuletzt in der Auffassung von Raum und Zeit. Das statische Moment des Raumes gewinnt im griechischen Denken besonderes Gewicht. Der Grieche denkt von der Form und der Gestalt her. Die Grenze, der ›horismos‹, im übertragenen Sinne die Definition, ist dabei maßgebend. Konsequenterweise führt das zu einer Vergegenständlichung der Zeit, die mit Aristoteles nach dem Früher oder Später einer Bewegung gemessen wird. Die Tempora Vergangenheit, Gegenwart, Zukunft lassen sich genau bestimmen. Da die Zeit als Zeichen des Werdens, der Veränderlichkeit und Endlichkeit und so als Abfall von der Identität bleibender Ewigkeit verstanden wird, ist Zeit von vornherein als Endlichkeit negativ besetzt. Da im hebräischen Denken der Dynamik des Werdens und Wirkens die Priorität zukommt, ist auch das Zeitverständnis ein völlig anderes. Zeit ist nicht Entfremdung des Ewigen, sondern die spezifische Weise, wie der Mensch seine Existenz als Geschichte mit Gott erfährt. Zeit ist keine quantitativ mathematische und deshalb fixierbare Größe, sie gehört in die Kategorie des Personalen, in den Bereich der Innenerfahrung. Vom Subjekt her und im Rückbezug auf die handelnde oder erleidende Person werden Zeitangaben zur Qualifikation des inhaltlichen Geschehens selbst. Zu diesem Verständnis von Zeit gehört wesentlich die eschatologische Zielgerichtetheit, die Vollendung von Zeit und Geschichte in dem Dialog mit dem lebendigen Gott. Mit diesem Verständnis von Geschichte und Transzendenz hat die jüdisch-christliche Tradition dem abendländischen Denken eine völlig neue Dimension eröffnet.

Daß diese beiden Weltanschauungen vom Ansatz her und in ihren Konsequenzen völlig verschieden sind, steht außer Zweifel. Im einzelnen muß man freilich mit frühen Überlagerungen und Mischformen rechnen. Bei aller Vorsicht, die dadurch geboten ist, und trotz der ständig drohenden Gefahr der Vereinfachung, darf man aber umgekehrt nicht der Versuchung erliegen, diese Differenzen im Grundsätzlichen zu nivellieren.

17 Aus christlicher Sicht erhebt sich in diesem Zusammenhang eine Frage von großer Tragweite und besonderer Dringlichkeit. Die Begegnung mit der Antike bedeutet für das junge Christentum nicht nur Übersetzung in eine andere Sprache, sondern christliche Inhalte werden in eine andere Grunderfahrung von Welt, in ein anderes Vorverständnis hinein verkündet, sie werden von der griechischen Kategorialität her gedacht. Konnte sich dabei die Identität des Christentums durchhalten? Lange Zeit hat man diese Frage in dieser Weise gar nicht ausdrücklich gestellt oder ohne größere Vorbehalte mit ja beantwortet. Heute kann man eher die umgekehrte Tendenz feststellen. Mit dem Wort von der Hellenisierung des Christentums hat man den Vorgang überwiegend negativ beurteilt. Eine sachgemäße Antwort läßt sich jedoch nicht durch Generalisierung gewinnen.

Jedes einzelne Problem muß aus seinem Umfeld heraus in sorgfältiger Analyse daraufhin untersucht werden. Daß es in der Tat in wichtigen Fragen, wie etwa der Anthropologie oder der Wertung der Weltlichkeit der Welt, zu bedenklichen Verfremdungen christlicher Inhalte gekommen ist, die in vielfältigen Brechungen bis heute nachwirken, zählt zu den gesicherten Erkenntnissen der neueren Forschung. Auf der anderen Seite hat sich auch die Philosophie diese Frage gestellt. Viele Themen hat sie aus der christlichen Glaubenserfahrung übernommen und unabhängig vom Christentum weitergedacht. Man denke etwa an Inhalte, die mit Begriffen wie ›Subjektivität‹, ›Freiheit‹, ›Person‹, ›Geschichte‹ angesprochen sind. Die Wende zum Subjekt, zum Bewußtsein, charakteristisch für die Philosophie der Neuzeit, ist im Christentum grundgelegt und durch die christliche Philosophie des Mittelalters vermittelt.

Literatur

von Ivanka 1964
Boman ^{5}1968
Müller 1971
Hengel ^{2}1973
Warkosch 1973
Stockmeier 1983
Schönberger 1986
Stead 1990
Heimsoeth ^{3}o.J.
Blume / Mann 1983

III. Christliche Philosophie

Schon am Übergang zur Neuzeit stellte sich rückblickend auf das Mit- 18
telalter mit besonderer Schärfe die grundsätzliche Frage, welche Bedeutung das Christentum als Offenbarungsreligion für das rein rationale Bemühen der Philosophie haben kann. Muß nicht unter den strengen methodischen Anforderungen moderner Philosophie, hinter die man heute nicht mehr zurück kann, ein vom Christentum beeinflußtes Denken der Theologiegeschichte zugeordnet und aus der Geschichte der Philosophie eliminiert werden? Kann es überhaupt eine ›Christliche Philosophie‹ geben? Oder mit Tertullian gefragt: »Was hat Athen mit Jerusalem zu tun?« Mit dieser Frage ist ein Problem angesprochen, das für das Denken des Mittelalters charakteristisch ist. Das Ringen um eine Antwort, um die Vermittlung zwischen griechischer Philosophie und christlichem Glauben macht zu einem wesentlichen Teil die innere Dynamik dieser Epoche, ihre Kontroversen und ihre Größe aus. In den Hauptrichtungen mittelalterlicher Philosophie und Theologie finden unterschiedliche Lösungsmodelle ihren Niederschlag. Als Frage nach dem Verhältnis von Metaphysik und Heilsgeschichte kommt diesem Problem unabhängig von der konkreten

geschichtlichen Situation innerhalb der Theologie grundsätzliche und bleibende Bedeutung zu. Rein systematisch gesehen ist dieses Thema ein Gegenstand der Theologie und nicht der Philosophie. Gleichwohl wäre es unhistorisch und hermeneutisch unzulässig, von einem heutigen kritischen Selbstverständnis von Philosophie her entscheiden zu wollen, was etwa im Mittelalter zur Philosophie gerechnet werden darf und was nicht. Eine Geschichte der Philosophie muß auch das epochenspezifische Selbstverständnis von Philosophie aus dem historischen Kontext erheben. So gesehen gibt es als historische Größe durchaus eine christliche Philosophie und ein intensives und ertragreiches Gespräch zwischen Athen und Jerusalem, das nicht nur für das abendländische Christentum von großer Bedeutung war, sondern auch der rein philosophischen Reflexion des Mittelalters und späterer Epochen neue Themen vorgab und nachhaltige Impulse verlieh.

19 Die beiden in gebotener Kürze umrissenen unterschiedlichen Grundweisen der Weltauslegung standen sich natürlich nie als isolierte Größen, gewissermaßen in reiner Gestalt gegenüber. Schon in der Endredaktion des griechischen Teiles des Alten Testamentes lassen sich ebenso wie im Neuen Testament hellenistische Einflüsse nachweisen. Auf breiter Basis und noch im vorwissenschaftlichen Raum wird das Problem dann in der Begegnung des frühen Christentums mit dem antiken Humanismus greifbar. Die anthropozentrische griechische Paideia wird als Antithese zum theozentrischen christlichen Glauben erfahren. Daraus entwickelt sich ein dialektischer Prozeß der Begegnung. Bisweilen auftretende extreme Gegnerschaft gegen das griechische Bildungsideal, die vor allem in Mönchskreisen zu Bildungsfeindlichkeit führte, konnte sich ebensowenig durchsetzen wie eine unkritische Rezeption griechischer Philosophie. Diese mögliche Antithese wird etwa deutlich, wenn Ambrosius (gest. 397) die ›Worte der Fischer‹ den ›Worten der Philosophen‹ gegenüberstellt.

20 Die Hellenisierung des Christentums, das Bemühen, christliche Inhalte in griechischer Kategorialität zu denken – eine unausweichliche Notwendigkeit, wenn die Christen ihrem universalen Auftrag gerecht werden wollten –, vollzog sich in ständiger Rückbesinnung und Rückbeziehung auf den Glauben. Im Spannungsfeld zwischen diesen beiden Polen bewegt sich dieses Denken; daraus erwächst das Spezifische mittelalterlicher Philosophie. Griechische Texte werden von christlicher Glaubenserfahrung her gelesen, und christlicher Glaube wird mit Hilfe griechischer Philosophie reflektiert. Von diesem Ansatz her bildet sich in der Patristik die Meinung, wer aus dem Glauben denkt, philosophiere am besten. Philosophie und Theologie bilden eine Einheit. Philosophie wird in diesem Verständnis zum Inbegriff der Weisheit im umfassenden Sinne. Erst im 13. Jahrhundert tritt die wissenschaftstheoretische Problematik ins Bewußtsein; der daraus erwachsende Prozeß der Differenzierung ordnet das Denken aus natürlicher profaner Vernunft der Philosophie, das Denken aus

Glauben der Theologie zu. Das Denken als Denken bleibt aber immer nur Gegenstand der Philosophie. Der Begriff ›Christliche Philosophie‹ gehört jedoch im Unterschied zum heutigen Sprachgebrauch »während des Mittelalters der Spiritualität der Mönchstheologie« an (Schmiedinger 1987, S. 32), bei Albertus Magnus, Thomas von Aquin oder Duns Scotus kommt er nicht vor.

Das Nachdenken über die Offenbarung und die damit unvermeidliche Umformung ihrer Inhalte in philosophische Begrifflichkeit wird aber auch dort zum Anlaß philosophischen Denkens, wo die methodischen Grenzen nicht einfach verwischt und aufgehoben sind, wo nicht von der Theologie, vom Gott der Offenbarung her das Ganze gedacht wird. Die Wahrheit des Christentums läßt sich zwar nicht in eine allgemeingültige, denknotwendige Idee umformen, sie bleibt immer bezogen auf ein einmaliges geschichtliches Ereignis, aber in diesem geschichtlich Konkreten des Christentums zeichnen sich metaphysische Strukturen ab. In der Bibel selbst lassen sich Elemente und Grundlinien einer eigenständigen Metaphysik der Schöpfung aufdecken, deren bedeutendster Aspekt eine personale Ontologie ist, die ihren letzten Grund im Trinitätsglauben hat und philosophiegeschichtlich gesehen von größter Tragweite wurde. Die Überwindung der Substanzmetaphysik hat hier ihre Wurzeln. 21

Gerade in dieser ›philosophischen‹ Komponente des Christentums liegt der Grund, daß griechische Philosophie und christliches Glaubenswissen trotz ihrer Verschiedenartigkeit im Ansatz letztlich doch vermittelt werden können. Gleichwohl bleibt die spannungsreiche Problematik des Verhältnisses von Metaphysik und Heilsgeschichte eines der zentralen Themen mittelalterlichen Denkens. 22

Literatur

Coreth/Neidl/Pfligersdorffer 1988
Schmidinger 1987

IV. Weltanschauliche und religiös-philosophische Einflüsse auf das Denken des frühen Christentums

Die Grundstrukturen antiker Weltanschauung haben natürlich nicht als solche das frühe Christentum und, dadurch vermittelt, die Philosophie der Patristik und des Mittelalters beeinflußt. Es waren vielmehr ganz konkrete, vielfach mit religiösen Elementen durchsetzte Ausprägungen spätantiken Denkens. Den religiösen Vorentscheidungen und Implikationen kommt dabei besonderes Gewicht zu, da sie vom Christentum als kon- 23 kurrierende Größen verstanden wurden, die es, zumal im ethischen Bereich, zu übertreffen galt. Die verschiedenen Richtungen der hellenistischen Philosophie – Stoa, Epikur, Skeptizismus – und des Neuplatonismus – Mittelplatonismus, Plotin, Neuplatonismus nach Plotin – sind in diesem Zusammenhang zu nennen (vgl. hierzu F. Ricken 1988, S. 158 bis 209). Auf einige Aspekte, die das frühe christliche Denken besonders nachhaltig beeinflußt haben, sei eigens aufmerksam gemacht.

1. Stoa

24 Durch *Seneca* und *Epiktet*, sowie vermittelt durch römische Eklektiker wie *Varro* und insbesondere *Cicero*, gewinnt die Stoa in der Gestalt der spätstoischen Popularphilosophie großen Einfluß. Wenn auch wirkungsgeschichtlich die stoische Sprachtheorie mit ihren Unterscheidungen verschiedener linguistischer Phänomene nicht unerwähnt bleiben darf, so kommt doch der stoischen Ethik die Hauptbedeutung zu. Über Philosophie und Theologie hinaus hat sie die christliche und außerchristliche, vor allem die monastische Spiritualität und Askese geprägt und dadurch nachhaltige Breitenwirkung erlangt. Wenn auch der hohe sittliche Anspruch und das Ideal der Gleichheit aller Menschen besonders hervorgehoben werden müssen, so ist doch aus christlicher Sicht dieser Einfluß aufs ganze gesehen äußerst negativ zu bewerten. Weder das Gottes- noch das Menschenbild der Stoa sind mit dem Christentum vereinbar. Gott, Weltseele, Vernunft, Natur sind letztlich identisch. Pantheismus und Fatalismus sind die Konsequenzen. Die daraus abgeleitete essentialistisch konzipierte Naturrechtslehre, im Menschen solle die mit der allgemeinen Vernunft identische Vernunftseele herrschen, kann der existentiell geschichtlichen Grundausrichtung des christlichen Ethos in keiner Weise gerecht werden. Recht und Moral fallen letztlich in eins, die subjektive Komponente fehlt. Das Ideal des Menschseins verkörpert der Weise, der naturgemäß lebt, d.h. sich ausschließlich von der Vernunftseele leiten läßt, die Sinnenseele mit ihren Affekten und Trieben aber völlig beherrscht. Wenn jedoch der Leib als Ort der Sinnlichkeit Ursprung der Affekte ist, gerät er mit innerer Notwendigkeit bei einem solchen Verständnis des Menschen in die Negativität. Antike Leib- und Weltverachtung gewinnt durch die stoische Ethik einen für die spezifisch christliche Anthropologie verhängnisvollen Einfluß, der in vielfältigen Brechungen bis heute nachwirkt.

Literatur

Ricken 1988

Wenn in diesem Zusammenhang von Gnosis und Gnostizismus (gnosis = Erkenntnis) gesprochen wird, ist nicht von einem erkenntnistheoretischen Problem die Rede. Es wird damit vielmehr eine religiöse Bewegung bezeichnet, der auch philosophiegeschichtlich hohe Bedeutung zukommt. Es handelt sich dabei um ein sehr vielschichtiges, die verschiedenen Religionen übergreifendes Phänomen einer Erlösungslehre, die ihre Blütezeit im 2. Jahrhundert n. Chr. erreichte und deren Ursprünge noch nicht restlos erforscht sind. Elemente griechisch-orientalischer Religionen finden sich darin ebenso wie jüdisch-christliche Gedanken und Anklänge an philosophische Denkmodelle. Gnosis ist aber über alle Unterschiede hinweg mehr als nur Synkretismus, mehr als Addition verschiedener inhaltlicher Aussagen. Ob hellenistische, spätjüdische oder frühchristliche Gnosis, Anliegen und Grundstruktur sind gemeinsam: Es geht um die konkrete Lage des Menschen in der Welt, das Problem des Bösen und die Befreiung des Menschen aus dieser negativ bestimmten Situation. In der ätiologischen Ausdeutung des ausschließlich als Entfremdung und Uneigentlichkeit erfahrenen menschlichen Selbstverständnisses, zeichnen sich für die entwickelten Systeme des Gnostizismus bestimmte, wenn auch im einzelnen modifizierte Vorgaben ab. 25

Grundlegend ist ein radikaler kosmischer Dualismus. Die konkrete, materielle Weltwirklichkeit ist böse; sie steht unter der Herrschaft feindlicher Mächte und ist auf ein negatives Erstprinzip zurückzuführen. Verstanden als Demiurg oder Schöpfer dieser Welt, steht diesem Urbösen der wahre, unbekannte und transzendente Gott gegenüber. Dem ontologischen entspricht ein anthropologischer Dualismus. Der Mensch ist seinem wahren Wesen nach dem Göttlichen und Urguten gleich; er selbst, seine geistige Dimension, ist ein Funke des göttlichen Lichtes, eingekerkert in einen materiellen Leib. Die feindlichen Mächte dieser Welt setzen alles daran, den Menschen in Unwissenheit über seinen wahren göttlichen Ursprung zu halten. Durch einen Mythos, der in verschiedenen inhaltlichen Modifikationen von einem jenseitigen Fall des Menschen erzählt, wird erklärt, wie es zu diesem Zustand der Uneigentlichkeit des Menschen kam, der zugleich das Verlangen nach Befreiung verständlich macht. Der Weg zu dieser Befreiung ist die Gnosis, die Einsicht in die wahre Natur des Menschen; durch diese Erkenntnis wird die Geistseele aus den Fesseln der Negativität der Materie befreit und mit Gott bzw. dem Göttlichen vereint. In der heterodoxen christlichen Gnosis ist Christus der Erlöser, weil er die Botschaft bringt, die zu dieser Erkenntnis führt. Seinem Wesen nach kann er deshalb natürlich nicht dieser Welt angehören; alles Weltliche an ihm ist nur Schein, wie der Doketismus, eine frühe christologische Häresie, lehrt. 26

Die philosophischen Elemente in dieser Grundstruktur des Gnostizismus lassen sich unschwer aufdecken. Das platonische ›logistikon‹ klingt 27 darin ebenso an wie der ›nous‹ des Aristoteles. Vor allem dem Dualismus kommt in der Grundlegung wie in der Wirkungsgeschichte der Gnosis hohe Bedeutung zu. Die damit verbundene Lösung des Theodizeeproblems war für das frühe Christentum eine besondere Verlockung.

Literatur

Berger 1984
McLachlan 1984

3. *Manichäismus*

28 Im unmittelbaren Einflußbereich des Gnostizismus ist der Manichäismus zu sehen und zu verstehen, der starken Einfluß auf die Spätantike und das frühe Christentum gewinnen konnte. *Mani* (216–276), der Gründer der nach ihm benannten religiösen Bewegung aus Persien, wuchs in einer gnostischen Taufsekte in Babylonien auf, von der er sich nach drei Berufungsvisionen trennte. Nach einer längeren Reise, die ihn bis nach Indien führte, erbat er vom persischen König Schapur I. im Jahre 242 die Erlaubnis, seine neue Religion zu verkündigen. Nach großen Missionserfolgen wurde er auf Betreiben der herrschenden Priesterkaste Persiens von Bahram I., einem Nachfolger Schapurs, in Haft genommen und hingerichtet. Trotz dadurch ausgelöster schwerer Verfolgungen der manichäischen Gemeinde breitete sich diese neue Religion immer schneller aus und war an Größe bald mit dem Christentum vergleichbar. Im türkischen Uigurenreich erhielt die Lehre Manis von 763 bis zu dessen Untergang im Jahre 814 den Rang einer Staatsreligion. Nach nahezu tausendjähriger Geschichte ist der Manichäismus als Religion inzwischen überall untergegangen. In der Sache ist der Manichäismus eine entschieden dualistische Religion, die gnostische Materialien zu einer Art Glaubensgemeinschaft geformt hat.

29 Nach der Lehre des Manichäismus ist die Geschichte in drei Epochen eingeteilt: In der frühen Zeit waren das Reich des Lichtes und das Reich der Finsternis getrennt. Zur mittleren, gegenwärtigen Zeit findet die Vermischung beider statt. Diese Vermengung wird schließlich in der zukünftigen Zeit wieder aufgehoben werden. Die wesentlichen Ereignisse – Kosmogenese, Weltgeschichte und Weltuntergang – finden also in der mittleren Epoche statt. So geraten die beiden Reiche des Lichtes und der Finsternis in einen Kampf, in dem Gott, der Vater des Lichtes, seinen Sohn einsetzt, den Urmenschen. Dieser stürzt aber besiegt in den höllischen Abgrund, seine Rüstung, die Lichtelemente, wird von den Archonten und Dämonen der Finsternis verschlungen, d.h. es findet eine Vermischung

von göttlicher Seele und teuflischer Materie statt. Der Vater des Lichtes sendet den lebendigen Geist zu Hilfe, der den Urmenschen befreit und den sichtbaren Kosmos erschafft. Dabei werden die Archonten der Finsternis zur Strafe am Firmament als Sonne, Mond, Sterne und Erde ausgespannt. Um aber das Licht weiter zu zerstreuen, bilden zwei Dämonen aus dem Reich der Finsternis Adam und Eva und verführen sie zur Fortpflanzung, so daß die Gefangenschaft lichtvoller Seelen in der Finsternis der Körper fortdauert. Vielfach bekamen die Menschen schon Mitteilung über ihre Bestimmung zur Rückkehr ins Licht, nämlich durch die Propheten, deren Reihe über Seth, Moses, Zarathustra, Buddha und Jesus bis zu Mani führt. Mani selbst ist das ›Siegel der Propheten‹, er begründet die eigentliche Heilsgemeinde und schließt damit die Reihe der Propheten ab. Das sittliche Streben der Manichäer zielt auf die Beendigung der fortgesetzten Vermischung von Licht und Materie. Dieses Ziel wird in verschiedenen Graden erreicht: Die ›Vollkommenen‹ leben absolute sexuelle Enthaltsamkeit, strenges Fasten und Armut. Sie können direkt zum Himmel gelangen. Auf der Stufe der ›Auditores‹, denen lediglich zehn Gebote vorgegeben sind, ist dagegen nur eine stufenweise Läuterung möglich, so daß zur Vollkommenheit mehrmalige Wiedergeburten in Kauf genommen werden müssen.

Wenn man bedenkt, daß Augustinus vor seiner Bekehrung neun Jahre lang Manichäer war, kann man ermessen, welcher Einfluß von dieser gnostischen Sekte ausgegangen ist.

Literatur

Böhlig 1991

4. Philon von Alexandrien

Zu den herausragenden Vermittlern griechischer Philosophie zählt Philon 30
(geb. um 13 v. Chr., gest. 45/50 n. Chr.) von Alexandrien, jener Metropole, in der die geistigen Strömungen der Spätantike zusammenkamen und sich gegenseitig überlagerten. Alexandria besaß die größte Bibliothek des Altertums. Seit dem 3. Jahrhundert vor Christus wurde dort das Alte Testament einschließlich der deuterokanonischen Bücher ins Griechische übersetzt; unter dem Namen Septuaginta kommt dieser Übersetzung überlieferungsgeschichtlich hohe Bedeutung zu, nicht zuletzt als ein Dokument, in dem die Hellenisierung des Diasporajudentums einen greifbaren Niederschlag gefunden hat. Auf diesem Wege wurde – das kann man nicht hoch genug veranschlagen – der jüdische Monotheismus dem Abendland vermittelt. In diesen geistigen Raum der Begegnung von griechischer Philosophie und jüdischem Glauben gehört Philon. Er war Jude; vieles

deutet darauf hin, daß er einer aus Palästina nach Ägypten ausgewanderten Priesterfamilie entstammte. Rabbinisch und griechisch gebildet, unterhielt er gute Beziehungen zur Herodesfamilie; mit Kaiser Caligula verhandelte er über die Sonderstellung seiner jüdischen Glaubensbrüder im Römischen Reich.

31 Philons wissenschaftliches Hauptwerk ist ein großer allegorischer Kommentar zur Genesis, von dem einzelne Teile mit Spezialtiteln überliefert sind. Daneben gibt es Schriften, die zwar auch von Bibelstellen ausgehen, aber eher systematisch angelegt sind. Neben der ›Apologia pro Judaeis‹ sind unter philosophischem Aspekt vor allem die beiden Traktate ›De vita contemplativa‹ und ›De aeternitate mundi‹ zu nennen (L. Cohn, I. Heinemann 1962f). Philons Intention war es, das Judentum seinen heidnischen Zeitgenossen nahezubringen und verständlich zu machen. Er wollte den Nachweis erbringen, daß der Pentateuch mit der Vernunft und der heidnischen Religionsphilosophie vereinbar sei. Seine Auslegungsperspektive war dabei von der Überzeugung bestimmt, die schon *Aristopholos* (150 v.Chr.; Eusebios, Praeparatio evangelica, IX 6,2; Clemens Alexandrinus, Stromata I 15, 70) ausgesprochen hatte, Plato habe das Alte Testament, zumindest dessen Gotteslehre gekannt. Die ausdrückliche Absicht zu harmonisieren und die irrige Annahme, griechische Philosophen hätten das Alte Testament benutzt, machen den bisweilen sorglosen Eklektizismus ebenso verständlich, wie sie die Tatsache erklären, daß die Synthese am Ende nicht gelingen konnte, daß Spannungen und Widersprüche unvermeidbar waren.

32 Am eindeutigsten hält sich der alttestamentliche Monotheismus durch: Gott ist transzendent, steht über der Welt und den Menschen, er ist unerkennbares reines Sein. Die geistig wahrnehmbare Welt (kosmos noetos) und der himmlische Mensch (anthropos ouranios) werden von Philon als ein erstes Abbild Gottes und im Sinne des Platonismus als das wahre Universum verstanden. Die diese geistige Welt befehlende und mit Gott identische Potenz ist der Logos. Obwohl Zentrum der Welt, ist der Logos Gottes Schöpfungswerkzeug. Sein Abbild und somit das zweite Abbild Gottes ist der sinnlich wahrnehmbare Kosmos (kosmos aisthetos) bzw. der irdische Mensch. Der Logos wird von Philon als zweiter Gott bezeichnet, wobei es ungeklärt bleibt, wie sich dieser Gedanke mit seinem Monotheismus vereinbaren läßt. Auch die Rede vom älteren und jüngeren Sohn Gottes, bezogen auf die geistige bzw. sinnlich wahrnehmbare Welt, läßt sich nur schwer, wenn überhaupt, mit dem Monotheismus, an dem Philon nachdrücklich festhält, in Einklang bringen. Gegen den Pantheismus betont Philon mit gleichem Nachdruck, daß die Welt geschaffen ist, allerdings aus einer ewigen, ungeschaffenen Materie (hyle). Da es aber nicht angeht, daß Gott mit der Materie, in die das Böse verlegt wird, in Berührung kommt, geschieht die Schöpfung durch Mittelwesen. Gott wirkt durch Kräfte (logoi), die als Ideen in der göttlichen Vernunft von Gott

selbst nur begrifflich unterschieden sind. Als Hypostasen werden sie, jetzt von Gott real unterschieden, als eigenständige Wirklichkeit verstanden und mit den alttestamentlichen Vorstellungen von Geistern, Dämonen, Engeln u.ä. in Verbindung gebracht. Ein spezifisch biblisches Element zeigt sich darin, daß die Ideen als die Schöpfungsgedanken Gottes nicht nur auf das Allgemeine, auf die Gattungen und Arten bezogen verstanden werden, sondern auch auf die Individuen. Die Ideen individualisieren die Dinge, weil Gott auch das Einzelne durch seine Ratschlüsse bestimmt. In der Anthropologie ist die dualistische Verfremdung des jüdischen Selbstverständnisses besonders gravierend und folgenreich, obwohl der Logos himmlische und irdische Welt zusammenbindet. Der Mensch wird als ein im Jenseits gefallener Geist verstanden, der zur Strafe in die Zeitlichkeit eintreten und auf die Erde herabsinken mußte (›De gigantibus‹). Menschsein in dieser Welt heißt deshalb Sünder sein, die Sünde selbst wird vornehmlich in die Zeugung verlegt. Trotz starker Anklänge wird jedoch Erlösung nicht gnostisch verstanden. Mit Nachdruck betont Philon gegen den zeitgenössischen Fatalismus Gottes Vorsehung und die Willensfreiheit des Menschen. Die biblischen Weisungen erfährt der Mensch nicht als Fremdbestimmung, sondern als einsichtige Gebote, die von ihm die Entscheidung zwischen Gut und Böse verlangen.

Unter dem Gesichtspunkt seiner Wirkungsgeschichte ist Philons Mystik, seine theosophische Spekulation zu nennen, in der er alle Gegensätze überwindet. Trotz spürbarer hellenistischer Einflüsse gründet seine mystische Lehre in der Offenbarung Gottes. Seine Gedanken über Gott als den höchsten Gegenstand inneren Schauens, über das göttliche Dunkel und den aufsteigenden Weg der Seele zu ihm als höchste Stufe der Erleuchtung sowie der Vereinigung mit Gott gehören zum festen Bestand abendländischer Mystik. 33

Wenn Philon eine beinahe einzigartige Stellung zukommt, dann liegt das nicht nur in seinem Denken begründet, sondern auch an der Problemkonstellation, durch die der Struktur nach die Situation der frühen griechischen Väter vorweggenommen wurde. Er hat als Jude eine Offenbarungsreligion mit der hellenistischen Philosophie ins Gespräch gebracht und nicht zuletzt mit Hilfe der allegorischen Exegese die Voraussetzungen für eine Verbindung von Bibel und Philosophie geschaffen. Vor allem durch seine Logos-Spekulation bestärkte er den Gedanken einer wesentlichen Gemeinsamkeit zwischen jüdischer Offenbarungsreligion und griechischer Philosophie. 34

Literatur

Cohn/Heinemann 1962f

Colpe ³1961

35 Unter Patristik versteht man jene Epoche der abendländischen Philosophie- und Theologiegeschichte, die mit der nachapostolischen Zeit beginnt und etwa im 5. Jahrhundert zu Ende geht; sie umfaßt also den Zeitraum der Christianisierung der römisch-griechischen Welt. Als das junge Christentum den geographischen und geistigen Raum seiner ersten Anfänge verließ und in die heidnische Welt eintrat, sah es sich vor eine doppelte Aufgabe gestellt: Es mußte Rechenschaft ablegen von seinem eigenen Selbstverständnis, sich, bisweilen gegen härteste Verfolgungen, behaupten und durchsetzen; darüberhinaus wußten sich die Christen von ihrem Stifter beauftragt, seine Botschaft zu verkündigen, Mission zu betreiben, d.h. aber, sich in anderen Kulturkreisen verständlich zu machen. Aus dieser Situation heraus erwuchsen die literarischen Dokumente jener Jahrhunderte, angefangen von den ersten, in vieler Hinsicht noch ungelenken und mühsamen Versuchen der Apologeten bis zu den großen theologischen Entwürfen eines Augustinus.

36 Der Begriff ›Patristik‹ wurde von der dogmatischen Theologie geprägt. In ihm kommt die Überzeugung zum Ausdruck, daß diesen Autoren ein besonderer Rang in der christlichen Überlieferung zukommt. Sie sind Väter des Glaubens und Zeugen der auf die Urkirche zurückgehenden Lehre; sie haben persönlich oder durch ihre Werke die großen Konzilien der Frühzeit mitgetragen. Durch ihre Reflexion des Glaubens ist eine Tradition gewachsen, der ihrerseits der Rang autoritativer Geltung zuerkannt wurde. Die Väter sind auctoritates in der späteren theologischen Beweisführung; nicht selten werden sie gleichrangig neben die Schriften des Alten und Neuen Testamentes gestellt. Mit der auctoritas ist ein konstitutives Element mittelalterlichen Denkens angesprochen, denn Traditionsbindung und Autoritätsachtung sind über die Theologie hinaus Voraussetzung und Kennzeichen des geistigen Lebens des Mittelalters. Wenngleich der Begriff ›Patristik‹ formell theologischer Zielsetzung entspringt, ist er, was die Autoren und die Inhalte angeht, durchaus auch geeignet, eine philosophiegeschichtliche Epoche zu markieren. Denn in diesen Schriften, in denen sich das Christentum verteidigt und artikuliert, ereignet sich auch die Philosophie dieser Zeit.

37 Das Verhältnis von Philosophie und Theologie war von Anfang an spannungsreich und schwankte zwischen Anerkennung und Ablehnung, in keinem Fall aber konnten die Christen völlig auf die Philosophie verzichten. Ob sie sich verteidigen mußten oder ihrem Missionsauftrag nachzukommen sich bemühten, sie mußten die Sprache ihrer Gegner und Adressaten verstehen und sprechen. In seinen Anfängen war das Christen-

tum vornehmlich eine Bewegung der sozialen Unterschicht. Es sichert den Armen, den Einfachen und Ungebildeten ein Wissen zu, das der Vater »den Weisen und Klugen« verborgen hat (Matthäus 11, 25). Paulus stellt der Weisheit dieser Welt die Weisheit Gottes, die Torheit des Kreuzes gegenüber und entgegen (I Korinther 1, 18–25). Dadurch trat das Christentum in Konkurrenz zur Philosophie der damaligen Zeit, die ja nicht nur theoretische Reflexion, sondern auch praktische Lebensform sein wollte, sich selbst also durchaus religiös verstand.

Auf solche Äußerungen im Neuen Testament berufen sich, ob zu Recht, ist eine andere Frage, Tendenzen der patristischen Theologie, die durch einen starken antiphilosophischen Affekt geprägt sind. Aber auch diese mehr oder weniger starke Ablehnung der Philosophie kann ohne ein Mindestmaß an Wissen um den eigenen Glauben und Kenntnis der bekämpften Philosophie nicht auskommen. Insofern der Mensch wissen muß, warum er glaubt, und kennen, was er glaubt, war auch in dieser anti-intellektuellen Phase das kognitive Element nie völlig ausgeblendet. Diesen Sachverhalt hat schon *Clemens von Alexandrien* (gest. vor 215) klar formuliert: »Denn die richtigen Lehren anzunehmen und die anderen zu verwerfen, dazu befähigt nicht einfach der Glaube, sondern nur der auf Wissen beruhende Glaube« (Stromateis I 35, 2, GCS 15,23,6–10). Daneben gibt es eine andere Tendenz, die sich ebenfalls auf das Neue Testament berufen kann. Derselbe Paulus läßt im Römerbrief (1,19f) keinen Zweifel daran, daß auch die Heiden den Schöpfer aus der Schöpfung und das Unsichtbare aus dem Sichtbaren erschließen konnten. Dieser Gedanke eröffnete durchaus positive Perspektiven auf die Philosophie und ihr Verhältnis zum Christentum. Daß sich das Christentum zunehmend den Gebildeten zuwandte, ließ der Philosophie außerdem wachsendes Gewicht zukommen, denn die hellenistische Popularphilosophie war der Sprach- und Denkraum, der eine Verständigung mit dem spätantiken Gebildeten allererst ermöglichte. Von unvergleichbar großer Bedeutung für die Begegnung und Harmonisierung von Philosophie und Christentum war jedoch die Schule von Alexandrien mit ihrer Inkarnationstheologie. Sie ließ die Logoslehre der hellenistischen Philosophie und Philons unmittelbar einmünden in die Logostheologie des Prologs zum Johannes-Evangelium. Wieweit dessen Logosspekulation ihrerseits bereits philosophisch inspiriert war, ist eine andere Frage. Griechische Philosophen wurden jedenfalls als die unmittelbaren Vorläufer des Christentums verstanden. Die Nähe wurde als so eng empfunden, daß die irrige Überlieferung, Plato habe das Alte Testament gekannt, durchaus glaubwürdig erscheinen konnte. Diese positive, sicherlich zu sehr vereinfachende Zuordnung von Philosophie und Theologie wurde wohl von dem platonisch-aristotelischen Gedanken begünstigt, die Theologie sei ein Teil der Philosophie; daß mit diesem Theologiebegriff das Spezifische christlicher Theologie verfehlt wurde, mußte in einem langen und mühsamen Prozeß der Auseinandersetzung erst erkannt werden.

38 Eine derartige Verhältnisbestimmung von Theologie und Philosophie trug nicht geringe Gefahren für das Selbstverständnis des Christentums als Offenbarungsreligion in sich. Daß man bisweilen zu wenig differenzierte, zeigt sich auch darin, daß Christen schon im 2. Jahrhundert von Nichtchristen als Philosophen angesehen wurden; so etwa von dem Juden *Tryphon* oder dem Arzt *Galenus*, und sich sogar selbst als Philosophen bezeichneten, wie man bei *Justin*, *Athenagoras* und *Irenäus* lesen kann. Auch ihre Botschaft bezeichneten sie ausdrücklich als Philosophie. Sie ist zwar eine barbarische Philosophie, weil sie sich nicht auf Griechen und Römer zurückführt, dafür ist sie aber göttlich und allein wahr, sie ist die Philosophie Gottes. Gegen diese Identifikation von Glauben und Philosophie vor allem durch die frühen griechischen Väter, meldete der lateinische Westen Einspruch und Widerspruch an. An erster Stelle ist *Tertullian* zu nennen, aber auch *Hermias*, *Tatian*, *Cyprian von Karthago*, *Hilarius von Poitiers*, Papst *Damasus* und *Ambrosius von Mailand* stehen in dieser Reihe. Erst bei *Laktanz* wird, jetzt im Begriff bereits differenzierend, das Christentum »nova non philosophandi philosophia« (PL 7, 10 A) genannt (Schmidinger 1987, S. 29ff). So verstanden, konnte man dann auch im lateinischen Westen die Rede vom christlichen Glauben als der wahren Philosophie akzeptieren.

Mit diesen wenigen Hinweisen lassen sich ohne Anspruch auf materiale Vollständigkeit die extremen Positionen und die Vielfalt der möglichen Varianten markieren; sie reichen von schroffer Ablehnung der Philosophie bis zu nahezu unkritischer Einvernahme.

39 Daß es in diesem Spannungsfeld zahllose Anlässe für Auseinandersetzungen und Konflikte und dadurch aber auch einen Prozeß der Klärung gab, in dem das Christentum zu seinem eigenen Selbstverständnis finden und sich dabei, selbst philosophierend, von Philosophie unterscheiden und gleichzeitig eine mögliche Zuordnung reflektieren mußte, liegt in der Sache selbst begründet. Da die daraus resultierenden Probleme durch das Auftreten des Christentums aufgeworfen wurden, konnte es nicht anders sein, als daß die Initiative bei den Christen lag, d.h. daß dem Glauben grundsätzlich die Priorität und dadurch die Führung zukam. Philosophiegeschichtlich ist dieser Sachverhalt deshalb von Belang, weil die Philosophie der Patristik der Sache und den Dokumenten nach innerhalb der Theologie betrieben wird, in der Predigt, bei der Verteidigung des Glaubens, bei der Schriftauslegung, bei den ersten Versuchen, systematisierend Theologie zu betreiben. Philosophie ist in dieser Zeit keine selbständige Wissenschaft, die nach eigener Methode systematisch entfaltet wird. Glauben und Wissen sind nicht verschieden, aus christlicher Sicht hielt man eine solche Scheidung weder für notwendig noch für gut. Der Unterschied war gradueller Art: Glaube verhält sich zum Wissen wie das Unvollkommene zum Vollkommenen. Wer aus dem Glauben denkt, ist der bessere Philosoph.

Von diesem Verständnis der Zuordnung von Glauben und Wissen 40
muß man auch die Verwerfung der Philosophie etwa durch Tertullian etwas differenzierter beurteilen, als das gemeinhin geschieht. Man darf darin wohl kaum eine Absage an das Denken als solches sehen oder gar die Meinung, der Glaube fordere notwendig das Opfer der Vernunft. In dieser ablehnenden Haltung manifestiert sich nicht ein religiöser Agnostizismus, sondern die Überzeugung, daß, nachdem Gott in Christus Mensch geworden ist, philosophische Bemühung gegenstandslos geworden ist; Philosophie hier freilich verstanden als Alternative zum Christentum. Die Antithese bestand nicht zwischen Glauben und Denken unter formalem Aspekt, sondern zwischen dem Christentum als Offenbarungsreligion – mit dem rational nicht ableitbaren Mysterium des Kreuzes und der Auferstehung – und der Philosophie, insofern sie sich selbst als Religion und so als mögliche Alternative eines Heilsweges verstanden hat. Aus dieser Sicht sind heidnische Bildung und rein weltliche Wissenschaft in der Tat Ursprung aller Häresien und vor Gott nichts als Torheit. Von dieser Position aus verwirft Tertullian die Platoniker ebenso wie die Stoiker und die Epikureer, Zeno ebenso wie Heraklit. In der Logik des Aristoteles sieht er Positives und Negatives, je nachdem, wofür man sie gebraucht. Aber seit dem Evangelium bedarf der Mensch in diesem Sinne keiner Forschung mehr, denn christlicher Glaube ist davon überzeugt, daß es über diesen Glauben hinaus nichts gibt, was man glauben müßte (Tertullian, De praescriptione haereticorum). Von dem gnostischen Umfeld her, mit dem sich das frühe Christentum auseinanderzusetzen hatte – eine Konfrontation, die auf das christliche Denken selbst zurückwirkte und deutliche Spuren hinterließ – wird die forcierte Schärfe der Formulierungen ebenso verständlich, wie darin das dahinterstehende, ursprüngliche Anliegen zu Bewußtsein gebracht wird. Es geht um die Unterscheidung des Christlichen.

Beide Positionen, die eher ablehnende Haltung der Philosophie gegenüber und die positive Einstellung zur Philosophie, beriefen sich auf die Schrift; in der ›Theologia negativa‹ und ›Theologia positiva‹ ist dieses Anliegen jeweils aufgegriffen und zum bleibenden Thema der abendländischen Geistesgeschichte geworden.

Philosophie wird also in diesen ersten Jahrhunderten unserer Zeitrech- 41
nung in hohem Maße auch im Horizont und im Kontext des christlichen Glaubens betrieben. Es geht nicht wie bei anderen epochalen Umbrüchen um die Reflexion der Philosophie auf ihre eigenen Prinzipien und einen dadurch bedingten Neuansatz und Neuaufbruch philosophischen Denkens; das Neue und Bestimmende ist der christliche Glaube und sein Wahrheitsanspruch. Von ihm gehen die Impulse aus, die sich dann auch in der Philosophie fortsetzen. Aus dieser Gesamtsituation heraus ist es verständlich, daß solche Themen im Mittelpunkt stehen, die für Theologie und Philosophie gleichermaßen von Interesse sind. Daß die meisten der

christlichen Väter ohnehin von der Philosophie herkamen, sollte dabei nicht übersehen werden.

42 Neben den Versuchen einer Verhältnisbestimmung von Theologie und Philosophie steht die Frage nach Gott, nach den Möglichkeitsbedingungen und Weisen der Gotteserkenntnis an zentraler Stelle. Im Bemühen, über die Existenz Gottes hinaus auch Aussagen über sein Wesen zu machen, kommt das Anliegen der negativen Theologie zum Tragen, der Mensch könne von Gott nicht sagen, was er ist, sondern immer nur, was er nicht ist. Das grundlegende theologische Thema der Schöpfung wird mit Hilfe der Logos-Spekulation philosophisch einsichtig gemacht. Die Frage nach dem Menschen wird unter der Perspektive des Neuplatonismus von ihrer christlichen Weite auf die Frage nach der Unsterblichkeit der Seele reduziert. Aus diesem Kontext ergibt sich dann auch mit innerer Notwendigkeit eine entsprechende aprioristische Auslegung menschlicher Erkenntnis. Von großem Gewicht sind natürlich die Probleme der Ethik, der praktischen Lebensführung, weil gerade hierin das Christentum mit den Maßstäben vor allem der Stoa gemessen wurde. Aber selbst bei Fragen, die nicht vom christlichen Glauben ebenso wie von der Philosophie gestellt wurden, ist zu bedenken, daß auch dort, wo es nur um die Lektüre und Interpretation antiker philosophischer Texte ging, es in aller Regel Christen waren, die sich damit beschäftigten.

Diese in sich sehr differenzierten Entwicklungen kulminieren im Denken Augustins, an dessen überragender Autorität als Theologe auch seine Philosophie und die in ihr sich vermittelnden philosophischen Strömungen der Spätantike partizipieren.

Literatur

Altaner/Stuiber 1978
Schmidinger 1987

C. Die Anfänge der christlichen Philosophie

I. Justin

Leben und Werke

Schon Tertullian hat Justin den Beinamen ›der Philosoph und Märtyrer‹ 43
gegeben; er gilt als der Erste unter den christlichen Philosophen. In Flavia Neapolis (Nablus, das alte Sichem) im 1. Viertel des 2. Jahrhunderts geboren, stammt Justin von heidnischen Eltern griechischer oder römischer Herkunft ab. Christ wurde er erst im reifen Mannesalter. Bei seinem zweiten Rombesuch, wo er eine Schule gründete, wurde er zum Tod verurteilt und um 165 hingerichtet.

Drei Schriften Justins, deren Autorschaft unbestritten ist, sind uns über- 44
liefert. Unter dem Titel ›Apologia‹ hat Justin zwei Verteidigungsschriften des Christentums an Kaiser Antoninus Pius gerichtet; die erste, umfangreichere zählt zu den bedeutendsten dieser Gattung. Auch die kleinere ist wohl als eigenständige Schrift, nicht als Anhang der ersten zu verstehen. Der ›Dialog mit dem Juden Tryphon‹ (Dialogus cum Tryphone) bietet einen Einblick in die innere Entwicklung Justins auf seinem Weg von der griechischen Philosophie zum Christentum. Die lebensgeschichtliche Ausgangslage Justins, seine theoretische Problemstellung und die innere Struktur einer möglichen Antwort auf die aufgeworfenen Grundfragen sind typisch für die Begegnung von griechischer Philosophie und christlichem Glauben in dieser frühen Phase. Justin stößt als philosophisch Gebildeter, aber gleichwohl von unbeantworteten Fragen bedrängt, auf das Christentum. Nach dem Verständnis der damaligen Zeit muß jede Philosophie letztlich ein religiöses Ziel verfolgen, sie muß den Weg über die Wahrheit zu Gott suchen, d.h. auf letzte Fragen Antwort geben. Den Anspruch, auf diese Fragen zu antworten, erhebt auch das Christentum. Deshalb geht es bei der Verhältnisbestimmung Philosophie–Christentum nicht von vornherein um eine abgrenzende Alternative, sondern um die Möglichkeit einer positiven Zuordnung. Alle Überlegungen gehen dahin zu prüfen, ob die Wahrheit des philosophischen Denkens der Griechen, und das war repräsentativ für das natürliche Denken des Menschen überhaupt, zu der Wahrheit in Widerspruch stehen kann, die Gott den Christen geoffenbart hat. Die Frage ist also grundsätzlich gestellt. Von Justin und den anderen Apologeten wird sie ebenso grundsätzlich in dem Sinne beantwortet, daß solches nicht möglich ist; und deshalb verstehen sich die Christen als Philosophen, und zwar in dem Sinne, daß das Christentum in Überbietung aller philosophischen Richtungen die wahre Philosophie verkörpert.

45 In seinem Dialog mit Tryphon reflektiert Justin, seine innere Entwicklung referierend, diese Probleme. Er ist der Überzeugung, daß die Philosophie ein hohes Gut darstellt und auch vor Gott wohlgefällig ist. »Nur die Philosophie führt uns zu ihm, bringt uns mit ihm in Verbindung« (II). Was aber die Philosophie wirklich sei und wozu sie dem Menschen geschenkt worden sei, bleibt den meisten Menschen verborgen, sonst wäre es nicht möglich, daß es, obwohl die Philosophie nur eine ist, so viele philosophische Richtungen gibt, die ihn alle nacheinander enttäuscht hatten. In dieser seelischen Verfassung stieß er auf den Platonismus, von dessen Ideenlehre und der Möglichkeit, in kurzer Zeit Gott zu schauen, was »das Ziel der Philosophie Platons ist« (II), er besonders fasziniert war. Um das zu erreichen, zieht er sich zurück, trifft aber in der Einsamkeit einen Greis, der ihn mit seinen Fragen erneut verunsichert, und dabei das unterscheidend Christliche zur Sprache bringt. Nicht Justins Verständnis, Philosophie sei »das Wissen vom Sein und die Erkenntnis des Wahren; das Glück aber der Lohn dieses Wissens und dieser Wahrheit« (II) und »Gott sei das, was immer als dasselbe und auf dieselbe Weise beharrt und die Ursache des Seins für die anderen gewesen ist« (III), stellt sein Gesprächspartner in Frage. Er wirft vielmehr das Problem auf, wie die Philosophen zu einer wahren Aussage von Gott kommen könnten, ob sie solches allein mit der Vernunft leisten können, »da sie doch kein Wissen von ihm besitzen und ihn auch niemals gesehen oder gehört haben« (IV). Noch ein letztes Mal versucht Justin mit Berufung auf Plato zu antworten. Der menschliche Geist sei solcherart, daß wir bei entsprechender Lebensführung das Sein selbst schauen könnten; die Seele sei mit Gott verwandt, sie sei selbst etwas Göttliches oder ein Teil des göttlichen Geistes. Dem entgegnet der Greis kategorisch und nüchtern, daß Seele, Leib und Welt einen Anfang ihres Daseins hätten und in keinem Fall unsterblich sind wie Gott. Um eine Antwort auf seine Fragen zu finden, verweist er Justin auf die Heiligen Schriften und die Lehren ›der Freunde Christi‹. »In ihnen fand ich die einzige zuverlässige und heilbringende Philosophie« (VIII).

46 In diesem Dialog zeichnet sich das Verhältnis von griechischer Philosophie und Christentum, wie Justin es sieht, klar ab. Die von der griechischen Philosophie und den Christen aufgeworfenen Probleme und Fragen sind die gleichen. Mit einer Antwort ist aber die Philosophie, die allein auf das menschliche Denken verwiesen bleibt, grundsätzlich überfordert. Verläßliche Antworten auf letzte Fragen des Menschen können nur von Gott her gegeben werden; das ist durch die Propheten und durch Christus geschehen. Die hellenistische Philosophie bleibt also grundsätzlich hinter ihrer ursprünglichen religiösen Zielsetzung zurück; was sie nur versprechen kann, das leistet das Christentum, und deshalb ist das Christentum die wahre Philosophie.

Auf solche Weise gelingt es Justin, die Philosophie – und die eigene philosophische Herkunft – in das Ganze zu integrieren. Das Wissen wird vom Glauben aufgenommen und diesem zugleich untergeordnet. Die Verhältnisbestimmung von Glauben und Wissen – sie bleibt ein zentrales Problem des mittelalterlichen Denkens – hat damit eine erste Gestalt angenommen, die aus dem damaligen Selbstverständnis von Philosophie und Christentum verständlich ist, dem Problem als solchem aber noch bei weitem nicht gerecht werden konnte.

2. Die vermittelnde Funktion des Logos

Die mehr formale, sich wie Frage und Antwort verhaltende Zuordnung 47
von Philosophie und Christentum wird im Innersten vom Logos getragen und gewährleistet, in ihm liegt dem Begriff und der Sache nach der Einheitsgrund dafür, daß Glauben und Denken nicht auseinanderfallen und zu Gegensätzen werden. Die Spekulation über den Logos steht deshalb mit guten Gründen im Mittelpunkt von Justins Denken.

Gott ist ohne Anfang und Ende, ohne Gestalt und Namen. Der Logos ist Gottes ›Erstgeborener‹, selber Gott, aber doch numerisch verschieden; Schöpfung, Offenbarung und Heil geschehen durch den Logos. In Christus ist der ganze Logos (pás lógos) Mensch geworden. Deshalb ist das Christentum im Besitz der vollen Wahrheit. Damit ist aber nicht gesagt, daß es außerhalb des Christentums überhaupt keine Wahrheitserkenntnis gäbe, aber alle Wahrheit bleibt auf den Logos bezogen. Diese vor- und außerchristliche Verbindung mit dem Logos wird zum einen durch den Gedanken hergestellt, daß alle Menschen durch die Vernunft, in unterschiedlichem Maße, am Logos teilhaben. Justin bedient sich für diesen Sachverhalt eines in der Stoa gebrauchten Begriffs und spricht vom Samen oder Keim des Logos (sperma tou logou). Daß sich selbst die Dichter und Philosophen häufig widersprechen, hat seinen Grund darin, daß eben auch sie den ganzen Logos noch nicht kannten. Was immer sie aber an Wahrheit erkannten, verdanken sie dem Logos (Apologia II 10).

Neben dem inneren Zusammenhang zwischen griechischer Philoso- 48
phie und Christentum gibt es nach Justin noch einen äußeren. Er war wie Philon davon überzeugt, daß die mosaischen Schriften den Griechen bekannt waren: »Die Lehre von der sittlichen Freiheit hat Plato von Moses entnommen, wie denn jener das ganze Alte Testament gekannt hat; ferner stammt alles, was Philosophen und Dichter über die Unsterblichkeit der Seele, über die Strafen nach dem Tode, über die Betrachtung der himmlischen Dinge und ähnliches gesagt haben, ursprünglich von den jüdischen Propheten her; von diesen aus sind überallhin Samenkörner der Wahrheit gedrungen, wenn auch durch ungenaue Auffassung derselben Widerstreit unter den Ansichten entstanden ist« (Apologia I 44). Aus dieser doppel-

ten Rückbindung der Erkenntnis an den Logos, der in Christus Mensch geworden ist, wird der universalchristliche Anspruch Justins einsichtig: Alles, was je an Wahrheit erkannt wurde, ist dem letzten Ursprung nach christlich (Apologia II 13).

Diese erkenntnistheoretische Position hat eine heilsökonomische Entsprechung, und sie scheint für Justin das eigentlich Bedrängende und deshalb Entscheidende gewesen zu sein: Alle, die nach dem Gesetz des Logos gelebt haben, Abraham ebenso wie Sokrates, waren Christen, das heißt aber für ihn, sie sind durch Christus gerettet (Apologia I 46).

49 In dieser Deutung der Wirklichkeit zeichnen sich bei Justin erste Umrisse einer Geschichtsphilosophie ab. Der Wahrheit begründende und Heil wirkende Logos wird von den Dämonen gehaßt und bedrängt. Auch an diesem Geschick haben die Menschen in dem Maße, in dem sie den Logos besitzen, teil. So gesehen sind etwa Heraklit und Sokrates nicht nur anonyme Christen, sondern auch christliche Märtyrer (Apologia I 46). Was die Geschichte der Philosophie und aller Menschen schon immer bestimmte und lenkte, setzt sich kontinuierlich in das Christentum hinein fort und kommt dort zu seiner vollen Entfaltung: die Verbindung mit dem Logos. Deshalb ist das Christentum die wahre Philosophie.

Literatur

Skarsaune 1988

II. Clemens von Alexandrien

Leben und Werke

50 Vermutlich in Athen zwischen 140 und 150 geboren, stammt Titus Flavius Clemens aus einer heidnischen Familie. Nach ausgedehnten Reisen durch verschiedene Mittelmeerländer läßt er sich schließlich in Alexandria als freier Lehrer nieder. Während der Verfolgung des Jahres 202 verließ er Ägypten; vor 215 starb Clemens in Kleinasien.

Auch seine geistige Biographie impliziert eine für die Apologeten charakteristische Aussage über das Verhältnis der Philosophie zum Christentum. Als Philosoph immer wieder enttäuscht, findet er schließlich zum Platonismus und durch diesen zum Christentum (Stromateis V 133, 7). Damit ist jene Sicht des Problems angesprochen, die gerade in Alexandrien, dieser für alle geistigen Bewegungen der Spätantike offenen Stadt der Wissenschaften, bereits eine Tradition hatte. Schon Philon hatte griechische Philosophie und mosaisches Gesetz in einen fruchtbaren Dialog gebracht und beide aus einem einheitlichen Ursprung heraus gedeutet. Clemens denkt diesen Gedanken auf Christus und das Christentum hin weiter. Was das Gesetz für die Juden, das ist die Philosophie für die Heiden: Erziehung auf Christus hin, d.h., auch die antike Paideia hat ihren angestammten Ort auf dem Weg der Heiden zum Christentum.

Obwohl mehrere Schriften von Clemens verloren gegangen sind, ist 51
seine als fortschreitende Einführung in das Christentum konzipierte Trilogie, die wohl als sein Hauptwerk gelten kann, erhalten: (1.) ›Mahnrede an die Heiden‹ (Protreptikos pros Hellenas); in den Kapiteln 2–5 argumentiert Clemens gegen die Lehren der griechischen Philosophie über das Wesen Gottes, die er dann in den Kapiteln 6–9 ebenso wie die der Propheten auch wieder anerkennt, da der Anruf Gottes an alle ergeht. Die überlieferten Religionen sollen aber verlassen und der allein den Menschen Heil bringende Christus soll als Logos verehrt werden. Während der (2.) ›Paidagogos‹ (Der Erzieher) Christus als Erzieher der Menschen darstellt, kommt dem letzten Werk (3.) ›Stromateis‹ (Teppiche) philosophiegeschichtlich innerhalb der Trilogie die größte Bedeutung zu. Der Titel ›Stromateis‹ ist die in der Antike übliche Bezeichnung für ein Sammelwerk, das ohne systematische Absicht entstanden ist. Hervorzuheben ist die Thematisierung des Verhältnisses von griechischer Philosophie und Christentum (Buch I) mit der Begründung der Überlegenheit des christlichen Glaubens. Besonderes Interesse verdienen die Erörterungen über die Gnosis, das Verhältnis der kirchlichen zur häretischen Gnosis (Buch III und IV) sowie der echten Gnosis zum christlichen Glauben (Buch V). Diese für die damalige Zeit zentralen Themen werden von Clemens ausführlich begründet und dokumentiert, so daß die Schrift neben der ›Praeparatio evangelica‹ des *Eusebius* eine der reichsten Quellen für sonst verlorene Texte griechisch-antiker Literatur ist.

1. Vernunft und Offenbarung

Die Frage nach dem Verhältnis von Philosophie und Theologie ist für Cle- 52
mens nicht nur ein theoretisches Problem. Er ist davon unmittelbar betroffen, da man ihm offensichtlich seine Hochschätzung der griechischen Philosophie zum Vorwurf machte (Stromateis I 1; 18, 2–3). Die Philosophie, so der Einwand, sei für einen Gläubigen überflüssig, da der Glaube allein für das ewige Heil genüge und die wahre Philosophie deshalb das Christentum sei (I 9). Die äußerste Zuspitzung der antiphilosophischen Grundhaltung fand ihren Ausdruck in der These, die Philosophie sei eine Erfindung des Teufels (I 16; 80,5). Im 11. Jahrhundert wird *Petrus Damiani* diese Position erneut einnehmen. Wie schon bei Justin geht es bei dieser Behauptung nicht um irgendwelche erkenntnistheoretischen Fragen formaler Art. Es

geht um das Heil der Menschen. Die Philosophie wird unter diesem Aspekt in Frage gestellt. Mit größter Entschiedenheit weist Clemens den Gedanken zurück, die Philosophie sei eventuell eine Erfindung des Teufels. Die Philosophie ist von Gott gewollt und deshalb gut, sie führt den Menschen zur Tugend; schlechte Menschen befassen sich nicht mit Philosophie (VI 17; 159, 7–8). Selbst unter dem Gesichtspunkt des Heiles und damit des Christentums ist sie nicht indifferent, es kommt ihr durchaus eine heilsgeschichtliche Aufgabe zu. Die griechische Philosophie war für die Heiden ein Erzieher auf Christus hin (I 28, 3). Ihre Wahrheitsquelle war die Vernunft, durch die Gott sie mittels einer natürlichen Erleuchtung führt (Protreptikos VI 68, 2; 52,2; Stromateis VI 3–8; 42,1).

53 Clemens sieht zwischen natürlicher Vernunft und Altem Testament eine fast gleichrangige Parallelität; den Propheten des Alten Testamentes entsprechen die großen Philosophen. Beide sind gottgewollt und führen auf Christus hin. Wie Justin ist Clemens der Überzeugung, daß die Philosophie ihre tiefsten Einsichten über Gott dem Alten Testament entnommen hat. Wie immer die von alttestamentlichem Einfluß unabhängige Leistung der Philosophie einzuschätzen ist, Clemens spricht ihr, wiederum ähnlich wie Justin, auch die Rechtfertigung dessen zu, der aus der erkannten Wahrheit heraus ein rechtschaffenes Leben führt (I 20; 99, 3. I 4–5; 25–32). Clemens vergleicht die Geschichte der Wahrheit mit zwei Strömen, die sich beide in der christlichen Offenbarung vereinigen, sie ist das alleinige Flußbett der Wahrheit, »in das die Zuflüsse von allen Seiten münden« (I 5; 29, 1). Im Hintergrund dieses Bildes steht jene Logos-Spekulation, die von Philon über Justin zu Clemens führt. Im Logos ist die ganze Wahrheit erschienen und in ihm müssen sich die in den verschiedenen Philosophien zerstreuten Körner der Wahrheit zum Ganzen sammeln. Nur der Glaube ist dazu fähig (I 13; 57,7).

54 Damit erhebt sich aber die Frage, in der offensichtlich die Meinung vieler, vor allem weniger gebildeter Christen sich artikulierte, ob trotz dieses hohen Stellenwertes der Philosophie in den vorausgegangenen Jahrhunderten diese mit dem Christentum nicht doch überflüssig geworden sei. Clemens begegnet diesem Einwand noch einmal mit dem Hinweis auf die zum Christentum hinführende Funktion der Philosophie. Nicht nur im geschichtlichen Nacheinander, sondern auch im Nebeneinander der Gleichzeitigkeit kommt der Philosophie diese Aufgabe zu, und zwar denjenigen gegenüber, die durch Vernunftbeweise zum Glauben kommen (I 5; 28, 1. vgl. I 2; 20,2–4). Clemens geht noch einen Schritt weiter. Und hier zeichnen sich erste Ansätze für eine gewisse Eigenständigkeit der Philosophie im Rahmen des Christentums ab, in deren Gefolge wissenschaftliche Theologie möglich wird. Die Philosophie hat auch für die, die schon Christen sind, Bedeutung und Nutzen. Denn erst durch die Philosophie wird der Christ instand gesetzt, seinen Glauben zu verantworten; nur wenn zur Weisheit des Glaubens die Einsicht der Philosophie hinzu-

kommt, ist der Christ gerüstet, gegen die Sophisten seinen Glauben zu verteidigen (I 5; 28,4). Philosophieren ist ein gottgewollter Beruf, der allein schon durch den Nachweis der Nutzlosigkeit der Philosophie, falls sie das wäre, zu rechtfertigen sei (I 2; 19, 1). Hier deutet sich im Verständnis von Philosophie der mehr formallogische Aspekt, das argumentative Element an. In diesem Verständnis mündet die Philosophie nicht in das Christentum ein, um darin wie ein Teil im Ganzen aufzugehen und überboten zu werden, sie wird vielmehr zu einem Faktor, der mit dem Glauben zusammenarbeitet. Die Vereinbarkeit von Christentum und Philosophie sieht Clemens von Gott her gewährleistet, beide sind auf ihn zurückzuführen. Im Menschen selbst sind Glauben und Wissen nur vom jeweiligen Objekt her verschieden benannte Ausrichtungen einer einzigen geistigen Tätigkeit, der ›phronesis‹. In Bezug auf die ersten Ursachen heißt die Tätigkeit Denken (noesis), auf dem Weg über den von Gründen getragenen Beweis wird dieses Denken zur Erkenntnis (gnosis), Weisheit (sophia) und Wissenschaft (episteme). Wenn sich die geistige Tätigkeit des Menschen auf Gegenstände der Frömmigkeit richtet und Lehren Gottes annimmt ohne argumentativ gewonnene Vernunfteinsicht in den Sachverhalt, dann nennt man das Glaube (pistis). Mit dem Blick auf die sinnfälligen Dinge spricht man von richtiger Meinung (doxa orthe), Kunst (techne) nennt man sie im Handwerk. Als Erfahrung (empeiria) erweist sich die geistige Tätigkeit, wenn sie sich, ohne nach den letzten Gründen zu fragen, an die überkommenen Regeln hält (VI 17; 155,3).

Glaube und Vernunft versteht Clemens also als je verschiedene Betätigung eines einzigen menschlichen Vermögens, der Phronesis. In materialer Hinsicht steht der Glaube höher als das Wissen und ist zugleich das Kriterium der Wahrheit, und zwar deshalb, weil in ihm der Mensch nicht vom Menschen, sondern »von Gott gelehrt« wird (I 98,4). Vom Glauben her läßt sich bei den Philosophen Wahres und Falsches unterscheiden, denn sie hatten ja nie die ganze Wahrheit erkannt (VI 7). Gleichwohl ist Clemens überzeugt, daß sich bei den griechischen Philosophen nicht viel für das Christentum Unannehmbares findet, wenngleich hier der Glaube die Teilwahrheiten systematisch zusammenfassen kann. Lediglich *Epikur* nimmt er als Atheisten aus (I 1); ihn habe auch Paulus mit seiner Verwerfung der Philosophie als Weisheit dieser Welt im Auge gehabt. Verglichen mit den Einsichten der Philosophie ist der Glaube eine Vorwegnahme (prolepsis) – diesen Begriff übernimmt Clemens von Epikur – von Wahrheiten, die die Vernunft noch nicht kennt; dadurch wird der Glaube zu einem Licht, das die Vernunft zu weiterer Einsicht führt (II 4; 16,3). Der Glaube ist ein Vorbegriff, der völlig freiwillig angenommen wird, er ist aber kein Letztes, sondern Voraussetzung und Möglichkeitsbedingung für die Einsicht in den Glauben, die mehr ist als der Glaube. Das spätere »credo ut intelligam« deutet sich hier an; schon Clemens beruft sich in diesem Zusammenhang auf das Schriftwort: »Wenn ihr nicht glaubt, werdet ihr nicht einsehen« (Isaias 7,9). Alle christliche Spekulation hat den Glauben als Basis und Ausgangspunkt der Wahrheitserkenntnis (II 2; II 6). Der Glaube wird durch die Glaubenserkenntnis, die mehr ist als der Glaube, vollendet (VI 14; 109, 1. VII 10; 55). Der Gnostiker ist deshalb der vollkommene Gläubige (IV 21; 130, 1).

56 Mit dieser Konzeption grenzt sich Clemens unmißverständlich und entschieden von jenem heterodoxen Gnostizismus ab, der am Rande zwar christliche Elemente einbezieht, dessen theosophische Spekulation im wesentlichen aber mythologisch ausgerichtet ist und deshalb geradezu einen Gegensatz zum christlichen Glauben darstellt. Andererseits greift er aber das Erkenntnisstreben der spätantiken Philosophie auf und zeigt, daß es im Zentrum der christlichen Glaubenserfahrung zur allein adäquaten Entfaltung kommt. So liegt bei Clemens eine genuin christliche Gnosis vor, auch wenn neuplatonische Einflüsse nicht zu übersehen sind. Wie die eigentliche und wahre Philosophie das Christentum ist, so ist die wahre Gnosis jene, welche vom christlichen Glauben ihren Ausgang nimmt. Der wahre Gnostiker ist deshalb der vollkommene Christ und umgekehrt. Damit verlängert sich vollendetes Christsein in die Dimension der Mystik hinein.

2. *Aporie des Skeptizismus*

57 Neben dieser Denkbewegung, die mit der Philosophie anhebt, in den christlichen Glauben einmündet und durch Gnosis diesen Glauben noch einmal übersteigt, finden sich bei Clemens auch Reflexionen rein rationaler Art. Hier stößt man auf eine zwar sehr kurze, aber logisch versierte Auseinandersetzung mit dem Skeptizismus (VIII 1–8). In dem Arzt *Sextus Empiricus*, der in etwa zur gleichen Zeit in Alexandrien lebte, hatte diese philosophische Richtung einen markanten Vertreter. In seiner grundlegenden Schrift ›Grundriß der pyrrhonischen Skepsis‹ (Pyrrhoneae hypotyposeis) – es ist die wichtigste Quelle für die pyrrhonische Skepsis – wendet er sich mit Entschiedenheit gegen die Dogmatiker, d.h. gegen Philosophen, die eine Lehre vertreten, insbesondere gegen jene, die die Existenz einer erfahrungsjenseitigen Wirklichkeit aufweisen wollen (Ricken 1988, S. 186–190). Die Anhänger Pyrrhos propagieren den allgemeinen Zweifel und verlangen, man solle sich jeden Urteils enthalten (epoche). Clemens weist diese Position zurück, indem er ihre innere Widersprüchlichkeit aufzuzeigen sich bemüht. Wenn die Behauptung ›nichts ist gewiß und wahr‹ zutrifft, dann ist dieser Satz zumindest wahr und damit die Aussage selbst, nämlich nichts sei gewiß und wahr, falsch. Räumt der Skeptiker aber ein, dieser Satz sei nicht wahr, dann darf er ihn auch nicht aufstellen. Der generelle Zweifel ist in sich unmöglich, weil er für sich beansprucht, was er grundsätzlich negiert (St VIII 5; 16, 3). Wenn die vom Skeptiker zu for-

dernde Enthaltung von der von ihm postulierten Epoche auch noch kein Beweis für wahre Erkenntnis ist, so eröffnet sie doch die Möglichkeit, der Mensch könne etwas als wahr erkennen (VIII 16, 1). In der Lehre vom Beweis, Clemens schließt sich dabei eng an Aristoteles an, zeigt er dann positiv den Weg, wie der Mensch zu wahrer Erkenntnis kommt. Während beim Schlußverfahren aus zwei bekannten Prämissen in der conclusio eine bis dahin nicht bekannte Wahrheit gewonnen wird, das Maß der Gewißheit der Prämissen bestimmt die Gewißheit des ganzen Syllogismus, verfährt die Analyse umgekehrt, sie sucht nach den ersten evidenten Sätzen.

3. *Rationale Gotteserkenntnis und negative Theologie*

In der apologetischen Auseinandersetzung und auch der für das Christen- 58
tum werbenden Suche nach Gemeinsamkeit kommt der Frage nach Gott naturgemäß eine tragende Funktion zu. Bedingt durch das polytheistische Umfeld, steht dabei für Clemens nicht die Existenz Gottes, sondern der Monotheismus im Vordergrund. Wegen der Adressaten liegt der Akzent der Argumentation auf der rationalen Methode, Schriftaussagen werden mehr kontestierend als begründend miteinbezogen. Clemens geht von der Überzeugung aus, daß alle Menschen zu einer Idee Gottes kommen können, da die Möglichkeit, zu einem solchen Wissen zu gelangen, in der Weise einer prolepsis, als Vorwegnahme, den Seelen eingepflanzt ist (St V 133, 9). Da es sich dabei um eine natürliche Erleuchtung durch Gott handelt (Protreptikos VI 68, 1–3), steht diese Möglichkeit einer Gotteserkenntnis allen Menschen offen, den Griechen ebenso wie den Barbaren.»Alle Wesen gewinnen von allen Ausgangspunkten her eine Beziehung zu dem Vater und Schöpfer des Weltalls« (V 133, 7). Vor allem Philosophen, wie etwa Plato, die uns bei der Suche behilflich sein können, gelangen zu einem Begriff eines einzigen Gottes als Urgrund und Ziel der Welt (Protreptikos VI 68–72). Die Methode, die von allen Ausgangspunkten zurückführt zu dem ersten Prinzip, ist die Analyse, die via abstractionis (Stromateis V 71, 1–4). Bei der Erfahrung ansetzend, führt dieser Weg über die verschiedenen Abstraktionen zu einem rein geistigen Einen, das Raum und Zeit ebenso wie alle Erkenntnis übersteigt. Gott ist aber noch einmal »jenseits dieser Einheit«, wie Clemens, auch darin Philon folgend, formuliert (epekeina tou henos kai hyper auten monada; Paidagogos I 71,1). Da es keineswegs die Absicht von Clemens ist, eine systematische Gotteslehre zu entwerfen, sind Spannungen zwischen verschiedenen Aussagen zum gleichen Problem durchaus denkbar. Gleichwohl stehen diese Überlegungen zu rationalen Möglichkeiten einer Gotteserkenntnis nicht im Widerspruch zu seiner dezidierten Feststellung: »Gott ist unbeweisbar« (Stromateis IV 156, 1). Denn bei der positiven

Würdigung rationalen Bemühens geht es ja nur um den Weg, wie der Mensch zu der prolepsis, dem Vorbegriff ›Gott‹ findet, den er schon hat und den er aus sich nicht entwerfen kann. Das Dasein Gottes aber»wird nicht durch die beweisende Wissenschaft ergriffen; denn diese stützt sich immer auf vorher Vorhandenes und Bekannteres, nichts aber ist früher vorhanden als das Ungewordene« (V 82, 3). In diesem Verständnis des Beweisens, im Deduzieren aus der Kenntnis des Früheren auf das Spätere, aus der Kenntnis des Wesens auf die Existenz, läßt sich die Existenz Gottes nicht ableiten. Wir»erkennen nicht, was er ist, sondern, was er nicht ist« (V 71, 3). Gott ist»unsichtbar und unaussprechlich« (V 78, 3). Er steht über allen Kategorien (V 71, 5).»Und wenn wir ihm einen Namen geben, und wenn wir es, ohne den eigentlichen Sinn zu treffen, entweder Eines nennen oder das Gute oder Geist oder das Seiende selbst oder Vater oder Gott oder Schöpfer oder Herr, so bringen wir mit solchen Worten nicht seinen Namen vor, sondern verwenden in unserer Hilflosigkeit nur schöne Ausdrücke, damit unsere Vorstellung sich darauf stützen kann und nicht auf anderes abirrt« (V 82, 1). Es ist nicht zu übersehen, daß sich bei Clemens mit dem jüdisch-christlichen Gottesbild Vorstellungen Philons ebenso wie neuplatonisches und gnostisches Gedankengut vermischen, so daß seine Gotteslehre am Ende inhaltlich mit der philosophischen Theologie des Neuplatonismus nahezu identisch ist.

59 Wo er die negative Theologie verläßt, deuten sich christliche Elemente an; so wenn er einräumt, daß alle Namen, die als einzelne Gott nicht bezeichnen können, zusammengenommen »Hinweise auf die Macht des Allherrschers« (V 82, 2) sind. Genuin christlich ist natürlich das Bekenntnis, daß der unsichtbare und unbegreifliche Gott sich im Logos, in seinem Sohn geoffenbart habe und sich fortwährend in ihm offenbare. Der Logos ist»der wahre Lehrer über Gott« (V 1, 3). Deshalb ist die Offenbarung der Ausgangspunkt für die wahre Gnosis. Aber dieser spezifisch christliche Ansatz ist nur ein Aspekt seiner Logos-Spekulation, und noch nicht einmal der entscheidende. Sehr unterschiedliche, heterogene und am Ende inkompatible Vorstellungen versucht Clemens unter dem Begriff des Logos miteinander zu verbinden. Jede Art von Offenbarung in der Geschichte der Menschheit wird vom Logos her gedeutet, die Einsichten der Philosophen ebenso wie das Wort der Propheten, das in den heiligen Schriften seinen Niederschlag gefunden hat. Logos ist der Sohn Gottes im Prolog zum Johannes-Evangelium und der historische Jesus als Inkarnation des Wortes ebenso wie seine Lehre. Logos bedeutet aber auch die Allvernunft der Stoa und den Mittler zwischen Gott und dem All im Sinne Philons. Verglichen mit der eigentlich christlich-theologischen Dimension des Themas kommt der philosophischen Logos-Spekulation im Denken des Clemens ganz offensichtlich das größere Gewicht zu.

60 Diese Prädominanz neuplatonischer Philosophie zeigt sich auch in der Anthropologie. Ohne Vorbehalt übernimmt er den platonischen Dualismus mit der These von der Unsterblichkeit der Seele (V 91, 1) und der Dreiteilung der Seele in Denkkraft, Muthaftigkeit und Begehrungsvermögen (Paidagogos III 1, 2). »Da nun die Seele aus drei Teilen besteht, so ist die Denkkraft, die auch logisticon genannt wird, der innere Mensch, der über den sichtbaren Menschen hier herrscht; jenen selbst aber leitet ein anderer, nämlich Gott. Die Leidenschaft aber, die etwas Tierisches ist, wohnt nahe bei der Raserei; vielgestaltig ist aber das dritte, das Begehrungsvermögen, mehr noch als der Meergott Protheus veränderlich; es nimmt bald diese, bald jene Gestalt an und macht sich für Unzucht und Wollust und Schändung bereit« (ebd.).

61 Mit diesem Verständnis des Menschen sind bestimmte Grundstrukturen der Ethik vorentschieden. Hier steht Clemens vor allem unter stoischem Einfluß. Der vollkommene Christ ist der wahre Gnostiker, dieser aber ist charakterisiert durch die Merkmale, die den Weisen der Stoa auszeichnen. Obwohl Clemens daran festhält, daß alles von Gott geschaffen wurde und deshalb grundsätzlich gut ist (VI 16, 142, 1–4), gibt es unter den genannten philosophischen Einflüssen starke Tendenzen der Abwertung der Welt, des Leiblichen und der menschlichen Affekte. Wie für den Glauben die Gnosis Vollendung bedeutet, so ist für die Moral die Einsicht in die Gesetze und Gebote verlangt. Nicht Zwang oder Furcht dürfen das Handeln bestimmen, sondern die Evidenz des Guten. »Denn wenn wir nicht mit Überlegung handeln, so ist unser Tun unüberlegt und unvernünftig. Jede vernünftige Tat wird aber entsprechend dem Willen Gottes vollführt« (I 45,5).

5. Das Christentum als die wahre Philosophie

62 Es ist hier nicht darüber zu befinden, ob das Werk des Clemens seinem Ursprung nach insgesamt mehr christlich oder überwiegend philosophisch ist. Daß die Philosophie bei ihm eine große Rolle spielt und daß viele christliche Themen mehr philosophisch als christlich interpretiert werden, steht außer Frage. Seine Philosophie ist eklektisch und dem mittleren Platonismus zuzuordnen. Vor allem durch Philon, den er sehr oft zitiert, besteht eine starke Abhängigkeit vom alexandrinischen Judentum. Mit Justin, auf den er sich auch immer wieder beruft, teilt er die Intention und das Bemühen, das Christentum als die wahre Philosophie darzustellen. Selbst umfassend gebildet, legte er großen Wert auf eine gründliche wissenschaftliche Bildung der Christen, damit sie sich gegen die Angriffe heidnischer Gelehrter verteidigen könnten. Das Studium der Philosophie

war dafür naturgemäß grundlegend. Er war der erste, der das Fundament für eine selbständige christliche Wissenschaft legte. In der alten Kirche genoß Clemens bis ins 8. Jahrhundert hohes Ansehen.

Literatur

Méhat 1981

III. Origenes

Leben und Werke

63 Obwohl er sich selbst als kirchlichen Schriftsteller verstand – er gilt als der bedeutendste Theologe der griechischen Kirche –, kommt Origenes auch für die Entwicklung der patristischen Philosophie hohe Bedeutung zu. Gründliche und umfassende Kenntnisse der Schriften des Alten und Neuen Testamentes ebenso wie der griechischen Philosophie sind in seiner Person mit einer herausragenden systematischen Kraft des Denkens verbunden. In dem Bemühen, den Offenbarungsglauben spekulativ zu durchdringen und zu systematisieren, kommt es zu klaren Abgrenzungen, aber auch zu einer engen Verflechtung von Philosophie und christlichem Glauben. Mit Berufung auf die Biographie von Eusebius (Kirchengeschichte, Buch 6) wird von den meisten Forschern die These vertreten, daß wir über Origenes besser informiert sind, als über jeden anderen christlichen Schriftsteller vor ihm. Es gibt aber auch Stimmen, die zur Vorsicht mahnen, und die Historizität der dort überlieferten Fakten und Daten in Frage stellen. Das Werk des Eusebius gehöre zum Genus beginnender Hagiographie und trage im ganzen wie im einzelnen legendarische Züge. Auf Grund seiner formgeschichtlichen Untersuchung des Eusebiustextes kommt G. Wießner zu dem Ergebnis, es sei bisher völlig übersehen worden, daß Eusebius »selbst das subjektive Prinzip in der Auswahl des verwandten Materials ganz offen ausspricht. Leitender Gedanke ist ihm, an der Person des Origenes – im weitesten Sinn des Wortes – das Idealbild eines christlichen Philosophen und seine Bewährung in Zeitumständen zu schildern, die der Autor selbst durchlebt, so daß er sich in ihm wiederfinden kann« (zit. nach Berner 1981, S. 4f). Die allgemein tradierten biographischen Daten werden durch dieses Urteil in ihrer Historizität stark relativiert, als hermeneutisches Prinzip einer bestimmten Origenes-Auslegung haben sie jedoch im Sinne einer Wirkungsgeschichte ihre Geltung nicht verloren.

Origenes wurde etwa um 185 in Alexandria geboren und starb wahrscheinlich im Jahre 254 in Tyrus an den Folgen von Kerkerhaft und Folter während der im Jahre 249 beginnenden ersten allgemeinen Christenverfolgung. Zunächst von seinem Vater Leonidas unterrichtet, hatte er wohl Clemens an der Katechetenschule zum Lehrer. Nach dem Märtyrertod des Vaters (201/202) mußte er die dadurch in Not geratene Familie durch Grammatikunterricht versorgen. Im Jahre 215 ging er nach Cäsarea in Palästina, wurde aber 217 von Bischof Demetrios zurückgerufen, um die Leitung der Katechetenschule in Alexandria zu übernehmen, die er dann bis 230 leitete. In diesem Jahr wurde er auf einer Reise zum Presbyter ordiniert. Da das ohne Zustimmung seines Ortsbischofs und gegen die kanonischen Vorschriften geschehen war – er hatte sich in falscher Auslegung von Matthäus 19,22 selbst entmannt –, wurde er von Demetrios exkommuniziert. Da neben anderen auch die Kirche von Cäsarea dieses Urteil nicht anerkannte, konnte er dort eine der alexandrinischen ähnliche Schule gründen. Reisen nach Rom, Arabien, Palästina, Griechenland und Kleinasien trugen zu einer umfassenden Kenntnis der geistigen Bewegungen seiner Zeit bei. Seine philosophische Ausbildung erfuhr er im Umfeld des Ammonios Sakkas. Porphyrius überliefert, Origenes sei wie Plotin dessen Schüler gewesen und »führte sein Leben als Christ und gesetzeswidrig; in Bezug auf die Schulmeinungen über die Dinge und das Göttliche hat er aber hellenisiert und den fremden Mythen« – der Juden und Christen – »hellenischen Sinn unterschoben« (Kretschmar 1981, S. 29). Die Urteile über Origenes sind so widersprüchlich, daß die Forschung auch die Möglichkeit nicht ausschließt, es habe noch einen anderen Origenes, einen sonst wenig bekannten neuplatonischen Philosophen, gegeben. 64

Schon zu seinen Lebzeiten galt Origenes als einer der bedeutendsten Theologen der griechischen Kirche; gleichzeitig war kein Name im christlichen Altertum umstrittener als der seine. Orthodoxe Christen und Häretiker beriefen sich gleichermaßen auf ihn. Bald nach seinem Tod wurde seine Rechtgläubigkeit in Frage gestellt. Zwischen genuin origeneischem und origenistischem Denken ist sorgfältig zu unterscheiden. Umstritten wie die Person des Origenes ist auch die spätere Wirkungs- und Auslegungsgeschichte seines Werkes. In seinem Forschungsbericht unterscheidet U. Berner ›systematische‹, ›nicht systematische oder mystische‹ und ›vermittelnde Origenesdeutungen‹ (Berner 1981). Da auch die vermittelnden Auslegungen die gegensätzlichen Positionen von F.H. Kettler und H. Crouzel nicht überwinden konnten, macht sich Berner den methodischen Vorschlag von H. de Lubac zu eigen, »Origenes bei der Arbeit zu beobachten« (Berner S. 99), d.h., die einzelnen origeneischen Werke zunächst einmal textimmanent zu interpretieren und nicht von einem vorgegebenen Origenesbild her. 65

Das Werk des Origenes muß außerordentlich umfangreich gewesen sein, in der Mehrzahl handelte es sich um exegetische Schriften. Nur ein 66

Bruchteil ist erhalten geblieben, auch davon das meiste nicht im Urtext, sondern in lateinischer Übersetzung. Im Gesamtwerk des Origenes nimmt die Schrift ›Peri archon‹ ›De Principiis‹ (im folgenden zitiert: De Princ) eine besondere Stellung ein; ihr kommt auch für die Entwicklung der philosophischen Spekulation große Bedeutung zu. Die griechische Originalfassung dieses Werkes ist – einige Fragmente ausgenommen – nicht überliefert. In der lateinischen Übersetzung des Rufinus aus dem Jahre 398, der unter dem Aspekt der Rechtgläubigkeit durchaus korrigierend eingriff (Praefatio Rufini 3), trägt das Werk den Titel ›De Principiis‹. Der Begriff ›arche‹ ist nicht eindeutig, die häufig gewählte Übersetzung ›Grundlehren‹ oder ›Grundwahrheiten‹ stellt eine Verengung dar. Wie aus der Schrift selbst hervorgeht, verstand Origenes die archai im Sinne Platos ontologisch als die Grundprinzipien des Seins und Werdens, in zweiter Linie aber auch als Erkenntnisprinzipien, denen unter theologischem Gesichtspunkt die Grundwahrheiten des Christentums zuzurechnen sind.

67 Mit diesem Werk bietet Origenes den ersten Versuch einer spekulativ-systematischen Synthese der christlichen Glaubenslehre. In Auseinandersetzung mit der griechischen Philosophie, mit jüdischer Gotteserfahrung und häretischen Ausgliederungen seiner Zeit versucht er, ganz in der Linie von Justin und Clemens, das Christentum als die wahre Philosophie zu erweisen. Wegen der menschlichen Herkunft der Philosophie ist nur der Wahrheit zu glauben, die der kirchlichen Tradition nicht widerspricht; die in göttlichem Ursprung gründende apostolische Überlieferung ist Norm und Kriterium christlicher Spekulation (De Princ I Praefatio II). Es besteht kein Anlaß, an der Aufrichtigkeit dieser Absichtserklärung des Origenes zu zweifeln; ob es ihm aber gelungen ist, die Philosophie auf die Funktion der rationalen Durchdringung der geoffenbarten Wahrheit zu beschränken, ist eine andere Frage. Das System nämlich, nach dem er seine theologische Konzeption entwirft, dem er die Inhalte der apostolischen Tradition einordnet, ist nicht christlicher Offenbarung entnommen, sondern dem Platonismus seiner Zeit. Das Grundproblem des Einen und des Vielen sowie die neuplatonische Ausdeutung dieses Verhältnisses sind das philosophische Vorverständnis, der Denkhorizont, von dem her Origenes sein System christlicher Theologie entwirft, in das er in gewissem Maße die Daten des christlichen Glaubens einträgt. Dabei ist diese Verhältnisbestimmung zwischen dem Einen und dem Vielen nicht nur eine formale Ordnungsstruktur für das christliche Traditionsgut, sondern es sind damit inhaltliche Vorgaben verbunden, die wie selbstverständlich in die christlich-theologische Aussage miteinfließen. Daß zwischen einem formalen und bis zu einem gewissen Maße materialen philosophischen Apriori und den christlichen Inhalten Spannungen auftreten mußten, hatte vor seinen Gegnern und der Nachwelt schon Origenes selbst bemerkt.

Zwei Probleme stehen im Hintergrund. Zum ersten: Wenn die metaphy- 68
sische Deduktion die theologische Systematik bestimmt, muß heilsgeschichtliches Denken notwendigerweise zurücktreten, d.h., die heiligen Schriften müssen eine Tiefendimension haben, in der sich das konkret Geschichtliche ins Allgemeingültige hinein aufhebt. Zum andern hält Origenes an einer Verbalinspiration fest; die Schrift muß also immer wahr sein. Diese Forderung läßt sich jedoch nur aufrecht erhalten, wenn man nicht beim verbalen Verständnis stehenbleibt, das häufig einfach unannehmbar ist. Zur Lösung beider Probleme bedient sich Origenes der allegorischen Schriftauslegung, einer Methode, die bereits von Philon von Alexandrien für seine Pentateuch-Auslegung herangezogen worden war. Daß er diese Methode schon bei Paulus praktiziert fand, war für ihn gleichsam die theologische Legitimation für deren Anwendung. Für seine Lehre vom dreifachen Schriftsinn ist eine philosophisch-anthropologische Theorie unabdingbare Voraussetzung. In der platonischen Tradition werden im Menschen Leib, Seele und Geist streng unterschieden, und zugleich als aufsteigende Wertung verstanden. Der eigentliche Mensch ist der Geist, das logistikon. In Entsprechung hierzu teilt Origenes die drei Verständnisebenen der Schrift, die Schriftsinne, ein. Dem Leib (soma) entspricht der historisch wirkliche, der dramatische, eben der somatische Sinn. Er ist häufig nicht annehmbar. Es ist das die Ebene des einfachen Christen. Höher steht der moralische oder psychische Sinn der Schrift; er wird der Seele (psyche) zugeordnet und kennzeichnet die Vollkommenheitsstufe des Fortgeschrittenen. Die höchste Stufe nimmt der pneumatisch-mystische Schriftsinn ein. Dem Geist (pneuma) zugeordnet, ist er Sache der Auserwählten und Vollkommenen (De Princ IV, vor allem cap. 3). Mit dieser anthropologisch begründeten Allegorese wird noch einmal ein philosophisches Apriori zum hermeneutischen Prinzip, um einen rein theologischen Sachverhalt, die Inspiration und die darin gründende Irrtumsfreiheit der Schrift festhalten und verständlich machen zu können. Daß die heiligen Schriften dadurch beinahe beliebig interpretierbar werden, braucht kaum eigens erwähnt zu werden. Dieses Vorgehen wirkt seinerseits auf die vorausgesetzte Anthropologie zurück, indem ein Philosophumenon dadurch indirekt theologisch sanktioniert wird.

Am Ende der Praefatio zu De Principiis bringt Origenes seine syste- 69
matische Absicht unmißverständlich zum Ausdruck: »So kann man mit klaren und zwingenden Begründungen in den einzelnen Punkten die Wahrheit erforschen und, wie gesagt, ein organisches Ganzes herstellen aus Beispielen und Lehrsätzen, die man entweder in den heiligen Schriften gefunden oder durch logisches Schlußfolgern und konsequente Verfolgung des Richtigen entdeckt hat« (I, Praefatio 10).

2. *Die philosophische Grundstruktur von ›De principiis‹*

Wenn nachfolgend die Grundstruktur dieses Werkes in gebotener Kürze vorgestellt wird, soll der philosophischen Leitlinie besondere Aufmerksamkeit gelten.

a) Einheit und Vielheit

70 Unter diesem Gesichtspunkt verdient die Tatsache, daß Origenes mit dem Einen, mit Gott beginnt, um dann zur Vielheit abzusteigen, besondere Beachtung. Daß er sogleich die Aussagen der Schrift miteinbezieht und kirchliche Gegner zurückweist, mindert Gewicht und Auswirkung des philosophischen Ansatzes nicht. Einleitend arbeitet Origenes mit großem Nachdruck die Immaterialität und Geistigkeit Gottes heraus. Gott ist eine einfache geistige Natur, »die keinerlei Beifügung in sich zuläßt; sonst müßte man etwas Größeres und etwas Geringeres in ihm annehmen, so aber ist er in jeder Hinsicht eine Einheit und sozusagen eine Einsheit, so wie Vernunft und Quelle, aus der jegliche geistige Natur, jede Vernunft, ihren Ursprung hat« (I 1,6). Rufin hat in seine lateinische Übersetzung die griechischen Begriffe ›monas‹ und ›henas‹ übernommen. Dieser Doppelausdruck entspricht dem Gottesprädikat ›monos kai heis‹ bei Philon und ist im Umfeld des mittleren Platonismus zu sehen mit der Definition Gottes als ›monas‹ oder ›hen‹. Mit der Geistigkeit Gottes ist unmittelbar seine Transzendenz gegenüber der materiellen Welt gegeben. Daraus ergibt sich für Origenes, daß »Gott in Wahrheit unbegreiflich und unermeßlich ist« (I 1,5). Unter Heranziehung von Motiven aus dem platonischen Höhlengleichnis führt Origenes den Nachweis, daß der Grund für die Unerkennbarkeit Gottes in der Tatsache zu sehen ist, daß unsere Vernunft (mens) »in den Kerker (claustra) von Fleisch und Blut eingeschlossen und entsprechend ihrer Teilhabe an diesem Stoff stumpf und träge geworden ist« (I 1,5). Wenngleich also die menschliche Vernunft das Wesen Gottes – ipsum deum sicut est – nicht erfassen kann, so erkennt sie doch den »Vater des Alls aus der Pracht seiner Werke und der Schönheit seiner Geschöpfe« (I 1,6), ein Gedanke, der zum Gemeingut der Stoiker zählt, aufgrund von Römer 1, 20 aber auch bei den Christen geläufig ist. Trotz der Unerkennbarkeit Gottes gibt es auf diesem Weg einen vom Menschen erkennbaren Zusammenhang zwischen der Welt und Gott als dem notwendigen Ursprung von allem – principium omnium (I 1,6) –, was ist. Der sich darin andeutende Ansatz einer Gotteserkenntis per analogiam gewinnt aber bei Origenes noch keinerlei Bedeutung. Konsequenterweise gibt es für den Menschen keine adäquaten Bezeichnungen, mit denen er von Gott reden könnte. Das besagt jedoch nicht, daß der Mensch über Gott überhaupt nicht sprechen könnte. Unter Absehung von allen materialen Eigenschaften kommt er zu negativen Aussagen. Positiv lassen sich Aussagen über rein geistige Sachverhalte im Superlativ auf Gott anwen-

den; so kann man etwa sagen, Gott ist, in dem Sinne, daß er jenseits von Sein und Wesen ist (Contra Celsum VI 64 und 65; VII 38).

Außer Gott verdankt sich alles, was existiert, seinem schöpferischen Willen (Princ I 1,2). Der Zusammenhang zwischen dem trinitarisch verstandenen Einen und der Welt als dem Vielen wird durch den Logos begründet und aufrechterhalten. Als Sohn Gottes ist der Logos die subsistierende Weisheit Gottes selbst; außerhalb jedes denkbaren Anfangs ist er von Gott gezeugt (I 2,2). Gott ist »eins und einfach« (hen estin kai haploun); unser Erretter aber wird wegen des Vielen Vieles (dia ta polla ... polla genetai), weil Gott ihn zum Ursprung und Heilmittel der ganzen Schöpfung gemacht hat (In Joh. I 22). Im Logos, in dem selbständigen Sein der Weisheit, »waren nun alle Kräfte und Gestaltungen für die künftige Schöpfung enthalten, sowohl für die primär seienden, als auch für die sekundär zufällig entstehenden Dinge, (Gestaltungen), die durch die Kraft des Vorherwissens vorgeformt und angelegt waren« (Princ I 2,2). In der mehr beiläufig und wie selbstverständlich eingefügten Differenzierung zwischen den primär seienden Dingen, den geistigen Substanzen, und den materiellen Substanzen als den zufällig und sekundär entstehenden Dingen zeichnet sich schon auf dieser Ebene des Entwurfs das innere Gefälle der Schöpfung ab. Mit dem Gedanken, daß der Logos die intelligiblen Urbilder der Schöpfung, den kosmos noetos, enthält, steht Origenes zwar in der Tradition Philos und der Platoniker. Von der »Ideenwelt der Griechen« als einer getrennt von Gott existierenden, selbständigen Wirklichkeit distanziert er sich aber mit Nachdruck (II 3,6). 71

Gott ist aber nicht nur durch den Logos der Schöpfer von allem. Sein unveränderliches Wesen und seine Allmacht fordern darüberhinaus, daß er ewig Schöpfer sein muß, daß ewig geschaffene Wesen existieren müssen, »daß alle Gattungen und Arten immer waren« (I 4,5). Dieser mit Gott gleich wesentliche und deshalb ewige Schöpferwille (II 9,1) bezieht sich jedoch nur auf den Logos und damit auf das geistige Sein. In ihm »liegt vom Ursprung an potentiell die Gesamtheit der völlig gleichartigen Geister« (Görgemanns und Karpp 1976, S. 18). Die konkrete Welt ist nicht ewig, das wäre in sich unmöglich, da sie ja einen Anfang hat und Werden und Vergehen unterworfen ist (III 5,1); aber es hat früher Welten gegeben, und es wird später Welten geben (III 5,3). Mit diesen Gedanken steht Origenes offenkundig unter stoischem Einfluß; ausdrücklich wendet er sich aber gegen die Ansicht derer, »die behaupten, die Welten wären einander gleich« (II 3,4). Durch eine solche These würde die Willensfreiheit in Frage gestellt, der im System des Origenes tragende Funktion zukommt. Denn die Sukzession der verschiedenen Welten wird von ihm als durch Abfall und Rückkehr freier Vernunftwesen verursachter Prozeß verstanden. 72

Am Ursprung dieser Überlegungen stehen zwei Probleme: die Vielheit und die Frage nach dem Bösen (II 9). An dem »gedachten Beginn« der 73

Schöpfung »rief Gott durch seinen Willen eine solche Zahl von Vernunftwesen ins Dasein, wie er durchwalten konnte« (II 9,1). Diese Einschränkung von Gottes Macht hat ihren Grund in dem philosophischen Gedanken, daß das Unbegrenzte seinem Wesen nach nicht umfaßbar sei, und in der Aussage der Schrift, alles sei mit Maß und Zahl geschaffen. Die Vernunftwesen »werden geschaffen, nachdem sie vorher nicht waren«; sie erhielten dadurch »notwendigerweise ein wandelbares und veränderliches Sein«; »daß sie sind, ist also nicht ihnen eigen und nicht ewig, sondern Gabe Gottes« (II 9,2). Diese Formulierungen umschreiben den Sachverhalt einer creatio ex nihilo. Mit der Behauptung, Origenes habe keine Schöpfung der Vernunftwesen aus dem Nichts gelehrt, werden allerdings Bedenken gegen die Echtheit dieses oben zitierten Satzes vorgetragen (Görgemanns und Karpp 1976, S. 405, Anm. 7).

74 Daß Gott aber der Schöpfer des Alls ist, ist unbestritten. Er ist gut, gerecht und allmächtig. Als er schuf, was er schaffen wollte, nämlich die Vernunftwesen, hatte er dafür keinen anderen Grund, als seine Güte. Da es in ihm selbst »keine Verschiedenheit, keine Veränderlichkeit und kein Unvermögen« (II 9,6) gibt, schuf er alle Wesen gleich und ähnlich – aequales ac similes. Es wäre widersinnig, demselben Schöpfer »wesensverschiedene Gattungen von vernünftigen Geschöpfen« (I 8,2) zuzuschreiben. Die Ursache für die Verschiedenheit liegt in der Fähigkeit der freien Entscheidung. Die Willensfreiheit regte einen jeden »entweder zum Fortschritt durch Nachahmung Gottes an oder zog ihn zum Abfall durch Nachlässigkeit« (II 9,6). Die Intelligenzen sollten dadurch befähigt werden, daß »in ihnen ein ihnen eigenes Gut entsteht« (II 9,2). Damit zeichnet sich zugleich der Weg für die Lösung des Theodizeeproblems ab. Die Differenz von Gut und Böse ist im Grunde nur eine Variante der Verschiedenheit als solcher. Es gibt kein böses Urprinzip, wie die häretischen dualistischen Gnostiker behaupteten, das der Schöpfer dieser Welt wäre und dem der gute Gott des Neuen Testamentes gegenüberstünde. Die These, »die geistigen Naturen seien verschieden und stammten daher von verschiedenen Schöpfern, sowohl im Himmel wie auch unter den Menschen« (I 8,2), wird als absurd und gottlos verworfen. Das Schlechte ist nicht (to ouk on, In Joh. II 7); es besteht im Fehlen des Guten: »certum namque est malum esse bono carere« (II 9,2).

75 An zentraler Stelle in der Vermittlung zwischen Einheit und Vielheit fungiert also der Gebrauch der Freiheit. Reale Vielheit und Verschiedenheit sind Folge von Verdienst und Schuld der reinen Intelligenzen; sie werden zu Engeln, zu Menschenseelen und Dämonen. Gott verdanken sie nur immer, daß sie sind; wie sie sind, ist in dem Gebrauch bzw. Mißbrauch ihrer Freiheit begründet (I 8,4). Darin wiederum liegt die Ursache, »die der Schöpfer des Alls zum Anlaß nahm, um entsprechend der Verschiedenheit der Intelligenzen … eine mannigfache und vielfältige Welt zu schaffen« (II 9,2). Aber auch hierbei ist als Strukturprinzip der Gedanke

der Einheit greifend, denn er vereinte die Verschiedenheit der Intelligenzen zur Harmonie einer Welt« (in unius mundi consonantiam; II 9,6). Die geistigen Bewegungen bleiben verschieden, aber zusammen machen sie »Fülle und Vollkommenheit der einen Welt aus« (II 1,2); die »geistige Verschiedenheit führt zu dem einen Ziel der Vollkommenheit« (II 1,2).

b) Freiheit: Menschsein als Sündenfolge

76 Origenes entwirft eine als Abfall, als Entfernung von Gott zu verstehende Hierarchie der Geister. Vierfach abgestuft sind die himmlischen Intelligenzen: Engel, Mächte, Throne und Herrschaften, denen je abgestufte Ämter und Funktionen zugeordnet werden. Ihnen ist eine Ordnung der bösen Geister entgegengesetzt (I 8,4). Die Seelen der Menschen stehen zwischen Engel und Dämonen. Sie haben sich nicht so weit von Gott entfernt, daß sie Dämonen wurden; ihre Verfehlungen waren aber doch so groß, daß sie die Einkerkerung in einen Körper verdienten.

77 Damit ist die Grundentscheidung für die Anthropologie des Origenes gefallen. Streng genommen sollte es den Menschen gar nicht geben. Daß es ihn trotzdem gibt, ist Abfall, Folge von Schuld. Ein präexistenter reiner Geist degeneriert zu einer Seele, d.h. zu einem leibgebundenen Geist, so daß der konkrete Mensch aus Leib und Seele besteht (III 5,4). Dieser Prozeß des Abfalls ist aber reversibel, und darin zeichnet sich die Gesamtkonzeption des Origenes klar ab: »Der Nus wird durch seinen Fall zur Seele, und die Seele wiederum wird, wenn sie mit Tugenden ausgestattet ist, zum Nus« (II 8,3). Damit lassen sich auch die geistigen und sittlichen Unterschiede unter den Menschen verständlich machen. Sie rühren von dem je unterschiedlichen Ausmaß des Abfalls von Gott her (II 8,4).

Aber auch in der Gefangenschaft eines Leibes verliert der Geist seine wesentlichen Eigenschaften nicht. Die Seele ist einfach, unkörperlich und unsterblich; auch hat sie noch wie der Geist den Vorrang vor der gesamten Körperwelt (I 1,7). Der Geist ist mit Gott verwandt (I 1,7). Dadurch ist er befähigt, etwas von der Natur der Gottheit wahrzunehmen, »vor allem wenn er besonders rein und von körperlicher Materie abgeschieden ist« (maxime si expurgatior ac segregatior sit a materia corporali; I 1,7). Gerade die Fähigkeit, Übersinnliches zu erkennen, ist ein Beweis für die wesenhafte Geistigkeit der Seele. Daß die Verbindung der Geistseele mit einem Leib nicht der Natur des Geistes entspricht, ist offenkundig. Über die Art, wie diese Verbindung zu denken sei, hat Origenes keine Klarheit gewinnen können (III 4,1–5).

78 Für die Interpretation der gesamten Wirklichkeit durch Origenes ist es besonders charakteristisch, daß Sünde und Erschaffung dieser konkreten Welt in kausalem Zusammenhang stehen. Um die Seele in angemessener Weise, nämlich durch Einkerkerung in einen Leib, bestrafen zu können, mußte Gott diese Welt erschaffen. »Gott schuf nun die gegenwärtige Welt, und er fesselte die Seele an den Körper zu ihrer Bestrafung« (I 8, Anhang

I, Nr. 2). Da aber Gott nie straft, um zu strafen, sondern um zu bessern, gewinnt diese Welt einen positiven Aspekt, sie wird auch zum Heilmittel gegen die Sünde (II 5,3). In keinem Fall dürfen Welt und Materie als in sich schlecht oder als Ursache des Bösen verstanden werden. Sie sind von Gott geschaffen und haben eine unverzichtbare Funktion für den Wiederaufstieg der gefallenen Geistwesen (II 1,2). Wegen der Minderung der Entscheidungsfreiheit hemmt zwar die Materie die Entwicklung des Bösen in dieser Welt, gleichwohl kann es in der Welt so zunehmen, daß Gott diese vernichtet (II 3,1–6). Damit reiht sie sich als eine Phase ein in die Geschichte, die alle vergangenen und zukünftigen Welten umspannt, in einen Prozeß, an dessen Wurzel nicht Naturdetermination, sondern die Freiheit des Willens steht. »Denn die Seelen werden nicht durch einen Kreislauf, der nach langen Zeiträumen in dieselbe Bahn zurückkehrt, dazu getrieben, dies oder jenes zu tun oder zu begehren; sondern worauf sich ihr persönlicher freier Entschluß richtet, dahin lenken sie den Lauf ihrer Handlungen« (II 3,4). Das Besondere unseres Zeitalters ist in der Inkarnation des Logos zu sehen (II 3,5), die nötig geworden war, weil die verderbte und entwürdigte Ordnung »nach der Hilfe seines Urhebers und Schöpfers selbst« (III 5,6) verlangte. Am Ende wird dann durch Christus »Gott alles in allem sein« (III 6,2). Von diesem Pauluswort (I Kor. 15,28) ausgehend, entfaltet Origenes den Gedanken der Wiederherstellung des Ausgangszustandes, in den selbst die Dämonen zurückkehren und wieder aufsteigen werden.

c) Apokatastasis: die Wiederherstellung des Ganzen

79 Die ›apokatastasis ton panton‹ ergibt sich aus den philosophischen Grundgedanken des Origenes mit innerer und zwingender Notwendigkeit. Es geht dabei nicht nur um den Menschen, christlich gesprochen um die Auferstehung der Toten, wie der griechische Begriff ›apokatastasis‹ nahelegen könnte. Der lateinische Text übersetzt dieses Wort ausschließlich mit ›restitutio‹; es geht also um die Wiederherstellung des Ganzen: »In restitutione omnium cum ad perfectum finem universa perveniunt« (II 3,5); um die »perfecta universae creaturae restitutio« (III 5,7; vgl. auch III 6,6 und 8). Dieses Ziel wird durch einen allmählichen Fortschritt und Aufstieg erreicht (III 6,9).

Damit kommt dann auch die Einheit wieder in den Blick. »Wenn aber die Dinge dahin drängen, daß alle eins werden, … muß man folgerichtig annehmen, daß, wo alle eins sind, keine Verschiedenheit mehr existieren wird« (III 6,4). In wie hohem Maße der ganze Gedanke des Origenes von der Freiheit inspiriert und getragen wird, wird noch einmal deutlich, wenn er am Ende nach der ›restitutio omnium‹ mit der bleibenden Möglichkeit eines erneuten Abfalls rechnet, weil die Möglichkeit freier Entscheidung niemals aufgehoben werden darf: »Numquam aufertur liberi facultas arbitrii« (II 3,3).

Zusammen mit dem Schema des Ausgangs und der Rückkehr, des Abfalls und des Wiederaufstiegs, bildet die Forderung nach Freiheit das Strukturprinzip, in das Origenes den Offenbarungsglauben zu integrieren sich bemühte. Wie weit ihm das gelungen bzw. mißlungen ist, wie weit einzelne umstrittene und verurteilte Thesen von ihm tatsächlich vertreten oder nur als Gegenstand der Diskussion, als problemata, vorgetragen wurden, läßt sich im einzelnen schwer entscheiden und muß vor allem hier nicht entschieden werden. Die Hauptideen haben in Philosophie und Theologie davon unabhängig eine nicht zu unterschätzende Wirkungsgeschichte entfaltet. 80

Literatur

Görgemanns/Karpp 1976
Altaner/Stuiber 1980
Berner 1981
Kretschmar 1981

D. Augustinus (354–430)

81 Mit Augustinus erreicht nicht nur die patristische Philosophie ihren Höhepunkt; sein »Denken stellt eine jener grundlegenden Weisen menschlicher Selbsterkenntnis dar, die für eine ganze Geschichtsepoche von bestimmender Bedeutung wurde« (Schöpf 1985, S. 154). Mehr als bei anderen Philosophen und Theologen vergleichbarer Größenordnung ist Augustins Denken von seiner Lebensgeschichte mit ihren Krisen geprägt. Das zeitgeschichtliche Umfeld ist in nahezu allen Bereichen durch Umbruch gekennzeichnet. Augustinus selbst ist es, der mit seinem Lebenswerk im Niedergang der antiken Welt die Fundamente einer neuen Epoche, des christlichen Mittelalters, legt, und diese zugleich nachhaltig beeinflußt und bis ins 12. Jahrhundert im wesentlichen prägt. Augustinus hat weder auf philosophischem noch auf theologischem Gebiet ein geschlossenes System vorgelegt. Dem stand die allgemeine geistige Lage der Zeit ebenso entgegen wie die Struktur seiner Persönlichkeit. Sein Denken ist in ständiger Entwicklung und Bewegung; immer neuen Impulsen und Anregungen ausgesetzt, treibt er im Grunde ein Thema ständig voran: die Frage nach Gott. Dabei ist die Geschichte ebenso wie seine eigene Biographie Gegenstand der sich erinnernden und dem Wirken Gottes nachforschenden Reflexion. Augustins existentielle Art zu denken ist nicht nur selbst nicht von einer systematischen Absicht getragen, die einzelnen Themen lassen sich auch nachträglich nur schwer systematisieren, ohne daß man in die Gefahr gerät, wie in einem Querschnitt eine bestimmte Phase seines Denkens absolut zusetzen. Wenn man sich dieser Fragwürdigkeit und der darin gründenden Randunschärfe der Aussagen bewußt bleibt, ist es gleichwohl möglich und legitim, bestimmte Grundpositionen seiner Philosophie, zumal unter wirkungsgeschichtlichem Aspekt, darzustellen.

Leben und Werke

82 Auch wenn man die ›Confessiones‹ unter dem Gesichtspunkt einer in der damaligen Zeit verbreiteten literarischen Gattung beurteilt, so sind sie doch eine zuverlässige Quelle für die Biographie Augustins bis zum Jahre 387 und der wichtigste, durch nichts zu ersetzende Zugang zu seinem Denken und Werk. Neben biographischen Hinweisen in seinen Briefen und sonstigen Schriften sind in diesem Zusammenhang vor allem auch die ›Retractationes‹ zu nennen; darin gibt Augustinus rückblickend Rechenschaft über sein literarisches Schaffen bis zum Jahre 427. Zuverlässige

Informationen bietet auch die bald nach Augustins Tod verfaßte ›Vita‹ von Bischof *Possidius von Calama*, seinem Freund und Schüler.

Augustinus wurde am 13. November 354 in Thagaste im römischen Nordafrika (Numidien) geboren. Während sein Vater, ein städtischer Beamter, erst kurz vor seinem Tod getauft wurde, stammte seine Mutter Monica aus christlichem Haus. Obgleich es ihre große Sorge war, ihren Sohn ebenfalls zum Christentum zu führen, galt ihre Aufmerksamkeit durchaus auch der weltlichen Karriere des hochbegabten Kindes. Augustinus hatte zu seiner Mutter ein außergewöhnlich gutes Verhältnis; ein Sachverhalt, der seine menschliche Entwicklung und dadurch auch sein Denken stark beeinflußte. Den negativen Aspekten einer so extremen Mutterbindung hat die neuere Forschung auch unter psychoanalytischem Aspekt ihre Aufmerksamkeit geschenkt (Flasch 1980, S. 232–249). Nach dem Besuch des Elementarunterrichtes in Thagaste und Madaura kam Augustinus mit 16 Jahren nach Karthago, wo er sein Rhetorikstudium weiterführte und erfolgreich abschloß. In dieser Zeit begann das Verhältnis mit einer ungenannten Frau, dem der Sohn Adeodatus entstammte. Das Christentum, die Religion seiner Mutter, verachtete Augustinus als ›Altweibermärchen‹. In den Studienablauf gehörte die Lektüre von Ciceros ›Hortensius‹, einer verlorenen Anleitung zum Philosophiestudium. Die Lektüre dieses Werkes löste bei Augustinus eine philosophische Konversion aus; es begann für ihn die Suche nach der wahren Freiheit. In die gleiche Zeit fiel die Begegnung mit dem Manichäismus, der sich als Christentum höherer Ordnung verstand, von dem Augustinus fasziniert war und dem er neun Jahre lang als ›Auditor‹ angehörte. Im Jahre 375 kehrte Augustinus für kurze Zeit als Lehrer der Grammatik und Rhetorik nach Thagaste zurück, um sich dann in Karthago einen seinen Fähigkeiten angemesseneren Wirkungskreis aufzubauen. Vor seiner Übersiedlung nach Rom (383) kam es durch eine Begegnung mit dem Manichäerbischof Faustus zu einer zunächst nur inneren Distanzierung vom Manichäismus; Faustus hatte ihn nicht so sehr als Mensch, als vielmehr wegen seiner Unfähigkeit, seine eigenen kritischen Anfragen an den Manichäismus zu beantworten, enttäuscht. Nach einer schweren Erkrankung nahm Augustinus in Rom seine Lehrtätigkeit auf, wurde aber auch hier, wie schon in Karthago von seinen Hörern enttäuscht.

In diese Zeit fiel Augustins Hinwendung zum Skeptizismus der Neuen Akademie. Durch Vermittlung des heidnischen Stadtpräfekten Symmachus von Rom erhielt er im Jahre 384 die Stelle eines ›Magister rhetoricae‹ in Mailand. Trotz der gesicherten äußeren Situation geriet Augustinus innerlich immer mehr in eine Krise. Für den weiteren Gang seiner Entwicklung war die Begegnung mit Ambrosius von großer Bedeutung, der ihn durch seine Rhetorik faszinierte, aber über das Interesse an der äußeren Form ihm auch den Inhalt des Christentums näherbrachte. Vor allem gelang es Ambrosius, durch die allegorische Schriftauslegung Augustins

Aversion gegen das Alte Testament abzubauen. Durch den Bischof von Mailand vorbereitet, gewann schließlich der Neuplatonismus durch die ›Libri platonicorum‹ in der lateinischen Übersetzung des *Marius Victorinus* im Sommer des Jahres 386 entscheidenden Einfluß auf Augustin. *Simplicianus*, ein neuplatonisch gebildeter Presbyter, eröffnete ihm den Blick auf den inneren Zusammenhang zwischen der Logos-Spekulation im Prolog des Johannes-Evangeliums mit der Nous-Lehre Plotins. Zugleich lenkte er seine Aufmerksamkeit auf die Paulusbriefe mit dem Grundgedanken, daß der Mensch nicht durch eigene Leistung, sondern nur durch die Gnade Gottes die Vereinigung mit Gott erreichen könne. Die ganze, von inneren und äußeren Faktoren vorangetriebene Entwicklung kulminierte schließlich in der Bekehrung Augustins, über die er im VIII. Buch seiner ›Confessiones‹ in beeindruckender Weise berichtete.

85 Aus diesem Ereignis zog Augustinus einschneidende Konsequenzen. Er legte sein Amt als Magister nieder, verzichtete damit auf Ansehen und Reichtum, entschied sich unter Verzicht auf die Ehe zu einem enthaltsamen und asketischen Leben. Zunächst zog er sich mit einigen Freunden auf das Landgut Cassiciacum zurück. In der Osternacht des Jahres 387 empfing er mit seinem Sohn Adeodatus und seinem Freund Alypius die Taufe. Wenige Monate später starb auf der Rückreise nach Afrika in Ostia seine Mutter. Seit Herbst 388 lebte er in Thagaste mit einigen Freunden in einer Art klösterlicher Zurückgezogenheit. Widerstrebend beugte sich Augustinus dem Wunsch des Volkes und des Bischofs Valerius und ließ sich 390 oder 391 zum Priester weihen. Damit begann noch einmal ein neuer Abschnitt in seinem Leben. Die mit dem Amt verbundenen kirchlich-pastoralen Tätigkeiten ließen das philosophische Interesse mehr und mehr zugunsten der theologischen Ausrichtung auch seiner schriftstellerischen Tätigkeit zurücktreten. Um das Jahr 397 wurde Augustinus zum Bischof geweiht. Damit standen die theologischen Auseinandersetzungen mit dem Manichäismus, mit den Donatisten und dem Pelagianismus im Vordergrund.

Am 28. August 430 starb Augustinus, während seine Bischofsstadt Hippo von den Vandalen belagert wurde.

86 Beginnend nach seiner Bekehrung, war Augustinus in allen weiteren Phasen seines Lebens neben den sonstigen Verpflichtungen schriftstellerisch tätig; so hat er schließlich ein nach Umfang und Inhalt außerordentliches Lebenswerk hinterlassen, das man in biographischer Zuordnung nach drei Gruppen zusammenfaßt (vgl. Flasch 1980, S. 13f). In seinen ›Retractationes‹ spricht er selbst von 93 Schriften mit 232 Büchern, die er bis zum Jahre 427 verfaßt hatte, die Predigten und oft umfangreiche Briefe nicht mitgezählt. Von den von Augustinus genannten Werken sind nur zehn verloren. Auch wenn für Augustinus im Laufe seines Lebens, vor allem durch die Übernahme des Priester- und Bischofsamtes, die theologischen Themen an Bedeutung gewannen und in den Vordergrund traten, so

finden sich doch auch in den späteren Werken wichtige Aussagen und Elemente für seine philosophische Grundkonzeption, da ja Philosophie und Theologie keineswegs methodisch getrennt waren.

Literatur

Schindler 1979 Flasch 1980

I. Die geistige Entwicklung

Auch im geistigen Bereich hat Augustinus eine tiefgreifende, von schweren Krisen bedrohte und geprägte Entwicklung durchgemacht. Sehr unterschiedliche, bisweilen geradezu gegensätzliche philosophische und religiöse Einflüsse bestimmten die einzelnen Phasen dieser Entwicklung. Was sich durchhält und die innerste Antriebskraft dieser Entwicklung und zugleich ihre Kontinuität ausmacht, ist das kompromißlose Suchen nach der Wahrheit und die nicht zur Ruhe kommende Frage nach Gott. Einmal aufgebrochen, wird die Frage nach Gott und nach der Wahrheit zum Maßstab und Kriterium, wonach Augustinus jede geistige Bewegung bemißt und beurteilt, auf die er stößt und von der er eine Antwort auf seine Fragen erhofft. Enttäuschungen führen nicht zu Resignation, sie werden zum Impuls, weiter zu gehen und weiter zu fragen, um erneut als unzureichend erkannte Antworten hinter sich zu lassen. Der Weg dieses Denkens führt nicht nur weiter, er hinterläßt auch mehr oder weniger deutliche Spuren. Das Ringen mit später aufgegebenen Ansichten wirkt auf Augustinus zurück; auch das Verworfene bleibt als geistesgeschichtlich biographischer Kontext präsent. Deshalb ist es zu seinem Verständnis unverzichtbar, mit Augustinus im Rückblick seine geistige Entwicklung nachzuzeichnen, wie er es selbst vor allem in den ›Confessiones‹ getan hat. 87

Trotz der christlichen Erziehung durch seine Mutter muß man davon ausgehen, daß Augustinus keine wirkliche Kenntnis des Christentums hatte. Er selbst spricht davon, daß er vom ewigen Leben, von Gott und von Christus gehört hatte und daß er schon Katechumene war (Conf I 11,17). Die schulische Ausbildung ist stark an der Sprache ausgerichtet; die heidnischen Dichter – *Cicero*, *Vergil*, *Horaz*, *Ovid*, *Catull* – und Geschichtsschreiber – *Sallust*, *Livius* – sind die wichtigsten Autoren. Christliches begegnet ihm dort nicht. Daß gleichwohl eine religiös-christliche Grundorientierung gegeben war, zeigt sich in der rückblickenden Beurteilung seiner ersten, ihn existentiell berührenden Begegnung mit der Philosophie durch die Lektüre von Ciceros Hortensius: Er vermißte dort den Namen Christus (VIII 4,8). Dieser verloren gegangene Dialog war als philosophischer Protreptikos, als Aufforderungsschrift geschrieben und machte 88

Augustinus mit wichtigen Inhalten der Philosophie bekannt, so mit dem Gedanken, daß alle Menschen glücklich sein wollen, wahre Glückseligkeit aber nicht darin besteht, daß man tut, was man will, sondern im Wollen des Guten, also in der Tugend. Wegweisend wurde für Augustinus die Einsicht, daß Glück und Tugend von der Suche nach der Wahrheit nicht zu trennen sind. Von diesem Zeitpunkt an war es Augustins erklärte Absicht, sich dem Suchen der Wahrheit als dem höchsten Gut zu widmen (III 4,7; VIII 7,17). Solches Suchen nach der Wahrheit ist ›Liebe zur Weisheit‹, ist im strengen Sinne des Wortes ›philosophia‹; und in diesem Sinne versteht Augustin Philosophie. Faszination und Enttäuschung liegen bei diesem philosophischen Erlebnis dicht beieinander. Cicero konnte dem ästhetischen Empfinden, nicht aber dem spezifischen Interesse Augustins gerecht werden. So kommt es zu einem ersten Versuch der Beschäftigung mit der christlichen Lehre, der aber bereits im Vorfeld der Sachfragen scheitert, da die Bibel, vor allem das Alte Testament, sprachlich und literarisch weit hinter der ›Tulliana dignitas‹, hinter dem Rang von Ciceros Stil zurückbleibt (III 5,9).

89 So wendet sich Augustinus – in diesem Stadium seiner Entwicklung mit einer erstaunlichen inneren Folgerichtigkeit – dem Manichäismus zu, der beiden Ansprüchen gerecht zu werden scheint. Als eine Form der Gnosis steht die Überzeugung im Zentrum, daß rein rationale Erkenntnis ohne Dazwischentreten irgendeiner Autorität zur Gotteserkenntnis führt. Als Führer und Erlöser fungieren zahlreiche Lehrer der Weisheit, zu denen Plato ebenso zählt wie Jesus und natürlich Mani selbst. Da der Manichäismus darüberhinaus dem Alten Testament sehr kritisch gegenüber stand, schienen damit auch die schwierigsten Fragen der Schriftauslegung für Augustinus fürs erste gelöst zu sein. Das bedeutete keine Abkehr vom Christentum, sondern das Angesprochensein von einer gnostischen Form des Christentums. Gleichwohl waren kaum die spezifisch christlichen Elemente der Grund, weshalb Augustinus als Auditor dieser Sekte angehörte; die Zugehörigkeit war aufsteigend in drei Stufen gegliedert: Hyliker, Psychiker (auditores) und Pneumatiker (Erwählte). Von besonderer Bedeutung war für Augustinus wohl die Lösung des Problems des Bösen durch das Verständnis der Materie als negatives Prinzip. Der grundlegende metaphysische und ethische Dualismus wirkt auch noch nach der Abkehr vom Manichäismus unterschwellig in bestimmten Grundtendenzen und in mannigfachen Brechungen bleibend nach. Zweifel erheben sich in Augustinus vor allem an der materiellen Grundausrichtung; Gott und Seele werden körperhaft gedacht; außerdem an der Astronomie und Astrologie, die einer natürlichen und vernünftigen Erklärung der Himmelserscheinungen widersprachen. Schließlich stand Augustinus vor der Situation, daß für ihn wesentliche Fragen unbeantwortet blieben, daß er ohne angemessenes rationales Verstehen eben glauben mußte: »credere iubebar« (V 3,6). So blieben ihm nur die Fragen, auf Antworten konnte er nicht mehr hoffen.

Die innere Logik seiner geistigen Entwicklung setzt sich fort. Augustinus tritt in eine skeptische Phase ein: »Es kam mir der Gedanke, jene Philosophen, die man Akademiker heißt, seien vor allen anderen die Klügeren gewesen, weil sie der Meinung waren, man müsse an allem zweifeln, und behaupteten, der Mensch könne keine Wahrheit erfassen« (V 10, 19). 90

Mit dem Skeptizismus der mittleren Periode der Akademie war Augustinus ebenfalls durch Cicero bekannt geworden. Er war aber selbst nie ein radikaler Skeptiker im existentiellen Sinne; so hat Augustinus etwa die Existenz Gottes nie ernsthaft in Frage gestellt. Seine Skepsis war mehr erkenntnistheoretischer Art. Er wollte auch über Sachverhalte, die er »nicht sehen konnte«, so gewiß werden, als er gewiß war, daß sieben und drei gleich zehn sind (VI 4,6). Ob solche Gewißheit dem Menschen erreichbar sei, auf diese Frage bezog sich seine Skepsis, nicht eigentlich auf die Sachverhalte selbst. Und so entschied er sich für die Unentschiedenheit, für die ›Epoche‹; er enthielt sich einer Zustimmung: »Tenebam cor meum ab omni assensione« (VI 4,6), und zwar aus Sorge, er könne sich überstürzt entscheiden.

Vom Manichäismus in wichtigen Fragen enttäuscht, aber auch am Zweifel verzweifelnd, kommt es zu der entscheidenden Begegnung mit dem Neuplatonismus und in der Gestalt des Ambrosius mit einem neuplatonisch verstandenen Christentum. Die Unterscheidung zwischen wandelbarer sinnlicher Erscheinung und bleibender geistiger Wirklichkeit ermöglichte es Augustinus einerseits, sich endgültig vom Manichäismus zu lösen, und bot ihm auf der anderen Seite die Voraussetzung zur Überwindung des Skeptizismus. 91

II. ›Contra Academicos‹

Der persönlichen Überwindung und methodischen Widerlegung des Skeptizismus kommt in der geistigen Entwicklung Augustins im genauen Sinne des Wortes grundlegende Bedeutung zu. Er legt damit ein Fundament, auf dem sein späteres Denken aufbaut und dessen er sich im Laufe seines Lebens immer wieder versichert. Er leistet das im wesentlichen in seiner ersten erhaltenen, noch vor seiner Taufe in Cassiciacum abgefaßten Schrift ›Contra Academicos‹. Zu ihrer These, es könne nichts mit Gewißheit gewußt werden (»nihil certe sciri posse«), führen die Skeptiker immer die Tatsache an, daß es Sinnestäuschung gibt. Verlegt man aber, so entgegnet Augustinus, die Wahrheit nicht in die Sinne, sondern in den Geist, dann trifft dieser Einwand nicht mehr. Auch wenn sich die Sinne täuschen, der Akt der Wahrnehmung kann als solcher nicht bezweifelt werden. Selbst wenn es die wahrgenommenen Objekte gar nicht gäbe, würde die Tatsache, daß ich wahrnehme, dadurch nicht in Frage gestellt. Wenn 92 also ein Urteil nicht über die dem urteilenden Subjekt selbst evidente Tatsache hinausgeht, läßt sich dagegen der Einwand des Skeptikers nicht halten (Contra Academicos III 11,24). In den ›Soliloquia‹ führt Augustinus diesen Ansatz weiter und kommt zur Evidenz der Bewußtseinsurteile: »Esse te scis, vivere te scis, intelligere te scis« (Soliloquia II 1,1). Damit wird die Wahrheit im Wissen des Subjekts um sein eigenes Sein, Leben und Erkennen begründet.

93 Noch einmal treibt Augustinus den Gedanken voran, indem er nachweist, daß Unbezweifelbares die Möglichkeitsbedingung des Zweifels ist (De Trin X 10). Selbst wenn er sich mit all diesen Überlegungen täuschte, so bleibt am Ende doch dieses gewiß, daß ich bin: »Si enim fallor, sum« (De civ dei XI 26). »Denn wer nicht ist, kann sich auch nicht täuschen. Darum bin ich, wenn ich mich täusche. Da ich also bin, wenn ich mich täusche, wie kann ich mich also täuschen darüber, daß ich bin, da es ja sicher ist, daß ich bin, wenn ich mich täusche? Da also ich, der sich täuschte, wäre, auch wenn ich mich täuschte, so täusche ich mich ohne Zweifel nicht darin, daß ich weiß, daß ich bin. Daraus folgt aber, daß ich mich auch darin, daß ich weiß, daß ich weiß, nicht täusche. Wenn ich weiß, daß ich bin, weiß ich auch dieses, daß ich weiß« (ebd.). Kein Zweifel und kein Irrtum kann die immer schon vorausliegende Wahrheit der Existenz dessen, der sich irrt oder der zweifelt, noch einmal in Zweifel ziehen oder aufheben.

94 Über die Bewußtseinsurteile hinaus erweitert Augustinus den Bereich der evidenten Wahrheiten dadurch, daß er die formale Logik bzw. Dialektik miteinbezieht, auf die sich ja gerade die Skeptiker zum Erweis ihrer Skepsis berufen. Er zeigt, daß hypothetische Sätze so aufgebaut werden können, daß sie in jedem Fall formallogisch wahr sind; so etwa die Behauptung: Wenn es nur eine Sonne gibt, gibt es nicht zwei Sonnen. Gleiches gilt bezüglich des logischen Gesetzes, daß von zwei kontradiktorischen Urteilen eines immer richtig und das andere falsch sein muß. Diese formallogische Richtigkeit ist für Augustinus ein Argument für die Wahrheitsfähigkeit der menschlichen Vernunft unter Absehung von der Sinneserfahrung (Contra Academicos III 13,29).

III. Der Neuplatonismus

95 Es steht außer Frage, daß dem Neuplatonismus im Denken Augustins eine alle anderen Einflüsse überragende Bedeutung zukommt. Für dieses Urteil kann man sich nicht nur der Sache nach auf nahezu jede Seite seines Werkes berufen, er selbst war sich dessen durchaus bewußt und hat es immer wieder ausdrücklich bestätigt. Obwohl Augustinus aus seiner historischen Perspektive verständlicherweise undifferenziert von den Platoni-

kern spricht, ist damit jene, verschiedene geistige Impulse in sich versammelnde Richtung gemeint, die man heute in deutlicher Abgrenzung von Plato Neuplatonismus nennt.

Schon in ›Contra Academicos‹ findet sich ein kurzer und wertender Rückblick auf die Philosophiegeschichte, der für Augustins Stellung zur heidnischen Philosophie sehr aufschlußreich ist (III 17,37–19,42). Plato ist die alle anderen weit überragende Gestalt. Das ist gleichzeitig eine Aussage über Augustinus selbst und sein philosophisches Grundanliegen, denn er begründet diesen Vorrang damit, daß Plato zwischen einer rein geistigen Welt und der sinnlichen Welt unterschied und die Welt unserer Erfahrung als Abbild jener geistigen Welt verstanden habe. Als Gegenpart dazu sieht Augustinus die Stoiker mit ihrer Vorstellung, Gott sei materiell, die Seele materiell und sterblich. Gegen diese der Leibverfallenheit des Menschen entstammenden Thesen habe sich die platonische Akademie zur Wehr gesetzt, indem sie auf der einen Seite die höhere Lehre Platos als Geheimlehre tradierte, und andererseits mit Hilfe der Skepsis die stoischen Positionen zu erschüttern versuchte. Nach der Meinung Augustins war es erst *Plotin*, der die eigentliche Lehre Platos wieder offen vortrug und ihr zu neuer Geltung verhalf. Wenn Augustinus von den ›Platonici‹, den ›Platonicorum libri‹ spricht (z.B. Conf VII 9), dann meint er vor allem Plotin, den der christlich gewordene Rhetor Marius Victorinus ins Lateinische übertragen hatte, und Porphyrius, dessen antichristliche Einstellung Augustinus nicht bekannt war. Ganz im Gegenteil, Porphyrius galt Augustins besondere Anerkennung, da er nicht nur Gott als rein geistiges Wesen begreife, sondern sogar eine Trinitätslehre vertrete (De civ X 23). Außerdem finde sich bei ihm der Gedanke, daß es nicht nur für die Philosophen, sondern für die Mehrzahl der Menschen wahres Heil, d.h. die Befreiung der Seele geben könne (De civ X 32, 1).

Angesichts dieser Einschätzung überrascht es nicht, daß Augustinus 96
der Überzeugung war, keine philosophische Richtung stehe dem Christentum näher als die Platoniker (VIII 5), und daß es nur geringfügiger Änderungen bedürfe, um die platonische Philosophie mit dem Christentum in Einklang zu bringen. Deshalb seien die meisten der zeitgenössischen Platoniker auch Christen geworden; »... et paucis mutatis verbis atque sententiis christiani fierent sicut plerique recentiorum nostrorumque temporum platonici faciunt« (De vera religione IV 7). Mit dieser Einschätzung des Verhältnisses von Neuplatonismus und Christentum gibt Augustinus wohl das Selbstverständnis seiner Zeit wieder.

Die grundlegende Einsicht also, die Augustinus durch die Begegnung mit dem Platonismus gewonnen hatte, war die Eigenständigkeit des mundus intelligibilis, der geistigen Welt (Conf VII 9 et passim). Damit sind Konsequenzen verbunden, die Augustinus bleibend prägen. Die Grundfrage, die bei der Hortensius-Lektüre aufgebrochen war, ist damit beantwortet: Es gibt eine bleibende, unveränderliche und ewige Wahrheit.

Diese geistige Welt, zu der auch die Seele zählt, ist in höherem Maße wirklich als die Welt unserer sinnenhaften Erfahrung; die konkreten Einzeldinge sind nur nachahmende, uneigentliche und wandelbare Abbilder der eigentlichen und bleibenden Wirklichkeit der Idee. Der Weg zu der Erkenntnis der Wahrheit kann deshalb nicht über die sinnliche Ausstattung des Menschen führen, wahre Erkenntnis ist dem reinen Denken vorbehalten. Unmittelbar von Plotin inspiriert (I Enneade III, 9: »Ziehe dich in dich selbst zurück«) fordert Augustinus deshalb den Menschen auf, nicht nach draußen, sondern in sich selbst zurückzugehen: »Noli foras ire, in te ipsum redi … illud ergo intende, unde ipsum lumen rationis accenditur« (De vera religione XXXIX 72). Augustins Denken wird so, wie es Karl Jaspers formuliert hat, zur »Metaphysik der inneren Erfahrung«. In diesem Zusammenhang werden auch die Spuren von Plotins Hypostasenlehre greifbar: Das Eine (hen), das Noetische (nous) und das Psychische (psyche), diese Trias hat in Augustins Begriffen von Gott, den Ideen und der menschlichen Seele eine Entsprechung. Der Gedanke, die sinnenhafte Materie tendiere zum Nichtsein, gehört ebenso in dieses philosophische Umfeld wie die Deutung des Bösen als privatio entis, als Fehlen dessen, was sein sollte.

97 Der für Augustinus so wichtige Gedanke der illuminatio als Möglichkeitsbedingung menschlicher Wahrheitserkenntnis wird in seiner inneren Struktur ebenfalls von Plotins Emanationslehre getragen. Das Denkmodell der Rückkehr der Seele zum Einen begegnet bei Augustinus in der Auffassung des Aufstiegs zur metaphysischen Vollendung. Über Marius Victorinus gewinnt die Trias ›hen, nous, psyche‹ Einfluß auf die Trinitätsspekulation und über den Gedanken, daß die Seele Bild Gottes sei, auch auf die Anthropologie.

98 Von Anfang an hat Augustinus die Frage nach der Wahrheit mit der Frage nach dem Glück aufs engste verbunden. Die Erkenntnis der Wahrheit ist das Glück des Menschen, genauer gesagt der Seele, da ja nur die geistige Seele an der bleibenden Wahrheit zu partizipieren befähigt ist. Dieser theoretische Ansatz hat notwendigerweise schwerwiegende Konsequenzen für die praktische Philosophie, in denen sich wiederum das spätantike Lebensgefühl spiegelt. Wenn die Erkenntnis der Wahrheit die Seligkeit der Seele ausmacht, dann muß sich der Mensch auch in der Praxis der Lebensführung von der sinnenhaften Welt nach Möglichkeit abwenden und ganz auf das Jenseits orientieren, in dem sich allein sein Lebenssinn erfüllen kann. Ethik und Askese Augustins sind von diesem Ansatz her zu verstehen. Die Welt unserer Erfahrung und das Leben des Menschen in ihr haben in sich keinen eigenen Wert, sie sind nur Verweis auf eine andere Wirklichkeit, sie sind nur Mittel, um ein ganz anderes Ziel zu erreichen. Welt und menschliche Leiblichkeit geraten in die Negativität dessen, was eigentlich nicht sein sollte und deshalb auch überwunden werden muß. Der ontologische und anthropologische Dualismus wird zu

einer Grundbefindlichkeit augustinischen Denkens. Daß Plato zu Unrecht für diese Positionen von Augustinus reklamiert wird, kann in diesem Zusammenhang unerörtert bleiben (vgl. Ricken 1988). Philosophiegeschichtlich ist jedoch bedeutsam, daß hiermit eine Vorentscheidung für die Platointerpretation von großer Tragweite gefallen ist, da sie für Jahrhunderte dessen Wirkungsgeschichte bestimmt hat.

IV. Zum Verhältnis von Wissen und Glauben

Diese Einschätzung Platos bzw. des Platonismus macht es unmittelbar ein- 99
sichtig, daß auch für Augustinus Philosophie und Theologie eine innere Einheit bilden. Der christliche Glaube ist die wahre Weisheit, die höchste Philosophie. Die Frage nach Wissen und Glauben stellt sich deshalb für Augustinus nicht als Alternative oder in der Weise einer Reflexion auf die je eigenen und unterschiedenen Prinzipien von ratio und fides sowie auf das Problem, wie beide miteinander in Beziehung gesetzt werden können. Die Bekehrung Augustins darf nicht so verstanden werden, als ob er das philosophische Suchen aufgegeben hätte, um sich in einem rational nicht hinterfragbaren Entschluß dem christlichen Glauben anzuvertrauen; sie liegt vielmehr in der Verlängerung seines philosophischen Mühens. Es ist in jedem Fall die Vernunft, die zu Gott führt. Das Subjekt, die Seele, und das Ziel, die Erkenntnis Gottes, sind die gleichen geblieben. Der Sache nach ist wahre Philosophie vom Christentum nicht unterschieden. Was hinzukam, ist ein neuer Weg, der zu dem gemeinsamen Ziel führt. Zumindest in seinen frühen Schriften (Contra academicos II 1,1; De beata vita I 1) läßt Augustinus die Möglichkeit einer rein philosophischen vollen Gotteserkenntnis offen; diese Befreiung durch die Philosophie ist jedoch auf ganz wenige Menschen begrenzt (De ordine II 5,16). Für die überwiegende Mehrzahl der Menschen, Augustinus zählt sich und seine Freunde dazu, bedurfte es eines in der Welt sichtbaren, universalen Heilsweges, den Gott durch die Inkarnation beschritten hat und durch die Kirche allen Völkern anbietet (Contra academicos III 19,42). Das Nichtanerkennen dieses Weges ist am Ende das Trennende zwischen Platonismus und Christentum. Christus wird so zur Autorität, deren Führung sich Erkenntnis und Wille des Menschen auf der Suche nach der Wahrheit anvertrauen können (De ordine II 5,16; II 9,26). Da jedes Bemühen um Erkenntnis von einer vorwissenschaftlichen Überzeugung ausgehen müsse, hält es Augustinus für durchaus vernünftig, von dem Glauben an den personalen Gott des Christentums, der sich als Wahrheit und Leben bezeugt, auszugehen. Das angemessene Verhalten des Menschen dieser göttlichen Autorität gegenüber ist der Glaube. Die beiden Begriffspaare ›auctoritas – ratio‹ sowie ›credere – intelligere‹ begegnen schon in ›Contra Academicos‹ (III 20,43).

100 Der Glaube an die göttliche Offenbarung ist ein Akt des Willens und insofern ein Akt des Gehorsams; von den heidnischen Philosophen und von den Häretikern wird die Unterwerfung verweigert (De ordine II 9 26). Dieser Glaube ist aber nicht irrational, sondern Folge der Einsicht in die Glaubwürdigkeit der Kirche und der Heiligen Schriften; die Glaubwürdigkeitsgründe sind zwar nicht zwingend, aber es sind einladende, motivierende und rational zu verantwortende indicia (De utilitate credendi XIV, 31). Die Einsicht in diese Sachverhalte kann also zum Glauben führen: »Intellige, ut credas«. Damit beginnt aber allererst der entscheidende Prozeß, nämlich das: »crede ut intelligas« (Sermo 43, 7, 9 und 118, 1). In dieser kurzen Formulierung ist das Strukturprinzip und der entscheidende Impuls augustinischer Theologie zum Ausdruck gebracht: die aufsteigende Bewegung vom einfachen Glauben zur vollen Erkenntnis und Einsicht. Weil aber auch der, der zu solcher Einsicht nicht imstande ist, selig wird (De ordine II 9,26), ist das Christentum der universale Heilsweg, die Philosophie für jedermann (De vera religione III 3).

101 Durch die hohe Einschätzung der Erkenntnis wird die Autorität im Denken Augustins zumindest in dieser frühen Phase in gewisser Weise relativiert. Da der Mensch nur über die eigene Innerlichkeit zu Gott findet, kann die Autorität nur von außen dazu beitragen, das zu finden, was im Innern und unabhängig von der Autorität im voraus gesucht war (vgl. hierzu De magistro). Auf dem Weg zur Erkenntnis kommt zeitlich zwar die Autorität zuerst, »den sachlichen Vorrang aber hat die Vernunft« (De ordine II 9,26).

Glauben und Wissen lassen sich also bei Augustinus nicht trennen, da sie sich gegenseitig bedingen. Philosophie und Theologie fallen in eins. Alle zentralen und aus heutiger Sicht spezifisch philosophischen Themen werden in theologischem Kontext behandelt. Im Verlaufe seines Lebens hat Augustinus in seiner Theologie eine beachtliche Entwicklung durchgemacht, die gewiß nicht ohne Rückwirkung auf einzelne philosophische Positionen geblieben ist. Im wesentlichen hat sich aber der philosophische Grundansatz durchgehalten.

V. Wahrheit und Erkenntnis

102 Zu den Postulaten in Augustins Denken zählt die neuplatonischem Dualismus entspringende Überzeugung, Wahrheit müsse unveränderlich, notwendig und ewig sein. Dieser Forderung absoluter Geltung und bleibender Identität können jedoch nur ideale Sachverhalte gerecht werden. Der intelligiblen Welt kommt deshalb ontologisch und gnoseologisch Priorität vor der realen Welt unserer Erfahrung zu. Materiegebundenheit bedeutet Veränderlichkeit; sinnliches Wahrnehmen kann deshalb keine Allgemein-

gültigkeit begründen. Damit ist eine erkenntnistheoretische Vorentscheidung gefallen, die in jenem vielzitierten Satz ihren Ausdruck findet, der Mensch solle seine Aufmerksamkeit auf das eigene Innere richten: »Noli foras ire, in te ipsum redi« (De vera religione XXXIX 72). Im inneren Menschen wohnt die Wahrheit.

Mit seiner Suche nach der Wahrheit fragt Augustinus im doppelten 103
Sinne nach einem letzten Grund: Zum einen nach dem Grund dafür, daß nicht notwendig Seiendes überhaupt ist, und zum anderen nach der Möglichkeitsbedingung dafür, daß der Mensch um diese letztbegründende Wirklichkeit wissen kann. Von dieser Frage und ihrer Beantwortung her ist Augustinus Rationalist im Sinne der Doppeldeutigkeit von ›ratio‹ als Grund und als auf diesen unveränderlichen Grund bezogenes vernünftiges Denken. Schon bei der Analyse und Beurteilung der sinnlichen Erfassung der Wirklichkeit macht Augustinus darauf aufmerksam, daß das Entscheidende von der Seele geleistet wird, welche die materiellen Vorgänge im Leib aktiv wahrnimmt und dadurch Sinnesempfindungen erzeugt (vgl. hierzu vor allem De musica VI). Der einzelne Sinneseindruck – er ist immer nur im Augenblick des Vollzugs real – zeichnet seine Spur (vestigium) als Bild (imago) im Gedächtnis (memoria) ein. Zur Beurteilung der jeweiligen sinnlichen Wahrnehmung bedarf es jedoch bereits der psychischen Fähigkeit, die im Gedächtnis aufbewahrten Bilder ins Bewußtsein zu rufen, sich ihrer zu erinnern (reminisci). Nicht die Dinge selber, »sondern ihre sinnlich empfangenen Bilder (rerum sensarum imagines) liegen dort bereit für den Aufruf des tätigen Geistes, der ihrer sich erinnert« (Conf X 8,13), und zwar geordnet nach genus und differentia specifica. Erfahrung der materiegebundenen Welt geschieht von der Erinnerungskraft des Gedächtnisses her. Die dabei gewonnene Einsicht ist natürlich vom Objekt her der Wandelbarkeit unterworfen. Um zu bleibender Wahrheit zu gelangen, muß der Bereich der erfahrbaren Welt und der sinnlichen Bilder überschritten werden hin auf die intelligible Welt und so auf Gegenstände eines Wissens, das nicht mehr sinnlich vermittelt ist.

Damit kommt der Bereich allgemeiner, idealer Geltungen in den Blick, 104
wie etwa die Mathematik (De libero arbitrio II 9,27). Nicht das Bild eines realen Dreiecks vermittelt das Wissen davon, was ein Dreieck seinem Wesen nach ist. Der menschliche Geist kennt die Sachverhalte selbst (res ipsae), die in ihrem Wahrheitsgehalt klar von der Sinneserkenntnis abgehoben sind, denn die geistigen Einsichten sind denknotwendig und damit auch jedem skeptischen Einspruch entzogen. Das Kontradiktionsprinzip, daß etwas nicht zugleich und in derselben Hinsicht sein und nicht sein kann, ist sicher (certum) und nicht zu erschüttern (inconcussum) und auch noch die Voraussetzung des Zweifels (Contra academicos I 7,9). Solche geistigen Einsichten sind zeitlos gültig und unwandelbar. Der Mensch in seiner zeitlichen Verfaßtheit rührt damit an die Grenze des zeitlos Geltenden, der absoluten Wahrheit. In diesem Zusammenhang spricht Augu-

stin von den Ideen, den ›rationes aeternae‹, in welchen der Intellekt die geistige Realität in ihrer Unveränderlichkeit schaut.

105 Unabweisbar erhebt sich an dieser Stelle der Analyse menschlicher Wahrheitssuche die Frage, wie der endliche Mensch zu zeitlos gültigen Wahrheiten kommt. Die Richtung, in der eine Antwort zu suchen ist, deutet Augustinus in dem gleichen Text an, in welchem er dazu aufforderte, sich nach innen zu wenden: »Und wenn du deine Natur in ihrer Wandelbarkeit geschaut hast, überschreite auch dich selber (transcende teipsum). Aber bedenke, wenn du dich überschreitest, daß du die vernünftige Seele übersteigst. Dorthin also strebe, von woher das Licht der Vernunft selbst angezündet wird« (De vera religione XXXIX 72).

106 Mit der Frage nach dem inneren Grund, nach dem metaphysischen Ursprung unwandelbarer Wahrheit muß der Mensch sich selbst transzendieren, denn sein Denken entwirft keine absoluten und alle Subjektivität transzendierenden ewigen Wahrheiten, es findet diese vielmehr vor: »Non enim ratiocinatio talia facit, sed invenit« (De vera religione XXXIX 73; vgl. Conf X 9,16; De doctrina christiana II 38, 56). Den ›rationes aeternae‹, den zeitlosen Teilwahrheiten, die der Mensch in seinem Geist vorfindet, kommt, weil sie selbst nicht das Ganze sind, noch einmal Verweisfunktion zu; sie haben je selbst ihren Ursprung und Einheitsgrund in der ›ipsa veritas‹ (De vera religione XXXIX 72; Conf III 6,7, IV 12,18). Diesen Ursprung kann der Mensch nicht fassen, aber sich selbst noch einmal transzendierend, kann er über die Ideen mit der Spitze des Denkens (acies mentis) die ganze Wahrheit als Einheits- und Ursprungsgrund der Teilwahrheiten berühren (De doctrina christiana I 7,7; De libero arbitrio II 13,36).

107 Da die ewigen Regeln und obersten Grundsätze, die Idee des Seins und Nichtseins, der Wahrheit, Gutheit und Schönheit weder vom einzelnen entworfen werden noch als transsubjektives Apriori menschlicher Erkenntnis zu denken sind, bleibt die Frage, wie deren Herkunft näherhin zu erklären sei. Die platonische Anamnesislehre scheidet als Antwort aus, da sie die Präexistenz der Seele zur Voraussetzung hat, ein Gedanke, der mit dem christlichen Schöpfungsglauben nicht vereinbar ist. Mit Plotin nimmt Augustinus einen göttlichen Grund der Wahrheitserkennntis an. Die pantheistische Konzeption Plotins, die den Wesenszusammenhang der Dinge und des menschlichen Geistes mit dem kosmischen Denkgeist voraussetzt, wird von Augustinus ins Theistische gewendet: Die Wahrheit wird dem Menschen durch Einstrahlung zuteil. Durch Illumination gelangt der bedingte Mensch zur Unbedingtheit bleibender Wahrheit. Augustinus hat die Illuminationstheorie nie systematisch entfaltet. In den ›Soliloquia‹ versucht er, das Gemeinte mit einem Bild aus der Tradition der Lichtmetaphysik zu erläutern (I 6,12); er vergleicht die Einstrahlung der Wahrheit auf den erkennenden Geist mit der Funktion, die dem Sonnenlicht beim Vorgang des Sehens zukommt. Den Augen korrespondiert die Sehkraft des Geistes, den beleuchteten Gegenständen entsprechen die ideellen

Gehalte, das Licht der Sonne wird mit der Wahrheit verglichen, welche die Ideen erkennbar macht.

Unter sprachphilosophischem Aspekt geht Augustinus das Problem in ›De magistro‹ an. Mit seiner provozierenden These, der Mensch lerne nie (nusquam igitur discere), will Augustinus darauf aufmerksam machen, daß Inhalte unseres Geistes nicht durch Sprache oder Zeichen erzeugt werden, sondern durch unmittelbare Wahrnehmung der Sinne bzw. des Geistes. Nicht von außen kommt Erkenntnis – Zeichen und Wort können nur hinweisen und ermahnen (admonere) – sondern von innen, von der Wahrheit selbst, die über unserem Geiste steht. Diese Wahrheit ist Christus, der ›logos‹, der allein den Titel Lehrer verdient: »Christus, id est incommutabilis dei atque sempiterna sapientia« (De magistro XI 38). Im Hintergrund dieser Überlegungen steht die philosophische Logos-Spekulation; nicht zuletzt wohl auch der Gedanke, die Inkarnation des Logos ersetze für die Masse das, was durch philosophische Spekulation zu leisten, sie nicht imstande ist. 108

Angesichts der verschiedenen Bilder und der Randunschärfe bei der Darlegung des angezielten Sachverhaltes sowie des Ineinandergreifens von Glauben und Denken konnte es nicht ausbleiben, daß die Illuminationstheorie sehr divergierende Auslegungen erfahren hat. Gleichwohl lassen sich gewisse Auslegungen als Fehldeutungen qualifizieren. Auch wenn Gott selbst es ist, der jede höhere Erkenntnis ständig gewährt, so darf Illumination nicht als ein gnadenhafter Vorgang verstanden werden. Es handelt sich vielmehr um eine Einstrahlung, die jedem verfügbar ist, allerdings von der je persönlichen Öffnung ihr individuelles Maß erhält. Damit ist selbstverständlich nicht ausgeschlossen, daß Gnade auch Illumination, und Illumination auch Gnade sein kann, weil eben im Logos beides, Natur und Gnade, Wissen und Glauben zur Erkenntnis aufgehoben sind. Auch die ontologistische Interpretation, Erkenntis der Ideen und der Einzeldinge sei unmittelbar in Gott möglich, ist durch Augustinus nicht gedeckt. Die Identifikation der ›illuminatio‹ mit dem aristotelisch-thomasischen ›lumen mentis‹ verkennt, daß illuminatio bei Augustinus kein formales Apriori des menschlichen Geistes, sondern Einwirkung Gottes auf den menschlichen Geist ist.

Drei Einsichten hat A. Schöpf für das richtige Verständnis der Illuminationslehre herausgestellt: »Daß die Ideen zwar potentiell sichtbar sind, die Bedingung für ihr aktuelles Erkanntwerden jedoch in der Einstrahlung liegt; ferner, daß die Vereinigung von geistigen Seelen und geschauter Wesensform nur im Medium der Wahrheit, nicht aber von sich aus gelingen kann; schließlich, daß die Gesamtheit aller Erkenntnisse in einem Prinzip integriert sein muß« (Schöpf 1970, S. 64). 109

110 Die Existenz Gottes war für Augustinus in keiner Phase seiner geistigen Entwicklung als solche ein Problem. Er wollte eher an der eigenen als an der Existenz Gottes zweifeln (Conf VIII 10,16). »Ich habe immer geglaubt, daß Du bist und für das Unsrige Sorge trägst, auch wenn ich weder wußte, was über Dein Wesen zu denken sei, noch welcher Weg zu Dir führte oder zurückführte« (Conf VI 5,8). Über diese persönliche Überzeugung hinaus ist Augustinus der Meinung, daß, von ganz wenigen Ausnahmen abgesehen, allen Menschen die Existenz Gottes als Urheber der Welt bekannt sei (In Johannis evangelium tractatus 105, 17,4). Gleichwohl kennt er Beweise, besser sollte man vielleicht von Erweisen oder Aufweisen sprechen, für die Existenz Gottes. Der Beweis aus den Seinsstufen (De civ VIII 6) begegnet bei ihm ebenso wie das Kontingenzargument (In Joh tract 38,10; Conf VII 17) oder der Rückgriff auf den Gedanken der Kausalität (De civ XII 25) sowie der Finalität (Sermo 141, 1–2).

111 Besonders kennzeichnend und für sein eigenes Denken aufschlußreich ist jener Gedanke, der durchaus zutreffend als der noologische Gottesbeweis bezeichnet wird. Augustinus entfaltet ihn ausführlich in ›De libero arbitrio‹ (II 5–13; vgl. auch Conf X 6–18; De civ VIII 5–9). In dem Dialog mit seinem Gesprächspartner Evodius stellt Augustinus einleitend die Frage nach dem Sinn eines solchen Bemühens, wenn doch durch den Glauben unerschütterlich (inconcussum) feststeht, daß Gott existiert (II 5). Die Antwort erhellt grundsätzlich das Verhältnis von Glauben und Denken im Sinne des augustinischen Axioms ›credo ut intelligam‹. Es steht dahinter nicht die Absicht, aus rein philosophischen Prämissen, d.h. nur unter Berufung auf die ratio, die Existenz Gottes zu beweisen. Das zentrale Anliegen Augustins ist es, den einfachen Glauben auf die höhere Stufe der Glaubenseinsicht, des ›intellectus fidei‹, zu führen: Aus dem Glauben Einsicht in das Geglaubte zu gewinnen: »Quod credimus nosse et intelligere cupimus« (II 5). Einsicht gehört zum Glauben, »denn man kann nicht gefunden nennen, was unbekannt geglaubt wird« (II 6). Im Hintergrund dieser Überlegungen schwingt der Gedanke mit, daß die Einsicht in die Wahrheit des Geglaubten den Glauben selbst als wahren Glauben auch dem Ungläubigen gegenüber ausweist (II 5). Zur Diskussion steht also nicht, ob Gott existiert, sondern »wie das Dasein Gottes offenbar wird« (II 7). Vom »Handgreiflichen«, von der unbezweifelbaren Bewußtseinstatsache, »daß du bist, daß du lebst und daß du verstehst«, nimmt die Argumentation ihren Anfang. Sein (esse), leben (vivere) und verstehen (intelligere) sind nicht gleichrangig; sie stellen vielmehr eine aufsteigende Ordnung vom Einfachen hin zum ontologisch Vollkommeneren, vom Äußeren zur Innerlichkeit dar. Die jeweils höhere Seinsordnung schließt die niedere ein. »Deshalb zögere ich nicht, das als das Her-

vorragendere zu beurteilen, dem alle drei innewohnen« (II 7). Dem Verstehen kommt in dieser Ordnung der Vorrang zu, weil es die beiden anderen Stufen nicht nur einschließt, sondern auch imstande ist, darüber zu urteilen. Was aber anderes umfaßt und beurteilt, steht höher als das Umfaßte und Beurteilte (II 13).

In einem weiteren Schritt analysiert Augustinus das menschliche Er- 112
kenntnisvermögen. Wieder zeigt sich die gleiche Struktur. Mit seinen Sinnesorganen nimmt der Mensch die Außenwelt wahr; der Innensinn (sensus interior) koordiniert diese Wahrnehmungen, »er hat das Sein und das Leben, aber nicht die Erkenntnis« (II 12). Zur Erkenntnis bedarf es der urteilenden ratio, sie macht das Menschsein aus, indem sie ihn über das Tier, über Sein und Leben erhebt (II 13). Da die Vernunft nicht nur alles andere zu beurteilen vermag, sondern darüber hinaus auch über sich selbst zu reflektieren imstande ist, erhebt sich die Frage – und damit tritt die Argumentation in eine neue Phase ein –, ob sich in der Natur des Menschen etwas finden läßt, »das über die Vernunft erhaben ist« (II 13). »Wenn wir nun etwas finden könnten, das zweifellos nicht nur ist, sondern auch höher zu stellen ist als unsere Vernunft, würdest du zögern, dieses Etwas, es sei was immer, Gott zu nennen?« (II 14). Daß die Vernunft jenem »Etwas« unterlegen ist, reicht allein noch nicht aus, es Gott zu nennen. Es muß zugleich erwiesen sein, daß es von nichts anderem mehr überragt werden kann. Ob es zwischen unserer Vernunft und diesem Letzten und Höchsten noch eine Zwischeninstanz gibt, ist ohne Belang; entscheidend ist allein, »daß es ein Sein gibt, das über der Vernunft steht« (II 14) und dem, da ja die menschliche Vernunft wandelbar ist, die Prädikate ›aeternum‹ und ›incommutabile‹ zukommen.

Dafür muß die Vernunft den Beweis erbringen. Im Rückgriff auf die Sin- 113
neserkenntnis erläutert Augustinus die Problemstellung (II 15ff). Wie nämlich das einzelne Subjekt mit seiner je nur ihm eigenen Wahrnehmung durch die wahrgenommenen Gegenstände auf das allen Gemeinsame bezogen ist, so muß Vergleichbares für die Vernunfterkenntnis zutreffen. Die Frage ist also, ob es etwas gibt, »das allen Vernunftbegabten gemeinsam ist, das jeder mit der Vernunft und dem Verstand sieht, weil es allen gegenwärtig ist« (II 20). In der Tat läßt sich nun zeigen, daß die Vernunft Ewiges und Unveränderliches erkennt und daß sie von diesen Gegenständen ihrer Erkenntnis verschieden ist, da sie selbst ja durchaus veränderlich ist. Unter den vielen möglichen Beispielen immer geltender Sachverhalte greift Augustinus die Ordnung und die unzerstörbare Wahrheit der Zahl heraus (II 20). Die mathematischen Gesetze sind jedem Denken immer gegenwärtig, sie entstammen nicht der sinnlichen Wahrnehmung und sind unabhängig davon, ob sie erkannt werden oder ob sich unser Geist dabei täuscht: Sieben und drei sind immer zehn. Gleiches gilt nun für die Weisheit (II 26). Weil das höchste Gut allen gemeinsam ist, muß auch die Weisheit, »in der es erkannt und begriffen wird«, »allen gemeinsam sein« (II 27).

Nach ausführlicher Entfaltung dieser Grundgedanken kommt Augustinus schließlich zu dem Ergebnis, »daß es eine unwandelbare Wahrheit gibt, die all das enthält, was unwandelbar wahr ist, die nicht dir gehört und nicht mir und keinem dritten, sondern allen in wunderbarer Weise wie ein zugleich geheimes und allgemeines Licht gegenwärtig ist und sich jedem, der das unwandelbare Wahre zu sehen vermag, in aller Öffentlichkeit hingibt« (II 33). Diese Wahrheit ist erhabener als der menschliche Verstand, der nicht über sie, sondern nach ihren Regeln urteilt, und in ihrem Licht auch noch über sich selbst reflektiert (II 34; 38). Zahl und Weisheit sind unveränderlich wahr (II 32). Die Vernunft findet also in sich etwas vor, das absolut, ewig und unwandelbar ist: die Wahrheit. Damit ist erwiesen, daß etwas über unserer Vernunft existiert. Gibt es darüberhinaus nicht noch etwas Vorzüglicheres, dann ist die Wahrheit Gott; sollte dies jedoch der Fall sein, dann wäre eben jene letzte Wirklichkeit Gott. »Sei dem, wie wolle: daß Gott trotzdem ist, wirst du nicht leugnen können – deum tamen esse negari non potes« (II 39).

114 Augustins noologischer Gottesbeweis und seine Erkenntnislehre bilden eine innere Einheit. Der Gottesbeweis führt von der Evidenz der eigenen Existenz und der Selbsterkenntnis zur absoluten Wahrheit; die Illuminationslehre erweist die absolute Wahrheit als Ermöglichungsgrund menschlicher Erkenntis, weil Denken und Urteilen von dieser Wahrheit ihre Notwendigkeit und Allgemeingültigkeit erhalten. Beide Gedankengänge sind platonisch inspiriert, beide hängen in ihrer inneren Stringenz vom Verständnis der Wahrheit ab. Für Augustinus ist Wahrheit mehr als nur logische Richtigkeit von Sätzen, mehr als Idee, als allgemeine Norm und bleibende Geltung. Wahrheit ist etwas Ontologisches: Sie ist das, was ist; »quae ostendit id quod est« (De vera religione XXXVI 66). In Gott als der Wahrheit konvergieren Erkenntnisgrund und Seinsgrund. Der gegen den noologischen Gottesbeweis immer wieder erhobene Einwand, Augustinus hypostasiere eine Idee, er verstehe logische Geltung unvermittelt ontologisch, geht von falschen Voraussetzungen aus und trifft die Sache nicht. Die Wahrheit als der Bereich des Bleibenden, der Normen, Geltungen und Werte, der mundus intelligibilis ist nicht nur auf das Denken beschränkt, sie umfaßt in gleicher Weise auch das Sein, sie zeigt eben, was bleibend und unveränderlich ist, nicht nur, was immer gilt. Der Weg des Beweises setzt nicht bei einer logischen Richtigkeit ein, sondern bei der unbezweifelbaren Gewißheit der eigenen Existenz (II 14), zu der Sein, Leben, und als höchstes, und das andere umgreifend, die Vernunft gehören. Dabei ist die Vernunft, die Geistseele, nicht als Denkfunktion verstanden, sondern als die eigentliche lebendige, personale Wirklichkeit des Menschen. Gefragt ist nach etwas, das höher steht, erhabener ist als die Wirklichkeit des menschlichen Geistes und ihn deshalb als wirklichen Geist begründet und ihm zugleich die bleibenden und allgemeinen Gesetze des Denkens einstrahlt. Es geht Augustinus eigentlich nicht darum

zu beweisen, daß Gott existiert, er will vielmehr die Tatsache seiner Existenz in ihrer inneren Vernünftigkeit offenbaren und einsichtig machen. Es liegt in der inneren Struktur des noologischen Gottesbeweises, daß Gott gerade jene Wirklichkeit sein muß, die menschliches Denken übersteigt und deshalb von diesem nie begriffen werden kann. Die absolute Wahrheit als der Grund menschlicher Wahrheitserkenntnis kann von dem Begründeten nicht noch einmal umgriffen werden. Diese Einsicht in die letzte Unbegreiflichkeit Gottes gehört wesentlich zu Augustins Nachdenken über Gott. Was vom Menschen begriffen werden kann, ist nicht Gott: »Si comprehendis, non est deus« (Sermo CXVII 3,5). Wahrer nämlich wird Gott gedacht, als er ausgesagt wird, »wahrer aber ist er, als er gedacht wird« (De trin VII 4,7). Am Ende steht auch für Augustinus die ›theologia negativa‹. Gott »wird besser durch Nichtwissen gewußt« (De ordine II 16,44). Es gibt kein Wissen in der Seele von Gott, »außer daß sie weiß, wie sie ihn nicht weiß« (De ordine II 18,47). Das Wissen um die Unbegreiflichkeit Gottes findet in der ›docta ignorantia‹ (Enchiridion LXXX 15,28) seinen angemessenen Ausdruck.

Solche Überlegungen hindern Augustinus freilich nicht daran, vom 115
Wesen Gottes zu sprechen. Wenn er sich dabei positiver Formulierungen bedient, so darf das nicht darüber hinwegtäuschen, daß in dieser Positivität die Negation im Blick auf die endliche menschliche Vernunft impliziert ist. Die Frage nach dem Bleibenden angesichts der Wandelbarkeit menschlicher Welt- und Selbsterfahrung, ein spezifisch platonischer Gedanke also, ist die innerste Antriebskraft augustinischen Denkbemühens; es geht letztlich um das, »was immer auf dieselbe Weise ist« (Epistulae II). Konsequenterweise entnimmt Augustinus diesem Bereich die Begriffe und Denkmodelle, um das Wesen Gottes zu benennen. Unter dem Aspekt der Wahrheit wurde der noologische Gottesbeweis entwickelt, der zu einer Identifikation der absoluten Wahrheit mit Gott führte. Dabei war der Gedanke des Seins bereits mit ausgesprochen. Gott ist »das einzige unveränderliche Wesen oder Sein« (De trin V 2,3), er ist die »summa essentia« (De vera religione XIV 28,75) und »das Sein selbst« (id ipsum esse, De moribus 14, 24). Über ihm, außer ihm und ohne ihn ist nichts; er ist »das eine, ewige, wahre Wesen« (Soliloquia I 1,4). In dieser Anwendung der von ›esse‹ abgeleiteten Begriffe sieht sich Augustinus auch durch das Alte Testament bestätigt. Das hebräische ›Jahwe‹ (Exodus 3,14) wurde in Unkenntnis der ursprünglichen Aussageabsicht ontologisch ausgelegt und mit ›ego sum qui sum‹ bzw. ›qui est‹ übersetzt. Der Gott des Alten Testamentes offenbart sich als ›der Seiende‹ (Sermo VI 4). Gott ist also das Sein: »Alles, was in Gott ist, ist nichts anderes als Sein« (In Psalm 101, Sermo II und X). Schließlich ist Gott das Urgute, »bonum omnis boni« (De trin VIII 3,4). Er ist das »summum bonum« (Soliloquia I 1,6) und der »summus bonus« (De vera religione LV 113, 311). Alles was gut ist, ist durch ihn gut. Trotz gelegentlicher Bezugnahmen auf die bib-

lischen Schriften sind die Wesensbestimmungen Gottes als die Wahrheit, das Sein und das Gute das Ergebnis philosophisch-neuplatonischer Reflexion und vom Christentum unabhängig; das soll nicht sagen, daß sie in christlicher Hinsicht falsch oder bedeutungslos wären.

116 Völlig anders verhält es sich jedoch mit der Trinität, mit dem Bekenntnis, daß Gott dreieinig ist (De trin VII 2,12), daß »die Trinität der eine wahre Gott« ist (I 6,10). Augustins ›credo ut intelligam‹ schließt den trinitarischen Gott nicht aus. In seinem für diese Problematik grundlegenden Werk ›De trinitate‹ versucht er vor allem im zweiten Teil, in den Büchern VIII bis XV, einen Weg zur Einsicht in diesen Glauben aufzuzeigen. Er bedient sich dabei der Methode der Analogie. Die Analyse der triadischen Struktur der Schöpfung, insbesondere der menschlichen Seele, wird zu einer indirekten Erkenntnis der Trinität. Obwohl Augustinus die Glaubensaussage der Trinität ebenfalls mit Hilfe neuplatonischer Philosophie reflektiert, kommt vom Gegenstand her damit gleichwohl ein genuin christliches Element in seine Spekulation, das man auch unter philosophischem Aspekt in seiner Wirkungsgeschichte hoch veranschlagen muß.

117 Es ist hier nicht der Ort, die Trinitätslehre Augustins zu entfalten; auf einige philosophische Implikationen ist aber mit Nachdruck aufmerksam zu machen. Zu den Ansätzen in Augustins Denken, in denen bis zu einem gewissen Grad die spezifische Problemstellung neuzeitlicher Philosophie anklingt und vorweggenommen ist, gehört die Rückwendung von der Außenwelt auf das eigene Innere, die Wende zum Subjekt. Das augustinische ›fallor ergo sum‹ und Descartes' ›cogito ergo sum‹ gelten in gleicher Weise der Überwindung des Skeptizismus. Dann aber gehen die Zielsetzungen auseinander. Die Absicht Augustins ist es nicht, in erster Linie über die Möglichkeitsbedingungen menschlicher Erkenntnis zu reflektieren; nicht die transzendentalphilosophische Fragestellung ist sein Interesse, ihm geht es um die Transzendenz, um die Suche nach Gott als der bleibenden Wahrheit und dem Ziel menschlichen Glücksstrebens. Er prüft nicht, was menschliches Erkennen zu leisten imstande ist, sondern er will zeigen, wie der Mensch das erreicht, wozu er geschaffen ist. Die dabei gewonnenen erkenntnistheoretischen Einsichten ergeben sich als in seiner Sicht unabdingbare Voraussetzungen für das Erreichen des geforderten Zieles. Dieses Ziel ist aber nicht ein absolutes apersonales Prinzip, sondern der trinitarische Gott der christlichen Offenbarung, dessen Spuren als trinitarische allenthalben in der Schöpfung zu finden sind.

118 Der trinitarische Aspekt – ein Leitmotiv in Augustins Denken – kommt bei der Analyse des menschlichen Bewußtseins zur vollen Entfaltung. Über die Analogie will hier Augustinus von der Selbsterkenntnis des Menschen zur Erkenntnis des trinitarischen Gottes gelangen. Damit wird das Bewußtsein als solches Gegenstand eingehender philosophischer Analyse. Der philosophisch vielleicht wichtigste und folgenreichste Ertrag

dieses Bemühens betrifft die aristotelische Kategorienlehre. Der Geist, das seiner selbst gewisse Denken, ist wesenhaftes Auf-Sich-Selbst-Bezogensein. Neben der Trias: Geist, Selbsterkenntnis und Selbstliebe (De trin IX) analysiert Augustinus am ausführlichsten den Ternar: Erinnerung, Einsicht und Wille (De trin X). Memoria, intellectus und voluntas bilden eine wesenhafte Einheit bei relativer Verschiedenheit (X 11) und zwar dadurch, daß sie je durch das andere sind, was sie sind. Sie sind, »da sie nicht drei Leben sind, sondern ein Leben, und nicht drei Geister, sondern ein Geist, folgerichtig nicht drei Substanzen, sondern eine Substanz« (X 11,18). Die drei fundamentalen Tätigkeiten des menschlichen Geistes lassen sich nicht mit den Kategorien Substanz und Akzidens angemessen erfassen. Mit dieser Einsicht eröffnet Augustinus den Blick für eine Wirklichkeit, in der es ein Bezogensein gibt, das nicht einer Substanz als Akzidens inhäriert, sondern wesenhafte ›relatio‹ und gleichwohl kein substantiell Unterschiedenes ist. Keine der Relationen wird durch das Im-Andern-Sein zu einem Akzidens, welches für die Substanz verzichtbar wäre. Das Bezogensein als solches subsistiert in wesentlicher Einheit, es ist der menschliche Geist. Auch wenn im menschlichen Geist die ›vestigia trinitatis‹ in besonderer Weise aufleuchten, so ist doch die ganze Schöpfung triadisch strukturiert. Darüberhinaus ist die Relation zum Schöpfer für alles, was ist, wesentlich. Augustinus lehnt wegen dieser Einsicht die aristotelische Kategorienlehre keineswegs ab; er stellt nur fest, daß sie für den menschlichen Geist und für Gott nicht anwendbar ist. Damit ist natürlich die an den Dingen orientierte Substanzmetaphysik keineswegs überwunden. Es zeichnen sich aber erste Ansätze ab, von denen aus die Kategorie der ›relatio‹ eine andere und höhere Bewertung erfährt.

VII. Welt und Mensch

1. Welt als Schöpfung

Unter dem Aspekt philosophischer Bedeutsamkeit christlicher Inhalte 119
kommt neben der Trinitätsspekulation dem Gedanken der Schöpfung besonderes Gewicht zu. Während es in der Trinitätslehre neue Gesichtspunkte in der Auslegung der Wirklichkeit waren, die Augustinus in die philosophische Diskussion einbrachte, mußte er sich in der Frage nach dem Ursprung der Welt als Christ gegen Plato und Plotin und damit gegen die damalige philosophische Tradition entscheiden.

Der tragende christliche Gedanke der ›creatio de nihilo‹ (Conf XII 7,7), der Erschaffung aus dem Nichts, ist weder mit einer ewigen Materie noch mit der ›emanatio‹, dem Hervorgang der Welt aus einem obersten Prinzip, vereinbar. Augustinus spricht zwar davon, daß Himmel und Erde aus dem Chaos als einer Art ungestalteten Stoffes geformt sind, aber dieses Chaos selbst ist nicht ewig, sondern von Gott geschaffen (De vera religione XVIII 36). Die Freiheit Gottes ist die ausschließliche Ursache für alle nichtgöttliche Wirklichkeit; das ›nihil‹ darf in keinem Fall als irgendwie seiend vorgestellt werden: »Alles was ist, insofern es Sein hat, hat dies von Gott« (De vera religione XVIII 36,97). Gott ist der Schöpfer der körperlichen und der geistigen Welt (De civ V 9). Damit ist auch der Gedanke einer emanatio der Welt aus Gott zurückgewiesen, ja die Vorstellung, die Dinge stammten aus der Substanz Gott, wird von Augustinus mit besonderem Nachdruck verworfen (Conf XIII 33,48).

120 Die christliche Provenienz des Schöpfungsgedankens steht außer Frage; Augustinus handelt davon immer unter Einbeziehung der Exegese des Schöpfungsberichtes der Genesis. Das bedeutet aber nicht, diese theologische Aussage würde sich dem Nachdenken verschließen. Im Gegenteil, Augustinus ist der Überzeugung, daß sich das Geschaffensein unmittelbar am Seienden selbst ablesen lasse. Wandelbarkeit und Veränderlichkeit der Dinge sind offenkundig. Was aber wandelbar ist, kann nicht notwendig sein, es ist also endlich. Wollte man annehmen, es habe sich selbst verursacht, dann müßte es gewesen sein, bevor es geworden ist. Auf der anderen Seite kann man aus der Veränderlichkeit der Dinge auch schließen, daß die Welt nicht in der Weise einer Emanation aus Gott hervorgegangen sein kann, da sich die Wandelbarkeit der Dinge dieser Welt nicht mit der Unveränderlichkeit Gottes vereinbaren läßt. Im Verständnis einer emanatio kann Gott nicht der Seinsgrund der Welt sein, sondern nur in dem Sinne der Ursache, »die das Sein gegeben hat« (De civ XII 2). Diese Zusammenhänge sind für Augustinus evident (Conf XI 4,6).

121 Spekulativ theologisch deutet Augustinus Schöpfung näherhin als Werk des Wortes, das von Gott selbst in einem ewigen innergöttlichen Dialog immerwährend gesprochen wird. Dieses ›Gott-Wort bei Gott‹, die ›ungeschaffene Weisheit‹, hat, nach außen sprechend, kreative Kraft, läßt die Dinge ins Dasein treten (Conf XI 6,7 f.) ohne eine andere Voraussetzung als die Freiheit Gottes; solches bedeutet creatio de nihilo. Gleichwohl ist Schöpfung nicht nur ein Akt des Willens und Ausdruck der Liebe Gottes, sie steht auch in einem bleibenden und für sie gleich wesentlichen Bezug zu Gottes Vernunft, zur ›sapientia increata‹, zum ewigen Wort. Als von Gott gedachte, als Ideen, sind die Dinge ursprünglich im Geiste Gottes. Sie sind die sich immer gleich verhaltenden Urbilder, die bleibenden Regeln und unwandelbaren Geltungen der als Abbild verstandenen Schöpfung (De diversis quaestionibus 46, 2).

122 Dadurch, daß Augustinus die Ideen in den Geist Gottes verlegt, hat er die platonische Ideenlehre für das Christentum grundsätzlich akzeptabel gemacht; die idealistische Grundkonzeption Platos wird davon jedoch letztlich nicht tangiert. Das Allgemeine als die eigentliche und bleibende Wirklichkeit behält den Vorrang vor der konkreten Verwirklichung, die

Sinnesdinge sind vergänglich und deshalb nicht wirklich seiend. Wenngleich Augustinus in der Gewichtung von Diesseits und Jenseits durchaus platonisch denkt, so geht er in diesem Zusammenhang doch einen entscheidenden Schritt über Plato hinaus; damit wird ein spezifisch christliches Grundanliegen wirksam: Das urbildliche Denken Gottes hat nicht nur das Allgemeine, sondern auch das Einzelne als Einzelnes zum Gegenstand, »singula igitur propriis sint creata rationibus« (ebd.). Es geht nicht nur um allgemeine Wesenheiten, Arten, Gattungen und Gesetzmäßigkeiten, sondern vor allem um das menschliche Individuum, das je als Einzelnes von Gott gedacht ist (Epistula XIV 4). Das Verhältnis von Idee im Geiste Gottes und konkreter Wirklichkeit wird mit dem Gedanken der Teilhabe, der ›participatio‹, beschrieben; »alles, was ist, ist, auf welche Weise auch immer, durch Teilhabe an den rationes aeternae« (De diversis quaestionibus, ebd.).

Wie schwer es für Augustinus dann aber doch ist, gegen den Neu- 123
platonismus das spezifisch Christliche, nämlich die Positivität der gesamten Weltwirklichkeit zur Geltung zu bringen, zeigt sich bei der näheren Explikation der Schöpfung. Augustinus läßt den Prozeß der Welt mit der Erschaffung von zwei Teilprinzipien einsetzen, die jedoch keineswegs gleichrangig oder gleichwertig gedacht werden dürfen. Die geistige Wirklichkeit, die creatura intellectualis, wird durch individuelle Geistwesen repräsentiert. Sie stehen Gott nahe und haben durch die Schau der reinen und unveränderlichen Formen an einer zeitlosen Seligkeit teil (Conf XII 9,9). Dieser Wirklichkeit steht die formlose Materie, die materia informis, gegenüber. Sie ist Substrat und Möglichkeitsbedingung der Veränderung. Da die Materie nicht ohne Formen erschaffen werden konnte und sie als solche ohne Form gar nicht existieren kann, läßt sie sich am Ende nur negativ bestimmen (Conf XII 6,6). Sie ist ein »formloses Beinahe-Nichts«, »informe prope nihil« (ebd.). Wenn es sich so formulieren ließe, möchte Augustinus die Materie als »Etwas Nicht – nihil aliquid« und als »ist ein nicht ist – est non est« (ebd.) bezeichnen.

Durch diese Ausdeutung der Wirklichkeit kommt ein Gefälle in das 124
Verständnis der Welt, in dem Seinshöhe und Seinswertigkeit eng verbunden sind. Das, wenn auch christlichen Mindestanforderungen angepaßte, neuplatonische Denkmodell liegt offen zutage. Schöpfung erstreckt sich von einem Maximum an Gottesnähe bis hin zur Materie als dem ontologisch größtmöglichen Abstand von Gott. Die Grenzen nichtgöttlicher Wirklichkeit sind damit abgesteckt; jenseits dieser Grenzen nach oben und nach unten ist nichts mehr möglich: »Tu eras et aliud nihil, unde fecisti caelum et terram, duo quaedam, unum prope te alterum prope nihil, unum, quo superior tu esses, alterum, quo inferius nihil esset« (Conf XII 7,7).

Innerhalb dieser Grenzen hat Gott den Dingen ihr Sein in unter- 125
schiedlichem Maße gegeben, den einen mehr, den andern weniger, und so die Schöpfung nach Seinsstufen geordnet (De civ XII 2). Die sinnlich er-

fahrbare Welt entsteht also dadurch, daß die reine, immer gleichbleibende Form in der Materie abgebildet, daß sie zur wandelbaren Gestalt wird. Die Bindung an die Materie bringt eine Tendenz zum Nichtsein mit sich. Andererseits wird die Materie vom Sein der Form aufgenommen und erfährt dadurch eine gewisse Beständigkeit. Das Charakteristikum der so konstituierten Welt ist jedoch grundsätzlich die Wandelbarkeit. Dabei gilt es jedoch noch einmal zu unterscheiden zwischen jenen Geschöpfen, die von Anfang an in ihrer vollendeten Form geschaffen wurden, und jenen, die nur als Keime, als rationes seminales bzw. causales angelegt waren und erst nach und nach zur vollen Entfaltung kamen (vgl. De genesi ad litteram, passim). Durch diese als Keimkräfte verstandenen Formen wird das Phänomen der Entwicklung im Weltprozeß erklärt, ohne daß dadurch die göttliche Allursächlichkeit in Frage gestellt oder auch nur tangiert würde. Die von Gott geschaffenen Formen sind das diesen Prozeß tragende Prinzip, das sich in den einzelnen Seienden verwirklicht. Das Entstehen neuer Formen ist dabei völlig ausgeschlossen. Zu den von Anfang an voll verwirklichten Geschöpfen gehört neben den Engeln, dem Firmament, der Erde, dem Meer, der Luft, dem Feuer und den Gestirnen auch die Seele des Menschen. Der Leib aber ist, wie die Körper aller Lebewesen, nur potentialiter als Urkeim erschaffen.

2. *Der Mensch*

a) Das Leib-Seele-Verhältnis

126 Mit diesen Überlegungen verankert Augustinus die ontische Dualität zwischen Leib und Seele in der Schöpfung selbst. Auch wenn nur die Seele Adams am Anfang der Schöpfung erschaffen (De genesi ad litteram VII 14,35) und erst später mit dem durch die Entfaltung der ›causalis ratio‹ entstandenen Leib verbunden wurde (aaO VI 12, 20ff), ist damit die Aporie seiner Anthropologie grundgelegt. Während der Leib der übrigen Menschen durch Zeugung entsteht, konnte sich Augustinus, was die Seele betrifft, nie endgültig zwischen Kreatianismus und Traduzianismus entscheiden (Retractationes I 1,3). Von diesem Ansatz her sind alle Versuche Augustins und seiner Interpreten, den Menschen als wirkliche substantielle Einheit zu denken, zum Scheitern verurteilt. Die dualistischen Einflüsse neuplatonischer Philosophie wurden durch eine solche Interpretation der Erschaffung des Menschen vom Christentum indirekt bestätigt anstatt überwunden, wie das im 13. Jahrhundert bei Thomas von Aquin geschehen wird. Gleichwohl bildet für Augustinus der Mensch eine Einheit von Leib und Seele. Die Frage ist nur, wie diese Einheit näherhin gedacht und expliziert wird.

127 Bereits in seiner frühen Schrift ›De beata vita‹ sucht Augustinus nach einer Definition des Menschen und kommt zu dem Ergebnis, der Mensch

könne weder ohne Körper noch ohne Seele sein (De beata vita II 7: »Neque sine corpore neque sine anima esse posse hominem«). Der Leib gehört zum Wesen des Menschen. Gleichwohl kommt dem Leib verglichen mit der Seele keine gleichrangige, konstitutive Bedeutung zu. Die Seele ist höherwertig, »sie ist etwas Besseres als der Leib« (In Ioh XIX 5,15). Die Seele belebt den Leib und bildet mit ihm eine funktionale Einheit. Der Leib wird nicht mehr als Gefängnis der Seele verstanden. Von der Gottebenbildlichkeit wird er aber ausdrücklich ausgeschlossen (De civ XIII 24,2). Die Seele ist eine in sich geschlossene »vernünftige Substanz, die dazu da ist, den Leib zu beherrschen« (De quantitate animae XIII 22). Die Verbindung von Leib und Seele ist nicht zweckfrei; es geht nicht darum, den Menschen als geistig-leibliches Wesen zu konstituieren. Der ontologische Grund dafür liegt vielmehr darin, daß die Seele zwischen Gott und dem Körper vermitteln soll. Aufgrund ihrer Geistigkeit partizipiert die Seele an den göttlichen Ideen, nur über sie kann der Leib daran Anteil erlangen (De immortalitate animae XV 24). »Wie Gott das Leben der Seele ist, so ist die Seele das Leben ihres Leibes« (Sermo 273, 1, 1). Gerade diese Analogie hebt den funktionalen Aspekt dieser Verbindung ebenso heraus, wie sie die bleibende ontische Dualität von Leib und Seele bekräftigt. Letztlich identifiziert Augustinus den Menschen mit der Seele: »So ist also der Mensch eine vernünftige Seele, die einen sterblichen und irdischen Leib in Gebrauch hat« – mortali atque terreno utens corpore (De moribus ecclesiae 1, 27; vgl. auch In Joh XIX; De quantitate animae XIII 22).

b) Die Seele

Auch wenn es also vereinzelt anders lautende Formulierungen und Ansätze gibt – Augustinus mußte der Tatsache Rechnung tragen, daß auch der Leib von Gott geschaffen ist –, so konzentriert er doch de facto sein ganzes Bemühen um den Menschen auf die Seele. Gott und der Seele gilt ja nach eigenem Bekunden sein ganzes Erkenntnisstreben. Augustinus erweist sich dabei nicht nur als metaphysischer, sondern auch als empirischer Psychologe von hohem Rang. Unter philosophischem Gesichtspunkt sind es vor allem drei Sachverhalte, die mit Blick auf die Seele sichergestellt werden müssen: Ihre Substantialität, Immaterialität und Unsterblichkeit. 128

Die Substantialität der Seele ist das erste Ergebnis und von da an das tragende Fundament augustinischer Philosophie. In der Auseinandersetzung mit dem Skeptizismus (Contra Academicos; De trin XV 22) findet Augustinus in der Reflexion auf das eigene Subjekt das Ich als unbezweifelbare Bewußtseinsgegebenheit; dessen Realität steht damit außer Frage. Die weitere Analyse erbringt ein Zweifaches: Das Ich unterscheidet sich von seinen Akten und es hält sich trotz des Wechsels der 129

Bewußtseinsinhalte in seiner Identität durch. Damit erfüllt die Seele alle Anforderungen des Substanzseins.

130 Auch die Frage nach der Geistigkeit stellt sich Augustinus auf dem Hintergrund des manichäischen Materialismus sehr früh. In seinem Dialog ›De quantitate animae‹ (aus dem Jahre 388) setzt er sich mit diesem Problem auseinander. Augustinus kommt dabei zu der Einsicht, die Seele könne deshalb nicht körperlich sein und keine Ausdehnung haben, weil sie imstande ist, Sachverhalte wahrzunehmen, die keine Körper sind (De quantitate animae VIII 13, 22; XIV 23). Die Immaterialität der Seele läßt sich darüberhinaus durch die unmittelbare Selbsterfahrung belegen. Erkennend, sich erinnernd und wollend, weiß sich die Seele als Geist (De trin X 9,12); sie weiß das gewissermaßen von innen her. Daß sie unkörperlich ist, kann sie sich nur durch »Vorstellung körperlicher Dinge in Bildern« bewußt machen (De trin X 10,16).

131 Mit der Substantialität und Immaterialität der Seele sind bereits wichtige Voraussetzungen für den Erweis ihrer Unsterblichkeit erarbeitet, der im zweiten Buch der ›Soliloquia‹ und in ›De immortalitate animae‹ durchgeführt wird. Wie der noologische Gottesbeweis ist auch dieser Gedankengang ein Aspekt von Augustins Erkenntnislehre. Der tragende Grund der Argumentation ist die unveränderliche und ewige Wahrheit. Da die Seele auf Wahrheit hin angelegt ist, da sie unzertrennlich mit der Wahrheit verbunden ist, muß auch der menschliche Geist unzerstörbar sein. Daß sich die Seele irren kann, und daß einzelne Wahrheiten vergessen werden können, ist kein Einwand, da gerade auch das die Existenz der Seele ja voraussetzt (De immortalitate animae XI 18). Mit ihren absoluten Inhalten ragt die Seele, obwohl sie in ihren Vollzügen in der Zeit steht, in die Welt zeitloser Gültigkeit hinein und hat deshalb an deren Ewigkeit teil. Letztlich ist es die Verbundenheit mit Gott, der absoluten Wahrheit, welche die Unsterblichkeit der Seele begründet und trägt. Die Geistseele ist Bild und Gleichnis Gottes; ihre triadische Struktur – memoria, intelligentia, voluntas; mens, ratio, intellectus – verweist auf die Trinität. Wenngleich dieser Gedankengang, mit dem die Unsterblichkeit der Seele aufgewiesen wird, von Platos Phaidon inspiriert ist und der Mensch im Grunde auf eine Geistseele reduziert und damit der spezifisch christliche Aspekt verfehlt wird, so kommt darin doch unterscheidend Christliches zum Tragen. Nicht etwas, wodurch der Mensch denkt, etwa das logistikon oder der nous ist unsterblich, sondern die individuell existierende, mit dem Selbstbewußtsein identische Geistseele ist in bleibender Vereinzelung unsterblich.

c) Der Mensch zwischen Zeit und Ewigkeit

132 Das Denken Augustins steht in der existentiellen Spannung zwischen der Erfahrung der eigenen Endlichkeit und Wandelbarkeit und einem apriori-

schen Wissen um das Unbedingte und Unwandelbare. Der Mensch ist ein auf Transzendenz bezogenes endliches »Wahrheits- und Freiheitswesen« (Fischer 1987, 296–322). Der Erhellung dieser Grundstruktur menschlicher Existenz dienen die philosophischen und theologischen Reflexionen über das Wesen der Zeit, die Augustinus insbesondere im XI. Buch seiner ›Confessiones‹ niedergeschrieben hat.

Was Zeit eigentlich sei, ist für ihn ein fast unlösbares Rätsel, ein »im- 133
plicatissimum aenigma« (XI 22,28). »Wenn niemand mich danach fragt, so weiß ich es; sobald ich es jedoch einem Fragenden explizieren will, weiß ich es nicht« (XI 16,17). Beim Bemühen, eine Antwort zu finden, setzt Augustinus die Grundbewegung seines Denkens nach innen konsequent fort. Zeit wird von der Subjektivität her gedacht. Der kosmisch-zyklische Zeitbegriff der Antike, der sich an der Bewegung der Himmelskörper orientierte, wird von Augustinus nicht akzeptiert, da die Bewegung der Körper durch die Zeit gemessen wird, diese also in gewisser Weise voraussetzt: »Non est ergo tempus corporis motus« (XI 24,31). Augustinus distanziert sich damit von der philosophischen Tradition; die biblisch-lineare Zeitvorstellung wird zum Leitbild seiner eigenen Zeitspekulation. Gleichwohl entwirft Augustinus auch die Lösung dieses Problems auf dem Hintergrund platonischer Ontologie. Die Zeit gehört auf die Seite der Veränderlichkeit; ja die Zeit ist die mutabilitas schlechthin. Die res immutabiles, die unveränderlichen Dinge, sind dagegen durch Zeitlosigkeit ausgezeichnet. Wie die veränderliche Welt nur von der Idee her erkannt und verstanden werden kann, so setzt die Erkenntnis dessen, was Zeit ist, ein Wissen oder zumindest ein Ahnen um die Ewigkeit voraus. Die Zeit, so formuliert Augustinus im Anschluß an Plotin (Enneade III 7), ist eine zeichenhafte Spur der Ewigkeit, sie ist signum und vestigium aeternitatis (Genesis ad litteram imperfectum 13, 38). Die Ewigkeit und Zeitlosigkeit ist deshalb ontologisch und gnoseologisch das Prinzip der Zeit. Konsequenterweise geht Augustinus dann auch das Problem der Zeit von der Ewigkeit her an; nur vom Unveränderlichen her läßt sich das Veränderliche als solches erkennen. Damit ist aber schon entschieden: Ewigkeit kann nicht als ins Endlose verlängerte, ewige Zeit verstanden werden, »tempus autem quoniam mutabilitate transcurrit, aeternitati immutabili non potest esse coaeternum« (De civ XII 16). Wirkliche Ewigkeit schließt Zeit und Veränderung aus (Conf XI 7,9). Das unveränderliche, mit sich selbst identische Sein steht als das absolute praesens – semper praesens – über der Zeit, über Anfang und Ende. Gleichwohl ist die ratio aeterna der Grund für alles, was zu sein beginnt und zu sein aufhört (XI 8,10). Die Zeit gehört zur Schöpfung, zur wahrnehmbaren Welt (XI 30,40).

Unter dieser Perspektive stellt sich die Frage nach dem, was die Zeit 134
›ist‹. Die Analyse der drei Zeitphasen Zukunft, Gegenwart, Vergangenheit (XI 14,17f) bringt einen bedenkenswerten Sachverhalt zutage. Im genauen Sinne kommt weder Vergangenem noch Zukünftigem das Sein zu; das

Vergangene ist nicht mehr, das Zukünftige ist noch nicht. Um das ›ist‹, das Was der Zeit zu fassen, bleibt allein das Gegenwärtige. Aber auch das Präsens ist nur im Vorübergehen, denn ginge es nicht in Vergangenheit über, dann wäre es Ewigkeit. So kann man auch von dem ›ist‹ der Zeit der Gegenwart nur sprechen, wenn man das Vorübergehen, die Tendenz, nicht zu sein, mitbedenkt. Das »tendit non esse« (XI 14,17) gehört zum Wesen der Zeit. Geht man nun der Dauer der Gegenwart nach, so reduziert sich diese auf einen Augenblick, auf eine »minutissima pars momenti« (XI 15, 20). Gegenwart ist jene kleinste Einheit, die sich zeitlich nicht mehr teilen läßt. Das aber bedeutet: »Praesens … nullum habet spatium« (XI 15, 20). Auf der objektiven Ebene kommt damit das Fragen an eine Grenze, ohne zum Wesen der Zeit vorgedrungen zu sein. Die Bewegung als Maß der Zeit führt nur zu einem sekundären, abgeleiteten Zeitbegriff. Was das Wesen von Zeit sei, das ursprünglich ermöglicht, daß Bewegung Zeit messen kann, bleibt ohne Antwort.

135 So wendet sich Augustinus von der Außen- und Weltzeit ab; die Analyse der subjektiven Zeiterfahrung eröffnet eine neue Perspektive. Sein Fragen konzentriert sich dabei auf das Problem der Gegenwart. Das Präsentische ist wirklich. In diesem Sinne vom Sein der Vergangenheit und der Zukunft zu sprechen, wäre in sich widersprüchlich. Selbst die auf ein ausdehnungsloses Jetzt sich reduzierende reale Gegenwart ist als Zeitspanne nicht greifbar und kann deshalb nicht ›vestigium aeternitatis‹ sein. So kommt Augustinus zu der Überzeugung, daß Gegenwart nur in der Weise der Vergegenwärtigung möglich ist. ›Repraesentatio‹ aber ist ein Akt, der durch die Geistseele geleistet werden muß. Die bleibende Präsenz und damit das Sein des Vergangenen liegt im Erinnertsein; die Gegenwart des Zukünftigen in der Erwartung. Selbst die Gegenwart wird erst in dem Akt des Bewußtseins wirklich gegenwärtig. Im jeweiligen Bewußtsein sind die drei Zeiten gegenwärtig: »eine Gegenwart von Vergangenem, eine Gegenwart von Gegenwärtigem (praesens de praesentibus), eine Gegenwart von Künftigem. Denn es sind diese Zeiten als eine Art Dreiheit (tria quaedam) in der Seele, und anderswo sehe ich sie nicht: und zwar ist da Gegenwart von Vergangenem, nämlich Erinnerung – memoria –; Gegenwart von Gegenwärtigem, nämlich Augenschein – contuitus –; Gegenwart von Künftigem, nämlich Erwartung – exspectatio –« (XI 20,26).

136 Die Zeit ist als eine »Ausspannung der Seele« eine Sache des Geistes: »Nihil esse aliud tempus quam distentionem: sed cuius rei, nescio, et mirum, si non ipsius animi« (XI 26,33; vgl. XI 23, 30). Zukunft, Gegenwart und Vergangenheit korrespondieren der triadischen Struktur der Seele, dem exspectare, attendere und meminisse. Nicht vergangene Ereignisse, nicht Zeiten als solche werden gemessen, sondern es wird »etwas in meinem Gedächtnis« gemessen, »was dort als Eindruck haftet. In te, anime meus, tempora metior« (XI 27,35–36). Nicht was im Vorübergehen die affectio hervorrief, den Eindruck erzeugte, selbst aber nicht mehr ist, sondern

allein der Eindruck wird gemessen. Gleiches gilt für den erwartenden Vorgriff. Außerhalb der Seele gibt es keinen Zugang zur Lösung des Zeitproblems. Denn nur die Geistseele kann der Gegenwart Dauer verleihen, das Nacheinander der Vorgänge umgreifen und im Bewußtsein zur Einheit bringen. Dadurch wird das Vor und das Nach, der Wandel der Zeiten in der repraesentatio der memoria gewissermaßen aufgehoben. In dieser Fähigkeit der Seele zeigt sich ihre Ähnlichkeit mit dem Ewigen als dem Unwandelbaren, in dem auch Zukunft und Vergangenheit reine Gegenwart sind. »Die Innerlichkeit des Menschen erweist sich so als eine eigentümlich vermittelnde Mitte zwischen Zeit und Ewigkeit« (B. Schmitt 1967, S. 111). Das Ausgespanntsein und die Zerrissenheit zwischen Zukunft und Vergangenheit machen die Vergänglichkeit, die mutabilitas, die Nichtidentität menschlicher Existenz aus. Wie für die Zeit gilt für den Menschen: tendit non esse. Daß der Mensch jedoch darum weiß, zeigt, daß er gleichwohl im Horizont der Ewigkeit steht, daß er Gott ähnlich ist. Die Erfahrung des Stehens zwischen dem Nichts und dem absoluten Sein bedeutet für Augustinus Erschrecken und Faszination in einem: »Inhorresco, inquantum dissimilis ei sum, inardesco, inquantum similis ei sum« (XI 9,11).

VIII. Freiheit und Gnade

Auch für die praktische Philosophie bleibt der Grundansatz augustinischen Denkens bestimmend. Aus der Diastase zwischen der Uneigentlichkeit des Wandelbaren, des Vergänglichen und der eigentlichen, unwandelbaren Wirklichkeit entspringt nicht nur der Impuls zur Erkenntnis der Wahrheit, und das heißt zur Erkenntnis Gottes, auch der normative Anspruch des Ethischen hat darin sein Fundament und seine Wurzeln. Die metaphysische Struktur des Zusammenhangs von Zeit und Ewigkeit ist der formale Rahmen, in welchem sich die ethische Forderung abzeichnet. Das Zerteiltsein menschlicher Existenz in den Zeiten – »at ego in tempora dissilui« – muß durch das ›Zusammenfließen‹ auf Gott hin überwunden werden, und das geschieht in einem Prozeß der Reinigung durch die Liebe zu Gott (Conf XI 29,39). Die distentio des Zeitlichseins, die Zerstreuung in das Viele und Vergängliche – »quae futura et transitura sunt« –, muß durch die Ausrichtung auf das zeitlos Seiende – »in ea quae ante sunt« – als den eigenen und einen Ursprung überwunden werden. Analog zur Gnoseologie wird auch dieser Vorgang als Aufstieg, als ›ascensus‹ (VII 10,16) verstanden, als eine Rückkehr aus der Fremde, ein »redire in patriam« (De doctrina christiana I 4,4). Trotz der Einbeziehung biblischer Inhalte ist die Ethik Augustins von ihrem Ansatz her neuplatonisch angelegt. 137

Dem Suchen des Menschen nach Erkenntnis der Wahrheit entspricht das Streben nach Glück. Daß jeder Mensch glücklich sein will, daß er die 138 vita beata erstrebt, gehört für Augustinus zu den Grundgegebenheiten menschlichen Daseins (De civ XI 26). In dem Glücksstreben sieht er den einzigen Grund, Philosophie zu betreiben: »… nulla est homini causa philosophandi, nisi ut beatus sit« (De civ XIX 1).

Erkennen und Wollen – der Wille (voluntas) ist mit der Liebe (amor) identisch – greifen dabei ineinander und bedingen sich gegenseitig. Da jedoch die liebende Verbindung mit Gott das eigentliche und letzte Ziel ist, kann man zu Recht das augustinische Denken als voluntaristisch charakterisieren. Worin das wahre Glück tatsächlich besteht, ist jedoch zunächst noch nicht entschieden. An vielen Stellen seines Werkes klingt diese Frage an; am eindringlichsten geht Augustinus ihr im X. Buch der ›Confessiones‹ nach. Auch der Weg der Suche nach dem Glück – und das ist der Weg der Liebe – führt vom Außen (foris) der sinnlichen Gegenstände und der sinnlichen Erfahrung zur Innerlichkeit (intus), zu den geistigen Fähigkeiten und Werken des Menschen. Am Ende steht jedoch Enttäuschung. Die nach Bleibendem suchende Liebe kann am Vergänglichen keine Erfüllung finden. Denn trotz seiner Endlichkeit ist der Mensch auf das Absolute bezogen und angelegt; er ist zwischen die res immutabiles und die res mutabiles hineingestellt (De doctrina christiana I 3). Diesen beiden sich grundsätzlich ausschließenden Ebenen der Wirklichkeit gegenüber muß sich der Mensch je anders verhalten. Mit dem der antiken Güterlehre entnommenen Begriffspaar ›uti–frui‹ beschreibt Augustinus diese Differenz. Genießen (frui) heißt einer Sache sich um ihrer selbst willen in Liebe zuwenden: »frui enim est amore alicui rei inhaerere propter se ipsam« (I 4). Von Gebrauchen spricht man, wenn der Wille sich einem Gegenstand zuwendet, um ihn für seine eigenen Zwecke, d.h. für sich selbst verfügbar zu machen: »Uti autem, quod in usum venerit ad id quod amas obtinendum referre … « (ebd.). Im je richtigen Verhalten den Dingen gegenüber gründet die Sittlichkeit des Menschen. Wenn der Mensch zu der Einsicht gekommen ist, daß er nur in Gott sein wahres Glück finden kann, dann ist damit grundsätzlich die Entscheidung gefallen: »Solo deo fruendum est« (I 20). Nur die Dinge, die als ewig und unveränderlich erkannt sind, sind zum Genusse bestimmt, »alle anderen aber hat man nur dazu zu gebrauchen, um zum Genuß jener ewigen und unveränderlichen Dinge zu gelangen« (ebd.). Um zu Gott zurückzukehren, muß der Mensch zwar die Welt gebrauchen, er darf sie aber nicht genießen, er darf bei ihr nicht stehenbleiben, als ob sie ein Letztes wäre. Aus der Ordnung des Seins – res mutabiles und res immutabiles – resultiert die Ordnung des Tuns: uti–frui. In der Erfahrung, daß die Dinge dieser Welt, auch die geistigen Werte, das Wollen und Lieben des Menschen nicht zur Ruhe kommen lassen und gerade dadurch sein Begehren (concupiscentia) immer neu wecken, macht der Mensch zugleich jene andere Erfahrung, daß seine Liebe nur in Gott ihr erfüllendes und befreiendes Ziel erreicht. Diese doppelte Erfahrung führt den Menschen in die Situation der Entscheidung zwischen dem vorläufigen und dem endgültigen, zwischen dem scheinbaren, immer neu enttäuschenden und dem wirklichen Glück.

Es erhebt sich damit die Frage: Hat der Mensch die Fähigkeit, sein liebendes Streben auf den richtigen Weg zu bringen? Mit seinem Entwurf der Willensfreiheit beantwortet Augustinus diese Frage bereits in seiner frühen Schrift ›De libero arbitrio‹, und zwar in der Auseinandersetzung mit dem Manichäismus. Die Existenz des freien Willens gehört zu den Bewußtseinswahrheiten, die niemand leugnen kann. Das Wollen steht in der Macht des Menschen (I 12,26; III 3,7). »Zur freien Betätigung gehört in erster Linie das Wollen selbst; es stellt sich ein, wenn wir wollen; und stellt sich nicht ein, wenn wir nicht wollen; denn wir würden nicht wollen, wenn wir eben nicht wollten« (De civ V 10). Dieses Wollen ist zunächst eine formale und wertneutrale Fähigkeit. Wenngleich eine gute Gabe Gottes, ist der Wille nur ein medium bonum, ein mittleres Gut, denn er kann mißbraucht werden (De libero arbitrio II 19,50). Gott weiß zwar diesen Mißbrauch voraus, er ist jedoch in keinem Fall dessen Urheber (III 4,9). Die nähere Qualifikation erhält der Wille durch das gewählte Objekt und die damit verbundene innere Entscheidung. Ein Wille, der sich von dem unveränderlichen Gut, d.h. von der Gottesliebe ab- und der Selbstliebe zuwendet, der entscheidet sich zum Bösen und sündigt (II 53). Damit hat Augustinus auch die ihn von allem Anfang an beschäftigende und bedrängende Frage nach dem Ursprung des Bösen (unde malum?) fürs erste beantwortet. Der Wille ist die alleinige Ursache des Bösen (I 16,34); aus freier Entscheidung stimmt er der Berufung durch Gott zu oder verweigert die von ihm verlangte Antwort. 139

Schon im II. und III. Buch von ›De libero arbitrio‹ (entstanden zwischen 391 und 395) werden jedoch Bedenken an dieser Beurteilung des freien Willens spürbar, die zu einer einschränkenden Präzisierung führen (vgl. hierzu Retractationes I 9,3). Anlaß ist die Frage, warum sich, wie die Erfahrung lehrt, die Menschen so oft für die Selbstliebe und damit gegen Gott entscheiden. Augustinus sieht den Grund dafür in einem gewissen Hang zum Bösen, der auf jene Schuld zurückzuführen ist, die am Anfang der Menschheitsgeschichte steht. Zunächst spricht er nur von Unwissenheit und der Unfähigkeit, das als gut Erkannte auch in die Tat umzusetzen. Bald aber tritt der alles entscheidende Wandel in dieser Frage ein. Die erste Ursache der Sünde (prima causa peccandi) ist der Wille (De libero arbitrio III 17), es steht jedoch nicht in der Macht des der Sünde verfallenen Menschen, gut zu sein. Von ihm heißt es: »non est bonus nec habet in potestate ut bonus sit« (III 18). Der gute Wille (bona voluntas) und damit die Zustimmung zur göttlichen Berufung wird allein von Gott gewirkt (De diversis quaestionibus ad Simplicianum I 2; verfaßt um 396); der Mensch ist dazu unfähig und deshalb ausschließlich auf das göttliche Erbarmen (misericordia) verwiesen. Durch die Sünde Adams, von Augustinus als ›Erbsünde‹ verstanden, sind alle Menschen schuldig geworden und des- 140 halb verworfen. Die Menschheit ist eine »massa peccatorum« (I 2,19). Weshalb die einen gerettet und die anderen verworfen werden, bleibt mit dem Hinweis auf die Unerforschlichkeit der Wege Gottes (I 2,16) ohne Antwort.

Die Willensfreiheit ist damit keineswegs aufgehoben. Die Problematik erfährt vielmehr eine Präzisierung in zweifacher Hinsicht. Die Entscheidung gegen Gott hebt die Freiheit als formale Fähigkeit nicht auf, sie wird jedoch beschränkt auf bestimmte Inhalte. Die Freiheit der letzten Verwirklichung des eigenen Wesens in Gott geht verloren und kann vom Menschen allein nicht mehr geleistet werden. Damit wird die ganze Frage in einen größeren Horizont hineingestellt, in die alles umgreifende Lehre von der Gnade. Die Dialektik von Freiheit und Gnade nimmt bei Augustinus bisweilen antithetische Züge an; er ist sich dessen sehr wohl bewußt. In seinen späten Schriften bringt er diese Antinomie direkt zur Sprache, wenn er betont, »daß er sich weder zu einer Freiheitslehre bekennt, wenn sie die wirkliche Gnade aufhebt, noch zu einer Gnadenlehre, wenn sie die Kraft der freien Entscheidung leugnet« (Fischer 1987, S. 280; zur gesamten Problematik vor allem die Kapitel 10 und 11 in diesem Werk). Der Vergleich, die Gnade verhalte sich zur Willensfreiheit analog wie die Illumination zur Erkenntnis (Schöpf 1970, 70), bringt den Sachverhalt angemessen zum Ausdruck. Das Ineinander von Gnade und Freiheit, die letzte Einheit von Theologie und Philosophie, die Priorität von Gottes Handeln werden darin unmittelbar greifbar. In einem entscheidenden Punkt trifft der Vergleich jedoch nicht: Die zur Erkenntnis führende Illuminatio wird jedem Menschen, der sich darum bemüht, zuteil; und selbst wenn er zu keiner höheren Erkenntnis fähig ist, hängt davon seine Glückseligkeit nicht ab. Nicht so bei der Gnade. Durch die Erbsünde, d.h. ohne persönliche Schuld, sind alle Menschen grundsätzlich der Verwerfung verfallen. Aber nicht in allen wirkt Gott die bona voluntas, durch die sie befähigt werden, den Anruf Gottes positiv zu beantworten. Damit führen diese Überlegungen des Augustinus in die Aporie einer selektiven Prädestination. Es ist hier nicht der Ort, auf die theologische Dimension dieser Frage näher einzugehen. Daß dieses Problem zu den schwierigsten zählt, zeigt sich schon in der unmittelbaren Wirkungsgeschichte dadurch, daß das Spannungsverhältnis Freiheit–Gnade auf dem durch Augustinus vorgegebenen spekulativen Niveau nicht durchgehalten werden konnte und bald in das eine, bald in das andere Extrem aufgehoben wurde. Die Gefahr, hinter dem Anspruch der komplexen Problematik zurückzubleiben, hat auch in den zum Teil widersprüchlichen Ergebnissen der Augustinus-Forschung ihren Niederschlag gefunden.

Die Analyse des Menschseins mit der Lehre von der Freiheit des Willens und der Priorität der göttlichen Gnade findet in dem Gedanken von den zwei Gemeinschaften (civitates) ihre konsequente Ausweitung vom einzelnen Menschen auf das Menschengeschlecht als Ganzes. Aus der theologischen Interpretation des Menschen erwächst in innerer Folgerichtigkeit eine spekulativ-theologische Deutung der Geschichte aus heilsgeschichtlicher Sicht. In den XXII Büchern von ›De civitate Dei‹, dem zweiten umfassenden Hauptwerk Augustins, widmet sich der Bischof von Hippo dieser, wie er selbst betont, außerordentlich schwierigen Aufgabe, welche die Eschatologie, die Lehre vom Staat und Fragen nach dem Verhältnis von Staat und Kirche einschließt. 141

Die Grundtendenz des Werkes ist durch den äußeren Anlaß vorgegeben. Das Christentum wurde für den beginnenden Verfall des Römischen Reiches verantwortlich gemacht. Dieser Vorwurf konnte nur zurückgewiesen und damit das Christentum gerechtfertigt werden, wenn es gelang, den universalen Anspruch des Christentums dadurch zu begründen, daß vom christlichen Glauben her die Geschichte der Menschheit als ein sinnvolles Geschehen verstanden und ausgelegt werden kann. Die Unterscheidung zwischen ›civitas dei‹ und ›civitas terrena‹ ist der zentrale Gedanke. In dieser Dualität liegt der Ursprung und, weil die beiden Staaten unsichtbar sind, die innere Dynamik der Geschichte. Das Kriterium dieser Grunddifferenz ist die Willensentscheidung, die sich in der bona und der mala voluntas realisiert. Die beiden civitates sind nicht auf die Menschen beschränkt. Am Ursprung steht die irreversible Entscheidung der Engel; die Zahl der prädestinierten Menschen entspricht genau der Anzahl der gefallenen Engel. ›Amor dei‹ und ›amor sui‹ sind das Unterscheidungskriterium und zugleich die Definition der beiden civitates: »Demnach werden die beiden Staaten durch zweierlei Liebe begründet, der irdische durch Selbstliebe, die sich bis zur Gottesverachtung steigert, der himmlische durch Gottesliebe, die sich bis zur Selbstverachtung erhebt« (De civ XIV 28). Säkulare Weltgeschichte ist das Greifbarwerden des Ringens und der Auseinandersetzung dieser beiden Staaten miteinander. 142

Wenngleich diese Unterscheidung auf die sichtbaren Gemeinschaftsformen von Kirche (ecclesia) und Staat (res publica) bezogen ist, so dürfen gleichwohl civitas dei und Kirche genausowenig identifiziert werden wie die civitas diaboli und der Staat, denn die beiden Staaten sind »in dieser Weltzeit ineinander verschlungen und miteinander vermischt, bis sie beim letzten Gericht getrennt werden« (De civ I 35). Unter den Feinden der civitas dei gibt es vorherbestimmte Freunde, die selbst davon nichts wissen; und innerhalb der Kirche gibt es falsche Christen (ebd.). 143

144 Die eschatologische Endorientierung der christlichen Sicht von Geschichte, wie sie Augustinus unter Einbeziehung der bis dahin bekannten Weltgeschichte in diesem Werk darzustellen sich bemüht, steht in deutlichem Widerspruch zur zyklischen Weltsicht der Antike (XII 14). Mit aller Entschiedenheit wendet sich Augustinus gegen jede Form von Kreislaufvorstellungen, da Schöpfung, Erlösung und Vollendung als die spezifisch christlichen Inhalte sinn- und gegenstandslos werden, wenn es in der Geschichte im strengen Sinne kein novum geben kann; ein notwendiger Kreislauf – circuitus – der immer wieder dahin zurückführt, wovon er ausging, ist mit dem christlichen Glauben unvereinbar (XII 18). »Denn einmal nur ist Christus für unsere Sünden gestorben ... und auch wir werden nach der Auferstehung immer bei dem Herrn sein« (XII 14). Augustinus setzt aber nicht nur, und noch nicht einmal in erster Linie, positive theologische Aussagen gegen die zyklische Weltsicht der Antike. In der Auseinandersetzung mit einer philosophischen These argumentiert er philosophisch. Gemeinsame Grundlage und Voraussetzung ist für Plato wie für Augustinus die Überzeugung, daß die Seele ein unverlierbares Glück erstrebt. An diesem Punkt setzt Augustinus mit seiner Kritik an, indem er den Nachweis erbringt, daß der Gedanke einer definitiven beatitudo durch dessen Einbindung in ein zyklisches Weltverständnis und damit in den Kreislauf der Reinkarnation widersprüchlich wird und sich selbst aufhebt. Eine Glückseligkeit, welche den Grund für ein neues Elend in sich trägt, ist keine beatitudo (X 30). Im Elend dieser Welt wäre die Seele durch die Hoffnung auf das jenseitige Glück glücklicher als in der Seligkeit des Jenseits, wo sie nur auf erneutes Elend in der Welt warten würde: »Ita spes nostra infelicitatis est felix et felicitas infelix« (XII 21). Ein ständiger Wechsel zwischen »falscher Glückseligkeit und wahrem Elend« (XII 14: »... ad falsam beatitudinem et ad veram miseriam ...«) wäre ihr Geschick; sie wäre also nie glücklich. Indem Augustinus die antike Theorie von ihren eigenen Voraussetzungen her ad absurdum führt, zeigt er zugleich, daß der christliche Glaube mit seinem linearen und eschatologischen Geschichtsverständnis den letzten Sinn irreversibler Glückseligkeit eröffnet, d.h. dem Grundanliegen des Menschen und der Menschheit gerecht wird. Das Endziel der civitas dei und damit das höchste Gut ist »Friede im ewigen Leben oder ewiges Leben im Frieden« (XIX 11).

145 Von dieser Gesamtkonzeption von Geschichte her eröffnet sich die angemessene Perspektive auf den Staat als politisches Gebilde, als res publica. Daß der Mensch ein gemeinschaftsbezogenes Wesen ist, gehört zur philosophischen Tradition und wird auch von Augustinus nicht in Frage gestellt. Diesem Grundzug des menschlichen Wesens entspricht die civitas dei, die in dieser Welt unsichtbar gegeben ist, aber erst in einem geistigen Jenseits ihre letzte Realisierung erfährt. Da jedoch die civitas terrena nicht mit dem Staat identifiziert werden darf, nimmt der säkulare Staat eine gewisse Mittelstellung ein. Er wird von Menschen konstituiert, deren Natur

durch die Erbschuld verderbt ist. Der Egoismus (amor sui) ist beständige Gefahr. Augustinus sieht im Staat einen Zusammenschluß von Menschen, die durch die Übereinstimmung hinsichtlich einer von ihnen geliebten Sache verbunden sind (XIX 24). Der Staat entspringt also einem Zweck. Auch wenn die verfolgten Ziele nur die Güter dieser Welt und deshalb schlecht sind, so geschieht im staatlichen Zusammenschluß doch etwas Positives. Augustinus ist überzeugt, es gebe »kein Wesen, das nicht nach Frieden strebt« (XIX 12). Das gilt auch für die Vereinigung von Menschen im Staat. Selbst Kriege werden um des Friedens willen geführt (XIX 13). Noch das Mindestmaß an Recht und Gleichheit und dadurch erreichtem Frieden, das für ein Staatswesen erforderlich ist, ist durchaus ein Gut und geeignet, den Egoismus einzudämmen. Die Nähe des weltlichen Staates zur civitas terrena darf jedoch nicht übersehen werden. Damit zeichnet sich auch das Verhältnis von Kirche und Staat ab. Dem Staat kommt eine gewisse subsidiäre Funktion zu; die Kirche muß sich »dieses Friedens bedienen, bis eben dieses staatliche Dasein, für das ein solcher Friede nötig ist, sein Ende erreicht« (XIX 17) und deshalb auch den diesbezüglichen Gesetzen des Staates Folge leisten. »Es besteht Eintracht zwischen beiden Staaten in den zum vergänglichen Leben gehörigen Dingen« (ebd.).

Diese von Augustinus in ›De civitate dei‹ eingenommene theoretische 146
Position wandelte sich in der praktischen Auseinandersetzung mit Häretikern, insbesondere mit den Donatisten, in äußerst verhängnisvoller Weise. Zunächst hatte er noch die Inanspruchnahme staatlicher Macht zur Bekämpfung und Wiedereingliederung von Häretikern abgelehnt. Die Autorität der Wahrheit sollte genug sein. Unter dem Druck der äußeren Verhältnisse kam Augustinus jedoch schließlich zu der Überzeugung, Zwang sei als solcher neutral; ausschlaggebend sei allein, wozu jemand gezwungen werde. Auch in der Beurteilung der Kirche geht Augustinus über seine frühere Position hinaus, indem er sie jetzt mit der transzendenten Wahrheit selbst gleichsetzt. Unter diesen Bedingungen ist dann Religionszwang nicht nur erlaubt, sondern auch besser als Toleranz. Damit sind für Augustinus die Voraussetzungen geschaffen, politische Macht in Anspruch zu nehmen und deren Einsatz zur Durchsetzung religiöser Wahrheit zu rechtfertigen. So steht am Ende dieses Ringens das verhängnisvolle und zutiefst unchristliche »compellite intrare« – zwingt sie einzutreten (Epistula XCIII, II 5).

Literatur

Schöpf 1965
Schmitt 1967
Duchrow 1970
Schöpf 1970
Körner 1972
Meijering 1979
Wittmann 1980
Böhm 1984
Schmidt 1985
Honnefelder 1986

Neumann 1986
Fischer 1987
Haeffner 1988
Flasch 1993
Horn 1995, 1997

X. Augustinismus

147 Augustinus war ein Denker von so hohem Rang und von derart existentieller Dynamik, daß er unabhängig von Philosophie und Theologie im engeren Sinn zu einer bleibenden Größe der abendländischen Geistesgeschichte geworden ist. In vielfältigen Brechungen wirkt er bis in die Gegenwart nach.

Jedoch auch im engeren Sachverständnis von Philosophie und Theologie sind ihm nur wenige vergleichbar. Nicht nur in dieser oder jener Frage hat er Einfluß ausgeübt. Sein subjektiv existentieller Denkstil hat zusammen mit seinen charakteristischen Fragestellungen und Problemlösungen als ›Augustinismus‹ eine intensive Wirkungsgeschichte entfaltet; es bleibt freilich immer zu prüfen, ob Augustinus zu Recht für eine augustinische These beansprucht wird. Wegen der großen Affinität Augustins zu Plato und Plotin spricht man auch von augustinischem Neuplatonismus. Der Einfluß Augustins im frühen Mittelalter war nicht zuletzt durch seine eigenen Thesen zum Verhältnis Kirche und Staat mitgetragen. Eine bedeutende Rolle spielten dabei die monastischen Bewegungen dieser Jahrhunderte, die sich ausschließlich an der Augustinerregel und damit an augustinischem Geiste orientierten.

Bis ins 12. Jahrhundert hat Augustinus nahezu konkurrenzlos das christliche Denken bestimmt. Erst durch die Aristotelesrezeption bot sich eine echte Alternative zu dieser Tradition an.

Literatur

Steenberghen 1977
Leff 1979

E. Boethius (ca. 480–524)

An der Wende von der Spätantike zum frühen Mittelalter nimmt Boethius 148
eine herausragende Stellung ein. Durchaus zutreffend hat man ihn den letzten Römer und ersten Scholastiker genannt. (Grabmann 1957, I 148 bis 177) Seine Bedeutung liegt nicht in seiner denkerischen Originalität oder in seiner spekulativen Kraft, sondern in der Fähigkeit und Funktion der Vermittlung.

Leben und Werke

Anicius Manlius Torquatus Severinus Boethius wurde um 480 oder etwas 149
später in Rom geboren. Die vornehme Familie der Anicier, die sich bis ins zweite vorchristliche Jahrhundert zurückverfolgen läßt und der Boethius entstammt, hatte sich im 4. Jahrhundert zum Christentum bekehrt. Sein Vater Flavius, der 487 Konsul war, starb früh. Boethius wurde daraufhin von der ebenfalls adeligen Familie des Symmachus aufgenommen, dessen Tochter Rustitiana er später heiratete. Boethius erhielt eine umfassende und hervorragende Ausbildung. Seine ausgezeichneten Griechischkenntnisse, keineswegs eine Selbstverständlichkeit in der damaligen Zeit, sind besonders zu erwähnen. Gleichwohl läßt sich die Annahme, er habe in Athen studiert, nicht mehr halten. Vieles weist jedoch darauf hin, daß er seine philosophische Ausbildung in Alexandrien erhalten hat.

Schon früh ein anerkannter Gelehrter, wird Boethius von Theoderich (gest. 526) für verschiedene wissenschaftliche Aufgaben herangezogen. Im Jahre 510 wurde er alleiniger Konsul – consul ordinarius sine collega – und erreichte 522 mit der Ernennung zum ›magister officiorum‹ als höchster Hof- und Staatsbeamter den allerdings nur kurzen Höhepunkt seiner politischen Laufbahn.

Weil sich Boethius in den Auseinandersetzungen zwischen dem Hof in Ravenna und dem probyzantinischen Teil des römischen Senats für den Senat einsetzte, fiel er bei Theoderich in Ungnade, wurde vom Amt suspendiert und nach Kerkerhaft und Folterung – in dieser Zeit enstand die ›Consolatio Philosophiae‹ – ohne Möglichkeit der Verteidigung verurteilt und 524 (nach neueren Datierungen 526) hingerichtet.

Die ausgesprochene Absicht des Boethius war es zu vermitteln, und
zwar in doppelter Hinsicht. Zum einen ging es ihm darum, den Westen, 150
wo nur noch wenige Gelehrte imstande waren, Plato und Aristoteles zu lesen, mit dem griechischen Bildungsgut bekannt und vertraut zu machen, es zu ›latinisieren‹. Rom sollte die geistige Führung von Athen überneh-

men; schon Cicero hatte solche Gedanken niedergeschrieben. Dieser Zielsetzung entspringt die Übersetzertätigkeit von Boethius; er wollte sämtliche Schriften von Plato und Aristoteles ins Lateinische übertragen. Zum andern war er um die Vermittlung zwischen philosophischen Positionen bemüht. Es war seine Absicht, Plato und Aristoteles auf das Gemeinsame hin zu interpretieren – »in unam revocare concordiam« –, zu zeigen, daß sie im Grundsätzlichen übereinstimmen und daß das Divergierende dadurch an Bedeutung verliert (In Aristotelis Perihermeneias, editio secunda II 3). Dieses Ziel hatte auch Porphyrius verfolgt, zu dessen ›Isagoge‹ Boethius ebenfalls einen Kommentar verfaßte; von ihm hat er wesentliche Impulse und Weichenstellungen für seine Harmonisierungsbemühung erhalten.

Boethius ging es jedoch nicht nur um die inhaltlichen Probleme; der
151 didaktisch-methodische Aspekt stand am Anfang seiner wissenschaftlichen Arbeit. Als Vorstufe zu den eigentlichen philosophischen Werken sind geeignete Handbücher für den Unterricht in den ›freien Künsten‹ – artes liberales – erforderlich. Der Terminus ›quadrivium‹ für die ersten vier Fächer wurde von Boethius selbst geprägt (De institutione arithmetica I 1). In dieser Neigung zu enzyklopädisch-didaktischer Gesamtdarstellung kommt spätantike und typisch römische Geisteshaltung zum Ausdruck; vor allem *Martianus Capella* und *Isidor von Sevilla* sind in diesem Zusammenhang zu nennen.

Das literarische Werk des Boethius dokumentiert die Intention seiner wissenschaftlichen Arbeit; zugleich werden die Basis und die Akzentsetzungen seines Einflusses auf das Mittelalter dadurch vor Augen geführt.

Boethius hatte es als verpflichtende Aufgabe angesehen, den jungen
152 Völkern das Erbe der Antike zu vermitteln. Da ihn das Bemühen leitete, die divergierenden philosophischen Strömungen wie in einer Konkordanz zusammenzufassen, verwundert es nicht, daß sein Werk synkretistisch geprägt ist, daß manche philosophischen Positionen unvermittelt nebeneinander stehen, daß eine letzte systematische Durchdringung und Einheit fehlen.

Es sollen deshalb nur jene Gegenstände und Problemstellungen ange-
153 sprochen werden, durch die Boethius de facto Vorentscheidungen für die Entwicklung und den Gang des mittelalterlichen Denkens traf. Im Gegensatz zu Augustinus, den er natürlich kennt und schätzt und dessen Einfluß allenthalben greifbar ist, gewinnt bei Boethius die Philosophie durch die Beschäftigung mit den antiken Texten von Anfang an ein höheres Maß an Eigenständigkeit. Er formulierte zwar die Aufforderung, Glauben und Vernunft nach Möglichkeit zu verbinden – »fidem, si poteris, rationemque coniunge« (Utrum pater et filius, PL 64, 1302); gedacht ist dabei aber primär an die formale Logik, an die methodisch-rationale Argumentation innerhalb theologischer Problemstellungen, ohne Rückgriff auf theologische Autoritäten. Ein spezifischer Aspekt scholastischer Methode, die

Verbindung von ratio und auctoritas, wird von ihm dadurch grundgelegt. Das spätere ›sola ratione› Anselms von Canterbury klingt bei Boethius, zumal in seinen ›Opuscula sacra‹, schon an.

Literatur

Gruber 1978
Pozzi 1981
Gruber 1983

I. Einteilung der Philosophie

Zu Beginn seiner beiden Kommentare zur ›Isagoge‹ des Porphyrius befaßt sich Boethius mit der Einteilung der Philosophie. Die formale Einteilung und deren Kriterien sind gleichzeitig sehr aufschlußreich für die inhaltlichen Aspekte der einzelnen Themen. Unproblematisch ist die Zweiteilung in spekulative (theoretische) und praktische Philosophie (In Isagogen, editio I, lib I 3; editio II, lib I 3). 154

a) Die spekulative Philosophie handelt von der Natur der Dinge (De rerum naturis). Drei Bereiche zeichnen sich mit dem Blick auf die Natur der Dinge ab: intellectibilia, intelligibilia, naturalia. 155

Intellectibilia: Das Wort ist von Boethius gebildet. Er versteht darunter jene Wesen, die getrennt von Materie als reine Geistwesen existieren; sie sind unwandelbar und unveränderlich. Dazu zählt an erster Stelle Gott; diese Wissenschaft wird von den Griechen deshalb Theologie genannt. Aber auch die Seelen werden unter dem Gesichtspunkt dazu gerechnet, daß sie unkörperlich sind.

Intelligibilia: Damit bezeichnet Boethius die Menschenseelen unter dem Gesichtspunkt der Verbindung mit Materie. Sie sind nichts anderes als durch einen Fall in Körper herabgesunkene intellectibilia (Ed. I, lib. I 9,3: »corporum tactu ab intellectibilibus ad intelligibilia degenerarunt"). Die Nachwirkung von Origenes und Augustinus wird hier unmittelbar greifbar. Durch den Fall haben diese Wesen Geistigkeit und reine Erkenntnis verloren.

Naturalia: Darunter versteht Boethius die Körperwelt unter dem Aspekt ihrer Intelligibilität. Zu diesem Zweig der Philosophie gehören jene Disziplinen, die Boethius im Quadrivium zusammengefaßt hat und die er als Voraussetzung der wahren Philosophie betrachtete.

b) Die praktische Philosophie ist dreigeteilt. Im ersten geht es darum, wie man sich zu verhalten habe, d.h. wie man zur Tugend gelangt und nichts tut, was man später bereuen müßte. Der zweite Teil handelt vom Staat und lehrt, wie in einem Gemeinwesen Klugheit, Gerechtigkeit sowie 156

Starkmut und Mäßigkeit herrschen sollen. Der letzte Teil schließlich befaßt sich mit der Leitung der Familie.

Die Frage der Zuordnung der Logik zur Philosophie ist nicht von vornherein geklärt. Boethius referiert zwei voneinander abweichende Ansichten (Ed. II, lib. I 2). Diejenigen, welche die Logik als einen eigenständigen dritten Teil der Philosophie – als rationalis philosophia – verstanden wissen wollen, verweisen darauf, daß sie ihren eigenen Gegenstand hat: Tractatus de propositionibus atque syllogismis et cetera (ebd.), der weder von der spekulativen noch von der praktischen Philosophie übernommen werden könnte. Das Auffinden und die Beurteilung von Gründen ist die Aufgabe der Logik. Andere sind der Überzeugung, die Logik sei nur Instrument und Rüstzeug (supellex atque instrumentum) der Philosophie. Sie habe kein eigenes, der spekulativen und praktischen Philosophie vergleichbares Ziel. Das Ziel der Logik bestehe nicht für sich, sondern nur in der Zuordnung zur spekulativen und praktischen Philosophie (aaO I 3). Schon in dieser Fragestellung zeigt sich die Tendenz des Boethius, auseinandergehende Ansichten in ihrem berechtigten Anliegen zu würdigen und zu harmonisieren. Die Logik ist ein selbständiger Teil der Philosophie, da sie ihren eigenen Gegenstand hat; sie ist aber auch Instrument, weil sie den anderen Teilen der Philosophie als Methode dient.

157 Wie immer man die Akzente beider möglichen Antworten auf diese Frage setzt, die formale Logik ist die Voraussetzung der Philosophie. Durch Boethius wurde sie in ihrer aristotelischen Orientierung zur Grundausbildung des Mittelalters. Bis ins 12. Jahrhundert blieb die aristotelische Wirkungsgeschichte, von einzelnen metaphysischen Fragen abgesehen, auf die Logik beschränkt, da Boethius durch seinen frühen Tod von seinem Übersetzungsvorhaben nur den geringsten Teil verwirklichen konnte, und dieser sich eben auf die Logik beschränkte.

II. Die Universalienfrage

158 Ebenfalls im ersten Buch der ›Isagoge‹ wurde Boethius mit dem Universalienproblem konfrontiert (Ed. II, lib. I 10–12). Porphyrius selbst hatte sich darauf beschränkt, das logische Problem der Prädikabilien zu bearbeiten, d.h. die Frage, wie ein Begriff ausgesagt wird. Das damit angesprochene, philosophisch grundlegende Problem des unterschiedlichen Verständnisses der Allgemeinbegriffe hinsichtlich dessen, was sie aussagen, der Ideenlehre also, hat er lediglich expliziert und die möglichen Alternativen einer Antwort vorgetragen. Auf eine Entscheidung hat Porphyrius mit dem ausdrücklichen Hinweis auf den Charakter einer Einführungsschrift verzichtet. Dadurch kam es zu keiner einseitigen Festlegung auf eine philosophische Richtung, so daß beide Positionen, die pla-

tonische und die aristotelische, zur Diskussion gestellt wurden. Der ›Universalienstreit‹, eines der zentralen Themen der mittelalterlichen Logiker, war damit grundgelegt.

Die Fragestellung ist folgende: Sind Gattung (genus) und Art (species) als allgemeine Bestimmungen (universale) subsistierende Realitäten oder nur Gedankendinge, nur Denkformen? Entspricht also z.B. dem universale ›Mensch‹ oder ›Tugend‹ etwas in der Wirklichkeit, oder werden diese Allgemeinbegriffe allein durch unser Denken gebildet (cap. 10)? 159

Porphyrius entfaltete die Frage hypothetisch weiter. Ist das Universale real, dann kann es körperlich oder unkörperlich sein; ist es unkörperlich, dann kann es entweder von den sinnlichen Dingen getrennt oder mit ihnen verbunden sein. Boethius akzeptiert diese Fragestellung, ohne sie selbst noch einmal zu reflektieren; auf dem Weg des Ausschließens bemüht er sich, eine Lösung zu finden. Gegen die These, das Universale könnte eine Substanz sein, macht Boethius folgende Einwände geltend. Was gleichzeitig mehreren individuell Seienden gemeinsam ist, kann nicht selbst individuell sein: »Omne enim quod commune est uno tempore pluribus, id unum esse non poterit« (ebd.). Wollte man annehmen, Gattungen und Arten existierten nicht als unum numero, sondern als vieles (multiplex), dann würde sich dadurch das Problem nur verschieben. Es müßte erneut nach einem übergeordneten Ganzen solcher genera gesucht werden; und dieser Prozeß würde sich in infinitum fortsetzen. Auch der Versuch, das unum der real seiend angenommenen Gattung im Sinne eines commune, einer Gemeinsamkeit bezüglich mehrerer Subjekte zu deuten, so wie ein Sklave mehreren Herren gehören kann, scheitert; dieses so verstandene commune konstituiert nicht die Substanz und ist deshalb unwesentlich. Aus diesen Überlegungen folgert Boethius: Die Gattung kann weder eins noch vielfältig sein, also kann sie überhaupt nicht real existieren (ebd.). Aber auch die entgegengesetzte These, daß genus und species nur im Denken existieren (»tantum … intellectibus capiuntur«), also nur Begriffe sind, führt zu nicht weniger großen Schwierigkeiten. Das universale hätte keinen Bezugspunkt in der Wirklichkeit; der Begriff würde ins Leere greifen (ebd.). 160

Bei diesem Stand der Diskussion schließt sich Boethius der Lösung des *Alexander von Aphrodisias* an (cap. 11). Es geht also darum, die antithetischen Positionen zu überwinden, zu zeigen, daß sich trotz der Differenz zwischen dem Begriff, dem universale, und dem konkreten Gegenstand auch eine Identität aufweisen läßt, daß ein Begriff nicht schon deshalb falsch ist, weil »es sich nicht so wie der Gegenstand befindet« – »non quidem ita res sese habet, ut intellectus est«. Der Ansatz zur Überwindung dieser Antinomie liegt im Gegenstand selbst. Die Dinge sind metaphysisch zusammengesetzt: »Sint enim plura quae in aliis esse suum habent«. Dieses ›plura‹ wird dann näher bestimmt; es sind unkörperliche Entitäten, die ihr Sein in den körperlichen Dingen haben; es ist die unkörperliche 161

Natur der Form der Dinge. Die Gegenstände sind konkret – concreta – zusammengewachsen aus Unkörperlichem und Körperlichem. Dieser inneren Struktur des Individuellen entspricht die doppelte Ausrichtung des menschlichen Erkenntnisvermögens. Die Sinne erfassen das »verworrene und vermischte« konkret Einzelne. Der Geist dagegen hat die Macht, Getrenntes zu verbinden und Zusammengesetztes aufzulösen, und zwar aus eigener Kraft, propria vi et cogitatione. Das Universale ist also in den körperlichen und sinnlich erfaßbaren Dingen, erkannt wird es aber ohne diese. Der Allgemeinbegriff wird durch diese Trennung (divisio) oder Abstraktion (abstractio) dann nicht zum Irrtum, wenn er dem, was nur im Denken gesondert wird, als solchem keine Existenz zuspricht. Gattung und Art werden also dadurch gedacht, daß aus den einzelnen existierenden Dingen, in denen sie sind, deren Ähnlichkeit (eorum similitudo) zusammengefaßt wird.

162 In dieser Interpretation des Universalienproblems kommt somit der Ähnlichkeit tragende Funktion zu. Die Ähnlichkeit des Menschseins (similitudo humanitatis) von untereinander unähnlichen Menschen ist als vom Geist Begriffene die species; die Ähnlichkeit unter den Arten, die weder in den Arten selbst noch in deren Individuen sein kann, ist die Gattung. So kommt Boethius zur Definition von Art und Gattung: Art ist ein Gedanke, ein Begriff (cogitatio), der gebildet wird aus der wesenhaften Ähnlichkeit der Zahl nach verschiedener Einzeldinge; Gattung ein Begriff, der aus der Ähnlichkeit von Arten gebildet wird. Die Universalien subsistieren bei den Sinnendingen (circa sensibilia), geistig erfaßt werden sie jedoch außerhalb des körperlich Seienden (praeter corpora). Singularität und Universalität haben also ein Subjekt; verschieden sind sie durch die je andere Seinsweise des sinnlichen Wahrnehmens bzw. des geistigen Erkennens. Boethius hebt eigens hervor, daß er mit seiner Lösung des Universalienproblems keineswegs zwischen Plato und Aristoteles in dieser Frage entscheiden wolle. Unter philosophiegeschichtlichem Aspekt ist es nicht unwichtig zu sehen, daß Boethius Plato im Sinne eines Universalienrealismus versteht; seine Aristotelesdeutung beschränkt sich auf die Aussage, das Universale werde erkannt, subsistiere aber im Einzelnen (cap. 11).

163 Boethius war offensichtlich der Meinung, seine Lösung sei die aristotelische oder stehe dieser zumindest sehr nahe; nur so kann man seine Bemerkung verstehen, er habe sich nur deshalb eingehender mit der Meinung des Aristoteles befaßt, weil er eine Einführung in eine aristotelische Schrift kommentierte. Eine genauere Analyse zeigt jedoch, daß die Substruktur seiner Lösung durchgehend platonisch-neuplatonischer Provenienz ist. Wenn er von der res incorporalis wie von einer eigenen Wirklichkeit spricht, deutet das ebenso darauf hin wie der Begriff des Schauens – contueri, speculari – in Verbindung mit der forma oder natura der Dinge. Gegen eine wirklich aristotelische Deutung spricht insbesondere das Fehlen der Theorie vom intellectus agens und der daraus resultieren-

den Abstraktionstheorie. Der Begriff abstractio begegnet zwar, wird aber gleichbedeutend mit divisio gebraucht. Über die tatsächliche Position von Boethius in dieser Frage gewinnt man volle Klarheit, wenn man seine erkenntnistheoretischen Überlegungen vor allem in der ›Consolatio Philosophiae‹ und die Ontologie der ›Opuscula sacra‹ heranzieht. Unter wirkungsgeschichtlichem Aspekt kommt jedoch dem Kommentar zur ›Isagoge‹ und damit der verbalen Unentschiedenheit zwischen Plato und Aristoteles eine gewisse Eigenständigkeit zu.

Wöhler 1992 de Libera 1996

III. Das ›intelligibile‹: die Seele

Bereits bei der Einteilung der spekulativen Philosophie hat Boethius seine Grundposition in der Anthropologie umrissen und damit für eine Reihe damit zusammenhängender Fragen eine gewisse Vorentscheidung getroffen (In Isagogen, ed. I, lib. IX 3). Der Mensch in dieser Welt, d.h. in Verbindung von Leib und Seele, ist nichts Ursprüngliches; er ist das Ergebnis einer Degeneration. Ursprünglich sind die mit einem Leib verbundenen Seelen reine Geistwesen. Erst durch die Berührung mit der Materie wurde aus dem intellectibile ein intelligibile: »Corporum tactu ab intellectibilibus ad intelligibilia degenerarunt« (ebd.). 164

Weder über den Menschen noch über die Seele hat Boethius einen eigenen Traktat verfaßt. Gleichwohl ist die Forschung nicht auf Vermutungen angewiesen. Die ›Consolatio Philosophiae‹ – das bedeutendste Werk des Boethius – ist ihrer inneren Struktur nach eine Seelenlehre auf der Basis des Neuplatonismus. Abstieg und Aufstieg – descensus und ascensus – bilden das Grundgeschehen; alle anfallenden philosophischen Einzelprobleme stehen unter dieser Perspektive. Die innere Dynamik dieses Geschehens ist zugleich der leitende Gedanke des Werkes: Die Philosophie, und das ist die Einsicht, ist der einzig wahre Weg zu Gott.

In sorgfältigen und überzeugenden Analysen hat Schmidt-Kohl nachgewiesen, »daß Boethius in seiner Consolatio die Lehre von dem Fall der Seele in die Materie, ihrer Erinnerung und Umkehr und anschließenden Rückkehr (Aufstieg) zum Vater voraussetzt« (1965, S. 53). Das ganze Werk ist nahezu ausschließlich aus der antiken und neuplatonischen Tradition heraus gedacht; zahllose Bezugnahmen bezeugen, daß es sich nicht nur um Mutmaßungen handelt. Boethius war mit dieser Tradition aufs Beste vertraut; er konnte sie offensichtlich auch bei seinen Lesern als bekannt voraussetzen. Vieles, was aus Zusammenhängen und Anspielungen heute mühsam aufgedeckt und zu Bewußtsein gebracht werden muß, wurde damals unmittelbar verstanden. 165

Bereits die konkrete Ausgangssituation des Boethius bei der Abfassung der Consolatio wird über seine tatsächliche Lage hinaus zum 166

Symbol für das Geschick der Seele. Er sitzt gefesselt im Gefängnis, den Blick zur Erde gesenkt. Es ist die Situation des berühmten Höhlengleichnisses aus dem VII. Buch der ›Politeia‹ von Plato, auf die Boethius Bezug nimmt (I metrum 2, 25). So wie die Gefangenen in der Höhle angekettet sind, so ist die Seele an den Körper gefesselt. Das orphische Bild vom Körper als dem Gefängnis der Seele ist Boethius geläufig; so spricht er davon, daß durch den Tod der Geist von seinem Kerker, dem Körper, wieder befreit wird (II prosa 7, 23). Während des Lebens in dieser Welt ist die Seele im Körper eingeschlossen, sie ist in der Dunkelheit des Körpers begraben (V m. 3,22; III m. 6,5). Der Blick des Geistes bleibt in den Abbildern gefangen (III pr. 1,5). Die Affekte sind der Grund für die Verdunkelung und Unfreiheit der Seele. »Wer klaren Blickes den rechten Weg finden will, muß alle Affekte abwerfen« (I m. 7,29). Nur so kann die Seele ihrer selbst mächtig werden (III m. 5,1). Die Hingabe an die Begierde ist die »äußerste Knechtschaft« (V pr. 2,9) im Sinne der äußersten Entfernung von dem Einen. Um von den Schatten und Abbildern zum wahren Sein, zur wahren Glückseligkeit zu gelangen, bedarf es einer Umkehr, zu der die Philosophie Boethius auffordert: »Reflecte nunc in adversum mentis intuitum« (III pr. 9,24). Diese Wende ist jedoch mit Schwierigkeiten verbunden, denn »die Menschen können ihre Augen, die an die Finsternis gewöhnt sind, nicht zu dem Licht klarer Wahrheit erheben« (IV pr. 4,27).

167 Mit diesen Gedanken, die ganz im Einflußbereich der Wirkungsgeschichte des Höhlengleichnisses stehen, mit denen die faktische Lage des Menschen beschrieben wird, bekennt sich Boethius ohne Abstriche zu einem anthropologischen Dualismus. Wenn aber die Seele in einem Körper auf dieser Erde ein Fremdling ist, dann erhebt sich die unabweisbare Frage nach ihrer ursprünglichen Heimat, nach dem Woher und Wohin der Seele, nach dem Grund für die Entfremdung und nach dem Weg, auf dem das Ziel zu erreichen ist. Mit einer Reihe dem System des Neuplatonismus entnommener Begriffspaare versucht Boethius eine Antwort zu geben. Im Hintergrund steht dabei immer das Verhältnis des Einen zum Vielen. Vom Einen nimmt das Viele seinen Ausgang, ihm steht es gegenüber. »Die Natur nimmt nicht ihren Ausgang vom Geringeren und Unvollkommenen; sondern vom Vollständigen und Vollkommenen ausgehend, verfällt sie bis zum Letzten und Erschöpftesten« (III pr. 10,15). Schon zu Beginn der Consolatio spricht die Philosophie, Homer zitierend, von diesem Einen. »Der Eine ist Herrscher, der Eine König« (I pr. 5,10); das jenseitige Reich wird nicht durch die Vielen regiert. Wie für die Neuplatoniker insgesamt ist auch für Boethius ›König‹ ein Synonym für Gott (IV, m. 6,36: Rex et dominus , fons et origo); unum, deus und summum bonum sind bedeutungsgleich (III pr. 11,9). Das Eine ist das Gute (III pr. 11,5). Vielheit ist nicht ursprünglich, sondern Folge des Negativen. Der Irrtum des Menschen zerstreut, was von Natur eines und einfach ist. »Quod enim

simplex est indivisumque natura, id error humanus separat et a vero atque perfecto ad falsum imperfectumque traducit« (III pr. 9,11).

Bei allem, was ist, ist die innere Einheit das tragende Prinzip; wird die 168
Einheit aufgelöst, geht das Seiende zugrunde (III pr. 11,10). Deshalb erstrebt alles das Eine: »Omnia … unum desiderant« (III pr. 11,37). Alle Sorge des Menschen trachtet, ungeachtet der verschiedenen Wege, nach dem Einen als Ziel, und das ist die Glückseligkeit (III pr. 2,2).

Unter anderem Gesichtspunkt fällt das Eine mit dem ›Innen‹ zusammen, während die Vielheit sich im ›Außen‹ manifestiert. Gott ist deshalb alles, auch das Gute, innerlich (III m. 9,5), es gibt für ihn keine »causae externae« (III m.9,4). Vergleichbares gilt auch für den Menschen. Die Glückseligkeit liegt im Menschen (intra), außerhalb (extra) wird sie vergeblich gesucht (II pr. 4,22). Mit eindringlichen Versen fordert die Philosophie Boethius zu dieser Wendung nach innen auf: Wer nach der Wahrheit sucht, »der wende zu sich selbst des inneren Blickes Licht …, er lehre seinen Geist: Was draußen er gesucht, besitzt er längst beschlossen in ureigenem Schatz« (III m. 11,1–16). Solange die Seele ihre Augen vom »Licht der höchsten Wahrheit« abgewendet hat, »sind sie verfinstert durch die Wolke der Unwissenheit« (V, pr. 2,10; vgl. I m. 2,2; III m. 9,25). Die Philosophie kommt mit der Absicht zu Boethius, ihm seine Augen »abzuwischen, die trüb sind von der Umwölkung durch die sterblichen Dinge« (I pr. 2,14). Mit dieser Aufforderung kommt sie dem inneren Streben der Seele nach Rückkehr entgegen; diese sehnt sich danach, »die Quelle des Guten zu sehen« und »das Licht wiederzufinden« (III m. 9,23). Der tiefste Grund für dieses Streben nach dem Einen ist die Liebe, der Eros der platonischen Tradition. In allem ist die Liebe gemeinsam (IV m. 6,44). Sie ist das Strukturprinzip von Welt und Kosmos (IV m. 6,4; 6,5; 6,42; 6,19). Weshalb die Seele aus dieser Ordnung herausfiel, wird nicht näher begründet. Es ist ein Sturz des Geistes – animae ruina – in die Materie (III m. 10,16; I m. 2,1; m. 6,20). Gleichwohl bleibt »ein Samenkorn der Wahrheit« im Inneren (III m. 11,11 und 14), das zugleich ein »Funke des Heils« (I pr. 6,57) ist und die Befreiung der Seele aus der Unwissenheit und der Irrfahrt des Lebens (I pr. 5,2; III m. 8,1) ermöglicht. Erst wenn die Seele in die äußerste Knechtschaft geraten ist, »wenn sie sich, den Lastern ergeben, vom Besitz der eigenen Vernunft getrennt« hat (V pr. 2,20), wird die Philosophie als der göttliche Bote den Funken der Wahrheit entfachen (III m. 11,12) und die Seele auf ihrem Weg nicht unbegleitet lassen (I pr. 3,5) sowie ihr den Weg nach Hause zeigen (IV pr. 1,8). Der wirkliche Aufstieg beginnt aber erst nach dem Tode, wenn der Geist, aus dem irdischen Kerker entlassen – terreno carcere resoluta –, frei den Himmel erstrebt und alles Irdische verachtet (II pr. 7, 84). Im ersten Gedicht des IV. Buches beschreibt Boethius die einzelnen Stufen dieses Aufstiegs, an dessen Ende die Seele ihre Heimat wiederfindet: »Hinc ortus, hic sistam gradum« (IV m. 1,25). Aus zwei Gründen ist die Seele über das Erreichen dieses Zieles selig: Weil sie die leuchtende Quelle des Guten schauen und die Fesseln der schweren Erde abstreifen konnte (III m. 12,1).

169 Dieser ganze Vorgang steht im Horizont der Freiheit. Mit dem Abstieg in die körperliche Welt – das bedeutet zunehmende Entfernung vom göttlichen Geist – hat die Seele ihre Freiheit verloren, ist sie unter den Zwang des fatum geraten (vgl. hierzu vor allem IV pr. 6). Mit dem fatum, dem Schicksal, ist jene notwendige Gesetzmäßigkeit gemeint, mit der die göttliche Vorsehung (providentia) die veränderlichen Dinge und ihren zeitlichen Ablauf festgelegt und geregelt hat (IV pr. 6,33). Durch providentia und fatum lenkt Gott alles zum Guten. In dem Maße, in dem die Seele sich mit der Materie verbindet, gerät sie jedoch unter das Gesetz des fatum und verliert dadurch ihre Freiheit, die in der Erkenntnis und Schau Gottes besteht (V pr. 2,8). Von ihrem Ursprung her nämlich überragt die Seele durch ihre Nähe zu Gott die Schicksalsordnung. Mit dem Bild von konzentrischen Kreisen veranschaulicht Boethius dieses mögliche Mehr oder Weniger an Nähe zum unteilbaren Ewigen und wirklich seienden Mittelpunkt (IV pr. 6,66). Der Mensch ist zwischen Tier und Gott gestellt. Es liegt in seiner Macht, seinen Geist dem Besseren anzugleichen und dadurch edler zu werden, oder nach dem Schlechten zu streben und sich dadurch selber in die Tiefe zu stoßen (IV pr. 4,28). »So kommt es, daß derjenige, der die Tugend verläßt, aufhört Mensch zu sein; da er nicht zum Götterstande überzugehen vermag, verwandelt er sich zum Tier« (IV pr. 3,67). Die Entscheidung für das eine oder das andere fällt mit der Selbsterkenntnis bzw. deren Verlust zusammen. Trennung von der Materie, Erinnerung an den eigenen Ursprung und Erkenntnis Gottes, das sind verschiedene Aspekte des einen Aufstiegs, der über die Wende zum eigenen Inneren führt. Der Lohn der Guten, die sich darum bemühen, ist es, Götter zu werden, »deos fieri« (IV pr. 3,29). Die Vergöttlichung, das Gott-Ähnlich-Werden (I pr. 4,39) ist das Ziel der Philosophie. Der Philosoph kann durch die Philosophie erlöst werden; das ist die wesentliche Aussage der Consolatio.

IV. Erkenntnistheoretische Ansätze

170 Das Verständnis des Menschen als eine Geistseele, die im Widerspruch zu ihrer Natur in einen Körper verbannt wurde, hat Konsequenzen für die Erklärung menschlicher Erkenntnis. Mit ausdrücklicher Nennung des Namens bekennt sich Boethius in geradezu programmatischer Weise zur Anamnesis-Lehre Platos: »Platos Muse verkündet die Wahrheit: Was ein jeder lernt, ist nur wiederkehrende Erinnerung« (III m. 11,15). Der Vorgang des Vergessens durch die Verbindung mit der Materie und des Erinnerns (reminisci, in memoriam revocare, I pr. 1,4; pr. 5,4; IV pr. 1,2)

unter der Führung der Philosophie bildet die Basis seiner Erkenntnislehre. Solches Sich-Erinnern darf jedoch nicht nur unter gnoseologischem Aspekt gesehen werden; primär bedeutet es Erinnerung an den Ursprung, an das Vaterland und so Umkehr zu Gott (I pr. 5,4). Erinnerung hat somit für Boethius eine erkenntnisbegründende und eine soteriologische Funktion. Die Bedingung der Möglichkeit dazu liegt darin, daß die Seele sich nicht völlig vergessen hat: »Non in totum est oblita sui« (V m. 3,22). Um die Erkenntnislehre des Boethius von ihrem Ansatz her explizieren zu können, muß der größere Zusammenhang, in welchem sie zur Darstellung kommt, berücksichtigt werden (V, pr. 4).

Die Ausgangsfrage ist das Verhältnis menschlicher Freiheit und gött- 171
licher Vorsehung. Das Problem stellt sich folgendermaßen dar: Da Gott alle Dinge ab aeterno unfehlbar voraussieht, muß alles nach der vorgesehenen Weise geschehen (pr. 3). Ist aber alles durch Gottes Vorherwissen, das in keinem Fall irren kann, notwendigerweise prädestiniert und so determiniert, dann kann Zukünftiges nicht kontingent sein, es kann keine Freiheit geben. Diese Konsequenz ist jedoch nicht zwingend. Denn die Notwendigkeit, die das göttliche Vorherwissen zur Folge hat, muß keineswegs als eine Eigenschaft der menschlichen Handlungen verstanden werden; wäre das der Fall, gäbe es in der Tat keine Freiheit. Diese Notwendigkeit gehört vielmehr auf die Seite des göttlichen Vorherwissens. Gott ist ewig, d.h. im vollkommenen Besitz eines unbegrenzten Lebens. In diesem Zusammenhang steht die berühmte Definition von Ewigkeit: »Aeternitas est interminabilis vitae tota simul et perfecta possessio« (VI pr. 9). Gott ist also alles gegenwärtig. Für ihn gibt es nicht wie für den in der Zeit lebenden Menschen Vergangenheit, Gegenwart und Zukunft und damit eben Determiniertes und Indeterminiertes, weil er die Vergangenheit nicht mehr und die Zukunft noch nicht besitzt. Gott hat die Unendlichkeit der bewegten Zeit als Gegenwart vor sich; er erkennt alles gleichzeitig, ohne dadurch den erkannten Objekten Notwendigkeit aufzuerlegen. Man sollte deshalb anstatt von Voraussicht – providentia besser von einem »Wissen von einer niemals entschwindenden Gegenwart« sprechen (VI pr. 69). Die Antinomie zwischen Notwendigkeit, bedingt durch das unfehlbare ›Vorher‹-Wissen Gottes, und Freiheit hebt sich in der Einfachheit (simplicitas) Gottes auf, der alles gleichzeitig umschließt und begreift.

Dieser Problemlösung liegt ein erkenntnistheoretisches Prinzip zugrun- 172
de, das jeden Objektivismus in der Erkenntnislehre, wie er insbesondere von der Stoa vertreten wurde, a limine zurückweist. Erkenntnis wird wesentlich vom erkennenden Subjekt her bestimmt: »Alles, was erkannt wird, wird nicht nach seinem Wesen (gemäß einer ihm innewohnenden Kraft) erkannt, sondern vielmehr gemäß der Fähigkeit des Erkennenden« (V pr. 4,66). Dieser Ansatz beim erkennenden Subjekt bietet eine analog zu fassende Gemeinsamkeit zwischen Mensch und Gott. Die Parallelität in der Struktur erlaubt es, von der Explikation menschlicher Erkenntnis her das

Vorherwissen Gottes verständlich zu machen. Die Differenz in dem durch die Seinshöhe bedingten Range der Erkenntnis macht einsichtig, daß das Erkennen Gottes eben dem menschlichen nicht gleich sein muß.

173 Näherhin stellt sich die Erkenntnislehre des Boethius folgendermaßen dar. Er unterscheidet vier menschliche Erkenntnisvermögen: sensus (Sinnlichkeit), imaginatio (Einbildungskraft), ratio (Verstand) und intelligentia (Vernunft). Da die Übersetzung der lateinischen Begriffe sehr divergiert (Ralfs 1984, S. 360), sollen unter Verzicht auf eine Festlegung die lateinischen Worte beibehalten werden. Das Gemeinte ergibt sich aus der näheren Bestimmung der jeweiligen Funktion (V pr. 4,83–92). Der sensus beurteilt »die Gestalt, wie sie in der zugrundeliegenden Materie besteht« (figuram in subiecta materia constitutam), die imaginatio aber die figura ohne Materie. Demgegenüber überschreitet die ratio auch die reine figura; sie betrachtet die species (Art, Form) selbst, die den einzelnen innewohnt (quae singularibus inest), und zwar unter dem Gesichtspunkt des Allgemeinen (universali consideratione). Noch höher jedoch steht das Auge der intelligentia. Nachdem sie den Umkreis des Universums überschritten hat (supergressa namque universitatis ambitum), schaut sie jene einfache Form selbst mit der reinen Schärfe des Geistes (ipsam illam simplicem formam pura mentis acie contuetur).

174 Gegenüber den offenkundigen neuplatonischen und aristotelischen Einflüssen auf die Gnoseologie des Boethius zeigt sich seine Originalität in diesen Fragen darin, daß er besonderes Gewicht auf die Feststellung legt, die jeweils höhere Kraft des Begreifens (comprehendendi vis) schließe die niedere ein, während umgekehrt die niedere auf keine Weise zu der höheren aufsteigen kann. Dieses Einschließen ist nicht so zu verstehen, als ob sich die höhere Erkenntniskraft der niederen bediente (uti); die intelligentia erkennt ohne Heranziehung der ratio, die ratio ohne die imaginatio, das universale der ratio die figura der imaginatio und die figura in materia. Die intelligentia beurteilt aufgrund der Erkenntnis der Form (concepta forma) alles, auch das unter ihr Liegende, und zwar auf die Weise, wie sie die Form an sich, die keinem anderen Erkenntnisvermögen bekannt sein kann, begreift. Mit einem Blick des Geistes erblickt sie formaliter alles.

175 Diese sehr komprimierte Darstellung mündet in die jede Unklarheit ausräumende Frage der Philosophie: »Siehst du also, wie alles beim Erkennen sich mehr der eigenen Fähigkeit bedient als derjenigen des zu Erkennenden? Und dies nicht mit Unrecht; denn da jedes Urteil als ein Akt des Urteilens besteht, ist notwendig, daß jedes seine Tätigkeit aus eigener Macht und nicht aus einer fremden vollbringe« (V pr. 4,117–121). Alle Erkenntnis entstammt also einer eigenen inneren Aktivität und Erkenntniskraft des menschlichen Geistes. In direkter und sehr scharfer Auseinandersetzung mit bestimmten Stoikern, die er als alte Männer getrübten Geistes (senes obscuros) qualifiziert (vgl. zum Folgenden V m. 4),

präzisiert er seine Vorstellungen. Die These, der Geist sei einem leeren Blatt vergleichbar, dem wie etwas Körperlichem von außen sensus et imagines (Eindrücke und Bilder) eingeprägt werden (imprimi), wird als indiskutabel verworfen. Wie könnte der starke, lebendige Geist (mens vigens), wäre er nur passiv (patiens), zu dem Wissen kommen, das ihn befähigt, das Weltall zu erkennen, das Einzelne zu sehen, das Erkannte zu zergliedern und das Geteilte zu einen, wäre er nicht aus eigener Kraft bewegt und dazu befähigt? Diese Tätigkeiten können nicht dem Erleiden entspringen, sie sind Sache des Geistes, der zum Höchsten hinauf- und zum Tiefsten hinabsteigt, um dann wieder zu sich selbst zurückzukehren und so die Wahrheit zu erkennen. Wenngleich die erkenntnisbewirkende Kraft des Geistes weit über dem Erleiden von Eindrücken steht, verbleibt gleichwohl die Empfänglichkeit lebender Körper als excitans und movens Voraussetzung für die Kraft des Geistes. Der facultas des handelnden Geistes geht also die passio corporis voraus, sie ruft die Fähigkeit des Geistes hervor und erregt dabei die im Innern ruhenden Formen (V pr. 5). Die Rezeptivität der Sinne und die Spontaneität des Geistes konstituieren die menschliche Erkenntnis.

Aus diesen Überlegungen heraus entfaltet Boethius fast wie nebenbei 176
einen Gedanken, der ihn zu einem Vorläufer der mittelalterlichen Mystik macht. Er sagt unmißverständlich: »Die ratio ist allein der menschlichen Art zu eigen, wie die intelligentia allein der göttlichen« (pr. 5,17). Es liegt deshalb in der Konsequenz dieser Erörterungen, daß die menschliche ratio sich dem göttlichen Geist unterordnen muß. Gleichwohl stellt diese dezidiert geforderte Unterordnung keine unüberwindliche Trennungslinie dar. Boethius verbindet damit vielmehr die Aufforderung, der Mensch solle sich, so gut er es vermag, zum Gipfel jener höchsten Intelligenz ausstrecken (pr. 5,51). Damit ist aber nichts weniger gesagt, als daß der Mensch über die Erkenntnisfähigkeit von sensus, imaginatio und ratio hinaus als Möglichkeit grundsätzlich auch der intelligentia, der Erkenntnisweise des göttlichen Geistes, fähig ist.

V. Das ›naturale‹

Das allgemeine Weltbild des Boethius ist weitgehend geprägt vom plato- 177
nischen ›Timaios‹, auch Einflüsse durch die Proklos-Auslegung sind nachweisbar. Im 9. Metrum des III. Buches der ›Consolatio‹ (1–29) sind die wichtigsten Vorstellungen seiner Kosmologie zusammengefaßt. Gott wird in der Funktion des Demiurgen gesehen. Er hat das Weltall aus dem Chaos geformt; nicht durch äußere Ursachen veranlaßt, sondern allein aus der Freiheit zu geben, die im wesenhaften Guten ihren Grund hat. Die göttlichen Ideen sind die Urbilder, nach denen die Welt geformt ist und

geleitet wird. Von den Zahlen als Strukturprinzip der Elemente wird ebenso gesprochen wie von der Weltseele und den Einzelseelen, die durch die Schau der Quelle des Guten ihre Befreiung erlangen. Durch Übernahme dieser Vorstellungen hat Boethius wesentlich zur Überlieferung der platonischen Kosmologie beigetragen.

178 In besonders hohem Maße hat er jedoch nach Methode und Inhalt durch seine ›Opuscula sacra‹ (N. Elsässer 1988, Einleitung) das Mittelalter beeinflußt. In exemplarischer Weise wurden in diesen kleinen Schriften theologische Probleme rein rational argumentativ, ohne Rückgriff auf theologische Autoritäten abgehandelt. Auf dem Wege der Begriffsklärung entfaltet Boethius dabei in sehr dichter Form seine Ontologie. Vor allem im III. Traktat, einem Brief an einen Diakon Johannes, der unter dem Titel ›De hebdomadibus‹ bekannt ist, werden, »wie es in der Mathematik und den übrigen Disziplinen zu geschehen pflegt, die Begriffe und Regeln vorangesetzt, durch die alles, was folgt, entwickelt werden kann« (Tract. III 15–17). Da die Axiome, die von Boethius hier aufgestellt werden, über sein eigenes Werk hinaus für das ganze Mittelalter die Geltung eines Grundlagentextes gewonnen haben und bis ins 15. Jahrhundert immer wieder kommentiert wurden, sollen sie ad verbum aufgenommen werden.

179 »I. Ein gemeinsamer Begriff des Bewußtseins (communis animi conceptio) ist eine Verlautbarung, die jeder bestätigt, der sie hört. Sie (= die Begriffe) haben eine zweifache Weise. Denn der eine (Begriff) ist so gemeinsam, daß er allen Menschen gehört, wie wenn man den vorlegt: Wenn man von zwei Gleichen Gleiches wegnimmt, mag keiner, der das einsieht, das leugnen, daß das, was übrig bleibt, Gleiches ist. Anderes aber, was gleichwohl aus derartigen gemeinsamen Begriffen des Bewußtseins kommt, wie das (folgende) ist, gehört nur den Gelehrten: Daß das, was unkörperlich ist, nicht an einem Ort ist, und das übrige (von der Art); das billigt nicht das Volk, sondern die Gelehrten (billigen es).

II. Verschieden ist das Sein und ›das, was ist‹ (diversum est esse et id quod est); das Sein selbst nämlich ist noch nicht, aber fürwahr, ›was ist‹, weil es die Form zu sein empfangen hat, ist und besteht.

III. ›Was ist‹, kann an irgendetwas (anderem) teilhaben, aber das Sein selbst hat auf keine Weise an irgendetwas teil. Teilhabe nämlich geschieht, wenn etwas bereits ist; es ist aber etwas, wenn es Sein empfangen hat.

IV. ›Das, was ist‹ (id quod est), kann etwas anderes haben außer dem, was es selbst ist; das Sein selbst aber hat nichts außer sich beigemischt.

V. Verschieden ist nur etwas sein und etwas sein ›in dem, was ist‹; dort nämlich wird ein Akzidens, hier eine Substanz bezeichnet.

VI. Alles ›was ist‹, hat teil an dem, was Sein ist, um zu sein; an einem anderen aber hat es teil, um etwas zu sein. Und dadurch hat das, ›was ist‹, um zu sein, teil an dem, was Sein ist; es ist aber, um an irgendeinem anderen teilzuhaben.

VII. Alles Einfache hat sein Sein und das, ›was ist‹, als Eines.

VIII. Für jedes Zusammengesetzte ist das Sein ein anderes und ein anderes das Selbstsein (aliud est esse, aliud ipsum est).
IX. Alle Verschiedenheit ist uneins, Ähnlichkeit aber muß angestrebt werden; und das, welches ein anderes anstrebt, erweist sich von Natur aus als selbst so beschaffen zu sein, wie jenes, das es anstrebt, an sich selbst ist.« (Elsässer 1988, S. 35–37)

Auf eine ausführliche Analyse und Interpretation dieser Axiome (vgl. 180
hierzu Schrimpf 1966, S. 2–36) muß hier verzichtet werden. Auch die Tatsache, daß dieser Traktat seinen Verfasser am deutlichsten als Neuplatoniker ausweist (Elsässer, S. 122), braucht quellenmäßig nicht weiter dokumentiert zu werden. Gleichwohl muß die Seinslehre, die diese ›Grundbegriffe‹ implizieren, wegen ihrer Wirkungsgeschichte kurz dargestellt werden. Daß es sich bei diesen Regeln um evidente Sätze handelt, die keiner weiteren Begründung bedürfen, wird von Boethius vorausgesetzt. Die erkenntnistheoretische Grundlage dafür bietet das erste Axiom, in welchem das Kontradiktionsprinzip als Denkgesetz formuliert ist. Ausdrücklich wird darauf hingewiesen, daß die innere Einsichtigkeit im Einzelfall sich nur dem wissenschaftlichen Bemühen erschließt. Dazu gehören die dann folgenden Axiome der Ontologie, die aus der Analyse des konkret Einzelnen gewonnen und zugleich durch diese Analyse verifiziert werden. Die Axiome II–V handeln von dem Einzelding und dem, wodurch es ist; es geht um die »Unterscheidung zwischen dem Sein als Prinzip und dem Einzelding als verwirklichtem Prinzip« (Schrimpf 1966, S. 5). Mit dem absoluten und endlichen Sein befassen sich die Axiome VI–IX.

Die Analyse setzt beim konkret Einzelnen, bei der Realität des Indivi- 181
duellen an, und zwar mit der grundlegenden Feststellung, daß ein Unterschied vorliegt zwischen dem Sein (esse) und dem Seienden (id quod est). Damit zeichnet sich zugleich die Aufgabe der Ontologie ab. Es gilt, diesen Unterschied und darin das Verhältnis von Seiendem und Sein genauer zu fassen. Vermittelt durch das sinnlich erfahrbare einzelne Seiende, eröffnet sich schließlich die Frage nach dem Sein als solchem. Über die dabei anzuwendende Methode reflektiert Boethius nicht noch einmal. Was sich zum Verständnis eines Seienden als denknotwendig erweist, wird von ihm zugleich als seinsnotwendig verstanden.

Die Formulierung ›id quod est‹ läßt sich zweifach übersetzen: Es kann 182
damit das konkret Seiende gemeint sein, ›das, was ist‹. Der Akzent kann aber auch auf dem Wesen des Seienden liegen, ›das, was eine Sache ist‹. Über das ›id quod est‹ im Sinne des konkret Seienden machen die Axiome eine Reihe von Aussagen. Grundlegend ist die Unterscheidung zwischen Seiendem und Sein. Diese Differenz besagt aber kein völliges Getrenntsein, sie wird als Teilhabe interpretiert. Das Seiende hat teil am Sein, am ›id quod est esse‹. Diese participatio ist unabdingbare Voraussetzung dafür, daß Seiendes sein kann. Neben dieser notwendigen Teilhabe am Sein hat Seiendes auch an anderem teil, wodurch es näher bestimmt wird.

Das ›id quod est‹ ist also das konkret Seiende, eine durch Akzidentien näher zu bestimmende Substanz, die in Raum und Zeit existierende Einzelsubstanz. Die Doppeldeutigkeit von ›id quod est‹ gilt auch für den Begriff der Substanz; auch er kann das Wesen einer Sache bezeichnen. Aristotelische Einflüsse (substantia prima und secunda) sind nicht zu übersehen. Dem konkret Seienden hat Boethius den Begriff des Seins gegenübergestellt, der verschiedene Aspekte umfaßt und entsprechende sprachliche Formulierungen erfährt: ›id quod est esse‹, ›esse ipsum‹ und ›esse‹.

183 Wenngleich Boethius seine Analyse vom Konkreten her angeht, so ist doch die alles tragende Grundlage des Seinsbegriffs das absolute Sein. Denn Seiendes kann ohne einen letzten Grund, ohne das ›id quod est esse‹, nicht verstanden werden. In dieser Denknotwendigkeit gründet für Boethius die Evidenz des absoluten Seins, die keiner weiteren Begründung bedarf (DH 86–100). Das ›id quod est esse‹, als die Bedingung für alles, was ist, ist das Sein selbst und als absolut Begründendes selbst nicht noch einmal begründet. Das absolute Sein ist zugleich seine eigene Gutheit, es ist das ›ipsum primum bonum‹; Sein und Gutsein sind konvertible Begriffe.

184 Während das ›id quod est esse‹ von Boethius eindeutig verwendet wird, ist der Begriff ›ipsum esse‹ doppeldeutig. Seine Analyse dazu zusammenfassend, kommt Schrimpf zu dem Urteil: »Der Begriff ipsum esse ist also … ein auf dem Weg der Abstraktion gewonnener Begriff. Er besagt das Sein rein als solches, eben als Sein, gelöst von allen Bezügen. Boethius läßt diesen Begriff jedoch nicht als leere und allgemeine Aussage im Logischen stehen, sondern deutet ihn aufgrund einer apriorischen, dynamisch sich entfaltenden Wesensschau, zu der ihn der menschliche Geist als solcher autorisiert, als begrifflich unmittelbaren Ausdruck einer ontischen Allgemeinheit. Als solcher besagt er einerseits das absolute Sein, insofern es Fülle und Quelle allen Seins, also das »eigentliche Sein« ist, zu vergleichen etwa dem neuplatonischen autoeinai, andererseits das aus allen Bezügen gelöste Sein des Einzeldings, sofern es (1) Ausfaltung einer der Möglichkeiten des absoluten Seins ist, (2) als solches Prinzip des Einzeldings ist, das sein Sein wiederum im absoluten Sein hat, (3) als Prinzip die ganze Fülle der geschichtlichen Möglichkeit des Einzeldings ist« (Schrimpf 1966, S. 18–19).

185 Das ›ipsum esse‹ ist unverzichtbares Konstitutionsprinzip des konkret Seienden. Dieser Aspekt des Prinzipseins kommt insbesondere in der widersprüchlich erscheinenden Formulierung zum Ausdruck, das Sein selbst sei noch nicht: »Ipsum enim esse nondum est«. Wie ist das zu verstehen? Eine Deutung, die darin eine Negation des absoluten Seins sehen möchte – das Sein ist nicht –, wonach sich also Sein im konkret Endlichen erschöpfte, scheidet aus. Dieses ›nondum est‹ bringt vielmehr die Vermittlungsfunktion zwischen dem absoluten Sein und dem Einzelding zum

Ausdruck. Das esse als Prinzip ist noch nicht (nondum), weil es nicht, wie das zu Konstituierende ein raum-zeitlich existierendes Ding ist, weil es also noch nicht verwirklicht ist. Unter der Perspektive menschlicher Erkenntnis, die mit der sinnlichen Erfahrung anhebt, ist es also noch nicht. Durchaus im aristotelischen Sinne hat Boethius dem Einzelnen als der eigentlichen Realität das Existenzprädikat ›est‹ vorbehalten. Mit diesem Ansatz schneidet sich aber unter anderem Blickwinkel die neuplatonisch-augustinische Sicht der Wirklichkeit, wonach das absolute reine Sein, das ›id quod est esse‹, die eigentliche Wirklichkeit ist. Dieses Sein ist über-seiend; es steht als das einfache, urbildliche Sein der Vielheit der abbildhaften Seienden gegenüber und ist deshalb in deren Sinn nicht. ›Noch nicht‹ ist es, insofern das Individuelle unabdingbar dafür ist, daß das absolute Sein für den Menschen faßbar werden kann. Das ›esse‹ ist aber nicht nur Konstitutionsprinzip des Einzelnen. Auch Wesen und Dasein sind Momente und Ausdrucksformen des Seins eines Individuums und fallen deshalb unter den Seinsbegriff.

Daß Individuelles in seinem eigenen Sein nicht sein kann, ohne dieses 186
vom absoluten Sein empfangen zu haben, ist gewissermaßen eine selbstverständliche Voraussetzung boethianischen Denkens. Es ist deshalb zu fragen, wie diese Vermittlung des Seins näherhin zu denken ist. Im VI. Axiom steht dafür der Begriff der ›participatio‹, der Teilhabe. Um diesen Vorgang genauer zu beschreiben, bedient sich Boethius neuplatonischer Denkvorstellungen.

Der Hervorgang des endlichen Seienden aus dem absoluten Sein wird 187
also als Emanation des absoluten Seins, genauer gesagt Gottes, gedacht (DH 152). Mit großem Nachdruck weist er jedoch darauf hin – und darin zeigt sich spezifisch Christliches –, daß dieser Vorgang allein vom Willen Gottes abhängig ist (DH 117–119). Boethius grenzt sich damit deutlich ab von der Vorstellung eines notwendigen Hervorgehens; die individuell Seienden sind wirklich kontingent. Schöpfung ist und geschieht durch die Anwesenheit des Absoluten, primi boni praesentia (vgl. hierzu DH 92f). Wie stark Boethius auch in dieser Frage vom Neuplatonismus geprägt ist, schlägt sich darin nieder, daß die spätestens seit Augustinus geläufigen Begriffe creatio und creatio ex nihilo bei ihm nicht begegnen (Schrimpf 1966, S. 25). Gleichwohl ist die Unterscheidung zwischen Gott, dem absoluten einfachen Sein, und der Welt, dem Vielen und Vereinzelten, klar gesehen. Gott ist eines und das, was ist: »Unum est et id quod est« (Tract. I 30). Alles andere ist nicht das, was es ist, es hat vielmehr sein Sein aus dem, wodurch es ist: »Habet esse suum ex his ex quibus est« (I 32); es ist dies und das, »est hoc atque hoc« (33), und deshalb ist es nicht »das, was ist: igitur non est id quod est« (37).

188 Die Ontologie des Boethius ist getragen von dem Bemühen, die Differenz zwischen dem Seienden und dem Sein zu bedenken und deren Verhältnis näher zu bestimmen. Es mußte deshalb in diesem Zusammenhang immer auch von dem absoluten Sein und damit von Gottes Wesen gesprochen werden. Das absolute Sein kam dabei als denknotwendige Voraussetzung bei der Suche nach dem Grund des Seins der vielen Seienden in den Blick.

189 Diesen Gedanken greift Boethius unter dem Aspekt des vollkommenen Guten im III. Buch der ›Consolatio‹ noch einmal auf. Daß Gott, der Ursprung aller Dinge, gut ist, beweist die gemeinsame Vorstellung aller Menschen (III pr. 10,22). Es handelt sich dabei also um einen evidenten Sachverhalt. Die Begründung für diese Behauptung enthält im Ansatz jenen berühmten Gedanken, den später *Anselm von Canterbury* in seinem ›Proslogion‹ aufgegriffen hat: »Nam cum nihil deo melius excogitari queat id quo melius nihil est, bonum esse quis dubitet?« (10,25, Da sich nichts Besseres als Gott ausdenken läßt, wer möchte zweifeln, daß das gut sei, über das hinaus es kein Besseres gibt?). Die Existenz Gottes wird im Grunde vorausgesetzt; gefragt wird nur, ob man daran zweifeln kann, daß Gott, im Vergleich zu dem nichts Besseres ausgedacht werden kann, gut sei. Der vorgegebene Begriff von Gott wird als jene Wirklichkeit bestimmt, über die hinaus es nichts Besseres gibt: Id quo melius nihil est. Gezeigt werden muß, daß über ihn hinaus nichts Besseres gedacht werden kann: Nihil deo melius excogitari queat. Der Gedanke soll als philosophisches Beweisverfahren durchgeführt werden (ratio demonstrat) und den Nachweis erbringen, daß ein höchstes Gut in der Wirklichkeit bestehen kann (in rerum natura possit existere, pr. 10,6), daß es sich dabei nicht nur um ein Trugbild des Denkens handelt (cassa cogitationis imago, 10,7). Die beiden Ebenen des Seins im Sinne der Wirklichkeit und des Denkens als Vorstellung sind klar auseinandergehalten. Fest steht also, daß Gott der Ursprung aller Dinge ist. Würde er das vollkommene Gute nicht besitzen, dann wäre etwas, welches das vollkommene Gute besitzt, vorzüglicher als er und das wäre das Ursprünglichere. Alles Vollendete ist nämlich offenkundig früher als das weniger Vollständige (pr. 10,32). Alles Unvollkommene ist nur vom Vollkommenen her zu benennen. Hebt man das Vollkommene auf, läßt sich die Entstehung des Unvollkommenen nicht einmal denken. Wenn aber das Unvollkommene wirklich ist, muß das Vollkommene als Voraussetzung und Ermöglichung des Unvollkommenen die Realität schlechthin sein. Das Fragen nach einem je Vollkommeneren läßt sich nicht in infinitum fortführen; man muß deshalb die Identität des höchsten Gottes und des höchsten Guten anerkennen.

Ein weiteres Argument ist die Tatsache, daß es zwei untereinander verschiedene höchste Güter nicht geben kann (pr. 10,72). Liegt nämlich eine Differenz zwischen zwei Seienden vor, so kann das eine nicht sein, was das andere ist. Da beiden je das Unterscheidende fehlt, kann keines von ihnen vollkommen und somit auch nicht das Höchste sein. Die höchsten Güter können also in keiner Weise voneinander verschieden sein. Gott ist deshalb das höchste Gut und als solches zugleich für den Menschen höchste Glückseligkeit. 190

Literatur

Schmidt-Kohl 1965
Schrimpf 1966
Gibson 1981
Fuhrmann/Gruber 1984
Ralfs 1984
Elsässer 1988

VII. Würdigung und Wirkungsgeschichte

Wichtige Impulse für die mittelalterliche Philosophie gingen schon von der Sprache des Boethius aus. Er hat jene Begriffe, in denen sich aristotelische Logik und Metaphysik artikulierten, ins Lateinische übersetzt und mit der Terminologie auch die Fragestellungen überliefert (Vgl. hierzu Elsässer 1988, S. XXXII). Neben den Übersetzungen und Neuprägungen philosophischer Fachausdrücke ist es eine Anzahl treffender und berühmt gewordener Definitionen und zusammenfassender Formulierungen, mit denen Boethius mittelalterliches Denken wesentlich beeinflußt hat. Die wichtigsten seien genannt: 191

Aeternitas igitur est interminabilis vitae tota simul et perfecta possessio (Consolatio V pr. 6,4); *Ewigkeit* also ist der vollständige und vollendete Besitz unbegrenzbaren Lebens. 192

Liquet igitur esse *beatitudinem* statum bonorum omnium congregatione perfectum (III pr. 2,3); es ist also klar, daß die *Glückseligkeit* ein Zustand ist, der durch die Vereinigung aller Güter vollkommen ist.

Nam *providentia* est ipsa illa divina ratio in summo omnium principe constituta quae cuncta disponit (IV pr. 6,9); denn die *Vorsehung* ist jene im höchsten Herrscher aller Dinge selber begründete göttliche Vernunft, die alles ordnet.

Fatum vero inhaerens rebus mobilibus dispositio, per quam providentia suis quaeque nectit ordinibus (IV pr. 6,9); das *Schicksal* dagegen ist die den beweglichen Dingen anhaftende planmäßige Anlage, durch welche die Vorsehung ein jedes in seine Ordnung knüpft.

Omne enim quod *cognoscitur* non secundum sui vim sed secundum cognoscentium potius comprehenditur facultate (V pr. 4,25); alles nämlich, was *erkannt* wird, wird nicht gemäß seiner eigenen Fähigkeit erkannt, sondern gemäß der Möglichkeit des Erkennenden.

O qui perpetua mundum ratione *gubernas* / terrarum caelique sator, qui tempus ab aevo / ire iubes stabilisque manens das cuncta moveri (III m. 9); der Du *lenkst* die Welt nach dauernden, festen Gesetzen / Schöpfer des Himmels, der Erden, der Du von Ewigkeit ausgehen / hießest die Zeit, selbst nimmer bewegt, bewegend das Weltall.

Est enim mentibus hominum *veri boni* naturaliter inserta *cupiditas* (III pr. 2,4); denn dem Geiste der Menschen ist von Natur die *Begierde* nach dem *wahren Guten* eingepflanzt.

Personae est definitio: Naturae rationabilis individua substantia (Liber de persona et de duabus naturis, Opusculum V 3); *Person* ist einer verständigen Natur unteilbare Substanz.

193 Viel diskutiert und unterschiedlich beantwortet wurde und wird die Frage, ob Boethius Christ war. Der Versuch einer Antwort muß unterscheiden zwischen der Person und dem Werk. Von der Herkunft her und seinem Selbstverständnis nach war Boethius Christ, dem an der Verbindung von Glauben und Wissen ausdrücklich gelegen war. Für die Beurteilung unter dem Gesichtspunkt der Wirkungsgeschichte ist allein sein Werk ausschlaggebend. Abgesehen von den ›Opuscula sacra‹, in denen mit philosophischer Methode theologische Fragen geklärt werden, hat sein gesamtes Schaffen eine erklärte philosophische Zielsetzung. Es wäre also völlig abwegig, daraus negative Folgerungen bezüglich seines Christseins zu ziehen. Gleichwohl ist natürlich zu fragen, wie sich einzelne Aussagen zu den Grundpositionen des Christentums verhalten. Das sind dann aber Aussagen über Sachverhalte und nicht über die Grundhaltung seiner Person.

194 Zu den fraglos christlichen Elementen zählt das Gottesverständnis. Trotz der neuplatonischen Spekulation über das ipsum esse wird Gott als Person und darüberhinaus trinitarisch verstanden. Vor allem, daß alles nichtgöttliche Sein durch freie Willensakte Gottes ins Dasein gesetzt wurde, ist nur aus dem christlichen Schöpfungsgedanken zu erklären, wenngleich creatio als emanatio verstanden wird. Zu denken gibt allerdings die Tatsache, daß Boethius in der ganzen ›Consolatio philosophiae‹ nicht ein einziges Mal den Namen Christus nennt, daß die personifizierte Philosophie zur Trösterin im Angesichte des sicheren Todes wurde. Damit wird zugleich das Zentrum des Christentums tangiert: Nicht Christus ist der Weg zu Gott, sondern die durch die Philosophie vermittelte Erkenntnis. Unter diesem Aspekt ist die Consolatio trotz christlicher Elemente im ganzen ausgesprochen nichtchristlich.

195 Wie immer man im einzelnen das beurteilen mag, für das Mittelalter zählt Boethius als Christ zu den wichtigsten philosophischen Autoritäten. Schon im achten Jahrhundert wird sein Werk anerkennend genannt. *Alcuin* spricht von ihm als einem »in Theologie- und Philosophie geschulten

Mann« (PL 101,76 B). Auch die Consolatio – Abt *Bodo* entdeckte darin »Dinge, die dem katholischen Glauben widersprechen« – wurde bald ohne Bedenken rezipiert und gehörte zu den verbreitetsten Büchern im ganzen Mittelalter. Für Abaelard (gest. 1142) war Boethius »der größte der lateinischen Philosophen«. Auch die ›Libri quattuor sententiarum‹ des Petrus Lombardus, denen eine herausragende Stellung unter den Sentenzensammlungen des 12. Jahrhunderts zukommt, berufen sich ausführlich auf die Werke des Boethius. Besonders zu nennen sind die Schule von Chartres und die Schule des Gilbert von Poitiers; hier erlangte Boethius den Höhepunkt seines Einflusses. Schließlich steht in der Reihe der Boethius-Kommentatoren auch Thomas von Aquin.

Literatur

Häring 1983

F. Dionysius Pseudo-Areopagita

196 Dem ›Corpus Dionysiacum‹ kommt für die Theologie und Philosophie des Mittelalters hohe Bedeutung zu. Der bis heute nicht identifizierte Verfasser ist nicht durch unglückliche Umstände anonym geblieben. Er hat die Autorschaft bewußt gefälscht, um als der in der Apostelgeschichte (17, 17–34) erwähnte Ratsherr und spätere Paulusanhänger für seine Schriften geradezu apostolische Autorität beanspruchen zu können. Daß er damit Erfolg hatte, beweist seine Wirkungsgeschichte. Zu dieser Strategie gehörte offensichtlich auch die Berufung auf ein umfassendes Schrifttum, das es wohl nie gegeben hat. Was immer die Motive für ein derartiges Verhalten gewesen sein mögen, man muß es aus der Zeit heraus verstehen; im modernen Verständnis darf man diese Schriften nicht als literarische Fälschungen qualifizieren. Trotz erster Zweifel an der Identität des Verfassers durch Abaelard wurde erst im 15. Jahrhundert, vor allem durch *Laurentius Valla*, Kritik an der Echtheit vorgetragen. Der Streit um die Autorschaft hielt jedoch bis ins 19. Jahrhundert an; durch philologische Untersuchungen wurde schließlich der endgültige Nachweis der Fälschung erbracht.

Werke

197 Aufgrund der neueren Forschungen kann es als gesichert gelten, daß das ›Corpus Dionysiacum‹ um die Wende vom 5. zum 6. Jahrhundert im syrischen Raum abgefaßt wurde. Es ist wesentlich geprägt vom späteren Neuplatonismus und vom christlichen Platonismus. Der Einfluß des *Proklos* (410–485) ist ebenso nachweisbar wie der von *Gregor von Nyssa* (334–394). Es besteht Konsens darüber, daß die nachfolgend genannten vier Traktate sowie zehn Briefe einen gemeinsamen Verfasser haben.

›De caelesti hierarchia‹ (CH). Diese Schrift handelt in 15 Kapiteln von dem triadisch und hierarchisch geordneten Reich der Engel, die als rein intelligible Wesen gedacht werden. ›De divinis nominibus‹ (DN). Der 13 Kapitel umfassende Traktat entfaltet eine Gotteslehre in der Weise, daß von der Schrift und vom menschlichen Verstand Gott beigelegte Namen interpretiert werden. ›De ecclesiastica hierarchia‹ (EH). In Entsprechung zu den in De caelesti hierarchia entfalteten Vorstellungen werden in 7 Kapiteln die Funktionen der kirchlichen Ämter und Stände sowie der Sakramente dargestellt und gedeutet. ›De mystica theologia‹ (MTh). In nur 5 Kapiteln handelt der Verfasser von dem Dunkel der Gottheit, das sich menschlicher Erkenntnis entzieht und darüber, wie der Mensch zur Einung mit Gott gelangt.

Sprache und Stil des Dionysius sind außergewöhnlich und haben von Anfang an ebenso begeisterte Zustimmung wie entschiedene Ablehnung erfahren.

I. Gott und seine Erkennbarkeit

Des Dionysius' Nachdenken über Gott ist von zwei Aspekten durchzogen, 198
die in zahllosen Varianten wiederholt werden und in einer dialektischen Spannung zueinander stehen. Da ist zunächst die Grunderfahrung, daß Gott »aller Dinge Ursache, Anfang, Wesen und Leben« (DN I 3) ist; »er ruft das Seiende ins Dasein (eis to einai) und hält es zusammen« (ebd.). Das geschieht nicht aufgrund kosmischer Determination, sondern weil Gott das Gute ist (DN I 4; IV 1–7). Unter anderem Aspekt denkt Dionysius Gott als das Eine und Vollkommene (DN XIII 1–4), jenseits von allem – ho panton epekeina (MTh I 3). Er ist das »überseiende Sein« (DN V 1); das ›hyperousios‹ zählt zu den häufigsten Benennungen Gottes. Er ist »Grund des Seins für alle Dinge und doch selbst nicht seiend, weil über alles Sein erhaben« (DN I 1). Seinsbegründende Weltimmanenz und absolute Transzendenz gilt es also zusammenzudenken.

Unter dieser Voraussetzung ist nach der Erkennbarkeit Gottes zu fra- 199
gen. Über die »Ordnung und Einrichtung des ganzen Universums«, das »gewisse Nachbildungen und Ähnlichkeiten seiner göttlichen Eigenschaften enthält« (DN VII 3), eröffnet sich ein erster Zugang zu dem Problem. Dionysius sieht die Möglichkeit, »vermittels der analogen Erkenntnis dieser Dinge zur Ursache von allem emporgeführt« zu werden (DN V 9). Weil aber Gott »nichts ist von allem, was existiert«, wird er »in keinem der existierenden Dinge erkannt« (DN VII 3). Gott steht als das Eine jenseits des Seins und ist deshalb von keinem menschlichen Denken, das auf das Seiende bezogen ist, ausdenkbar (DN I 1). Er steht damit auch über den Gegensätzen von Sein und Nichtsein und deren logischer Formulierung durch sich ausschließende Urteile.

Unter Berufung auf die Heiligen Schriften, in denen der verborgene Gott einiges von sich selbst geoffenbart habe, hält Dionysius gleichwohl eine positive, bejahende Theologie – ›kataphatike theologia‹ – für möglich (MTh III). Sie hat die Aufgabe, die geoffenbarten Gottesnamen sowie aus der Erfahrung gewonnene und Gott zugeschriebene Bezeichnungen zu interpretieren. Diese positive Theologie erreicht aber Gott nie als den Überseienden, wie er an sich ist. Dionysius geht deshalb weiter zu einer höheren Stufe der Theologie, zu der theologia negativa – ›apophatike theologia‹ (MTh III). Die Unerkennbarkeit Gottes ist dabei der leitende Gedanke. Neben anderen Stellen ist in diesem Zusammenhang vor allem der 5. Abschnitt der ›Mystica theologia‹ zu nennen.

200 Gott ist allem menschlichen Begreifen in die Unsagbarkeit (DN XIII 3) entzogen, er ist eine verborgene Gottheit (DN I 2). Nach Gott fragen heißt deshalb letztlich nach dem göttlichen Dunkel fragen (MTh I). Der Begriff des mystischen Dunkels hat bei Dionysius eine doppelte Dimension: Er bezeichnet Gottes wesenhafte Unerkennbarkeit ebenso wie das menschliche Nichtwissen. Der Aufstieg zu Gott geschieht deshalb durch die Negation des Endlichen. In einer Anhäufung von Negationen (z.B. DN I 1, MTh IV und V) bringt Dionysius immer wieder zu Bewußtsein, daß Gott im Sinne des Seienden nicht ist (DN I 5). Aber auch dabei bleibt er nicht stehen. Ebenso häufig wie die Negation (ouk) ist bei ihm das Präfix ›über‹ (hyper) zu finden. Aus der Negation steigt menschliche Einsicht, »von allem Seienden zurücktretend und dann sich selbst verlassend« (DN VII 3), auf zu dem ›Darüberhinaus‹. Der Begriff des Überschwangs (hyperoche) ist die subjektive Entsprechung zu dem ›Über‹ in den Aussagen über Gott. Das ist aber nicht noch einmal, über theologia positiva und negativa hinaus, ein neuer Weg, eine via eminentiae, wie oft gesagt wird; es ist vielmehr die andere Seite der via negativa (DN II 3), die in der Aussage kulminiert, Gott sei ›über-unerkennbar‹ (hyperagnostos MTh I 1). Dieses Nichterkennen bedeutet jedoch nicht Agnostizismus oder gar Negation schlechthin; es verweist vielmehr auf eine letzte Ebene, auf »das Erkennen über die Vernunft hinaus« (MTh I 3); es ist der Weg »in das wahrhaft mystische Dunkel der Erkenntnis« (ebd.). Aber es ist immer noch ein Weg der Erkenntnis. Um ihn zu gehen, muß der Mensch aus seinem auf das Seiende und Gegebene gerichteten Denken in der Ekstase (ekstasis) heraustreten (MTh I 1).

201 Diese Erkenntisbemühung steht im Wirkungsfeld der Hierarchie, einer geheiligten Ordnung, die die ontologischen Stufen und Stadien der absteigenden und aufsteigenden Vermittlung zwischen Gott und der nichtgöttlichen Wirklichkeit umgreift und nicht auf den Menschen beschränkt ist. Über die Reinigung (katharsis) und die Erleuchtung (photismos) führt dieser Prozeß schließlich zur Vollendung (teleiosis), zur Einigung mit Gott (Ch 3). Abstieg und Aufstieg werden dabei als gleichzeitige Doppelbewegung gedacht. In dieser Bewegung kann der Mensch durch Nichterkennen erkennen, was über die Erkenntnis hinaus ist (Mth II). Der Gedankengang mündet in der dialektischen Vorstellung, daß sich Gott »durch Erkennen und Nichterkennen erkennen läßt« (DN VII 3). Dabei geht es wohl weniger um eine mystische Erfahrung der Vereinigung mit Gott, als vielmehr um eine verstandesmäßige Einsicht, eine Intuition in das radikale Anders- und Übersein Gottes, es ist eine letzte Aufgipfelung der theologia negativa.

Einheit und Ungeschiedenheit auf der einen und Vielheit und Geschieden- 202
heit auf der anderen Seite gehören zu den zentralen Begriffen im Denken des Areopagiten. Gott wird das Eine (hen) genannt, »weil er gemäß des überragenden Vorzugs der einen Einheit auf einzigartige Weise alles ist und weil er, ohne aus dem Einen herauszutreten, die Ursache von Allem ist« (DN XIII 2). Diese ungeschiedene Einheit enthält im Prinzip alles (en te arche). Das Eine ist nicht im kategorialen Sinne eines von vielen, diesem Einen entspricht kein anderes. Es ist vielmehr vor jeder Einheit und Vielheit zugleich alle Einheit und Vielheit begründend und bestimmend. Ohne das Eine würde es weder Einheit noch Vielheit geben, das Eine selbst bedarf aber der Vielheit nicht (DN XIII 2). Gott ist jedoch nicht nur dieses Eine, er ist vielmehr »als Urheber von allem alles« (DN V 8). Diese in Gott präexistierenden und »wesenheitsschaffenden Ideen (logoi) von allem, welche die Theologie Vorbestimmungen und göttliche gütige Willensbestimmungen nennt, die schöpferischen Determinationen der Dinge, nach welchen der Überwesentliche alles Seiende vorausbestimmt und ins Dasein gerufen hat« (DN V 8), nennt Dionysius Urbilder, ›paradeigmata‹.

Weil Gott das Übergute ist (DN IV), hat er »das Sein all dessen, was 203
ist, begründet und es zum Dasein gebracht« (CH IV I). Der Güte, diesem Gottesprinzip, ist es eigen, alles, was ist, mit sich zu einer je spezifischen Gemeinschaft zu rufen. »Alles Seiende hat demgemäß Anteil an der schöpferischen Vorsehung, die aus der alles verursachenden Gottheit jenseits von Sein und Denken hervorgeht« (CH IV 1). Dieser Hervorgang der Welt aus Gott wird als ›emanatio‹ verstanden. Dionysius ist nachdrücklich bemüht, eine pantheistische Auslegung dieses Prozesses, was naheliegt, abzuweisen. Es gelingt ihm das mehr durch positive Beteuerung als durch die innere Konsequenz des Gedankens. Der Hervorgang der Dinge aus Gott ist nicht nur seinsvermittelnd, insofern alles an dem absoluten Seinsgrund teilhat, er vollzieht sich zugleich in einer hierarchischen Ordnung. »Alles Leblose hat demgemäß durch sein bloßes Sein an ihm teil. Denn das Sein von allem ist die Gottheit über allem Sein. Die Lebewesen haben an ihrer lebenspendenden Kraft, die selbst vor allem Leben ist, teil. Die zu Überlegung und Denken befähigten Wesen haben teil an ihrem Wissen, das jenseits von Überlegung und Denken ist, vollkommen aus sich selbst und vor aller Vollkommenheit. Es ist jedoch klar, daß unmittelbar um die Gottheit die Wesen stehen, die in vielfacher Weise an ihr teilhaben. Also haben die Gliederungen der himmlischen Wesen in einem höheren Grad als die leblosen Wesen, die vernunftlosen Wesen und die mit unserer Art von Verstand begabten Wesen an den Gaben des Gottesprinzips teilbekommen« (CH IV 1–2). An anderer Stelle veranschaulicht Dionysius das Verhältnis des Einen zum Vielen, die innere Ordnung der unterschiedenen

Seienden zueinander sowie die je differente Nähe zum Ursprung an dem Bild von konzentrischen Kreisen: »Im Mittelpunkt bestehen alle Radien des Kreises miteinander in einer einzigen Einigung. Der Punkt des Zentrums begreift in sich alle die Radien, die auf einzigartige Weise untereinander und mit dem einen Ausgangspunkt geeint sind. Im Zentrum selbst sind alle vollständig geeint; stehen sie nur kurz davon ab, sind sie nur ein wenig voneinander geschieden, entfernen sie sich aber weiter vom Zentrum, so ist auch ihr Geschiedensein größer. Kurz, in dem Maße, als sie dem Zentrum näher sind, im selben Maße sind sie mit diesem und untereinander geeint, und in dem Grade, als sie vom Zentrum abstehen, stehen sie auch voneinander ab, und die Distanz vom Zentrum bedingt auch ihre gegenseitige Distanz« (DN V 6).

204 Schöpfung wird also verstanden als Theophanie in der Weise der Emanation, in hierarchischer Ordnung. »Hierarchie ist«, so definiert Dionysius, »eine geheiligte Ordnung, Wissenschaft und Wirksamkeit, sich Gottes Art so gut wie möglich angleichend und, entsprechend den ihr von Gott her eingegebenen Erleuchtungen, nach dem jeweiligen Verhältnis sich zur nachahmenden Darstellung Gottes erhebend« (CH III 1). Das theologische Strukturprinzip der Hierarchie hat eine ganz bestimmte Funktion. Schon im Alten Testament hatten die Engel als die Boten Gottes die Aufgabe, zwischen der absoluten Transzendenz Gottes und den Menschen zu vermitteln. Im Neuplatonismus sind es die Hypostasen, der Geist und die Weltseele, welche die Distanz zwischen dem Übersein des Hen und der Vielfalt der Weltdinge, letztlich der Materie, überbrücken. Beide Vorstellungen kommen in dem Entwurf der himmlischen Hierarchie, einer Engelwelt, zusammen, die aus einer Triade von Engelchören besteht, die von oben nach unten geordnet ist, und durch Reinigung, Erleuchtung und Einigung von unten nach oben näher seinsmäßig bestimmt werden, so daß die göttlichen Einstrahlungen jeweils aufgenommen und vermittelt werden, dabei aber eine ständige Minderung erfahren (CH VIII; III 3; VII 2). Jede Ordnung ist wiederum triadisch gegliedert, so daß die Engel neunfach gestuft sind. Jedes Geistwesen ist darüberhinaus »nach dem jenseits der Sinnenwelt herrschenden Gesetz« triadisch strukturiert in »Sein, Kraft und Wirksamkeit« (CH XI 2). Dieser ›caelestis hierarchia‹ korrespondiert in analogem Verhältnis die ›hierarchia ecclesiastica‹, die kirchliche Hierarchie. Der Prozeß, der sich in der rein geistigen Sphäre der Engelwelt vollzieht, wiederholt sich in der Kirche in vergleichbarer Weise (CH VI 6). Bischöfe, Priester, und Diakone bilden die obere Triade, die Mönche (sie waren damals vorwiegend Nichtpriester), Laien und Katechumenen die untere. Das letzte Ziel der gesamten Wirklichkeit ist das Einswerden mit Gott; für den Menschen beschränkt sich diese Rückkehr, der Gesamtkonzeption entsprechend, natürlicherweise auf die Seele (DN IV 9), ohne daß dadurch, und das ist wichtig, ontologisch oder moralisch der Körper abgewertet würde (DN IV 27).

In diesem geschlossenen System bleibt das Phänomen des Bösen eine 205
schwer zu beantwortende Frage. In langen Überlegungen geht Dionysius dieses Problem an (DN IV 18–35). Gott als der Gute und als Ursache allen Seins kann natürlich nicht Grund des Bösen sein. Damit ist das Böse aus dem Bereich des Seienden ausgegrenzt. Aber auch das Nichtseiende, die Materie, ist weder selbst das Böse noch die Ursache des Bösen (IV 28). »Das Übel ist demnach weder in den existierenden noch in den nichtexistierenden Dingen, sondern vom Guten noch weiter entfernt als das Nichtseiende, das fremdartig und noch wesenloser ist« (IV 19). Das Böse hat kein Sein und es ist nicht in dem Seienden. Also besteht das Böse nirgends (IV 34). Das Böse darf noch nicht einmal als ›privatio‹ (steresis) verstanden werden (IV 29). Dionysius kommt schließlich zu dem Ergebnis: »Das Gute stammt aus der einen totalen Ursache, das Böse aber aus vielen partialen Defekten« (IV 30). Das Böse ist ohne Ursache und ohne Bestimmtheit, es ist deshalb nicht der Natur gemäß. Es ist »eine Schwächung und ein Zuwenig des Guten« (IV 30).

Literatur

O'Daly 1981
Beierwaltes 1985
Heil 1986
Ruh 1987
Ruh 1990
Ivanka o.J.

III. Würdigung und Einfluß

Die Originalität von Dionysius hält sich in Grenzen. Der Rahmen, in dem 206
sich seine Gedanken entfalten, ist der Neuplatonismus. Neben Plotin sind es Philon und Origenes, denen er verpflichtet ist. Den stärksten Einfluß hat jedoch nachweislich Proklos auf ihn ausgeübt, an dem er sich auf weite Strecken unmittelbar orientierte. Gleichwohl sollte man nicht übersehen, daß Dionysius eine Reihe von neuplatonischen Grundpositionen vom Christentum her in Frage stellte und ablehnte. Seine Emanationslehre ist so konzipiert, daß sie der Trinitätsvorstellung ebenso Raum bietet wie dem christlichen Schöpfungsglauben. Trotz der unterschiedenen Seinsstufen und der damit gegebenen Wertung – ein Gedanke, der für die Ontologie des Mittelalters richtungsweisend werden sollte – hielt Dionysius daran fest, daß alles Seiende von Gott ohne Zwischenwesen verursacht ist. Daß der Begriff der Hierarchie von Dionysius zum erstenmal geprägt wurde (D. Heil 1986, S. 1), deutet darauf hin, daß in dem darin sich anzeigenden Strukturprinzip wohl seine eigenständige Leistung zu sehen ist.

An dem überragenden Einfluß, den Dionysius seinerseits ausübte, gibt 207
es keinen Zweifel. Insbesondere für die ›Mystik‹ des Abendlandes ist er

wegweisend geworden. Über *Maximus Confessor* (gest. 662) wurde er in der Ostkirche zu einer Autorität. Die erste vollständige lateinische Übersetzung wurde von Abt *Hilduin* (827–835) veranlaßt. Etwa um 852 wurde von *Johannes Scottus Eriugena* eine verständlichere Übertragung vorgelegt. Befriedigend war aber erst die Übersetzung von *Johannes Saracenus* um die Mitte des 12. Jahrhunderts; auf ihr basierte der dionysische Einfluß in der Folgezeit. Neben Kommentaren zu einzelnen Werken des Dionysius sind es einzelne Themen, die dessen großen Einfluß belegen. Im 12. Jahrhundert sind die Viktoriner *Hugo* und *Richard* ebenso zu nennen wie *Wilhelm von St. Thierry*. Im 13. Jahrhundert hat *Robert Grosseteste* eine sorgfältige Übersetzung angefertigt, die für die Wirkungsgeschichte vor allem in England maßgebend wurde. *Albertus Magnus* und *Thomas von Aquin* haben nicht nur Kommentare verfaßt, sondern auch eine Reihe spezifisch dionysischer Themen aufgegriffen. Unter den Mystikern sind vor allem *Meister Eckart*, *Johannes Tauler*, *Jan von Ruysbroek* und *Dionysius der Karthäuser* zu nennen. Obwohl er die Echtheit des ›Corpus Dionysiacum‹ in Frage stellte, ist *Nicolaus Cusanus* von Dionysius, vor allem von dessen theologia negativa, stark beeinflußt.

G. Johannes Scottus Eriugena (ca. 810–ca. 877)

208 In der beginnenden karolingischen Renaissance kommt dem Werk des Johannes Scottus Eriugena eine Sonderstellung zu. »Er führt nicht eine schon bestehende Tradition systematischer begrifflicher Reflexion auf die Wirklichkeit im Ganzen fort, sondern führt sie neu in einen geschichtlichen Kontext ein, der eine solche Reflexion bisher nicht kannte« (Schrimpf 1982, S. 5). Neben dem systematischen Gesamtentwurf ist die Einbeziehung der griechischen Tradition in das Denken des lateinischen Westens philosophiegeschichtlich besonders relevant. In diesem Zusammenhang sind vor allem *Gregor von Nyssa*, *Dionysius Areopagita* und *Maximus Confessor* zu nennen.

Leben und Werke

209 Wie aus seinem Namen zu schließen ist, stammte Johannes aus Irland. Geboren um 810 und etwa 877 gestorben, wird er im Umfeld des Hofes von Karl dem Kahlen (840–877) zum erstenmal um 850 historisch greifbar. Er war, ohne ein kirchliches Amt zu bekleiden, dem König zur Treue verpflichtet, an dessen Hof er die ›Artes liberales‹ lehrte, und dem er darüber hinaus für besondere wissenschaftliche Arbeiten zur Verfügung stand. Als Lehrer der ›Artes liberales‹ benützte Eriugena das zu Beginn des 5. Jahrhunderts abgefaßte Handbuch des *Martianus Capella*, eines spätantiken Denkers aus Nordafrika; in seinen ›Annotationes in Martianum Capellam‹ hat diese Tätigkeit ihren schriftlichen Niederschlag gefunden. Die Schrift ›De praedestinatione‹ ist ein von Karl dem Kahlen und Hinkmar von Reims angefordertes Gutachten zu einer Abhandlung mit dem gleichen Titel von *Gottschalk*, welche dessen kirchliche Verurteilung durch eine Synode von Mainz (848) wissenschaftlich rechtfertigen sollte. Der Mönch Gottschalk hatte im Anschluß an den späten Augustinus die kirchliche Praedestinationslehre im Sinne einer doppelten Vorherbestimmung ausgelegt, der Erwählten zu ewigem Heil, der Verworfenen zu ewigem Unheil.

Unter dem Gesichtspunkt der Wirkungsgeschichte kommt einem weiteren Auftrag des Königs nicht leicht zu überschätzende Bedeutung zu; er bat Eriugena um die Überarbeitung des von *Hilduin* übersetzten Corpus dionysiacum: ›Versio operum S. Dionysii Areopagitae‹. Ziel sollte dabei sein, Hilduins teilweise mangelhafte und nur schwer verständliche Übersetzung allgemein zugänglich zu machen. Das Ergebnis blieb jedoch hinter den Erwartungen zurück. Eine fehlerhafte griechische Textvorlage war dafür ebenso Ursache wie die für den extrem schwierigen Text nicht immer hinreichenden Griechischkenntnisse Eriugenas, der sich deshalb um eine wortgetreue Übersetzung bemühte, was freilich der Lesbarkeit und Verständlichkeit in hohem Maße abträglich war. Die mit der Übersetzung und Kommentierung (Expositiones super Hierarchias S. Dionysii Areopagitae) verbundene Beschäftigung mit dem Areopagiten hat jedoch Eriugenas Denken nachhaltig geprägt.

Vor allem sein Hauptwerk ›Periphyseon‹ (De divisione naturae), in der literarischen Form eines Dialogs zwischen Lehrer und Schüler abgefaßt, steht unter diesem Einfluß.

Neben anderen Schriften sind noch die ›Homilia in prologum S. Evangelii secundum Iohannem‹ und der ›Commentarius in S. Evangelium secundum Iohannem‹ zu nennen. (Ein Verzeichnis aller Werke und ihrer Editionen bietet Schrimpf 1982, S. 1f.)

I. Philosophie als wissenschaftliche Methode

210 Nach allgemeinem Urteil gilt das hohe Maß an Eigenständigkeit der Philosophie als eines der hervorstechenden Merkmale des Werkes von Eriugena. Damit ist durchaus Zutreffendes gesehen. Es ist seine ausgesprochene Absicht, kontroverse theologische Probleme philosophisch zu entscheiden (vgl. hierzu z.B. Praed I 1). Gleichwohl ist diese Feststellung höchst mißverständlich und kann zu völlig falschen Folgerungen führen. Alles hängt davon ab, was unter ›philosophia‹ näherhin zu verstehen ist, und wie sich als Folge davon das Verhältnis von Glaube und Vernunft darstellt. Ganz im Sinne seiner Zeit versteht Eriugena unter philosophia die ›Septem artes liberales‹. Dabei kommt der ›dialectica‹, der formalen Logik, grundlegende Bedeutung zu; sie ist die ›mater artium‹. Wissenschaftlich vorgehen heißt, den Gegenstand nach den Regeln der Logik und Syllogistik zu erforschen (Annotationes 90,23; 90,9–11; 89,12; Periph IV 4). Der ›modus disciplinae‹, die Methode, mit der nach Grund und Sinn der Wirklichkeit gefragt wird, heißt bei den Griechen philosophia (Praed I 1). Auf diesem Weg, d.h. mit Hilfe der Artes liberales gelangt der Mensch zu der Einsicht, daß Gott sein Ursprung ist und daß sein Ziel und Glück in der Rückkehr zu Gott besteht (Annotationes 96,32–38; 97,12–24; 12,26–37). Darin erschöpft sich das durch die natürliche Vernunft erreichbare Wissen des Menschen über Gott.

211 Die Philosophie hat deshalb innerhalb der Theologie nur im Sinne formaler Wissenschaftlichkeit ursprüngliche und eigenständige Geltung. Erst mit der Heiligen Schrift, in der die göttliche Offenbarung enthalten ist, steht dem Menschen die wahre Weisheitslehre zur Verfügung. Die Schrift ist für Eriugena die ausschließliche inhaltliche Grundlage seines Denkens.

Der Glaube als die Annahme der Offenbarung steht am Anfang und bleibt das Fundament aller Spekulation. Die Suche nach der Wahrheit muß deshalb notwendigerweise von der glaubenden Annahme der Offenbarung ihren Ausgang nehmen (Periph II 15). Aber auch umgekehrt besteht ein notwendiger Zusammenhang: Die Glaubensinhalte sind nur wie ein Prinzip (principium quoddam), aus dem heraus die Erkenntnis hervorgehen muß; und hierin gründet die unverzichtbare Verwiesenheit des Glaubens auf die Philosophie. Gegenstand des Denkens ist die Selbstoffenbarung Gottes. In der Schrift ist die Wahrheit über die gesamte Wirklichkeit in Bildern verschlüsselt niedergelegt. Die der Wahrheit angemessene Form verlangt jedoch begriffliche Eindeutigkeit im einzelnen und innere widerspruchsfreie wissenschaftliche Systematik im Ganzen. Wenn solches erreicht ist, dann läßt sich der Wahrheitsanspruch der Schrift und damit des Christentums nicht mehr nur für den Gläubigen, sondern für jedes vernünftige Wesen geltend machen.

Die im Glauben akzeptierte Offenbarung ist der Gegenstand des Denkens; ihre Wahrheit muß die Vernunft mit Hilfe der Dialektik erschließen. 212
Beide bilden eine letzte innere Einheit. Die Autoritäten sind demgegenüber sekundär, sie erhalten ihr Gewicht allein aus der ›vera ratio‹, nicht umgekehrt (Periph I 69). Die Offenbarung ausgenommen, bleibt die Vernunft immer letzte Instanz. Dabei ist es ausgeschlossen, daß sich wahre Autorität (vera auctoritas) und richtige Vernunft (recta ratio) widersprechen könnten, da beide einer Quelle entstammen, der göttlichen Weisheit (Periph I 66). Theologisches und Philosophisches durchdringen sich gegenseitig. Die Heilsgeschichte der Offenbarung wird durch das philosophische Bemühen ›begriffen‹ im strengen Sinne des Wortes und in ein kohärentes und in sich schlüssiges System gebracht. So kann Eriugena unter Berufung auf Augustinus wahre Philosophie und wahre Religion identisch setzen (Praed I 1).

Die methodischen Überlegungen Eriugenas verlangen, »auf der inhaltlichen Grundlage der Heiligen Schrift durch logisches, fehlerfreies und systematisches Vorgehen die ganze Glaubenslehre theoretisch einwandfrei zu fassen. Man würde dann über die ganze Wahrheit in theoretisch zuverlässiger Form verfügen« (Schrimpf, 1987 S. 2–7).

II. ›Periphyseon‹

In ›De praedestinatione‹ hatte Eriugena seine Methode an einem Einzel- 213
problem erprobt. Nach den gleichen Prinzipien sollte in ›Periphyseon‹, seinem systematischen Hauptwerk, die Wahrheit über die gesamte Wirklichkeit auf der Basis der Offenbarung zur Darstellung gebracht werden. Dieses Werk hatte der Forschung aus unterschiedlichen Gründen lange Zeit große Schwierigkeiten bereitet. Erst G. Schrimpf (1982) ist es mit sei-

ner grundlegenden Untersuchung gelungen, einen überzeugenden und angemessenen Zugang zu Systematik und Inhalt von ›Periphyseon‹ zu eröffnen.

1. Die formale Struktur

214 Der Titel des Werkes, vom Verfasser selbst griechisch und lateinisch formuliert: ›Peri physeon merismou id est de divisione naturae‹, enthält bereits den das systematische Bemühen leitenden Grundgedanken. Er ist von Dionysius Areopagita inspiriert und nimmt das neuplatonische exitus-reditus-Schema auf: Alle Vielheit geht von dem Einen aus und kehrt am Ende wieder zu dieser ursprünglichen Einheit zurück. Die logische Struktur, die Eriugena entwirft, um die gesamte Wirklichkeit in allen ihren Bereichen ausnahmslos in seinem Werk zu erfassen, steht damit bereits unter einer Vorentscheidung, die in dem Werktitel zum Ausdruck gebracht ist, der allerdings mißverstanden werden kann. Die Begriffe ›divisio‹ und der korrespondierende Begriff der ›analysis‹ entstammen der formalen Logik. Unter divisio versteht man die Entfaltung einer Einheit in eine Vielheit, ausgehend von einem Höchsten über die genera und species bis zu den Individuen. Die analysis beschreibt die Gegenbewegung; sie nimmt vom Untersten und Vielen ihren Ausgang und führt zurück zum Einen als dem Prinzip der divisio. Analysis übersetzt Eriugena als resolutio und deutet sie schließlich als Rückkehr, als reditus zum Ausgang der divisio. Dabei versteht er den Vorgang als descensus und ascensus. Absteigend vom Einen zur unzähligen Vielheit, vom Allgemeinsten zur letzten Besonderung – a generalissimo usque ad specialissimum – und aufsteigend vom Individuellen zum Allgemeinsten (II 1). Dieses Verfahren ist jedoch nicht primär eine vom Menschen erdachte Methode der formalen Logik, sie ist vielmehr in der Natur der Dinge selbst vorgezeichnet und begründet (IV 4). Dem logischen Verfahren liegt ein metaphysischer Prozeß voraus und zugrunde. Die von Eriugena gewählte wissenschaftliche Methode zur Erfassung und Deutung der universalen Wirklichkeit mit Hilfe der divisio und analysis ist seiner Auffassung nach am Gegenstand selbst abgelesen; es ist die Aufdeckung der inneren Logik der Natur, so daß er sein Opus zutreffend als ›physiologia‹ bezeichnen kann (IV 1).

215 Die divisio ist in gewisser Weise der Akt der Natur, in dem sich Gott entfaltet und in einer hierarchisch gegliederten Ordnung selbst ausdrückt. Es wird nicht eine Ganzheit in die diese Totalität immer schon und wesentlich konstituierenden Teile zerlegt, sondern Gott als die schöpferische Ursache aller Seienden (causa creatrix, IV 1) teilt sich mit und offenbart sich in der als Theophanie, als divinia apparitio (III 19), verstandenen Schöpfung. »Theophanie ist grundsätzlich jedes Geschaffene, sofern es als individueller Ausdruck des göttlichen Schöpferwillens verstanden

wird« (Schrimpf 1982, 180). In diesem Sinne ist die Natur Subjekt und Objekt des Aktes der divisio. Ausgehend von dem die Totalität von Wirklichkeit schlechthin umfassenden Begriff natura, sucht Eriugena nach Kriterien, die das Unterscheidende kennzeichnen und zugleich als allgemeinste Merkmale der jeweils unterschiedenen Wirklichkeitsweisen gelten können, unter die deshalb bis in die letzte Vereinzelung alles subsumiert werden kann. Von dieser Zielsetzung her entwirft Eriugena zu Beginn von Periphyseon (I 1–7) logische Schemata, die in gegenseitiger Zuordnung die formale Struktur der Gesamtsystematik bilden.

2. *Sein und Nichtsein*

Gegenstand der wissenschaftlichen Wirklichkeitszuwendung sind alle 216
Dinge, unabhängig davon, ob sie mit unserem Geist erfaßt werden können oder seinen Zugriff übersteigen, »quae vel animo percipi possunt vel intentionem eius superant« (I). Die grundlegende und zugleich oberste logische Einteilung – summa ac principalis omnium divisio (I 2) – teilt alles ein in solches, das ist (in ea quae sunt), und solches, das nicht ist (in ea quae non sunt; I und I 2). ›Esse‹ muß in diesem Kontext im Sinne von ›etwas Bestimmtes sein‹ verstanden werden. Es geht also um die wissenschaftliche Aussagbarkeit des Seins als etwas Bestimmtes seiend oder etwas Bestimmtes nicht seiend. Alles, was das menschliche Erkennen durch den Rang seines Seins (III 2), übersteigt, fällt in diesem Sinne unter das Nichtsein. Diese Unterscheidung ist für jedes wissenschaftliche Vorgehen – ratiocinatio (I 2) – grundlegend.

Für die Wirklichkeit im Ganzen im Sinne des ea quae sunt und des ea 217
quae non sunt steht der Terminus ›natura‹; griechisch ›physis‹ (I). Nicht nur die Gesamtheit der Geschöpfe, sondern auch deren Schöpfer wird damit bezeichnet. Das Besondere des Naturbegriffs liegt, in Abhebung von dem bedeutungsgleichen ›essentia‹, darin, daß er das Ganze unter dem Aspekt eines universalen Prozesses erfaßt, der letztlich mit der christlichen Schöpfungs- und Heilsgeschichte identisch ist. In der Konsequenz dieses Verständnisses von ›natura‹ liegt die Entscheidung Eriugenas, das Kriterium für eine erschöpfende Einteilung der gesamten Wirklichkeit der christlichen Offenbarung zu entnehmen: Dem Begriff ›creare‹ kommt diese Funktion zu. ›Erschaffend‹ und ›erschaffen werdend‹ ist die Basis der Einteilung. Bejaht oder verneint und jeweils miteinander verbunden, ergeben sich daraus die Einteilungsglieder, welche die möglichen Aspekte begrifflich fassen, unter denen das Ganze betrachtet werden kann. So kann Eriugena einleitend den gesamten Inhalt von Periphyseon unter diesem formalen Aspekt in einem Satz zusammenfassen: »Videtur mihi divisio naturae per quattuor differentias quattuor species recipere, quarum prima est in eam quae creat et non creatur, secunda in eam quae et creatur et

creat, tertia in eam quae creatur et non creat, quarta quae nec creat nec creatur« (I 1; vgl. auch II 1; III 1).

218 Die Wirklichkeit, die erschafft und nicht erschaffen wird, steht für Gott als der schöpferischen Ursache von allem, was ist und was nicht ist. Davon unterschieden ist die Wirklichkeit, die erschaffen wird und erschafft; darunter sind die ›primordiales causae‹ (II 2), die obersten Gründe und die schöpferischen Ideen aller geschaffenen Wirklichkeit zu verstehen. Die sinnfälligen Dinge der an Raum und Zeit gebundenen Welt werden als die Wirklichkeit bezeichnet, die erschaffen wird, selbst aber nicht erschafft. Die vierte species schließlich, die weder erschafft noch erschaffen wird, steht für Gott als das Ziel aller geschaffenen Wirklichkeit, insofern am Ende der Zeit jedes Einzelne, in ihm vollendet, es selbst ist. In Gott kommt der Prozeß, den die divisio naturae unter je anderen Aspekten beschreibt, durch die Rückführung in der Analysis zum Ziel.

219 Eriugena wendet sich noch einmal der grundlegenden Unterscheidung zwischen ea quae sunt und ea quae non sunt zu und fragt in einer semantischen Untersuchung, welche verschiedenen Bedeutungen die Kopula ›est‹ bzw. ›non est‹ annehmen kann. Ohne Anspruch auf Vollständigkeit entwirft er fünf verschiedene Auslegungsweisen – quinque interpretationis modi (I 3–7). In einer ersten Bedeutung wird Sein von allem ausgesagt, was mit den Sinnen erfahren und vom Verstand begriffen werden kann. Unter diesem Gesichtspunkt wird von dem, was wegen seiner herausragenden Natur – per excellentiam suae naturae – Erfahrung und Intellekt übersteigt, zu Recht gesagt, daß es nicht ist. Aus diesem Gedanken resultiert eine Zweiteilung der gesamten Wirklichkeit. Ein Bereich ist grundsätzlich erkennbar und kann deshalb wissenschaftlich erschlossen werden; der andere entzieht sich einem solchen Vorgehen. In diesem Sinne kann man nicht nur von Gott sagen, daß er nicht ist (III 19). Auch die Entstehungsgründe und das Wesen der Einzeldinge zählen dazu. Menschlichem Erkennen sind nämlich nur die Akzidentien zugänglich; er erkennt nur, daß etwas ist, nicht was es ist: »non quid est, sed quia est« (I 3). Das Wesen läßt sich nur aus der Erkenntnis der akzidentellen Beschaffenheit erschließen. Damit ist freilich nicht gesagt, daß Gott, die Ideen und die Wesenheiten nicht seien, sondern nur daß sie wissenschaftlich nicht begriffen werden können und deshalb den Anschein erwecken, sie seien nicht: »iure videri non esse« (I 3). Die Annahme der Existenz wird vorausgesetzt; sie steht in keinem der quinque modi zur Diskussion.

220 Mit der zweiten Bedeutungsklasse richtet Eriugena seine Aufmerksamkeit auf die erschaffenen Naturen unter dem Gesichtspunkt der Ordnungsverhältnisse, in denen sie aufgrund ihrer Unterschiede zueinander stehen (I 4). Damit ist nach einer Art Definition gefragt, die freilich keine Wesensdefinition sein kann, sondern in der Weise der umschreibenden Ausgrenzung geschieht. Eine affirmative Aussage über eine höhere Seinsstufe negiert eo ipso jede niederere. Es ist etwas, sofern es von einer höhe-

ren Ordnung oder von sich selbst erkannt wird; nicht ist es, sofern etwas sich von einer niederen Ordnung nicht begreifen läßt: »Est enim, quantum a superioribus vel a seipso cognoscitur« (I 4).

Die dritte Interpretationsmöglichkeit von Sein orientiert sich an der 221
konkreten Wirklichkeit der Dinge dieser Welt. Was materiell, in Raum und Zeit verwirklicht, existiert, von dem pflegt man zu sagen: es ist. Demgegenüber wird von allem, was nur potentiell ist und nicht unter den verschiedenen Akzidentien erscheint, gewöhnlich gesagt, es sei nicht. Gemeint sind damit die Formalursachen vor ihrer Verwirklichung; sie werden dem zugerechnet, »quod in ipsis naturae sinibus continetur« (I 5).

Der vierte Modus ist sehr knapp formuliert (I 6). Seine Aussageabsicht 222
erschließt sich nicht auf den ersten Blick, da sie »offenbar vor dem Hintergrund der pythagoreischen Lehre von der Zahl als dem Prinzip aller Dinge gesehen werden« muß (Schrimpf 1982, S. 169). Gefragt wird, welche Bedeutung der Kopula ›ist‹ zukomme, wenn einem Körper eine Beschaffenheit zugesprochen wird. In diesem Falle »bedeutet das ›ist‹, daß es sich bei der zugesprochenen Beschaffenheit um eine solche handelt, die allein dem Verstand zugänglich ist. Entsprechend bedeutet das ›ist nicht‹, daß es sich um eine Beschaffenheit handelt, die nicht dem Verstand zugänglich ist« (ebd.).

Der fünfte Modus nimmt eine Sonderstellung ein, da er den individuellen Menschen unter einem ausgesprochen theologischen Sachverhalt zum möglichen Gegenstand einer wissenschaftlichen Aussage macht. Durch die Sünde hat die menschliche Natur ihre Würde der Gottebenbildlichkeit und damit ihr Sein zerstört: »esse suum perdidit« (I 7); unter diesem Gesichtspunkt ist sie also nach dem Sündenfall nicht. Wenn sie durch die Gnade in ihren ursprünglichen Zustand zurückversetzt wird, beginnt sie erst wieder zu sein, incipit esse.

Unter Heranziehung dieses logischen Instrumentariums bemüht sich 223
Eriugena um eine umfassende Darstellung der Wirklichkeit in der Perspektive der christlichen Offenbarung. Als biblische Grundlage dient ihm Genesis 1–3. In diesen Kapiteln wird nach der Überzeugung Eriugenas alles Entscheidende über den Menschen in mythologischer Form mitgeteilt. Schöpfung, Sündenfall, Vertreibung aus dem Paradies und Zusage der Erlösung. In der Abfolge der divisio naturae wird im I. Buch von Gott gehandelt; das II. hat den Sohn Gottes und die in ihm geschaffenen Ideen zum Gegenstand. Der erfahrbaren Welt als Schöpfung gelten die Überlegungen des III. Buches. Die Bücher IV und V bringen die Rückkehr aller Dinge zu Gott zur Darstellung (Schrimpf 1982, S. 179–240). Mit strenger Logik und beachtlicher systematischer Kraft bringt Eriugena die vielen heterogenen Materialien unter der vierfachen Perspektive menschlicher Betrachtung der Wirklichkeit zu einer geschlossenen Darstellung.

3. *Sein als Existenz*

224 Auch in seinen christlichen Ausprägungen ist der Neuplatonismus eine vom Ansatz her essentialistische Philosophie. Das Absolut-Eine bildet zusammen mit den rein geistigen Wesenheiten und unveränderlichen Ideen, getragen und verbunden von einer notwendigen und zeitlosen Kausalität, die eigentliche Wirklichkeit. Die kontingente Welt unserer Erfahrung bleibt seinsmäßig grundsätzlich dahinter zurück und verdient demgemäß auch nur geringe Aufmerksamkeit. Eriugena steht zweifellos in dieser Traditionslinie, und viel Neuplatonisches begegnet bei ihm, in der Grundstruktur seines Denkens ebenso wie in Einzelfragen. Es geht aber nicht an, Eriugena einfach alle Konsequenzen eines neuplatonischen Ansatzes ungeprüft zu unterstellen. Er versteht sich selbst als christlicher Denker; der spezifisch christliche Ansatz muß daher ebenso ernst genommen werden.

225 Mit seinem aufschlußreichen Beitrag ›The Primacy of Existence in the Thought of Eriugena‹ hat G.H. Allard (1982, S. 89–96) einen bislang nicht beachteten Grundgedanken Eriugenas aufgedeckt und deshalb eine neue Perspektive für die Beurteilung seines Gesamtwerkes eröffnet; damit wird zugleich ein wesentlicher Schritt in der Entwicklung des Neuplatonismus greifbar. Eriugena – das ist das überzeugende Ergebnis dieser Analysen – denkt ›sein‹ (esse) nicht vom Wesen, sondern ursprünglich von der Existenz her. Durch den Schöpfungsbegriff hat sich ein Wandel im Seinsverständnis vollzogen. Das Verhältnis von Wesen und Dasein stellt sich als ein nicht aufhebbares gegenseitiges Verwiesensein dar. Dieser Gedanke ist dem genuinen Neuplatonismus fremd und verdient deshalb besondere Beachtung.

4. *Gott als das Übersein*

226 Die Frage nach Gott geht Eriugena von der Kausalität her an. Die erste species, die sich bei der Einteilung der Natur ergab, war die ›natura quae creat et non creatur‹. Als schöpferische ist diese Ursächlichkeit von singulärer Art; sie wird zurecht nur von Gott ausgesagt. Selbst ohne Prinzip, ist Gott die ›principalis, summa ac sola causa‹ von allem, was ist. Weil aber alles aus ihm ist, ist er zugleich auch das Ziel von allem: ›ipsum enim omnia appetunt‹. Schließlich hat alles in ihm und durch ihn seinen Bestand. So ist Gott Ursprung, Mitte und Ziel der gesamten Wirklichkeit: »Est igitur principium, medium et finis« (I 11). Im Widerspruch zu dieser ontologischen Grundbestimmung Gottes als absolut ursprungsloser Ursprung scheinen einzelne Kirchenväter zu stehen mit der These, auch Gott werde erschaffen: »facit et fit et creat et creatur« (I 12). Selbst die Etymologie des Wortes ›theos‹ lege es nahe, Gott als ›bewegenden Zustand‹ und als ›zuständliche Bewegung‹ (motus stabilis et status mobilis) zu verste-

hen. Eriugena sieht das berechtigte Anliegen dieses Einwandes, in welchem sich eine Grunddifferenz zwischen griechischer Philosophie und christlichem Glaubensdenken konkretisiert. Für griechisches Denken ist die allem Werden und Vergehen entzogene Unveränderlichkeit Gottes ein unerschütterliches Datum. Die Idee des Guten ist ebenso wie das alle Vielheit ausschließende Eine und das unbewegt Bewegende mit der Vorstellung eines wie auch immer zu verstehenden Werdens unvereinbar. Die jüdisch-christliche Reflexion über Gott muß demgegenüber in ihrem Gottesbegriff die Schöpfung als freien Willensakt mitdenken. Unter diesem Aspekt gewinnt für Eriugena die Aussage, Gott werde erschaffen, einen möglichen Sinn, der zum ersten Aspekt der Wirklichkeit – natura quae creat et non creatur – nicht in kontradiktorischem Widerspruch steht, da diese Bestimmung nur das Geschaffenwerden durch ein außer der göttlichen Natur liegendes Prinzip ausschließt. Die Identität von Sein und Wollen in der göttlichen Natur – non enim aliud in ea est esse et velle (I 13) – macht es möglich, den Schöpfungsakt, in welchem Gott die Dinge in ihrem Sein begründet, als ein Sich-selbst-Erschaffen auszulegen, da darin der göttliche Wille, und das ist die divina natura selbst, verwirklicht wird (I 13). Daß das Wollen und dessen Realisierung weder ontologisch noch chronologisch auseinanderfallen, muß noch einmal eigens mitbedacht werden. Schöpfung ist jedoch nicht nur Seinsbegründung, sondern darin zugleich Selbstoffenbarung Gottes und deshalb auch in dieser Hinsicht ein Erschaffenwerden: »Ipsius namque creatio, hoc est in aliquo manifestatio, omnium existentium profecto est substitutio« (I 13). Daß Gott durch seine Manifestatio in den Geschöpfen, durch die Theophanie, vom Menschen als Ursache von allem erkannt werden kann, ist nach Eriugena ebenfalls als ein Moment des Werdens Gottes zu deuten; Erkanntwerden ist eine Art des Werdens. Diese Gotteserkenntnis führt jedoch über das Daß, das utrum sit, nicht hinaus. Auch wenn die Tatsache und die innere Struktur der Schöpfung auf eine Ursache schließen lassen, der ein Wesen, der Weisheit und Leben zukommen muß, bleibt das Wesen Gottes als solches dem Menschen verborgen. Auch die Theologie kann nicht sagen, was Gott sei, auch wenn sie ihn als trinitarischen Gott bekennt: »Omnino siquidem quid vel quale sit definiri non potest« (I 14).

Damit stellt sich die Frage, der Eriugena große Aufmerksamkeit 227
schenkt, wie die Kategorien von Gott als der Ursache von allem ausgesagt werden können. Er verbindet damit eine kritische Auseinandersetzung mit der aristotelischen Kategorienlehre (I 16–23; 72–75). Nach dem ersten Interpretationsmodus von Sein wird die Kopula ›est‹ von der wahrnehmbaren und begreifbaren Wirklichkeit ausgesagt. In Aussagen über diesen Bereich haben die zehn Kategorien ihren Ort, hier gewinnen sie ihre ursprüngliche Bedeutung. Was darüber hinausgeht, ist nicht, d.h. die Kategorien können nur in uneigentlicher Bedeutung in Aussagen über Gott Verwendung finden. Deshalb darf auch, was in der Schrift über Gott ge-

sagt wird, nur metaphorisch verstanden werden, denn der Mensch kann nur kategoriale Aussagen machen. Was genauer unter metaphorisch zu verstehen sei, wird von Eriugena im Anschluß an Dionysius und Maximus anhand der Methode der affirmativen und negativen Theologie expliziert. Dieses Vorgehen beruht auf dem Schließen von dem Verursachten auf die Ursache. In einem ersten Schritt wird eine Aussage über eine Beschaffenheit des Verursachten auch von der Ursache selbst gemacht. Im zweiten Satz wird dann die gleiche Aussage von der Ursache verneint, da sie den Sachverhalt nicht so bezeichnet, wie er in sich ist. Beide formallogisch sich widersprechenden Urteile werden dann auf einer höheren Ebene zusammengefaßt, um zum Ausdruck zu bringen, daß man zwar vom Verursachten auf die Ursache schließen kann, daß die Seinsweise der Ursache aber eine grundlegend andere ist. ›Affirmatio‹ und ›negatio‹ werden in der den kategorialen Widerspruch überhaupt erst ermöglichenden Ursache aufgehoben. So heißt es von Gott: »Essentia est, affirmatio; essentia non est, abdicatio; superessentialis est, affirmatio simul et negatio« (I 16). Wenngleich dieser letzte Satz der äußeren Form nach bejahend ist, so handelt es sich doch dem Sinn nach um eine negative Aussage. Wenn man nämlich von Gott sagt, er sei das Über-Sein, dann sagt man der Sache nach nicht, was er ist, sondern was er nicht ist (I 16). Was jenes aber sei, das mehr ist als Sein, plusquam essentia, wird durch die Negation des Verursachtseins nicht zum Ausdruck gebracht. Die Beifügungen ›super‹ oder ›plusquam‹ steigern die Negativität und heben sie nicht auf. Das Wesen Gottes wird dadurch nicht ausgesagt (I 16). In diesem Sinne kann die negative Theologie von Gott, der alles übersteigt und über jeder Vielheit ist, sagen, er sei nichts (III 19). Gleichwohl ist eine solche Aussage nicht sinnlos. Es ist die wissenschaftlich korrekte Weise, über die Natur, die erschafft und nicht erschaffen wird, eine Aussage zu machen.

5. *Die ›causae primordiales‹*

228 Außer der Tatsache des Ursacheseins also konnte über die ›natura quae creat et non creatur‹ keine positive Aussage gemacht werden. Damit erhebt sich die Frage, wie der »Hervorgang des Geschaffenen aus der einen und ersten Ursache in die verschiedenen Gattungen und Arten der Dinge in ihrer unendlichen Vereinzelung« (II 2) näherhin zu denken sei. Nach Eriugena kommt in diesem Prozeß den ›causae (essentiae) primordiales‹ die entscheidende Vermittlungsfunktion zu : »medietatem quandam inter deum et creaturam obtinent« (III 20). Sofern sie von der prima causa grundgelegt wurden, sind sie geschaffen (natura quae creatur); schaffend sind sie (natura quae creat), sofern sie der Anfang der Geschöpfe sind. Daß die essentia primordialis eines Seienden jeweils auch seine Finalursache ist, ist für das Denken Eriugenas besonders charakteristisch.

Eriugena entfaltet seine Ideenlehre als ein grundlegendes Element der Schöpfungslehre. Die Möglichkeitsbedingung dafür ist das Verständnis der einen absoluten Ursache als Trinität (II 20). So wird die Darstellung der ›causae primordiales‹ zugleich zum systematischen Ort der Trinitätslehre, die ihrerseits in der Struktur neuplatonisch geprägt ist. Der Vater hat die Entstehungsgründe von allem in seinem Sohn geschaffen. Vor dem äußeren, wahrnehmbaren Hervorgang hat er im Sohn – so versteht Eriugena das ›in principio‹ zu Beginn der Genesis – die Entstehungsgründe der gesamten Wirklichkeit, die nicht Gott ist, hervorgebracht. Da der Sohn als das ›Wort‹ oder die ›sapientia‹ dem Vater gleich ewig ist, sind auch die Entstehungsgründe ewig wie er (II 21). Sie sind jedoch nicht wesensgleich mit ihm, denn sie lassen sich nicht aus sich selbst, sondern nur aus Gott erklären (II 20–21). Die Differenz zwischen dem Sohn und den ›causae primordiales‹ liegt also darin, daß der Sohn mit dem Vater gleich ewig und wesensgleich ist – ›coaeternus‹, ›coessentialis‹ –, die Ideen aber ›nicht ganz gleich ewig‹ – ›non omnino coaeternae‹ (II 21) sind. 229

Diese subtile Unterscheidung ist erforderlich, um auf der einen Seite die Gleichwesentlichkeit des Sohnes mit dem Vater zu sichern, und auf der anderen Seite am Ursprung der Schöpfung die Differenz zwischen Gott und Welt festzumachen. Wären die Ideen auch wesensgleich mit dem Vater, dann wäre auch die Welt wesensgleich mit ihm und der Pantheismus unvermeidbar. Das ›non omnino‹ ist die Grenzlinie, von der alles abhängt.

6. *Der Mensch als die eigentliche Schöpfung*

Im Denken Eriugenas kommt dem Menschen eine herausragende Stellung zu. Er ist so geschaffen, daß die gesamte Schöpfung in ihm enthalten ist (IV 5). Es gibt keine Dimension der Wirklichkeit, die sich in ihm nicht fände (II 4). In einer wunderbaren Vereinigung ist er aus Sinnlichkeit und Geistigkeit, aus Sichtbarem und Unsichtbarem, »hoc est ex totius naturae extremitatibus« (II 5) zusammengesetzt, denn es gibt nichts Niedrigeres (inferius) als den Körper und nichts Höheres (superius) als den Intellekt. Ursprünglich ist der Mensch als vollkommenes Wesen begründet (IV 16). Als Idee, als essentia primordialis, ist er nach dem Bilde Gottes geschaffen; in ihm sollte ursprünglich die gesamte Schöpfung in der Weise enthalten sein, daß die Entstehungsgründe aller Dinge das Sein des Menschen als ein »unum inseparabile« (II 9) konstituierten. In der Einheit der Natur des Menschen als solchem wäre die ganze Welt enthalten gewesen. Deshalb existiert die Schöpfung im Menschen wirklicher als in sich selbst. Gott sah jedoch den Fall des Menschen voraus (II 12) und ließ deshalb alle im Menschen angelegten Entstehungsgründe außerhalb des Menschen zu einer je eigenen Wirklichkeit werden. In Entsprechung hierzu wird der 230

Mensch als zweifach begründet verstanden, als vollkommenes und als unvollkommenes Wesen (IV 16); es ist eine Doppelung in der Würde des Seins, die zeitlich immer schon ineinander fiel (IV 19). Die als Anspruch erfahrene Vollkommenheit kann durch eine entsprechende Lebensführung realisiert werden; dazu wird der Mensch aber nur durch Christus befähigt (II 9–10). In der Ethik Eriugenas, die bei dieser Differenz zwischen dem Unvollkommenen und dem angestrebten Ziel des vollkommenen Menschen ansetzt, spielt die Willensfreiheit die ausschlaggebende Rolle. Nahezu alle christlichen Grunddaten setzen den freien Willen des Menschen voraus. Der Mensch ist das Wesen der Freiheit (Praed VIII 2: Tota deinde animae natura voluntas est; vgl. auch ebd. II–VI).

231 Die Aufspaltung der Einheit des Menschen in die Verschiedenheit und Vielheit des in seiner Natur Begründeten ist Folge der Sünde. Die wahrnehmbare Welt, die Leiblichkeit des Menschen, seine geschlechtliche Differenzierung sind aber nicht nur Strafe, sondern zugleich als Ort der Bewährung erforderlich (Periph. IV 12; II 12). Von diesem Ansatzpunkt her wird der Tod als Wende verstanden, als carnis solutio, als Tod des Todes (V 7). Ontologisch nimmt dieser Prozeß der divisio der Gesamtwirklichkeit von den Entstehungsgründen seinen Ausgang. In der Aufteilung des Menschen in Mann und Frau kommt er zu einem Ende; im Menschen und durch den Menschen wird aber die Vielheit auch wieder zur ursprünglichen Einheit und letztlich zur erkennenden Einung mit Gott zurückgeführt (II 3–8). So wie die Welt im Menschen konstituiert wurde und in ihm ihre Einheit und eigentliche Wirklichkeit hat, so wird sie in ihm in die causae primordiales zurückkehren und dadurch gerettet werden (IV 5).

Besondere Aufmerksamkeit schenkt Eriugena in diesen Überlegungen der Frage nach der Möglichkeit einer bleibenden Individuierung bei der Rückkehr in das eine Ganze (V 8–9). Beispiele liefern ein Denkmodell dafür, wie solches möglich sein kann: die Dreieinheit Gottes, die Einheit aller Zahlen in der Eins, aller Radien im Kreismittelpunkt. Daraus ließe sich sehr leicht erkennen, daß die menschliche Natur als solche ohne Verlust der Individualität des einzelnen mit Gott geeint werden könne (V 13). Die Einheit mit Gott und durch Gott mit allen Menschen ist nicht Aufhebung, sondern Vollendung der Individualität (V 8–13).

232 Die zentrale Stellung und kosmische Funktion des Menschen kommt in besonderer Weise in der trinitarisch ausgelegten Gottebenbildlichkeit seiner Seele zum Ausdruck (II 23,24); in ihr spiegelt sich der schöpferische Bezug Gottes zu den Entstehungsgründen, und zwar in seiner trinitarischen Spezifizierung. Analog dazu üben die drei Seelenvermögen intellectus, ratio und sensus interior bei der Erkenntnis des Ganzen der geschaffenen Welt eine je eigene Funktion aus. Im Vollzug der Erkenntnis, die über die Erkenntnis der ›causae primordiales‹ zu Gott als der absoluten Ursache von allem führt, erschafft die Seele in gewisser Weise die ganze Welt für den Menschen (II 24). Mit dieser Charakterisierung fällt

die Seele unter die ›natura quae et creatur et creat‹. Und darin liegt zugleich der Unterschied zwischen Gott und der Seele. Die ›summa trinitas‹ ist selbst ungeschaffen und hat alles aus nichts geschaffen (II 24). Die Trinität aber, die in der Natur des Menschen nach dem Bild des Schöpfers begründet ist, erschafft alles aus etwas, »nihil creat de nihilo«.

Eriugena spricht zwar bisweilen vom Menschen als einem ›anderen Gott‹ (III 15); nie wird das Wort ›Gott‹ jedoch in diesem Kontext univok verwendet. Die Ursprungslosigkeit Gottes (II 27) bleibt die nichtaufhebbare Differenz zwischen Gott und Mensch.

III. Würdigung und Wirkungsgeschichte

Johannes Scottus Eriugena hat mit ›Periphyseon‹ zum ersten Mal in der 233
Geschichte philosophisch-theologischen Bemühens, den Inhalt der christlichen Offenbarung begrifflich zu fassen, deren Aussage über die gesamte Wirklichkeit in ein alles einbeziehendes wissenschaftliches System gebracht, mit allen Vor- und Nachteilen, die einer geschlossenen Systematik eigen sind. Die tragende philosophische Grundstruktur ist die des Neuplatonismus. Die philosophische Vorgabe wird jedoch bereits im Ansatz bei der Vermittlung zwischen dem Einen und dem Vielen von dem christlichen Grundgedanken der ›creatio ex nihilo‹ durchbrochen; und auch am Ende bleibt das Christliche dominant, die reversio, die Rückkehr in die Einheit mit Gott hebt die Individualität nicht auf, sondern bringt sie zur Vollendung. Diese im zeitlichen Umkreis von Jahrhunderten singuläre Konzeption ist ein Versuch, letztlich Unvereinbares in ein geschlossenes System zu integrieren; daraus resultieren die inneren Spannungen und Unausgeglichenheiten dieses Werkes, was jedoch dem hohen spekulativen Niveau und der formallogischen Stringenz keinen Abbruch tut.

Die Wirkungsgeschichte Eriugenas ist differenziert zu sehen. Eine 234
Schule im engen Sinne hat er nicht begründet, wenngleich er mit seiner Logik und vor allem durch die Dionysius-Rezeption starken Einfluß ausgeübt hat. Sein Hauptwerk, ›Periphyseon‹, hat jedoch nie den Rang eines Lehrbuches erlangt, was wohl ursprünglich intendiert war. Dafür war der Entwurf zu neu, waren manche Gedanken zu gewagt, war der Verdacht des Pantheismus zu naheliegend. Darin mag es begründet sein, daß Eriugenas Denken mehr indirekt weiterwirkte. Im 12. Jahrhundert läßt sich ein zunehmender Einfluß nachweisen. Als Vermittler ist insbesondere *Honorius Augustodunensis* mit seiner Schrift ›Clavis physicae‹ zu nennen. Als Eriugena jedoch im Jahre 1210 in Paris und 1225 durch Papst Honorius III. aufgrund einer pantheistischen Interpretation seines Satzes ›deus est omnia‹ durch *Amalrich von Bena* formell verurteilt und der Besitz seiner Schriften unter Todesstrafe gestellt wurde, bedeutete das für die Verbrei-

tung seines Werkes eine gravierende Zäsur. Die Faszination, die von seinem Denken ausging, konnte dadurch nicht beeinträchtigt werden. Nicht nur die Mystik ist dafür ein Beweis. Am Übergang zur Neuzeit zählt *Nicolaus Cusanus* ›Periphyseon‹ zu den Texten, die Kühnes und Ungewohntes enthalten und deshalb nur den Verständigen und Wissenden vorbehalten sein sollten. In zentralen Fragen ließ sich der Cusaner selbst von Eriugena inspirieren. Schließlich reicht seine Wirkungsgeschichte in Brechungen bis in den Deutschen Idealismus.

Literatur

Dörrie 1925
Beierwaltes 1972
Schrimpf 1982
O'Meara 1982
Allard 1983
Beierwaltes 1985
Meinhardt 1985
Beierwaltes 1987
O'Meara 1988
Schrimpf 1988
Ruh 1990
Rudnick 1990
Beierwaltes 1994

H. Philosophie des Mittelalters – Grundlagen und Merkmale

Aus inneren und äußeren Gründen waren die Jahrhunderte zwischen der ausgehenden Patristik und dem Ende des 11. Jahrhunderts, von wenigen Ausnahmen wie etwa Johannes Scottus Eriugena abgesehen, eine Zeit geistigen Stillstands. Man beschränkte sich darauf, das überkommene Erbe zu exzerpieren und zu sammeln. Eine eigene Initiative zu rationaler Durchdringung und kritischer Würdigung des Materials wurde kaum entwickelt. Zu dem Aufbruch in der Philosophie und Theologie, der dann auch zu dem Entstehen der verschiedenen philosophischen Entwürfe im Mittelalter führte, haben viele und unterschiedliche Faktoren beigetragen. Das Ganze stellt einen komplexen Prozeß dar, in dem innere Impulse und von außen kommende Einflüsse ineinandergreifen und sich gegenseitig überlagern. Um diese Vorgänge transparent zu machen und so von der Genese her einen Zugang zu dem Ganzen philosophisch-theologischen Denkens des Mittelalters im engeren Sinn zu eröffnen, sollen die wichtigsten formalen und materialen Elemente isoliert betrachtet werden. Die unterschiedliche tatsächliche Bedeutung der einzelnen Faktoren für die verschiedenen Entwicklungsstadien muß dabei unberücksichtigt bleiben. 235

I. Die ›Artes liberales‹

Unter den verschiedenen Faktoren, die zum Entstehen mittelalterlicher Wissenschaft beigetragen haben und für die ganze Epoche bestimmend geblieben sind, müssen an erster Stelle die ›Septem artes liberales‹ genannt werden. Damit ist zugleich die Tatsache angesprochen, daß die ersten Impulse nicht von außen, durch die Entdeckung bisher unbekannten Materials kamen, sondern aus dem inneren Antrieb zu rationaler Auseinandersetzung mit den Autoritäten der Tradition. Bei den Septem artes liberales handelt es sich um ein Bildungssystem, dessen Wurzeln bis zu den Sophisten des 4. Jahrhunderts vor Christus zurückreichen. Noch in der griechischen und lateinischen Spätantike war es als Kanon des Unterrichtswesens allgemein akzeptiert. Augustinus hatte die Absicht, ein entsprechendes Werk für die Belange des Christentums zu verfassen. Obwohl er nur die Grammatik und einen Teil der Musik ausgeführt hat, kam allein dem Vorhaben eine nicht zu unterschätzende Bedeutung zu: Die Autorität Augustins verhalf dem antik-heidnischen Lehrsystem zu einer gewissen Akzep- 236 tanz im christlichen Raum; die Frage der Vereinbarkeit von Christentum und weltlicher Bildung war ja noch keineswegs endgültig entschieden. In seinen späteren Jahren war jedoch Augustinus zurückhaltender und ersetzte den Begriff ›liberalis‹ durch ›saecularis‹. Die Übersetzung und Kommentierung der antiken Lehrschriften durch Boethius war für die Entwicklung der Wissenschaft des Mittelalters von außerordentlicher Bedeutung. Er nennt folgende Fächer: Grammatik, Rhetorik, Dialektik, Arithmetik, Geometrie, Musik und Astronomie. Sie werden in zwei Gruppen zusammengefaßt: Die drei Erstgenannten bilden das ›Trivium‹, die restlichen Vier das ›Quadrivium‹ (auch Quadruvium). Die erste uns erhaltene Darstellung der ›Septem artes liberales‹ stammt jedoch von *Martianus Capella*, einem heidnischen Afrikaner des 5. Jahrhunderts nach Christus.

237 Im Zusammenhang mit der karolingischen Renaissance gewannen die Artes als geschlossenes Bildungsprogramm nach zwei Jahrhunderten einer sehr reduzierten Beschäftigung mit diesen Fragen von neuem Bedeutung. Der sonst eher konservativ ausgerichtete *Alcuin* (ca. 730–804) verstand die Septem artes als Stufen, die zur Weisheit führen; durch diese Einschätzung der Artes und durch den Einsatz der Dialektik bei der Schriftauslegung gingen von ihm für die weitere Entwicklung wichtige Impulse aus, die sich in doppelter Hinsicht manifestieren: Die Artes sind künftig nicht nur Instrument für die Erklärung von Texten, sie werden auch um ihres eigenen Bildungswertes willen betrieben. Neben der Hofschule waren in dieser Zeit die Kloster- und später die Kathedralschulen Ort der Bildung und Wissenschaft. Mit Johannes Scottus Eriugena begann in der Gewichtung innerhalb der Artes eine Akzentverschiebung. Er führte die Schrift über die Artes von Martianus Capella in den Unterricht ein, die, verglichen mit anderen Handbüchern, in umfassenderer Weise antikes Wissen bot. In seinem Kommentar ›Annotationes in Martianum‹ galt seine besondere Aufmerksamkeit dem Quadrivium; auch für die von Scottus beeinflußten Schulen von Laon und Auxerre ist diese Ausrichtung kennzeichnend. Der Eigenwert der Septem artes und die innere Verflochtenheit von Trivium und Quadrivium traten dadurch immer stärker ins Bewußtsein.

238 Ein gegenläufiger Prozeß überlagerte jedoch diese Tendenz. Die intensive Beschäftigung mit einzelnen Fächern brachte eine gewisse Verselbständigung mit sich und warf die Frage nach der Einteilung der Wissenschaften insgesamt neu auf. Darin zeichnen sich Ansätze für eine Auflösung der Artes als geschlossenes Bildungs- und Wissenschaftskonzept ab. Eine wirkliche Wende im Studium der Artes leiteten die Übersetzungen des 12. Jahrhunderts ein. Aus den arabischen und griechischen Quellen wurde neues Material zu allen Einzeldisziplinen erschlossen, die dadurch eine grundlegende Änderung erfuhren. Für das Trivium brachte das Bekanntwerden des ganzen ›aristotelischen Organons‹ eine erhebliche Erweiterung des logischen Wissens. Bis etwa 1140 war nur die sogenannte ›logica vetus‹ (Aristoteles: Categoriae; De interpretatione; Porphyrius:

Eisagoge; sowie einzelne Schriften von Boethius) bekannt; als ›logica nova‹ kamen dann noch folgende Werke von Aristoteles hinzu: Analytica priora; Analytica posteriora; Topica und Sophistici elenchi. Innerhalb des Quadriviums, des Kanons der Realwissenschaften, eröffneten sich vor allem durch die Methode des schriftlichen Rechnens mit arabischen Ziffern neue Möglichkeiten. Darüberhinaus traten neue Wissensgebiete in das Blickfeld des lateinischen Westens, so etwa Medizin, Optik, Mechanik, Technik und andere.

Für diesen Um- und Aufbruch ist es kennzeichnend, daß die Dialektik 239
als Methode die anderen Fächer immer mehr durchdrang und einzelne, wie etwa die Rhetorik, fast ganz verdrängte. Besondere Beachtung verdient das Ineinandergreifen von Grammatik und Logik, die Logisierung der Grammatik. Die Verbindung von Grammatik und Logica vetus wird zum ersten Mal deutlich greifbar in der Schrift ›De grammatico‹ von Anselm von Canterbury. Dieser Ansatz führte nach weiteren Vorstufen im 12. Jahrhundert bei Gilbert von Poitiers und Petrus Abaelard zur ›mittelalterlichen Sprachlogik‹. Daraus erwuchs dann die spekulative Grammatik, die im 13. Jahrhundert bei den Modisten ihren Höhepunkt erreichte. Sie werden nach den für diese Richtung typischen sprachlogischen Traktaten mit dem Titel ›De modis significandi‹ benannt. Bei diesen Bedeutungslehren geht es vornehmlich darum, durch die Anwendung der aristotelischen Kategorien auf die Grammatik die Struktur der Sprache, die Morphologie ebenso wie die Syntax, einsichtig zu machen. *Roger Bacon*, *Martinus* und *Johannes de Dacia* und *Thomas von Erfurt* sind Gelehrte, die in diesem Zusammenhang einer mittelalterlichen Linguistik genannt werden müssen.

In den Universitäten, die, beginnend mit der Universität Paris (1200), 240
die Bildung übernahmen, war die Artistenfakultät zusammen mit Theologie, Jurisprudenz und Medizin eine der vier Fakultäten. Die Artes blieben die Grundausbildung für alle wissenschaftlichen Disziplinen. Für die Philosophie waren sie nicht nur Voraussetzung, sondern zugleich integraler Bestandteil. Durch die herausragende Bedeutung, welche der spekulativen Mathematik zukam, waren auch die Fächer des Quadriviums wesentlicher Bestandteil der Philosophie und zum Teil auch der Theologie seit dem ausgehenden 13. Jahrhundert. Die Endphase der Entwicklung der Artes fand in dem Genus der Einleitungsliteratur, das sachliche Koordination und methodische Anleitung sein will, ihren Niederschlag. Hier wird der Einfluß der neuentdeckten arabischen Quellen der Aristoteles-Rezeption sehr früh und deutlich greifbar. Es ging jetzt um die Klassifikation der Philosophie, wobei es galt, die arabisch-jüdische und die lateinische Tradition in einer Einheit zusammenzufassen. Die Offenbarungstheologie wurde zwar noch erwähnt, es kam ihr aber keine systembildende Funktion mehr zu.

In der Geschichte der Einleitungsliteratur markiert *Dominicus Gun-* 241
dissalinus mit seiner ca. 1145 in Spanien verfaßten Schrift ›De divisione

philosophiae‹ diesen Einschnitt und Wendepunkt. Die Hauptunterscheidungslinie verläuft zwischen der ›humana scientia‹, der Philosophie im weitesten Sinne, und der ›divina scientia‹, der Theologie als Wissenschaft von der Offenbarung.

Die humana scientia wird eingeteilt in die propädeutischen Wissenschaften (I. Scientiae eloquentiae: Grammatik, Poetik und Rhetorik), die Logik (II. Scientia media: Logik in acht Abschnitten) und die Philosophie im engeren Sinne (III. Scientiae sapientiae), die aus der Philosophia theoretica und der Philosophia practica besteht. Zur theoretischen Philosophie gehören die Physik (acht Wissenschaften), die Mathematik (sieben Wissenschaften) und die Theologie als prima philosophia. Der praktischen Philosophie werden zugeordnet: die Politik, die Ökonomie mit den artes mechanicae und die Ethik.

242 Die Einteilung der Philosophie im engeren Sinne in theoretische, untergliedert nach den Abstraktionsstufen, und praktische Philosophie zeigt den aristotelischen Einfluß. Die Artes kommen in ihrer ursprünglichen formalen Konstellation nicht mehr vor. Der Sache nach sind sie erhalten geblieben, die Fächer des Triviums in den propädeutischen Wissenschaften, die des Quadriviums in den Untergliederungen der Mathematik. In der Stellung der Logik als scientia media, d.h. zwischen den propädeutischen Wissenschaften und den eigentlichen philosophischen Disziplinen, spiegelt sich ein alter Streit über die Zuordnung und den Rang der Logik. Die Entscheidung des Dominicus ist nicht nur taktisch klug, sondern hat auch gute Gründe für sich. Spätere Werke dieser Gattung stehen trotz relativer Eigenständigkeit unter dem Einfluß des Gundissalinus. Zu nennen sind ein zwischen 1230 und 1240 abgefaßter Studien- und Examensführer der Universität Paris; *Robert Kilwardby*, De ortu et divisione philosophiae (ca. 1250); *Vinzenz von Beauvais*, Speculum doctrinale (nach 1256), um nur einige zu nennen. Die Fächer der Artes liberales waren damit in eine philosophische Gesamtkonzeption integriert; die Artes hatten ihre Eigenständigkeit verloren.

Literatur

Klinkenberg 1971
Steenberghen 1977
Illmer 1979
Bernt 1980
Wieland 1995

II. Scholastik als Methode und Gestalt mittelalterlicher Wissenschaft

Bis in die jüngste Zeit war es üblich, die mittelalterliche Theologie und 243
Philosophie einfach als ›Scholastik‹ zu bezeichnen und in Früh- (1100 bis 1200), Hoch- (1200–1300) und Spätscholastik (1300–1450) zu unterteilen. Aus verschiedenen Gründen ist der Begriff inzwischen obsolet geworden. Vor allem wird dagegen eingewendet, daß die inhaltliche Vielfalt mittelalterlicher Philosophie dadurch nicht hinreichend zum Ausdruck gebracht werde. Dieses berechtigte Argument sollte aber nicht Anlaß sein, den Terminus ganz zu verwerfen. Denn ursprünglich meint Scholastik den formal-methodischen Aspekt, und unter diesem Gesichtspunkt bezeichnet der Begriff ein Spezifikum mittelalterlicher Wissenschaft. Von der Schule, schola, und der dort geübten Methode wurde das Wort übernommen und dazu verwendet, ganz allgemein, nicht auf Philosophie und Theologie beschränkt, die Gestalt der Wissenschaft jener Zeit näher zu kennzeichnen. In diesem Verständnis sollte der Begriff ›Scholastik‹ auch beibehalten werden.

In der Scholastik als Methode hat sich ein dreifaches Anliegen mittel- 244
alterlichen Erkenntnisstrebens konkretisiert. An erster Stelle ist die Hochschätzung der Tradition und der Autorität zu nennen. Man ist der Überzeugung, daß derjenige, der im Ernst Wissenschaft betreiben will, und zwar gleich auf welchem Gebiet, sich zuerst Wissen aneignen muß, daß er lernen muß, d.h. in der damaligen Zeit, daß er sich mit Texten der Vergangenheit beschäftigen muß. In diesen Texten besteht die Rückbindung an die Vergangenheit; sie haben die Dignität der ›auctoritas‹. Hinzu kommt, und das ist das Zweite und zugleich Neue und für mittelalterliches Denken besonders Charakteristische: die Einsicht und das Bewußtsein, daß sich wirkliche Aneignung von Wissen nur in strenger rationaler Auseinandersetzung vollziehen kann. Die ›ratio‹, die Vernunft als kritische, als unterscheidende und am Ende entscheidende Instanz gewann deshalb zunehmend an Bedeutung. Mit der Rezeption und der kritischen Auseinandersetzung verbindet sich schließlich als drittes Anliegen die Vermittlung, die Weitergabe des Wissens. Lernender Rückgriff auf das Wissen der Vergangenheit, kritische Auseinandersetzung sowie systematische Verarbeitung und lehrendes Weitergeben, das sind die Grundelemente und Anliegen mittelalterlicher scholastischer Methode. Diese Zielsetzung hat die Form des Unterrichts bestimmt, aus der dann wiederum die entsprechenden literarischen Gattungen hervorgegangen sind. In den Sentenzensammlungen findet die rezeptive Grundhaltung und Traditionsgebundenheit ihren Niederschlag. In der kommentierenden ›lectio‹ beginnt der Prozeß der Aneignung. Die rationale Auseinandersetzung im umfassenden Sinne vollzieht sich in der ›quaestio disputata‹, die in ihrer ausgereiften Form eine letzte

Verdichtung des methodischen Bemühens und ein Höchstmaß an Konzentration, wissenschaftlicher Didaktik und geistiger Disziplin darstellt. Die großen Summen des 13. Jahrhunderts stellen den Endpunkt dieser von einer inneren Kontinuität getragenen Entwicklung dar. Das rationale Bemühen um Verständnis verbindet sich darin mit der spekulativen Kraft zur systematischen Synthese.

Im formalen Aufbau einer ›quaestio‹ bzw. eines Artikels, der kleinsten literarischen Einheit, kommt das Spezifische der Scholastik besonders deutlich zum Ausdruck. Nach der Exposition des Themas in der Gestalt der dubitatio wird in den einleitenden Argumenten pro und contra das Wissen der Vergangenheit aufgenommen und damit zugleich die Problematik schärfer herausgearbeitet. In der Antwort (corpus articuli: respondeo dicendum) vertieft der Magister das anstehende Problem und begründet seine eigene Lösung, er trifft eine Entscheidung, die sogenannte determinatio. Abschließend bezieht er Stellung zu den einzelnen eingangs vorgetragenen Argumenten.

245 In dem Bemühen um eine systematische Strukturierung des Materials kommt *Petrus Lombardus* (gest. 1160) mit seinen ›Libri quattuor sententiarum‹ singuläre Bedeutung zu. Er gliederte dieses Werk im Anschluß an die meisten Glaubensbekenntnisse der Frühzeit nach der heilsgeschichtlich-chronologischen Ordnung in vier Bücher: 1. Gotteslehre, 2. Schöpfungslehre, 3. Erlösungslehre, 4. Sakramentenlehre und Eschatologie. Im Streit der verschiedenen Schulrichtungen auf Ausgleich bedacht, wurde dieses Werk allein wegen seiner sachlichen Ausgewogenheit ohne jede Originalität zur Textgrundlage der theologischen Ausbildung. Bis zum Ende des 16. Jahrhunderts mußte, wer Magister der Theologie werden wollte, zwei Jahre lang über die Sentenzen lesen. Daraus sind die Sentenzenkommentare entstanden, in der Regel das erste große wissenschaftliche Werk eines Autors.

Die Polarität von ›auctoritas‹ und ›ratio‹ ist also die Ausgangsbasis mittelalterlichen Denkens. Der Erkenntnisfortschritt wird durch die Heranziehung der Artes liberales, besonders der Dialektik, gewonnen.

Literatur

Grabmann I 1909, II 1911

III. Dialektiker und Antidialektiker

246 Die Frage nach dem Verhältnis von ›auctoritas‹ und ›ratio‹ gewann, verglichen mit den anderen Disziplinen, in der Theologie eine völlig neue Dimension und ist deshalb auch mit besonderen Problemen verbunden.

Die auctoritas ist in der Theologie, repräsentiert durch die Schriften des Alten und Neuen Testamentes, die Autorität Gottes selbst. Vor allen Einzelfragen ging es deshalb um das grundsätzliche Problem, wie sich die endliche Vernunft des Menschen zur Weisheit Gottes verhält. Mit der Aufwertung der ratio, wie sie sich im begrifflichen Denken anzeigt, trat die scholastische Wissenschaftlichkeit in Gegensatz zum neuplatonisch-augustinischen Weltverständnis. Das Ringen um die nähere Bestimmung des Verhältnisses von ›fides‹ und ›intellectus‹ wurde damit zu einem Thema, das diese Epoche durchzieht. Nicht nur für die Theologie des Mittelalters – sie wird auf diesem Weg zur Wissenschaft – ist diese Auseinandersetzung von hoher Bedeutung. Auch das philosophische Bemühen um die Artes wird aus diesem theologischen Interesse heraus intensiviert, und schließlich wird auf dem Höhepunkt dieser Entwicklung bei Thomas von Aquin die Philosophie im Namen der Theologie in ihre sachliche und methodische Eigenständigkeit entlassen.

Vorher kam es jedoch zu erbitterten Auseinandersetzungen zwischen Antidialektikern und Dialektikern. Der Streitpunkt war, ob die Artes für das Studium der ›wahren Philosophie‹ der Offenbarung als positiv, bedeutungslos oder gar negativ zu werten seien, wie also die Anwendung grammatikalischer und logischer Regeln bei der Auslegung der Schrift und der Texte der theologischen Tradition zu beurteilen sei. Vor allem in monastischen Kreisen stand man aus einer starken Traditionsgebundenheit heraus dem dialektischen Bemühen eher skeptisch bis ablehnend gegenüber. Nicht die dialektische Auseinandersetzung mit dem Text und ein kognitiver Erkenntnisfortschritt würden dem christlichen Anspruch gerecht, sondern allein die meditative Versenkung in die Geheimnisse des Glaubens. 247

Im 11. Jahrhundert kam es zu einer ersten Zuspitzung dieser Kontroverse. *Petrus Damiani* (gest. 1072), zuerst Eremit und seit 1057 Kardinal – neben ihm sind der Benediktiner *Othloh von St. Emmeram* (gest. 1070) und der Augustinerchorherr *Manegold von Lautenbach* (gest. nach 1103) noch eigens zu nennen – verlangte aus einer pessimistisch-heilsgeschichtlichen Sicht des Menschen heraus, alles müsse der Theologie unterworfen werden; die reine Philosophie sei eine Erfindung des Teufels, die Gesetze der Logik seien vor Gott ungültig (De sancta simplicitate, PL 145, 695). Er wandte sich damit nicht nur gegen die formallogischen Spielereien eines *Anselm von Besate* (Peripateticus), eines Vertreters der sogenannten Hyperdialektiker, sondern auch gegen *Berengar* (gest. 1088), den angesehenen Leiter der Kathedralschule von Tours, der der Überzeugung war, daß der Mensch ohne den Einsatz der Vernunft, in der die Gottebenbildlichkeit des Menschen gründe, zu keinem angemessenen Verständnis der Tradition finden könne; zur Diskussion stand das zentrale christliche Thema der Abendmahlsfrage. *Lanfrank* (gest. 1089), Leiter der Klosterschule von Bec, und vor allem dessen Schüler und Amtsnachfolger 248

Anselm von Canterbury (gest. 1109) haben wesentlich dazu beigetragen, zwischen den beiden Fronten zu vermitteln, nicht zuletzt dadurch, daß sie sich mit Erfolg bemühten, in ihrem eigenen Werk beiden Anliegen gerecht zu werden.

249 Im 12. Jahrhundert wiederholte sich diese Kontroverse zwischen *Petrus Abaelard* mit seiner programmatischen Schrift ›Sic et non‹ und *Gilbert von Poitiers* (gest. 1154) auf der einen und *Bernhard von Clairvaux* (gest. 1153) und *Wilhelm von St. Thierry* (gest. 1148) auf der anderen Seite. Dem scholastischen Bestreben, die Lehre zu verstehen, stellt Bernhard die Schule des Mönchtums gegenüber. Der Mensch soll Gott nicht mit philosophischen Kategorien auf die Erde herunterziehen, sondern er soll lernen, sich zu ihm zu erheben. Es handelt sich hier um zwei verschiedene Ansätze von Theologie: die in höherem Maße in der neuplatonisch-augustinischen Tradition stehende monastische und die scholastische Theologie.

IV. Die Aristotelesrezeption und der Einfluß arabischen und jüdischen Denkens auf das Mittelalter

250 Die arabische und jüdische Philosophie war für die Entwicklung des lateinischen Mittelalters von größter Tragweite. Nur unter dem Aspekt dieses Einflusses, nicht als eigenständige Größe, kann hier davon gesprochen werden. Die Begegnung des Islam und des Judentums mit dem christlichen Abendland war zunächst durch die äußere politische Situation ermöglicht und bedingt. Damit allein könnte jedoch ein so nachhaltiger Einfluß nicht erklärt werden. Es gab so etwas wie eine innere Affinität, eine Bereitschaft und Offenheit, die in parallelen Strukturen und daraus resultierenden parallelen Problemstellungen ihren Grund hatten. Da ist zunächst als gemeinsame, wenn auch auf verschiedenen Wegen vermittelte Wurzel die Philosophie der Griechen. Aber auch die Differenz zur Situation griechischer Philosophie verbindet Islam, Judentum und Christentum: Es sind ursprünglich und zutiefst religiös geprägte Kulturen, die sich auf eine Offenbarung berufen; es gibt also eine verbindliche Autorität, die nicht rational ableitbar ist und deshalb dem Wissen gegenübersteht. Die fundamentale Frage nach dem Verhältnis von Glauben und Wissen war damit ein gemeinsames und so lange aktuelles Problem, als man bemüht war, beide nicht zu völlig disparaten Größen auseinanderfallen zu lassen. Darüber hinaus gab es auch bei einer Reihe von Einzelfragen thematische Gemeinsamkeiten und Vorentwürfe für mögliche Antworten. Die permanente Auseinandersetzung mit Glaubensfragen ist für die Philosophie im Bereich dieser drei Kulturen verbindendes Merkmal. Die systematische Auslegung der Gesamtwirklichkeit führte unausweichlich zur

Konkurrenz zwischen Glaubenswissenschaft und Philosophie. Auch wenn in aller Regel die herausragenden Vertreter der Wissenschaften sich auch als Gläubige ihrer jeweiligen Religionsgemeinschaft verstanden und bekannten, gibt es einen Unterschied. Von wenigen Ausnahmen abgesehen, waren die islamischen und jüdischen Gelehrten Ärzte, im lateinischen Westen waren sie Kleriker. Mit diesem je anderen Ausganspunkt eröffnete sich eine je andere Perspektive auf die Wirklichkeit; auch ein Grund für die Faszination, die von der arabisch-jüdischen Philosophie ausging.

Literatur

Kluxen 1978

1. Philosophie des Islam

Die arabische Wissenschaft setzte mit einer rezeptiven Phase ein. Vermit- 251
telt durch die Syrer wurde neben persischer und syrischer Literatur in umfassender Weise griechisches Gedankengut übersetzt. In der Begegnung mit *Hippokrates* und *Galen* begann die Entwicklung der arabischen Medizin. Für die Philosophie war es von kaum zu überschätzender Bedeutung, daß schon vor dem Jahr 1000 das Werk des Aristoteles nahezu vollständig auf Arabisch vorlag. Im lateinischen Westen dagegen war bis ins 12. Jahrhundert nur ein Teil der Logik (Logica vetus) bekannt.

Außer Aristoteles selbst wurde eine Reihe wichtiger Aristoteleskommentare übersetzt: *Alexander von Aphrodisias*, *Porphyrius*, *Themisthios*, *Ammonios*, um nur die wichtigsten zu nennen. Diese Kommentare waren, Alexander ausgenommen, von einem neuplatonischen Standpunkt aus abgefaßt. Von Plato selbst waren nur der ›Timaios‹, ›Der Staat‹ und ›Die Gesetze‹ übersetzt worden. Die neuplatonische Aristoteles-Auslegung wurde jedoch noch dadurch gefördert, daß man zwei Schriften für aristotelisch hielt, die unmittelbar neuplatonischer Herkunft waren: die ›Theologie des Aristoteles‹ – ein Auszug aus dem vierten bis sechsten Buch der ›Enneaden‹ Plotins – und der ›Liber de causis‹ – ein Exzerpt aus der ›Elementatio theologica‹ des Proklos.

Diese Ausgangslage eines neuplatonisch interpretierten Aristoteles, den man für genuin aristotelisch hielt, wirkte in vielfachen Modifikationen über die arabische und jüdische Philosophie in die Aristoteles-Rezeption des 13. Jahrhunderts nach.

Al-Kindi (gest. 873) gilt als der arabische Denker, mit dem nach der 252
Phase der bloßen Rezeption in der Auseinandersetzung mit den Quellen eigenständiges philosophisches Denken begann. Wenngleich seine Bedeutung mehr auf naturwissenschaftlichem Gebiet lag, hat er mit seinem

›Traktat über den Intellekt‹ ein Problem aufgegriffen, das eines der zentralen Themen künftiger Aristoteles-Interpretation und zugleich eines der Spannungsfelder zwischen Theologie und Philosophie werden sollte.

253 In ›De anima‹ (Buch III, 4 und 5) untersuchte Aristoteles das Denken des Menschen. Er sprach zunächst vom Geist als dem, womit die Seele denkt; diese Denkseele ist ›abtrennbar‹, d.h. immateriell und leidensunfähig. Bevor er denkt, ist dieser Geist der Seele der Wirklichkeit nach nichts von allen Dingen (429a 21–24). Als aktives Prinzip unterscheidet sich der tätige Intellekt, ›nous poietikos‹, von dem rezeptiven Vermögen, dem ›nous pathetikos‹. Der tätige Intellekt ist reine Spontaneität des Denkens, wesenhafte und dauernde Tätigkeit (430a 17). Wie das nun näherhin zu verstehen sei, das hat Aristoteles der Nachwelt als Interpretationsaufgabe hinterlassen. Ihr hat sich auch Al-Kindi, vermutlich im Anschluß an Alexander von Aphrodisias, gestellt. Mit seiner Auslegung der Intellekt-Lehre hat Al-Kindi die weitere Diskussion vor allem durch zwei Aspekte beeinflußt. Neben dem tätigen Intellekt (intellectus agens) und dem rezeptiven Intellekt (intellectus passibilis) spricht er von dem Intellekt, der das Wissen erlangt hat (intellectus adeptus). Der intellectus demonstrativus schließlich ist der Intellekt, der für sich und für andere offenbar und dadurch an sein Ziel gekommen ist. Das philosophische Grundproblem des Verhältnisses von Erfahrung und Denken bei der Erkenntnis konnte auch durch diese weitere Differenzierung zu keiner Klärung gebracht werden. Für die implizierten theologischen Kontroversen zeichnen sich ebenfalls keine Ansätze für einen möglichen Konsens ab.

Literatur

Jolivet/Rashed 1986

254 Neben Al-Kindi gilt *Al-Farabi* (gest. 950) als Begründer der arabisch-islamischen Theologie und Philosophie. Der Beiname ›Zweiter Lehrer‹ bringt den Rang, den man ihm zuerkannte, ebenso zum Ausdruck wie die allgemeine Hochschätzung für Aristoteles, den ›Ersten Lehrer‹. In seinem umfangreichen Werk befaßte sich Al-Farabi mit nahezu allen zu seiner Zeit aktuellen wissenschaftlichen Problemen. ›Die Harmonie zwischen den Ansichten des göttlichen Plato und Aristoteles‹, so der Titel einer seiner Schriften, war ihm ein besonderes Anliegen, was allerdings angesichts der damals Aristoteles zugeschriebenen neuplatonischen Schriften, vor allem der sogenannten ›Theologie des Aristoteles‹, nicht sehr schwer war. Schwieriger war es, Philosophie mit der Theologie, genauer den religiösen Lehren des Koran, in Einklang zu bringen. Daß sich Offenbarung und Vernunft grundsätzlich nicht widersprechen können, davon war Al-Farabi

überzeugt. Das macht es verständlich, daß wichtige philosophische Probleme vom Glauben her aufgeworfen wurden, um eben vermeintliche Widersprüche auszuräumen. Die Schöpfung aus dem Nichts, eine dem Islam, dem Judentum und Christentum gemeinsame Grundüberzeugung, nahm dabei eine Schlüsselfunktion ein. Wie ließ sich die aristotelische Lehre von der Ewigkeit der Welt mit der creatio ex nihilo vereinbaren? Al-Farabi meinte, mit der These von dem ›relativen Notwendigen‹ dieses Problem lösen zu können. Die islamische Orthodoxie stand solchen Versuchen eher skeptisch bis ablehnend gegenüber. Das Verhältnis von Gott und Welt explizierte Al-Farabi nach dem Modell der Emanation Plotins, wodurch zugleich die Welt ihre innere Struktur erhielt. Aus Gott, mit dem Einen identisch, emaniert notwendigerweise der sogenannte ›erste Intellekt‹; Dieses erste Seiende bewegt den ersten Himmel und ist zugleich Ursprung für den ›zweiten Intellekt‹. Dieser determinierte Prozeß setzt sich über weitere Intelligenzen, die je einzelnen Sternsphären zugeordnet sind, fort bis zum zehnten und letzten Intellekt, der die sublunarische Welt, das ist die Welt des Werdens und Vergehens, bewegt und leitet. Er ist identisch mit dem intellectus agens, der den Menschen deshalb zur geistigen Erkenntnis befähigt, weil diese Welt des Menschen sich dem gleichen Geist als Ursprung verdankt.

In diesem Kontext steht der ›Liber Alpharabi de intellectu et intellecto‹, seine auch wirkungsgeschichtlich bedeutende Schrift über den Intellekt und das vom Intellekt Erkannte. Aristoteles' ›De anima‹ interpretierend, sprach Al-Farabi wie Al-Kindi von vier hierarchisch aufsteigenden Potenzen der Erkenntnis, die durch das Wort Intellekt bezeichnet werden, vom potentiellen (in potentia), verwirklichten (in effectu), erworbenen (adeptus) und vom tätigen (agens) Intellekt. Die Funktion des tätigen Intellekts ist nicht nur erkenntnistheoretischer Art, er ist nicht nur auf die materielle Welt ausgerichtet, sondern zugleich jene Fähigkeit, mit der sich der Mensch auf seinen göttlichen Ursprung zurückbeziehen kann. Das geschieht dadurch, daß die Seele sich dem von ihr unterschiedenen Intellekt immer mehr annähert und dadurch ihre Vollendung erlangt. In einer Kombination von plotinischen und aristotelischen Gedanken wird bei Al-Farabi der nous als erste Hypostase und Vermittlung zwischen dem Einen und dem Vielen zum Inbegriff des Ganzen. Seine Intellekt-Theorie ist die Basis der Ontologie und Kosmologie; sie erklärt unter Einbeziehung der begrifflichen Abstraktion und der Illumination die geistige Erkenntnis des Menschen und ist zugleich Anleitung dazu, wie der Mensch zu seinem Glück schon in diesem Leben kommen kann. Wenngleich Al-Farabi den aktiven Intellekt nicht mit Gott als dem Urgrund der Welt identifizierte, sondern als erste Emanationsstufe verstand, gab sein metaphysischer Gesamtentwurf noch Anlaß genug zu Spannungen mit den Grundpositionen einer Offenbarungsreligion.

Literatur

Walzer 1965

256 *Avicenna – Ibn Sina* – (gest. 1037) war ein auf allen Gebieten der Wissenschaft seiner Zeit, den Koran eingeschlossen, umfassend gebildeter Gelehrter. Sein Hauptwerk, das ›Buch der Genesung‹, ist eine umfassende Enzyklopädie der Einzelwissenschaften ebenso wie der Philosophie. Als Philosoph, man gab ihm den Ehrentitel ›Dritter Aristoteles‹, und als Mediziner gleich bedeutend und einflußreich, entwarf er unter Einbeziehung aller geistigen Strömungen ein geschlossenes, aber von inneren Spannungen nicht freies System. Divergierende Interpretationen vor allem seiner ontologischen Positionen haben darin ihren tieferen Grund. Der Zugang zum Verständnis der aristotelischen Metaphysik wurde Avicenna nach eigenem Bekunden durch Al-Farabi eröffnet, ein Einfluß, der unmittelbar zu greifen ist. Er gewann dadurch die Einsicht, Metaphysik sei die Wissenschaft vom Seienden als solchem. Das Sein wird als erstes erkannt. Seiend im strengen Sinne sei aber nur das aus sich selbst Notwendige, das ens a se, das ist Gott. Er ist das Eine und das Sein; darin unterscheidet sich Avicenna von Al-Farabi. Bei Gott sind Wesen und Dasein identisch. Alles andere Seiende ist verursacht, es ist ens ab alio; Wesen und Dasein sind unterschieden, ein wirkungsgeschichtlich außerordentlich wichtiger Gedanke. In einem Prozeß der Emanation geht alle verursachte Wirklichkeit aus Gott hervor, um wieder zu ihm zurückzukehren. Die Emanatio wurde von Avicenna als ein notwendiger Prozeß verstanden, der von Ewigkeit her im Gange ist. Nach dem Prinzip, daß aus dem Einen nur ein Eines hervorgehen kann, bringt das absolute Sein ein Geistwesen, die erste Intelligenz, hervor, die in sich die Vielheit enthält. Aus ihr emanieren weitere Intelligenzen, die, jeweils zwischen Erkennen und Erkanntem unterscheidend, die Himmelskörper hervorbringen. Die unterste Emanationsstufe ist der intellectus agens; er ist der Ursprung der sichtbaren Welt, er gibt den Dingen ihr Wesen, er ist der dator formarum. Die Materie ist das Prinzip der Vielheit und als Prinzip ewig, aber wohl nur in dem Sinne, daß sie als reine Potentialität verstanden dem Prozeß des Werdens und Vergehens in der Welt zugrunde liegt; in ihr gründet die Individuation. Diese Formen, die in der sublunaren Welt verwirklicht werden, haben im Wissen des notwendig Seienden als Universalien ihre bleibende Existenz. Im Gesamtzusammenhang der Emanation sind sie in den Individuen der kontingenten Welt verwirklicht. Als Allgemeinbegriffe sind sie schließlich Inhalt menschlichen Erkennens. Der intellectus agens, als allen Menschen gemeinsamer, befähigt den einzelnen nicht nur zur geistigen Erkenntnis. Als unterste in der Hierarchie der Intelligenzen vermittelt er gleichzeitig die Rückkehr der Welt zu ihrem Ursprung.

257 In seinem ›Buch über die Seele‹ (dem 6. Teil des ›Buches der Genesung‹) hat Avicenna seine Anthropologie entfaltet. Insbesondere mit seinen medizinischen und psychologischen Ausführungen brachte er neue Aspekte in diese Thematik. Die Einteilung der Seelenvermögen in fünf äußere und fünf innere Sinne, in bewegende und erkennende Vermögen, wurde Gegenstand kritischer Auseinandersetzung mit ihm. In der Bestimmung des Verhältnisses von Leib und Seele kam Avicenna einerseits nahe an Aristoteles heran, wenn er davon sprach, die menschliche Seele sei Vollendung eines Körpers als dessen innere Form. Auf der anderen Seite stand er ganz in der dualistischen Tradition mit seiner These, der Mensch sei aus zwei Substanzen, Körper und Seele, zusammengesetzt. Die platonisch spiritualisierende Tendenz war auch wirkungsgeschichtlich dominant.

258 Ob Avicenna mit seinem Bemühen einer lückenlosen hierarchischen Ableitung der Prinzipien des Seins und des Erkennens aus einem letzten Urgrund nur vermeintlich oder tatsächlich Grundpositionen islamischer Rechtgläubigkeit in Frage gestellt hat, sei dahingestellt; auf jeden Fall wurde er zum Anlaß theologischer Auseinandersetzungen und zu einem Kriterium liberaler und orthodoxer Theologie. Die philosophischen Spekulationen über Fragen, die direkt oder indirekt Gegenstände des Glaubens berührten oder unmittelbar den Glauben betrafen, wichen zunehmend von dem Selbstverständnis der islamischen Orthodoxie ab. Die Emanationslehre mit ihren Implikationen, die These von der Anfangslosigkeit der Welt, die Problematik der individuellen Unsterblichkeit der Geistseele und die daraus resultierende Frage nach dem Sinn einer Auferstehung des Leibes, solche und andere Themen mußten Widerspruch hervorrufen.

Literatur

Goichon 1971

259 *Al-Gazzali – Al-Gazzel* – (gest. 1111) war einer der profiliertesten Vertreter der orthodoxen islamischen Theologie, der auch als Mystiker beachtlichen Einfluß auf die islamische Spiritualität hatte. Er sah, daß es nicht genügte, dem Gegner fehlende Orthodoxie oder Indifferenz vorzuwerfen, und trat deshalb in eine rationale Auseinandersetzung mit der philosophischen Theologie ein, für die er philosophisch sehr gut gerüstet war. Dabei analysierte er zunächst nicht einzelne Fragen, sondern ging das Problem grundsätzlich an. In seiner ›Destructio philosophorum‹ war er bemüht, ›Die Inkohärenz der Philosophen‹ – so der deutsche Titel –, ihre logische Widersprüchlichkeit aufzudecken. Er bediente sich dabei der Skepsis der hellenistischen Philosophie und unterzog die Metaphysik als solche einer fundamentalen Kritik. Man könne die Gesetze der Vernunft,

wie etwa das Kausalprinzip, nicht auf Gegenstände jenseits unserer Erfahrung anwenden. Damit sind Glaubensaussagen einer rationalen Überprüfung entzogen; man kann sie nicht beweisen, aber auch nicht widerlegen. Der Glaube und die religiöse Erfahrung sind am Ende das Entscheidende. Die Aporie dieser Position zeigte sich darin, daß verschiedene Theologen Al-Gazzali zum Vorwurf machten, er bediente sich der Philosophie, um für den Glauben zu streiten.

260 Mit der Begrenzung der rationalen Möglichkeiten des Menschen auf dem Gebiet der Metaphysik und dem der philosophischen Theologie verband sich mit innerer Konsequenz eine Akzentverlagerung vom Erkennen auf das Wollen. In seinem theologischen Hauptwerk ›Die Neubelebung der Religionswissenschaften‹ arbeitete Al-Gazzali diese Konsequenz mit großem Nachdruck heraus, indem er den Voluntarismus an der Wundermacht Gottes demonstrierte. Als Kritiker der Philosophie hat Al-Gazzali ebenso Einfluß genommen auf die weitere Entwicklung der Philosophie wie als Vertreter einer voluntaristischen Grundposition.

Literatur

Watt 1965

261 *Averroes – Ibn Rušd* (gest. 1198) wurde in Cordoba (Spanien) 1126 geboren. Auch er war umfassend gebildet. Er hatte islamische Theologie, Rechtswissenschaft und Medizin studiert und war als Richter und Arzt tätig. Neben der Mathematik und der Astronomie galt sein besonderes Interesse der Philosophie. In der Entwicklung der islamischen Philosophie des Mittelalters stellt er einen gewissen Abschluß dar; in seiner Verurteilung und der Verbrennung seiner Bücher wegen Freidenkerei zeigte sich das Ende einer Epoche freier geistiger Entfaltung im Islam an. Umso intensiver ist die Wirkungsgeschichte des Averroes im Bereich der jüdischen und der christlichen Philosophie.

262 Man hat Averroes den ›Kommentator‹ genannt und damit seine folgenreichste wissenschaftliche Tätigkeit zum Ausdruck gebracht. Er hatte den Auftrag erhalten, den gesamten Aristoteles zu kommentieren und damit den Lesern zugänglich zu machen. Er selbst sah darin eine Lebensaufgabe, denn er schätzte Aristoteles als die inkarnierte Vernunft sehr hoch, wenngleich er ihm nicht unkritisch gegenüberstand. Als Kommentator hatte er die erklärte Absicht, nur den genauen Sinn der aristotelischen Lehre zu erheben. Da er, soweit das bei der damaligen Quellenlage möglich war, alle neuplatonischen Elemente ausklammerte, kam er unter den arabischen Aristoteles-Interpreten dem Stagiriten am nächsten; darin liegt seine besondere Bedeutung für den lateinischen Westen.

Averroes hat für die einzelnen Unterrichtsstufen drei verschiedene Typen von Aristoteles-Kommentaren vorgelegt. In dem kleinen Kommentar – lateinisch ›Epitome‹ oder ›Summa‹ genannt – faßte Averroes die Lehre des Aristoteles zusammen. Der mittlere Kommentar geht den Text abschnittweise durch und nimmt die Anfangsworte des jeweils ausgelegten Textes mit auf. In dem großen Kommentar wird jeder Textabschnitt ganz aufgenommen und erklärt.

Auch Averroes vertrat, zwar im einzelnen modifiziert, jene Thesen, die 263
aus der Sicht islamischer Orthodoxie fragwürdig oder gar abzulehnen waren. Er verwarf den neuplatonischen Emanationismus und war der Überzeugung, die Lehre von der Ewigkeit der Welt sei mit dem Kreationismus vereinbar. Nicht durch vermittelnde Intelligenzen – wie etwa bei Avicenna –, sondern als prima causa erschafft Gott in seiner alles tragenden Kausalität unmittelbar die Vielheit der Dinge. Er ist als metaphysische Ursache der physischen Ordnung ein Teil des Universums. Die Schöpfung ist nicht ex nihilo, sondern ein ewiger Prozeß; sie geschieht in jedem Augenblick. Trotzdem gibt es eine wesentliche Differenz zwischen Gott und der Schöpfung. Gott als der unbewegte Beweger ist seinem Wesen nach ewig; er ist ewig ohne Ursache. Die Welt hat einen Beweger und deshalb eine verursachte Ewigkeit. Dieser ontologischen Struktur entspricht als Gegenbewegung die Ordnung des Denkens. Vom Konkreten ausgehend, gelangt der Mensch zur Unterscheidung von Stoff und Form, von Potentialität und Aktualität, um schließlich zu einer Ursache zu gelangen, die ein unbewegt Bewegendes ist, primus motor; das eigentliche Wesen dieser Ursache bleibt dem Menschen verschlossen.

An einer Konfrontation mit den Lehren des islamischen Glaubens war Averroes nicht gelegen. Für ihn war die Unsterblichkeit der Seele – ebenso wie die leibliche Auferstehung – aus der Offenbarung gewiß, obwohl er die individuelle Unsterblichkeit der Seele für philosophisch unbeweisbar hielt. Die Seele als ›Form‹ des Körpers ist als solche von dem Körper abhängig und deshalb vergänglich. Der aktive Intellekt ist als intellectus universalis nicht individuiert. Er ist ein einziger; alle Menschen nehmen an ihm teil, er wird aber dadurch nicht individuell. Auch der passive Intellekt wird lediglich als körperliche Fähigkeit, intelligible Formen aufzunehmen, verstanden und vergeht deshalb ebenfalls mit dem Körper. So ist im intellectus agens nicht der einzelne Mensch, sondern nur das Genus ›Mensch‹ unsterblich.

Zu den wichtigsten Arbeiten von Averroes zählt ›Die Inkohärenz der 264
Inkohärenz‹, eine Auseinandersetzung mit Al-Gazzali. Er setzte damit der ›Destructio philosophorum‹ eine ›Destructio destructionis‹ entgegen. Obwohl er jedes Argument Al-Gazzalis gegen die Philosophie im einzelnen widerlegte, ist der Grundgedanke ausschlaggebend. Al-Gazzali hatte argumentiert, über die Empirie hinaus habe die Vernunft keine Kompetenz; der Mensch könne kein Wissen von allgemeingültigen und notwendigen

Inhalten haben und deshalb auch in Sachen des Glaubens sich nicht auf die Vernunft berufen. Dieser grundsätzlichen Skepsis trat Averroes dadurch entgegen, daß er zeigte, daß wenigstens diese Behauptung für sich beansprucht, was sie verwirft, nämlich Allgemeingültigkeit. Averroes kam in diesen Überlegungen zu dem Ergebnis, die menschliche Vernunft sei auf allen Gebieten des Denkens zuverlässig.

265 Damit war die Frage nach dem Verhältnis von Philosophie und Offenbarung erneut aufgeworfen; Averroes gab seine Antwort in einer eigenen Schrift: ›Endgültiger Traktat über die Harmonie von Religion und Philosophie‹. Gegen mögliche Einwände von seiten der Orthodoxie versuchte sich Averroes durch den Nachweis zu immunisieren, nach dem Koran sei für die dazu Befähigten rationale Spekulation religiöse Pflicht. Die Wahrheit ist nur eine einzige. Die Divergenzen zwischen Philosophie und Offenbarung haben ihren Grund in den unterschiedlichen Begabungen der Menschen, wodurch verschiedene Wege, der Wahrheit zuzustimmen, erforderlich werden. Die einfachen Gläubigen gehen den rhetorischen Weg des Religionsunterrichts und der Religionsausübung; sie lassen sich von Bildern und Gefühlen leiten. Dieser Zugang zur Wahrheit steht allen offen. Die Theologen gehen den dialektischen Weg; sie erforschen die Wahrheit des göttlichen Gesetzes, geben sich aber mit Wahrscheinlichkeitsargumenten zufrieden. Nur wenige können auf dem Weg des reinen Denkens die Wahrheit in abstrakter und klarer Begrifflichkeit erfassen: das ist der philosophische Weg. Diese Wege stehen nicht im Widerspruch zueinander, aber sie bilden eine Rangordnung und müssen streng auseinandergehalten werden (Müller 1991, S. 1–28). Auf diese Weise konnte Averroes – und das ist sein Anliegen – die Autonomie und Priorität der Philosophie gegenüber der Theologie sicherstellen. Diese ›Harmonie‹ zwischen Wissen und Glaube trug den Konfliktstoff zu ihrer eigenen Zerstörung in sich.

Literatur

Arraldez 1971
Hjarpe 1980
Flasch 1989
Vollmer 1991

2. *Jüdische Philosophie*

266 Eine erste intensive Begegnung von Thora und hellenistischer Philosophie hatte in Alexandria stattgefunden. Philon (gest. 50) blieb zunächst aber ohne besonderen Einfluß auf die weitere Entwicklung des Judentums. Erst im achten und neunten Jahrhundert läßt sich ein neues Interesse an philosophischen Fragen feststellen. Philosophie wurde aber nicht um ihrer

selbst willen betrieben, sie wurde vom Glauben in Dienst genommen. Sie war ein Instrument, das Judentum zu rechtfertigen und seine zentralen Glaubensaussagen rational zu stützen; vor allem Metaphysik wurde von diesen Motiven her betrieben. Aus dieser Zielsetzung wird die rezeptive Grundhaltung jüdisch-philosophischen Denkens verständlich. Wesentliche Impulse gingen von der arabischen Philosophie aus. Eine nicht geringe Bedeutung kam aber auch der sogenannten ›Kabbala‹ zu, einer bis in die vorchristliche Zeit zurückreichenden mystischen Geheimlehre des Judentums. Platonische, neuplatonische und gnostische Einflüsse laufen darin zusammen. Dem ›Buch der Schöpfung‹ (Sephir Jezira), entstanden zwischen 300 bis 500 n. Ch., kommt in dieser Tradition eine bedeutende Rolle zu.

Die religiöse Verankerung der jüdischen Denker impliziert gewisse charakteristische Grundpositionen, die auch wirkungsgeschichtlich Beachtung verdienen. Es gibt keinen Pantheismus. Gott wird nicht nur als theistisches Prinzip verstanden, sondern als Person. Er ist Schöpfer der Welt und höchste moralische Instanz. Dem korrespondiert die Würde des Menschen, die sich in der Willensfreiheit manifestiert.

Als der früheste jüdische Philosoph des Mittelalters gilt der Arzt *Isaak* 267
Israeli (um 850–950), ein Kompilator mit neuplatonischer Grundorientierung; sein Einfluß auf den lateinischen Westen war größer als seine tatsächliche Bedeutung.

Saadja ben Josef (gest. 942) hat die jüdische Religionsphilosophie be- 268
gründet. Unter dem Einfluß islamischer Theologie und Philosophie bemühte er sich um eine systematisch-philosophische Rechtfertigung des Judentums. ›Vom Glauben und Wissen‹ lautet der Titel seiner Schrift, in der er sich zum Ziel setzte nachzuweisen, daß der jüdische Glaube vernunftgemäß ist. Mit *Ibn-Gabirol (Avicebron)* und *Moses Maimonides* erreichte die jüdische Philosophie des Mittelalters ihren Höhepunkt. Spanien wurde mit ihnen zum Zentrum jüdischer Wissenschaft.

Salomon Ibn-Gabirol (1020–1058), ein jüdischer Dichter, ist im latei- 269
nischen Westen unter den Namen *Avicebron* oder *Avencebrol* bekannt. Mit seinem Gedicht ›Königskrone‹ erlangte er außerordentliches Ansehen unter den gläubigen Juden. Sein philosophisches Hauptwerk ›Fons vitae‹ (›Quelle des Lebens‹) wurde dagegen vom jüdischen Denken nicht rezipiert, da er den jüdischen Glauben darin nicht berücksichtigt habe. Diese Feststellung ist zutreffend; aber gerade darin, daß der Autor sich nicht auf die Autorität der Thora stützte, liegt die Bedeutung dieser philosophischen Schrift, die in der Traditionslinie neuplatonisch-arabisch-aristotelischer Philosophie steht. Mit der Begründung, warum er Philosophie betrieb – in dieser Schrift in der Form des Lehrer-Schüler-Dialogs –, machte Ibn-Gabirol eine eminent philosophische Aussage. Es sei das oberste Gebot für alle Menschen, nach Erkenntnis zu streben, nach Selbsterkenntnis und dadurch nach der Erkenntnis der höchsten Ursachen, d.h. letztlich Gottes.

Dazu sei der Mensch geschaffen. Von diesem Ansatz her erhielt der Mensch als Mikrokosmos einen hohen Rang im Ganzen der Welt. Wenngleich Ibn-Gabirol den Ursprung der Welt als Emanation dachte, stellte er den personalen Schöpfergott nie in Frage. Der Wille des Schöpfers nimmt dabei eine vermittelnde Funktion wahr, er ist einerseits Attribut Gottes und auf der anderen Seite erste Emanationsstufe. Die ganze nichtgöttliche Wirklichkeit ist in allen Bereichen aus Materie und Form zusammengesetzt; das gilt auch für die rein geistigen Wesen. So konnte Ibn-Gabirol Sein definieren als »Existenz der Form in der Materie« (esse est existentia formae in materia; Fons vitae V 10). Materie wird dabei nicht als Körperlichkeit, aber auch nicht als pure Möglichkeit verstanden, sondern als Prinzip der Vielheit. Vor allem mit seinem Materieverständnis, mit dem er in einem neuplatonischen Gesamtentwurf die Materie in einer dem System nicht konformen Weise aufwertete, hat Gabirol dem lateinischen Westen Stoff für intensive Diskussionen gegeben.

270 *Moses Maimonides* (1135–1204), Zeitgenosse von Averroes und wie er in Cordoba geboren, emigrierte mit seiner Familie nach Kairo, wo er als Arzt tätig war, eine führende Position innerhalb der jüdischen Gemeinde in Ägypten innehatte und schließlich zum geistigen und politischen Oberhaupt der ägyptischen Juden wurde.

In seinen Schriften befaßte er sich mit Problemen der jüdischen Theologie, der Medizin und der Philosophie. Das philosophisch-theologische Denken von Maimonides stand in der Spannung zwischen auctoritas und ratio. Als gläubiger Jude war er fest in der Tradition der Orthodoxie verhaftet; gleichzeitig konnte und wollte er sich dem Einfluß der Rationalität griechischer Wissenschaft und aristotelischer Philosophie, vermittelt durch Al-Farabi, Avicenna und teilweise auch Averroes, nicht entziehen. Schon in seinen ausgesprochen theologischen Arbeiten verfolgte er die Absicht, die innere Vernünftigkeit der positiven Offenbarung und rationale Vermittelbarkeit vor allem ihrer Gesetze, so gut es überhaupt möglich war, herauszuarbeiten. Eine solche Verbindung von Religion und Philosophie war für das damalige Judentum eine geradezu revolutionäre Neuerung. Entsprechend groß war der Widerspruch aus reaktionären Kreisen. Mit dem Hinweis, »die Augen sind vorne und nicht hinten«, rechtfertigte Maimonides seine Methode.

271 Das Verhältnis von religiöser Autorität und philosophischer Einsicht wird im ›Führer der Unschlüssigen‹ zum ausdrücklichen Thema. Wenngleich ein theologisches Werk, ist es unter philosophischem Gesichtspunkt das wichtigste; auf ihm gründet das hohe Ansehen von Maimonides vor allem im lateinischen Westen. Die Intention dieser Schrift, die ursprünglich den Titel ›Leitung der Ratlosen‹ trug und 1240 als ›Dux perplexorum‹ ins Lateinische übertragen wurde, hat Maimonides in der Einleitung umrissen. Das Ziel sei die wahre Wissenschaft des Gesetzes; das Werk soll eine Anleitung für den wirklich Gläubigen und mit dem Gesetz vertrauten

Juden sein, der aber gleichzeitig Philosophie studiert und den die menschliche Vernunft angezogen hat. Maimonides verstand die Philosophie nicht als der Theologie übergeordnete Instanz; die Philosophie hat vielmehr die Aufgabe, die nie in Frage gestellte Gültigkeit der biblischen Lehren, soweit sie dazu imstand ist, zu erweisen. Was er näherhin unter Philosophie verstand, und wie er über einzelne Philosophen urteilte, hat er in einem 1199 geschriebenen, sehr aufschlußreichen Brief klar gesagt. Die Werke des Aristoteles seien die Grundlage aller Wissenschaft; klarer als er selbst hätten aber Alexander von Aphrodisias und Themistios seine Lehren dargelegt; man solle deshalb deren Kommentare konsultieren. Die Kommentare des Averroes wurden nachdrücklich empfohlen, wenngleich sie ihm bei der Abfassung des ›Dux perplexorum‹ wohl noch nicht bekannt waren. Andere griechische Philosophen werden abgelehnt, so etwa Empedokles, Pythagoras, Hermes und auch Porphyrius. Selbst Plato, seine Werke seien dunkel und bilderreich, sei durch Aristoteles entbehrlich geworden. Für das Studium der Logik seien Al-Farabi und Avicenna nützlich, wenngleich nur von geringerem Wert (Simon 1984, 140f).

Maimonides strebte eine Harmonie zwischen jüdischem Glauben und 272
aristotelischer Philosophie an, die den Unschlüssigen ermöglichen sollte, beides zu sein, Gläubige und Philosophen, und zwar aus der Einsicht heraus, daß die Schrift in ihrer tieferen Dimension die Einsichten der Philosophie schon impliziere; durch die allegorische Schriftauslegung ließe sich das zeigen. Die Menschen also, die vor dieser Alternative stehen, müssen befähigt werden, über den Wortsinn hinaus die tieferen Geheimnisse der Schrift zu entdecken und so zur Identität von Offenbarung und Vernunft vorzustoßen. Es ging dabei im wesentlichen um zwei Problemkreise: um die Schöpfungslehre und um die Lehre vom göttlichen Thronwagen – nach der Vision des Propheten Ezechiel –, d.h. von den himmlischen Dingen, philosophisch gesprochen, um die Gegenstände der Physik und der Metaphysik.

Der Grunddissens zwischen Aristoteles und der Offenbarungsreligion 273
liegt in dem Widerspruch zwischen der These von der Ewigkeit der Welt und der Lehre von der creatio ex nihilo. Beide Positionen implizieren ein gegensätzliches Gottesverständnis. Die arabische Aristoteles-Interpretation hatte deutlich gemacht, daß die Ewigkeit der Welt aber nur als notwendige, determinierte Emanation aus Gott verstanden werden kann. Damit ist ein wesentlicher Aspekt des jüdischen Gottesbildes verfehlt. Die Welt existiert nicht aufgrund eines determinierten Prozesses, sondern durch die freie Schöpferkraft Gottes. Maimonides verteidigte diese seine Position des Glaubens gegenüber Aristoteles durch den Nachweis, daß dieses Problem philosophisch nicht zu entscheiden sei, weder die Schöpfung noch die Ewigkeit der Welt lasse sich philosophisch beweisen. Aristotelische Philosophie, »und das heißt für Maimonides menschliches Denken«, reichten nur bis zur Grenze der sublunaren Welt.

Diese Begrenzung menschlichen Begreifens wirkte sich vor allem für den Gottesbegriff aus. Maimonides hat unter Einbeziehung der Grundgedanken der aristotelischen Physik und Metaphysik sich ausführlich um einen Beweis der Existenz, der Unkörperlichkeit und Einzigkeit Gottes bemüht. Er mußte ihn wegen der Unentscheidbarkeit der Frage ›Ewigkeit der Welt oder Schöpfung‹ so führen, daß er auch für den Fall der Ewigkeit der Welt schlüssig ist. Er bewies deshalb die Existenz Gottes aus der Notwendigkeit eines ersten Bewegers, weil nur dadurch Bewegung überhaupt erklärt werden kann. Die gleiche Grundstruktur des Verursachtseins, ohne die Ursache zu begreifen, liegt seiner Lehre von den negativen Attributen Gottes zugrunde. Er griff damit die alte Tradition der negativen Theologie auf, gab ihr aber ein eigenes Gepräge. Alle Attribute, die wir Gott zulegen, besagen nur, daß der Sachverhalt von Gott verursacht ist, über ihn selbst sagen sie nichts. Selbst das Relationsattribut des Verhältnisses Schöpfer–Schöpfung wurde von Maimonides verworfen, weil dadurch das absolut Notwendige und das Mögliche in ein gegenseitiges Verhältnis gesetzt würden. Der Gott des jüdischen Glaubens ist ein transzendenter Gott, er steht außerhalb der von ihm geschaffenen Welt. Damit ist aber nicht eo ipso völlige Beziehungslosigkeit zwischen Schöpfer und Geschöpf gegeben; das wäre die Aufhebung jeder Religion. Der biblische Gottesbegriff ist gleichzeitig der eines ethischen Personalismus; zwischen Gott und Mensch besteht eine Ich-Du-Beziehung. Das philosophisch absolut Eine ist der personale Gott als Bezugspunkt für das sittliche Individuum. Über den ethischen Anspruch, vermittelt durch die dem Menschen erkennbaren, ihn betreffenden Wirkungen Gottes in der Welt, läßt sich der ethische Aspekt als positives Attribut Gottes verstehen. Durch die damit gegebene ethische Fundierung des Weltzusammenhanges tritt die Beziehung Gott–Mensch in den Mittelpunkt; die Vorgabe jüdischer Religion hatte dadurch eine philosophische Fassung gefunden.

274 Durch seine Erkenntnistätigkeit ist jeder Mensch als je Einzelner auf Gott bezogen, weil er durch die Erkenntnis der göttlichen Wirkungen zur ethischen Vollkommenheit geführt wird und sich dadurch Gott annähert. Diese Annäherung dachte Maimonides als eine Analogie zwischen Gott und Mensch, welche die Differenz zwischen beiden jedoch nicht antastet. Nachdem er alle anthropomorphen Bestimmungen Gottes abgewiesen hatte, kam er über das neuplatonische Eine und den religiös-ethischen Personalismus zu der aristotelischen Theorie, Gott sei das Denken des Denkens. Maimonides sah keine Schwierigkeiten darin, diesen Gottesbegriff als positive Aussage zu akzeptieren, da die Einheit des göttlichen Wesens dadurch nicht aufgehoben würde, weil im Vollzug des Denkens die Identität von Denken, Denkendem und Gedachtem gegeben ist. Dieser Vorstellung kommt bei Maimonides hohes Gewicht zu, da er den aristotelischen Gottesbegriff als »Grundsatz unseres Glaubens« (I 68; Simon 1984, 150) bezeichnete. Die von ihm so nachdrücklich herausgearbeitete

negative Theologie erfährt dadurch eine unerläßliche Korrektur. Wenngleich das göttliche Denken als reine aktualisierte Identität wesentlich vom menschlichen Erkennen verschieden ist, so zeichnet sich doch eine analoge Parallelität ab. Auch für den Menschen gilt, daß geistige Erkenntnis Identität zwischen dem Denken und dem Wesen der Sache ist. So wird nach Maimonides »in der Denktätigkeit zwischen Gott und dem Menschen eine Ich-Du-Beziehung, eine Verbindung sittlicher, d.h. denkender Wesen hergestellt« (ebd.). Damit hat die Intellektspekulation eine jüdisch-personale Ausdeutung erfahren. Der Einfluß des Moses Maimonides auf den lateinischen Westen, insbesondere auf die ausgesprochen christlichen Philosophen, war nachgewiesenermaßen sehr groß; Albertus Magnus, Thomas von Aquin und Meister Eckhart sind besonders hervorzuheben.

Literatur

Horten 1913
Neumark 1928
Behler 1965
Sezgin 1967f
Lewis 1971
Hödl 1971
Hödl 1972
Sirat 1983
Simon 1984
Guttmann 1985
Hayoun 1986
Hayoun 1987
Niewöhner 1988
Leaman 1990

V. Lateinische Übersetzungen

Die skizzierte Entwicklung der Philosophie im arabischen und jüdischen 275
Raum wäre ohne Einfluß auf die Theologie und Philosophie des lateinischen Westens geblieben, wenn die Quellen nicht durch eine intensive Übersetzungstätigkeit erschlossen worden wären. Man darf diesen damit ermöglichten Rezeptionsprozeß jedoch nicht auf Aristoteles beschränken; es ging vielmehr ganz generell um die Aneignung von Wissenschaft auf breiter Basis. Da deren Quellen allerdings weitgehend griechischer Herkunft waren, lag es nahe, sich nicht nur auf den Umwegen über andere Kulturen, sondern auch unmittelbar damit zu beschäftigen. Die wichtigsten Zentren der Übersetzungstätigkeit waren Toledo, Palermo, Neapel, Rom und Oxford.

An einem Berührungspunkt von Islam, Judentum und Christentum ge- 276
legen, nahm die Übersetzerschule von Toledo, angeregt und nachdrücklich gefördert von Erzbischof Raymond (gest. 1151), eine herausragende Stellung ein. Seit der Mitte des 12. Jahrhunderts wurden dort Al-Farabi, Avicenna, Al-Gazzali und Ibn-Gabirol übersetzt. Unter der Leitung von *Dominicus Gundissalinus* haben dort *Alfred von Sarechel*, *Hermann der*

Deutsche und *Johannes Hispanus* gearbeitet. Hervorzuheben ist *Gerhard von Cremona*, der nicht nur aus dem Arabischen, unter anderem den ›Liber de causis‹, sondern auch aus dem Griechischen übersetzte. Anfang des 13. Jahrhunderts begann Michael Scottus mit der Übersetzung des Averroes. Nach 1227 setzte er seine Arbeit in Neapel fort, wo Friedrich II. im Jahre 1224 ein Studium generale gegründet hatte, an dem lateinische, jüdische und arabische Wissenschaftler tätig waren. Der Wunsch nach genauen Textvorlagen war ein wirksames Motiv für Übersetzungen aus der Ursprache. Ein erster Schwerpunkt für die Übersetzung aus dem Griechischen entstand auf Sizilien, wo *Henricus Aristippus* (gest. 1162), u.a. Platons ›Menon‹ und ›Phaidon‹ übersetzte. Am päpstlichen Hof in Rom hat *Wilhelm von Moerbecke* (1260–85) vor allem Aristoteles übersetzt und damit u.a. Thomas von Aquin die Textvorlagen für seine Aristoteles-Kommentare bereitgestellt. Er überarbeitete auch viele ältere Übersetzungen und ergänzte sie. Unter der Leitung von *Robert Grosseteste* entstand auch in Oxford ein bedeutendes Übersetzungszentrum. Für eine richtige Einschätzung der Wirkungsgeschichte, vor allem des Aristoteles, muß man berücksichtigen, daß nicht nur seine Werke, sondern auch die wichtigsten Kommentare übersetzt wurden, so *Alexander von Aphrodisias, Themistios, Simplicios, Ammonius*, um nur einige zu nennen. Unter den Gelehrten, die nicht nur Übersetzungen erstellten, sondern auch eigenständige Abhandlungen verfaßt haben, in denen die neuen Gedanken bereits ihren Niederschlag fanden, ist vor allem Dominicus Gundissalinus mit seiner 1150 verfaßten Schrift ›De divisione philosophiae‹ zu nennen; an diesem Werk lassen sich sehr deutlich die neuen Impulse für die lateinische Wissenschaft, die von dieser Übersetzungstätigkeit ausgingen, ablesen.

VI. Aristoteles – verboten und geboten

277 Bis in die ersten Jahrzehnte des 12. Jahrhunderts waren im lateinischen Westen von Aristoteles nur die ›Kategorienschrift‹ und ›De interpretatione‹ bekannt, und zwar in der Übersetzung und Kommentierung von Boethius. Nach 1130 wurde diese sogenannte ›logica vetus‹ um die ›logica nova‹ erweitert. In der Übersetzung von *Jakob von Venetia* handelte es sich dabei um folgende Schriften: ›Analytica priora‹, ›Analytica posteriora‹, ›Topica‹, ›De sophisticis elenchis‹; damit war das gesamte ›Organon‹ zugänglich. Gegen Ende des Jahrhunderts wurden diese beiden Logik-Kompendien als ›logica antiqua‹ bezeichnet, da sich in einer selbständigen Entwicklung die ›logica moderna‹ herausgebildet hatte, die in den ›Summulae logicales‹ des *Petrus Hispanus* (ca. 1230) den Charakter eines Lehrbuchs annahmen.

In der Zeit zwischen 1150 und 1250 trat dann das gesamte Werk des Aristoteles in das wissenschaftliche Blickfeld: außer dem schon bekannten Organon die Schriften zur Metaphysik, Physik, Psychologie und Ethik; die tatsächliche Rezeption begann etwa um 1200, insbesondere an der Universität Paris.

Die kirchlichen ›Aristotelesverbote‹ lassen sich nur aus der konkreten 278
geschichtlichen Situation heraus verstehen. Die Universität Paris war, wie die meisten wissenschaftlichen Einrichtungen, eine Institution der Kirche; die Dozenten waren Kleriker und an die kirchliche Lehre gebunden. Die aristotelischen Schriften und deren arabische und jüdische Kommentare enthielten jedoch Positionen, die durch die Philosophen der Artistenfakultät so ausgelegt wurden, daß sie mit der Orthodoxie in Widerspruch gerieten. Wie schon in der Auseinandersetzung innerhalb des Islam und des Judentums waren es vor allem drei zentrale Glaubensgegenstände, die wirklich oder vermeintlich in Frage gestellt wurden: die Schöpfung aus dem Nichts, die individuelle Unsterblichkeit der Seele und die Lehre von der göttlichen Vorsehung.

Durch eine Pariser Provinzialsynode wurde im Jahre 1210 verboten, 279
über die ›Libri de naturali philosophia‹ des Aristoteles Vorlesung zu halten; 1215 wurde dieses Verbot unter ausdrücklicher Einbeziehung der Metaphysik wiederholt. Im Jahre 1231 bestätigte Papst Gregor IX. das Verbot, allerdings mit dem einschränkenden Hinweis, »bis sie korrigiert seien«. Es ging nicht darum, Aristoteles oder die Philosophie als solche zu verwerfen oder die private Lektüre dieser Werke zu untersagen, sondern deren heterodoxe Auslegung sollte nicht zum Gegenstand des offiziellen Unterrichts gemacht werden. Der Rezeptionsprozeß des Aristoteles konnte dadurch jedoch nicht wesentlich beeinträchtigt werden. Dieser Tatsache mußte man offiziell Rechnung tragen, nachdem nicht nur die Artistenprofessoren, sondern auch die Theologen sich intensiver mit Aristoteles beschäftigten. So wurden im Jahre 1255 alle bis dahin bekannten Schriften des Aristoteles in das offizielle Lehrprogramm der Artistenfakultät aufgenommen; was zunächst verboten war, nämlich über Aristoteles zu lesen, wurde damit zur ausdrücklichen Aufgabe der Artistenprofessoren.

Diese Pariser Regelung wurde zum Modell für die meisten europä- 280
ischen Universitäten und blieb es bis zum Ende des Mittelalters. Aristoteles war zum ›Philosophus‹ schlechthin, der Aristotelismus im weitesten Sinne zum Inbegriff mittelalterlicher Wissenschaftlichkeit geworden. Damit war eine Entscheidung von großer Tragweite getroffen. Die Frage nach dem Verhältnis von Glaube und Wissen stellte sich nun aufs neue. Das Wissen, jetzt in der Gestalt der aristotelischen Philosophie, war eine autarke Wissenschaft eigenen Rechts, die auf alle Fragen selbst Antworten zu geben und eine Weltdeutung zu bieten imstande war. Sie war nicht mehr eingeschränkt auf die Rolle, philosophische Propädeutik der Theologie zu sein.

281 Die systematische Eigenständigkeit der Philosophie war nun neu in eine Beziehung zum christlichen Glauben zu bringen. Albertus Magnus und vor allem Thomas von Aquin haben sich darum bemüht, eine Synthese herzustellen, in der die philosophische Vernunft und Systematik ihre Eigenständigkeit nicht verloren und gleichwohl im Ganzen der Theologie einen unverzichtbaren Ort hatten. Dafür genügte es aber nicht, den authentischen Aristoteles zu entdecken. Korrekturen und transformierende Weiterführungen waren dazu erforderlich, die bei Thomas zu einem philosophischen Gesamtentwurf führten, der nicht mehr einfach als Aristotelismus bezeichnet werden kann. Es gab aber auch die entgegengesetzte Entwicklung. Die Philosophie machte sich nicht nur unabhängig vom christlichen Glauben; ihr Autonomiestreben wurde derart radikalisiert, daß man auf christliche Positionen in strittigen Fragen keine Rücksicht mehr nahm. So entstand innerhalb der Artistenfakultät der heterodoxe Aristotelismus, Gegenstand harter Auseinandersetzungen im 13. Jahrhundert.

Literatur

Hödl 1980

VII. Der radikale Aristotelismus

282 Unmittelbar vor dem Text, mit dem das erste Aristotelesverbot ausgesprochen wurde – auf der Pariser Synode von 1210 – berichtet das ›Chartularium universitatis Parisiensis‹ von der Verurteilung von *Amalrich von Bena* (gest. 1206) und *David von Dinant* (gest. 1209) wegen pantheistischer Irrlehren. Wie die Verurteilungsdokumente sahen auch zeitgenössische Chroniken in David von Dinant den eigentlichen Urheber der verurteilten Irrtümer.

Amalrich war Magister der Artistenfakultät in Paris und hatte über den wissenschaftlichen Bereich hinaus eine große Anhängerschar. Daß er mit seinem Identitätsdenken von *Johannes Scottus Eriugena* abhängig war, ist erwiesen; dessen Werk ›Periphyseon‹ wurde ihm sogar zugeschrieben und bald nach 1210 als ›Liber Amalrici‹ ebenfalls verurteilt. Ob Amalrich den neuen Aristoteles kannte, ist umstritten. David von Dinant dagegen, ebenfalls ein hochangesehener Lehrer der Artes in Paris, wurde aufgrund seiner Aristoteles-Interpretation verurteilt. Er hatte die ›Libri naturales‹ aus dem Griechischen übersetzt und sie im Sinne eines materialistischen Pantheismus ausgelegt. Seine Interpretation fiel nicht nur auf ihn selbst zurück, sondern ging auch zu Lasten von Aristoteles und hat wohl wesentlich zu dem ersten Aristotelesverbot beigetragen. Daß Albertus Magnus und Thomas von Aquin es für erforderlich hielten, sich mit

Davids Thesen auseinanderzusetzen, ist ein Beweis für dessen großen Einfluß.

Diese ersten Ansätze eines radikalen Aristotelismus kamen in der zweiten Hälfte des 13. Jahrhunderts, nachdem der ganze Aristoteles in das offizielle Lehrprogramm der Artistenfakultät aufgenommen worden war, nicht zuletzt unter dem Einfluß von Averroes, zur vollen Entfaltung. Man sprach deshalb auch vom ›lateinischen Averroismus‹. Damit würde aber das Anliegen dieser Autoren auf einige zufällige Gemeinsamkeiten mit Averroes, wie etwa die These von der Ewigkeit der Welt oder der Einzigkeit des Intellekts, reduziert; das Entscheidende käme nicht zum Ausdruck. Die besondere Brisanz lag nämlich im Grundsätzlichen, nicht darin, daß verschiedene, dem Glauben widerstreitende Thesen aufgestellt wurden. Die einzelnen Gelehrten verstanden sich durchaus als gläubige Christen, was ihnen auch ihre Gegner, wie etwa Thomas, nicht absprachen. Sie wollten Philosophen sein und das hieß: Aristoteles interpretieren. In den heterodoxen Positionen sahen sie zwingende Konsequenzen aus den Prinzipien aristotelischer Philosophie. Damit gerieten sie in einen schwer lösbaren Konflikt zwischen Denken und Glauben. Metaphysik hat es ja gerade mit dem zu tun, was notwendig so ist und nicht auch anders sein kann. Der Glaube kann seinerseits auf seinen Wahrheitsanspruch nicht verzichten. Aus dieser Problemkonstellation heraus erhielt das Bemühen des Thomas von Aquin um eine Synthese aus aristotelischer Philosophie und christlichem Glauben sein besonderes Gewicht. Es wurde aber auch die der Philosophie gegenüber ablehnende Haltung des späten Bonaventura verständlich. 283

Entwicklungsgeschichtlich gesehen bedeutete der radikale Aristotelismus die Durchsetzung der Philosophie als Wissenschaft der autonomen Vernunft. Formell ging es um das Eigenrecht der Vernunft, innerhalb einer Wissenschaft den notwendigen Zusammenhang von Prinzipien und daraus sich ergebenden Konsequenzen und deshalb auch diese Konsequenzen selbst zu akzeptieren. Die führende Persönlichkeit des radikalen und dadurch heterodoxen Aristotelismus und gleichzeitig ein herausragender Gelehrter war Siger von Brabant; unter seinen Anhängern war Boethius von Dacien wohl der bedeutendste. 284

Siger von Brabant (gest. 1286) war etwa seit 1265 Magister artium und vertrat unter dem Einfluß des Averroes einen radikalen Aristotelismus, erwies sich dabei aber als ein durchaus eigenständiger Denker. Vermutlich war er Schüler von Albertus Magnus; daß er stark von ihm beeinflußt war, ist zweifelsfrei erwiesen. Seine Person stand im Mittelpunkt der Auseinandersetzungen um den heterodoxen Aristotelismus; er mußte, denunziert und der Häresie verdächtigt, 1276 aus Paris fliehen. In seinen verschiedenen Opuscula befaßt sich Siger mit Themen der Logik, der Metaphysik, der Physik, der Psychologie und der Ethik. Seine ›Quaestiones super librum de causis‹ weisen darauf hin, daß auch sein Denken von neuplato- 285 nischen Elementen durchzogen ist. Die These von der Ewigkeit der Welt, im Ansatz aristotelisch, in der Durchführung neuplatonisch-emanationistisch, mit ihren deterministischen Implikationen war eines der kontroversen Probleme. Da aber schon Albert und Thomas diese Frage als unentscheidbaren Gegenstand philosophischer Diskussion betrachteten, kam ihr kein so hohes Gewicht zu. Anders verhielt es sich bei der Lehre von der Einzigkeit des Intellekts. Man sah darin eine indirekte Leugnung der individuellen Unsterblichkeit der Seele und damit des Menschen; dem Christentum wurden dadurch Sinn und Ziel entzogen: die Rettung des Einzelnen.

286 Aus diesem Problemverständnis heraus hat man diese Theorie als ›Monopsychismus‹ bezeichnet. Weder die von den Gegnern polemisch überzeichneten antichristlichen Konsequenzen noch diese Bezeichnung selbst werden der zur Diskussion stehenden Sache gerecht; das Problem ist ein anderes und es ist viel differenzierter.

Siger handelte darüber vor allem in seinen ›Quaestiones in tertium librum de anima‹ – seit den frühen Aristoteleskommentaren der locus classicus der nous-Diskussion – und später in seiner Schrift ›De anima intellectiva‹. Er stand zunächst in der Tradition der Auslegung der nous-Lehre durch die Araber. Aristoteles hatte klar, so wird argumentiert, zwischen Seele (psyche) und Geist (nous) getrennt. Die Seele als vegetativ-sensitive Form konstituiert mit der Materie das menschliche Individuum als Substanz. Dieses Lebewesen gehört in den Bereich des Werdens und des Vergehens. Angesichts dieser Wirklichkeit erhebt sich die Frage nach dem menschlichen Intellekt, näherhin nach der Möglichkeitsbedingung geistiger Erkenntnis, die durch Notwendigkeit und Allgemeingültigkeit ausgezeichnet ist. Wenn der Intellekt das Allgemeine und Bleibende erfaßt, dann muß er selbst als universell und ewig gedacht werden. Vereinzelung würde genau die entscheidende Voraussetzung allgemeiner Erkenntnis aufheben. Der Intellekt kann deshalb für sich betrachtet nur einer sein. Von Vielheit kann man lediglich sprechen mit Blick auf die Vielheit von Subjekten, in denen der Intellekt tätig ist. Das Allgemeine und Bleibende kann aber nicht aus dem Vergänglichen hervorgehen. Der Nous ist die unterste in einer neuplatonisch gedachten Hierarchie von immateriellen Substanzen; er kommt von außen dem Lebewesen Mensch zu und geht keine substantiale Einheit mit diesem ein. Auf diese Weise kann erklärt werden, wie es möglich ist, daß ein endliches, vereinzeltes Wesen zur Erkenntnis von Bleibendem, Notwendigem und Allgemeingültigem gelangt. Die Konsequenzen sind unvermeidbar: Unsterblich ist nur der Nous und er ist einer und allgemein, das Individuum Mensch ist vergänglich. Das Problem bleibender Vereinzelung des Geistes ist philosophisch nicht zu losen. Die von Siger unter dem Einfluß von Averroes vorgetragene Position ist philosophisch konsequent. Die scharfe kirchliche Reaktion auf diese Thesen hatte darin ihren Grund, daß man nicht sah, daß dieser aus seinen Prämissen heraus konsistente philosophische Gedanke es keineswegs als kontradiktorisch ausschloß, aus theologischen Gründen an einer individuellen Postexistenz festzuhalten. In seiner Schrift ›De unitate intellectus contra Averroistas‹ von 1270 hat sich Thomas mit Siger in scharfer Form auseinandergesetzt und ihm entgegengehalten, er sei mit seiner Intellektlehre ein ›depravator‹ des Aristoteles; nicht ohne Erfolg. Unter seinem Einfluß und wohl auch durch die Verurteilung von 1270 bewogen, hat Siger seine Position modifiziert; zunächst in ›De intellectu‹, einer verlorenen Antwort auf Thomas, dann in ›De anima intellectiva‹. Schließlich gab er seine heterodoxen Positionen, auch in den anderen Punkten, ganz auf.

Aus diesem problemgeschichtlichen Kontext heraus gewinnt die These des Thomas, die anima intellectualis sei die einzige Wesensform des Menschen, ihre volle Bedeutung. Sie richtete sich nicht nur gegen den neuplatonischen, sondern auch gegen den aristotelisch-averroistischen Dualismus. Menschlicher Intellekt existiert nicht als allgemeiner Geist der Gattung Mensch, sondern nur als vereinzelter im konkreten Menschen. Das ursprüngliche Anliegen des Aristoteles war ein erkenntnistheoretisches; eine bleibende Vereinzelung war für griechisches Denken kein Thema. Im christlichen Kontext führte die aristotelische Antwort zu aporetischen Konsequenzen in der Anthropologie. Aber auch eine christliche Anthropologie, in der es wesentlich um den Einzelnen geht, konnte Erkenntnis des Allgemeinen ohne Rückbezug auf das Bleibende und Notwendige nicht erklären. Augustinus sprach deshalb von der ›illuminatio‹ durch die absolute Wahrheit; Thomas von der ›participatio primae veritatis‹, von der Teilhabe an der Ersten Wahrheit. 287

Auch *Boethius von Dacien* (gest. 1284), der bekannteste unter den Anhängern Sigers, war ein überzeugter Christ und verstand sich zugleich als Philosoph im Rahmen des Christentums. Er war ein bedeutender Vertreter des ›Modismus‹, jener Form der spekulativen Grammatik, die eine enge Verbindung zwischen der Seinsform (modus essendi), Erkenntnisform (modus intelligendi) und sprachlicher Bedeutungsform (modus significandi) sah. Auch er vertrat die typischen Lehren des radikalen Aristotelismus, wie die Ewigkeit der Welt und die überindividuelle Einheit des Intellekts. Besonderen Anstoß hat Boethius mit seiner philosophischen Ethik erregt, die sich in seiner Schrift ›De summo bono‹ in der Tat als naturalistisch orientierter Intellektualismus darstellt. Menschliche Glückseligkeit besteht in der Erkenntnis des Wahren und im Tun des Guten, und zwar in dieser Welt. Das ist das dem Menschen angemessene und zugleich höchste Glück. In seiner Schrift ›De aeternitate mundi‹ hat Boethius grundsätzlich expliziert, wie er das Verhältnis von Philosophie und christlichem Glauben sieht, und warum es keine Widersprüche geben kann. Jede Wissenschaft muß immer in ihrer Bezogenheit auf ihre je eigenen Prinzipien gesehen und beurteilt werden, darin liegt ihre Autonomie. Aus diesen Prinzipien ergeben sich Folgerungen, die innerhalb dieser Wissenschaft 288 notwendig sind, und deshalb akzeptiert werden müssen; was nicht aus ihren Prämissen gefolgert werden kann, muß im Rahmen dieser regionalen Wissenschaft verworfen werden. Damit sind alle profanen Wissenschaften in dem Maße relativiert, daß ihre Erkenntnisse immer hinter der Offenbarung zurückbleiben und deshalb in der Sache nie in einem wirklichen Widerspruch zum Glauben stehen können. So kann es geschehen, daß ein Mensch als Gläubiger an einer Aussage festhalten kann, die er im Rahmen seiner Wissenschaft bestreiten muß, weil sie sich aus deren Prinzipien nicht deduzieren läßt. Aus diesem Sachverhalt wird leicht ersichtlich, wie es zu dem Vorwurf der doppelten Wahrheit kommen konnte, aber auch daß er ein gegenstandsloses Vorurteil ist. Man kann weder Siger noch Boethius unterstellen, einen in sich so unsinnigen Gedanken geäußert zu haben, zwei kontradiktorische Urteile könnten zugleich wahr sein, wie es in der Verurteilung von 1277 durch Bischof Stephane Tempier behauptet wurde. Auch die Gesamtkonzeption von Averroes schließt es aus, daß er eine solche These hätte vertreten können.

289 Im übrigen enthielt das Dekret von 1277, in dem ohne Namensnennung 217 Thesen verurteilt wurden, auch Sätze, die nicht nur den heterodoxen, sondern auch den christlichen Aristotelismus des Thomas von Aquin betrafen, so etwa dessen Lehre von der Geistseele als forma corporis. Soweit diese Artikel, ohne ihn namentlich zu nennen, Thomas verurteilten, wurden sie 1325 widerrufen. Die Auseinandersetzungen um den Aristotelismus im 13. Jahrhundert hatten zwar auch mit averroistischen Thesen zu tun, von einem Averroismus als philosophische Schulrichtung kann jedoch erst in der Zeit vom 14. bis 16. Jahrhundert gesprochen werden; Bologna und Padua waren die Zentren.

Literatur

Steenberghen 1977
Hödl 1978
Kluxen 1980
Flasch 1989

J. Anselm von Canterbury (1033/34–1109)

Leben und Werke

Über Leben und Wirksamkeit Anselms von Canterbury stehen zuverlässige Quellen zur Verfügung. An erster Stelle sind die beiden Werke seines Schülers, Sekretärs und Biographen *Eadmer* zu nennen: ›Vita sancti Anselmi archiepiscopi Cantuariensis‹ (ed. Southern) und die ›Historia novorum in anglia‹ (ed. Rule). Daneben kommt aber auch der umfangreichen Briefsammlung Anselms als Quelle hohe Bedeutung zu. 290

Anselm wurde im Jahre 1033 oder 1034 in Aosta im nördlichen Piemont geboren. Sein Studienweg führte ihn durch Burgund und Frankreich, schließlich in die Normandie nach Bec in die Klosterschule seines Landsmannes *Lanfranc*. Dort trat er mit 27 Jahren in den Benediktinerorden ein; drei Jahre später übernahm er nach dem Weggang von Lanfranc als Prior in Bec die Leitung der Klosterschule. Nach dem Tode des Abtes wurde er in dieses Amt gewählt. Schon als Prior und noch mehr als Abt hatte er vielfältige Aufgaben auch außerhalb der Abtei wahrzunehmen. Nachdem Lanfranc 1070 Erzbischof von Canterbury geworden war, hat er Mönche von Bec zu sich gerufen, um mit ihnen die Reform der Kirche von England voranzutreiben. Von fünf durch Anselm neugegründeten Prioraten lagen zwei in England. Auf einer seiner Visitationsreisen lernte er den angelsächsischen Mönch Eadmer kennen, den er als Sekretär verpflichtete. In der Zeit, während der Anselm der Schule und dem Konvent in Bec vorstand, entfalteten sich dort in gleichem herausragendem Maße Wissenschaft und geistliches Leben. Als sich Anselm 1092/93 in Angelegenheiten seines Klosters in England aufhielt, wurde er unter sehr fragwürdigen Umständen als Nachfolger von Lanfranc, der bereits vier Jahre vorher gestorben war, Erzbischof von Canterbury (1093). In dieser Funktion war Anselm zugleich Primas der in 15 Diözesen gegliederten Kirche Englands. Im Investiturstreit kämpfte er für die Rechte des Papstes und für die Unabhängigkeit der Kirche vom König. Zweimal mußte er deswegen für je drei Jahre ins Exil gehen. Am 28. April 1109 starb Anselm und wurde in seiner Kathedrale neben seinem Amtsvorgänger Lanfranc beigesetzt.

Das literarische Werk – es liegt in einer kritischen Neuausgabe vor – ist nicht sehr umfangreich und läßt sich deshalb relativ gut überblicken. Es ist durch innere Kontinuität gekennzeichnet, die bewegte Lebensgeschichte des Autors hat darin keinen Niederschlag gefunden. Aufschlußreiche Informationen zu Entstehungsgeschichte und Intention der einzelnen Werke bietet Anselm selbst in den jeweiligen Prologen. Auch die Biographie ist hierfür heranzuziehen. 291

Anselms erste Schrift, ›Monologion‹ (Selbstgespräch), trug zunächst den Titel ›Ein Beispiel des Nachdenkens über die Begründung des Glaubens‹ (Exemplum meditandi de ratione fidei). Es handelt von der Existenz Gottes, seinen Eigenschaften und von der Trinität. Auch das ›Proslogion‹ (Anrede) trug zunächst eine andere, sehr bezeichnende und für das Denken Anselms charakteristische Überschrift: ›Fides quaerens intellectum‹ (Der Glaube, der nach Einsicht sucht). In diesem Traktat entfaltet Anselm sein berühmtes Argument, das er dann in seiner Widerlegung der Einwände *Gaunilos* verteidigt und vertieft. Während diese beiden Opuscula für die Mitbrüder geschrieben wurden, sind die nachfolgend genannten Werke aus der Unterrichtstätigkeit herausgewachsen: ›De grammatico‹, ›De libertate arbitrii‹, ›De casu diaboli‹, ›De veritate‹. Gegen *Roscellin von Compiègne* richtet sich die ›Epistola de incarnatione verbi‹ (Ein Lehrbrief über die Menschwerdung des Wortes). Mit derselben Thematik befaßt sich Anselm in der christologischen Untersuchung ›Cur deus homo‹. Die Erlösungslehre ist Gegenstand der Schrift ›De conceptu virginali et de orginali peccato‹. Neben den Traktaten Über den Hervorgang des Heiligen Geistes (De processione spiritus sancti) und Über die Vereinbarkeit des Vorherwissens, der Vorausbestimmung der Gnade Gottes mit dem freien Willen (De concordantia praescientiae, praedestinationis et gratiae dei cum libero arbitrio) sind vor allem noch Anselms zahlreiche ›Orationes sive Meditationes‹ und das umfangreiche Corpus seiner Briefe zu nennen. Als literarische Form wählt Anselm häufig den Dialog.

Literatur

Southern 1990

I. Die wissenschaftliche Methode

292 Es ist die ausgesprochene Absicht Anselms, sich an Augustinus zu orientieren. Deshalb ist es nur eine innere Konsequenz, wenn er sich auch mit seinem theologischen Programm ›Credo ut intelligam‹ Augustinus anschließt und damit diesen seinen methodischen Ansatz zugleich aus der Schrift (Js. 7,9) begründet. In seinem Verständnis der Theologie als intellectus fidei (Glaubenseinsicht) kommt sein wissenschaftliches Programm ebenso zum Ausdruck wie in dem ursprünglichen Titel des ›Proslogion‹: Fides quaerens intellectum (Glaube auf der Suche nach Einsicht). Im Vergleich zu Augustinus, dessen Theologie noch mehr von der meditatio bestimmt war, wenngleich natürlich das diskursive Denken nicht fehlte, ist das Neue und in die Zukunft Weisende dieses der Tradition entnommenen Ansatzes bei Anselm die konsequente Durchführung und die stärkere

Betonung der ratio. Es geht Anselm dabei nicht nur um die einzelnen Glaubensinhalte, sondern auch um die systematische Erhellung der Kohärenz des Ganzen des Glaubens. Die methodischen Reflexionen Anselms lassen ebensowenig wie der praktische Vollzug von Theologie bei ihm einen Zweifel daran, daß für ihn der Glaube die unabdingbare Voraussetzung, der Ausgangspunkt und die bleibende Norm des Denkens und wissenschaftlichen Erkennens ist.

Das Begriffsfeld ›Glaube, glauben‹ (fides, credo) umfaßt zwei Dimensionen, den subjektiven wie den objektiven Bereich, den Glaubensakt (fides qua) ebenso wie den Glaubensinhalt (fides quae). Theologie als intellectus fidei ist Einsicht aus dem Glauben in den Glauben. Der Glaube ist demnach in doppelter Hinsicht Voraussetzung. Die Theologie entnimmt den Gegenstand, den Inhalt und die Befähigung zum Vollzug der Einsicht aus dem Glauben. Es genügt deshalb nicht, in neutraler Distanz Glaubensinhalte wie Axiome entgegenzunehmen, um diese dann mit den Gesetzen des Denkens zu erfassen und miteinander zu verknüpfen. Das Denken selbst als solches muß von innen heraus eine theologische Qualität erhalten. Anselm versteht den Menschen nicht in einer philosophisch-metaphysischen, theologisch irrelevanten Wesensbestimmung, sondern in seinem konkreten, durch die Sünde gebrochenen Verhältnis zu Gott. Daß diesem Sachverhalt grundlegende Bedeutung zukommt, manifestiert sich u.a. darin, daß Anselm gerade sein methodisch grundlegendes Werk, ›das Proslogion‹, mit einem umfassenden Bekenntnis zu dieser heilsgeschichtlichen Lage des Menschen beginnt (cap. 1). Der gefallene Mensch ist nicht nur in seinen sittlichen Kräften, sondern auch in seiner rationalen Fähigkeit, zumal im Blick auf die Gotteserkenntnis, erheblich beeinträchtigt. Vor dem Sündenfall hätte er auch zur Erkenntnis Gottes des Glaubens nicht bedurft. Danach ist für den Menschen jedoch eine eigene erneute Befähigung erforderlich, um der Frage nach Gott im weitesten Sinne in angemessener Weise nachgehen zu können. Diese Befähigung geschieht im Akt des Glaubens, theologisch gesprochen im rechtfertigenden Glauben im umfassenden Verständnis. Der durch den Glauben gereinigte und erleuchtete und in seiner Kraft wieder hergestellte Intellekt ist das Subjekt möglicher Theologie (Epistula de incarnatione verbi, cap. 1). 293

Weil in solcher Weise die Glaubenseinsicht Gabe Gottes ist, der den menschlichen Intellekt dazu befähigt, leitet sich daraus nach Anselm geradezu eine Verpflichtung für den Menschen ab. Es wäre für ihn eine Nachlässigkeit, wenn der Mensch der begrifflichen Anstrengung und Mühe, das Geglaubte zu verstehen, ausweichen würde (Cur deus homo, lib. I, cap. 1). Der Mensch ist aufgerufen, über das einfache Entgegennehmen des Glaubens hinaus fortzuschreiten zur Einsicht in den Glauben. Die Glaubenseinsicht steht zwischen dem positiven Glauben und der Schau, welcher der Mensch erst im Jenseits teilhaftig wird. (Cur deus homo, commendatio). Mit diesem Anspruch wendet sich Anselm gegen einen 294 reinen Autoritäts- und Faktenglauben und damit gegen eine bestimmte Richtung seiner Zeit, da ein derartiger Glaube der rationalen Würde und der Verantwortlichkeit des Menschen nicht angemessen wäre. In solcher Weise ist also der Glaube in seiner subjektiven Dimension als fides qua konstitutiv für das Denken im Vollzug des intellectus fidei. Daß der Glaube im objektiven Verständnis, der Glaubensinhalt, von Anselm vorausgesetzt wird, ergibt sich aus der Sache selbst. Die rationale Bemühung muß sich dabei aber in Konfliktfällen der Autorität der Schrift unterwerfen. Nur in Fragen, in denen sich aus der Schrift keine Eindeutigkeit der Antwort erheben läßt, steht der ratio die Freiheit der Meinung und die Entscheidung zu (Cur deus homo, lib. I cap. 18).

295 Damit ist die doppelte Funktion des Glaubens in dem Vorgang des theologischen Denkens umrissen. Der Prozeß der Glaubenseinsicht selbst soll aber, und das betont Anselm immer wieder mit großem Nachdruck, ›sola ratione‹ vor sich gehen, mit notwendigen Gründen, ohne die Autorität der Schrift, so als ob man von Christus nichts wüßte (Epistula de incarnatione verbi, cap. 6; Cur deus homo, Praefatio).

296 Wie der Glaubensbegriff hat auch der Begriff der ratio zwei innerlich aufeinander bezogene und einander zugeordnete Dimensionen. Als subjektiver Begriff meint er die Vernunft als Fähigkeit des Menschen. Ihm entspricht auf der objektiven Seite die ratio rei, der objektive Grund für eine Sache, ihre innere Rationalität. Die ratio in beiden Dimensionen wird durch ihre Notwendigkeit näher charakterisiert. Der Beweis als Denkvorgang muß notwendig vollzogen, logische Folgerichtigkeit muß gewährt werden. Dabei wird er auf die innere Notwendigkeit der Sache selbst, auf die ratio necessaria im objektiven Verständnis stoßen. Solche nach dieser Methode erlangte und aufgedeckte innere notwendige Rationalität erfüllt die Forderung von Wissenschaft im strengen Sinne. Wenn der einzelne Glaubensinhalt von der inneren Logik getragen ist, dann muß auch das Ganze des Glaubens in seinem Zusammenhang von solcher notwendigen Rationalität getragen und durchzogen sein, es muß einen Ansatz geben, aus dem auf dieser Ebene durch Deduktion das Ganze des Glaubens, Gott in seinem metaphysischen Wesen und seinem geschichtlichen Handeln in der Welt als notwendig, nicht nur als konvenient, aufgewiesen werden kann. Es muß gezeigt werden können, daß auch die Geschichte des Heils nicht nur faktisch so ist, sondern so sein muß. Darin kommt Anselms Überzeugung zum Ausdruck, daß auch die geschichtliche Erscheinung des Logos von einer inneren Rationalität geprägt ist, und daß der Mensch als rationales Wesen diese zumindest andeutungsweise aufzudecken und einzusehen imstande ist. Zugleich gerät er in Gefahr, die Dualität von Metaphysik und Heilsgeschichte aufzuheben.

297 In diesem methodischen Ansatz tritt das Ineinander von Glauben und Wissen besonders deutlich ins Bewußtsein. Philosophie und Theologie sind sachlich noch nicht getrennt. Das philosophische Denken entfaltet

und bewährt sich im Bemühen um die Wahrheit der christlichen Offenbarung. Philosophie vollzieht sich im Verstehen des Glaubens. Anselms rationale Methode ist ursprünglich mit systematischer Absicht konzipiert und darf nicht auf Apologetik reduziert werden.

II. Wahrheit als ›rectitudo‹

Nach den rationes necessariae, nach den denknotwendigen Gründen fra- 298
gen, heißt nach der Wahrheit fragen. Das ist Anspruch und Aufgabe der ratio. Die Erörterung dieses Themas in dem Dialog ›De veritate‹ ist ein mit bemerkenswerter Eigenständigkeit unternommener Versuch Anselms, den Begriff der Wahrheit philosophisch zu fassen; er hebt eigens hervor, daß ihm zuvor keine Definition der Wahrheit begegnet sei (I). Ausgangspunkt ist auf der einen Seite die Glaubensüberzeugung, daß Gott die Wahrheit ist. Daneben steht aber die Erfahrung, daß von vielen Dingen gesagt wird, in ihnen sei Wahrheit. Damit stellt sich die Frage, ob man, wo immer man von Wahrheit spricht, sagen müsse, daß sie Gott sei. Eine Definition der Wahrheit soll Klärung bringen. Um zu einer Begriffsbestimmung von Wahrheit zu kommen, um zu verstehen, was der Glaube, Gott sei die Wahrheit, bedeutet, geht Anselm induktiv vor. Er untersucht die verschiedenen Dinge und Sachverhalte, in welchen, wie man allgemein sagt, Wahrheit ist, um von da aus die Frage nach dem Wesen der Wahrheit – quid sit veritas – zu stellen. So handelt der Dialog von der Wahrheit der Anzeige (significatio) und der Aussage (enuntiatio, II); von der des Denkens (opinio, III), des Wollens (voluntas, IV) und des Handelns (actio, V). Schließlich von der Wahrheit der Sinne (sensus, VI) und der Wahrheit des Wesens der Dinge (essentiae rerum, VII). Dabei arbeitet Anselm heraus, daß das Kriterium aller Wahrheitsformen, der logischen, ethischen und ontologischen Wahrheit, die rectitudo ist, die Rechtheit. Er versteht darunter, daß etwas so ist, wie es sein soll; dabei ist dieses Sollen von der Schöpfungsordnung vorgegeben und damit letztlich in Gott begründet.

Von Anfang an haben die Ausführungen dieser Schrift das Erkennen 299
und das Tun zum Gegenstand. Über beiden Bereichen steht die rectitudo als Norm und wird dadurch zum Oberbegriff von Wahrheit und von Gerechtigkeit. Erkennen und Wollen stehen immer in der möglichen Differenz zwischen dem Faktischen und dem von der rectitudo her Gesollten. Ihren letzten Grund und einheitlichen Ursprung haben alle Einzelgestalten von Wahrheit und Rechtheit in der höchsten Wahrheit. Diese nimmt eine singuläre Stellung ein, denn, obwohl sie auch rectitudo ist, ist sie es nicht deshalb, weil sie unter einem Maß steht, weil sie etwas muß. »Denn alles ist ihr verpflichtet, sie aber schuldet niemandem etwas und ist aus keinem

Grunde, was sie ist, außer daß sie ist« (X). Selbst ohne Ursache, ist sie die Ursache aller Rechtheit und Wahrheit. Die Wahrheit der Dinge ist von der summa veritas verursacht und ihrerseits Ursache der Wahrheit des Denkens und Redens; Denken und Reden aber sind nicht Ursache von Wahrheit. Hinter diesen Überlegungen steht der Gedanke der Schöpfung. Die Dinge sind wahr, weil sie nach dem Vorentwurf im göttlichen Intellekt geschaffen sind. Sie sind Abbilder der Gedanken Gottes. Ihre Erkennbarkeit und Wahrheit gründet in der absoluten und höchsten Wahrheit, die weder Anfang noch Ende hat (XIII). Von dieser absoluten Wahrheit gilt – und das ist das Ziel der Untersuchung in ›De veritate‹ –, daß sie nur eine sein kann: »Una igitur in omnibus illis est veritas« (XIII). Begründet wird dieser Sachverhalt mit der formalen Struktur der rectitudo, die immer dieselbe ist. Sie ist das grundlegende Wesensmerkmal von Wahrheit: »Veritas est rectitudo mente sola perceptibilis« – Wahrheit ist mit dem Geist allein faßbare Rechtheit (XI). Diese Definition gilt für die absolute Wahrheit ebenso wie für die einzelnen Wahrheitsformen.

In diesem Verständnis von Wahrheit zeichnet sich die Grundgestalt Anselmschen Denkens ab. Die Einheit und die Notwendigkeit der Wahrheit ist die Möglichkeitsbedingung und Begründung für alle Wahrheitsformen. Das Vollkommene wird als Voraussetzung des Unvollkommenen verstanden und nicht als eine aus dem Unvollkommenen zu folgernde Wirklichkeit. Auf das Notwendige, auf die ratio necessaria, ist die ratio des Menschen bezogen. Denken bedeutet deshalb nicht, etwas zu entwerfen, sondern diesen Bezug aufzudecken und nachzuvollziehen.

III. Die Gottesbeweise im ›Monologion‹

300 Im ›Monologion‹ entfaltet Anselm zwei aposteriorische, also von der Erfahrung ausgehende Grundgedanken als Beweise für die Existenz Gottes. Der erste, der in drei Varianten vorgetragen wird, setzt bei der Existenz von erstrebenswerten Gütern an, die »wir mit den körperlichen Sinnen erfahren und mit der Vernunft des Geistes unterscheiden« (I). Diese sind alle durch etwas gut, »das als dasselbe in den verschiedenen guten Dingen verstanden wird« (ebd.). Damit ist aber gesagt, daß es »ein Etwas gibt, durch welches Eine gut ist, was immer gut ist« (ebd.). Die gleiche Argumentation wird für das Große bzw. Würdige durchgeführt. Schließlich wird sie auf das Seiende überhaupt bezogen: »Was immer ist, scheint durch ein Etwas zu sein« (III). Am Ende muß es ein einziges Etwas sein, durch das alles ist. »Da also die Wahrheit durchaus ausschließt, daß es mehrere sind, durch die alles ist, so ist es notwendig, daß es Eines ist, durch das alles ist, was ist« (ebd.). Der zweite Beweis setzt, wiederum aposteriorisch, bei den Naturen bzw. Wesenheiten der Dinge an. Im Vergleich verschiedener

Wesen untereinander zeigt sich eine Ungleichheit der Würde und der Stufen, so etwa zwischen der Natur des Holzes, des Pferdes oder eines Menschen. Die Argumentation wird also von dem Gedanken der Seinsstufen, der Gradualität des Seins, getragen. Bei der qualitativen Verschiedenheit der Wesenheiten muß es mit Notwendigkeit eine einzige und alleinige Natur geben, »die so sehr höher steht als die anderen, daß sie keiner gegenüber geringer ist« (IV). Von dieser gilt dann, daß sie »durch sich das ist, was sie ist, und alles, was ist, durch sie das ist, was es ist« (ebd.). Es muß deshalb eine Wesenheit geben, die dadurch ausgezeichnet ist, daß sie »durch sich gut und groß ist und durch sich das ist, was sie ist, und durch die ist, was immer wahr oder gut oder groß oder etwas ist, und die das höchste Gute, das höchste Große, das höchste Seiende oder Bestehende ist, d.h. das Höchste von allem, was ist« (ebd.).

Der in diesen Beweisen die Schlußfolgerung tragende, zwischen dem Vielen und dem Einen vermittelnde Gedanke ist nicht die aristotelische, später von Thomas von Aquin aufgenommene Kausalität, sondern die platonisch-augustinische Vorstellung der Teilhabe, der participatio. Die jeweilige Idee ist der immanente Grund für die vielen Bestimmungen, die den einzelnen Seienden in unterschiedlicher Weise zukommen. Alle Vielheit gründet so letztlich in einem Einen, deshalb kann von den Vielen auf das Eine geschlossen werden. 301

IV. Das unum argumentum des ›Proslogion‹

Unter dem Eindruck der verschiedenen ineinandergreifenden Beweise im ›Monologion‹ macht sich Anselm auf die Suche nach einem zentralen Ansatz, nach einem Argument, »das keines anderen bedürfte, um zu beweisen, als seiner allein, und das allein hinreichte, zu stützen, daß Gott in Wahrheit existiert« (Proslogion, Prooemium). Als er schon aufgeben wollte, ist Anselm jener berühmte Gedanke zugefallen, den er im ›Proslogion‹ entfaltet hat und der seither ununterbrochen Gegenstand der philosophischen Diskussion ist. *Kant* hat ihn mit dem irreführenden Begriff ›ontologisches Argument‹ belegt. 302

Im einleitenden Kapitel grenzt Anselm zunächst die Zielsetzung ein: »Ich versuche nicht, Herr, Deine Tiefe zu durchdringen, denn auf keine Weise stelle ich ihr meinen Verstand gleich; aber mich verlangt, Deine Wahrheit einigermaßen einzusehen, die mein Herz glaubt und liebt. Ich suche ja nicht einzusehen, um zu glauben, sondern ich glaube, um einzusehen« (I). Nach diesem Bekenntnis entfaltet Anselm seinen Gedanken. Der Ausgangspunkt ist eine Glaubensaussage: »Wir glauben, daß Du etwas bist, über dem nichts Größeres gedacht werden kann – Et quidem credimus te esse aliquid quo nihil maius cogitari possit« (II). Dieser damit einge- 303 führte Gottesbegriff ›aliquid quo nihil maius cogitari possit‹, diese quasi-Definition hat offensichtlich die Aufgabe, die Offenbarungswahrheit von der absoluten Transzendenz Gottes zum Ausdruck zu bringen. Als Begriff ist dieses ›aliquid quo nihil maius cogitari possit‹ in keiner Bestimmung an den Glauben gebunden. Die Formulierung ist nicht die Entdeckung Anselms. Sie findet sich in fast identischem Wortlaut bereits in der philosophischen Tradition (Seneca, Naturalium quaestionum I; Cicero, De natura deorum II 7; Augustinus, De doctrina christiana I 7, De libero arbitrio II 2,5; Boethius, De consolatione philosophiae III prosa 10). Der Begriff als solcher ist also keineswegs das Neue, wohl aber die rationale Explikation. Durch den Einwand des Toren, der Gott leugnet, kommt die Argumentation in Gang. Als nur geglaubter ist dieser Satz noch keineswegs evident, noch nicht einsichtig, er besagt im Grunde noch nichts. Deshalb muß an dieser Stelle das Denken einsetzen, um die innere Rationalität, die Tragweite dieser Aussage zu erfassen und zu erhellen. Wenn nun der Ungläubige diesen Gedanken hört, dann ist er zumindest in seinem Verstande, auch wenn er noch nicht einsieht, daß das, was da in seinem Verstande von ihm gedacht ist, auch tatsächlich existiert. Da aber etwas, über das hinaus Größeres nicht gedacht werden kann, nicht nur im Verstande sein kann, weil ein wirklich Existierendes größer wäre und das Gedachte damit nicht das, worüberhinaus Größeres nicht gedacht werden kann, muß es auch existieren. Daraus folgt: Es ist ohne Zweifel etwas, über das hinaus Größeres nicht gedacht werden kann, sowohl im Verstande wie auch in der Wirklichkeit. Damit ist die Existenz Gottes aufgewiesen.

304 In einem weiteren Schritt versucht Anselm dann zu zeigen, daß Gott nicht nur tatsächlich existiert, sondern daß er notwendig existiert. Er argumentiert, daß von etwas, über das hinaus Größeres nicht gedacht werden kann, gar nicht gedacht werden kann, es existiere nicht, weil dann das, worüber hinaus nichts Größeres gedacht werden kann, eben nicht mehr das wäre, worüber hinaus nichts Größeres gedacht werden kann, und das wäre ein Widerspruch. So gewinnt Anselm als Ergebnis der Denkbemühung die Einsicht: »So wahrhaft wirklich existiert etwas, über das hinaus Größeres nicht gedacht werden kann, daß es als nicht existierend nicht einmal gedacht werden kann« (III).

Anselm versucht also mit seinem Gedankengang, nicht nur die bloße Tatsache von Gottes Existenz zu entfalten, er ist vielmehr bemüht zu zeigen, daß Gott auf die Weise existiert, wie wir glauben, daß er existiert. Das wird deutlich, wenn Anselm diese Einsicht als Einsicht in die urspüngliche Glaubensaussage verifiziert. »So wirklich also bist Du, Herr, mein Gott, daß Du als nicht existierend auch nicht gedacht werden kannst« (ebd.).

305 Dieser Aufweis des Daseins Gottes und der Notwendigkeit seines Seins ist der Urbeweis und die Grundlage für das gesamte Denken Anselms.

Der Mönch *Gaunilo*, ein Zeitgenosse Anselms, war von dieser Argumentation nicht überzeugt und stellte sich in seinem ›Liber pro insipiente‹ auf die Seite des Ungläubigen. Der Übergang vom ›esse in intellectu‹ zum ›esse in re‹, vom Gedachtsein zum Wirklichsein, ist für ihn nicht einsichtig. Mit dem Hinweis auf eine gedachte Insel im Ozean, der alle Vorzüge zukommen, die aber deshalb keineswegs existieren muß, verdeutlicht Gaunilo seinen Einwand, zeigt damit aber auch zugleich, daß er Anselm und die Singularität und Unvergleichbarkeit der zur Diskussion stehenden Gottesfrage nicht begriffen hat. Damit ist ein Einwand formuliert, der seither immer wieder gegen Anselm erhoben wurde und wird. Es handle sich bei seinem Argument um einen unberechtigten Übergang von der Ordnung des Denkens in die Ordnung des Seins. Daß Anselm aber grundsätzlich zwischen esse in re und esse in intellectu zu unterscheiden vermochte, hatte er schon im zweiten Kapitel des Proslogion gezeigt. Man sollte es sich deshalb mit diesem Vorwurf nicht so einfach machen. Gleichwohl war für Anselm durch diese Schrift Anlaß gegeben, seinen Gedanken noch einmal zu entfalten und dabei ausdrücklich auf die Einwände einzugehen. 306

Die Tatsache, daß dieser Beweis als ontologisches Argument in die Geschichte eingegangen ist, gibt Anlaß, von Anselm selbst, seinem philosophisch-theologischem Vorverständnis, seinem Ansatz und seiner Zielsetzung her, auf die damit angesprochene Problematik besonders einzugehen. Von einem ontologischen Gottesbeweis spricht man ganz allgemein dann, wenn von einem bloßen Begriff Gottes ausgehend die Existenz Gottes bewiesen wird, d.h. also auf rein apriorischem Wege. Die offene Frage ist dabei, auf welche Weise ein so merkwürdiger Gedanke, wie dieses aliquid quo maius cogitari non potest in das Denken des Menschen kommt. Obwohl es in vielen Publikationen über Anselm kaum zur Kenntnis genommen wird, ist diese Frage, wie es scheint, von Anselm eindeutig beantwortet, und zwar in doppelter Hinsicht. Zum ersten: Der zur Diskussion stehende Begriff ist, wie gezeigt wurde, eine Glaubensaussage und kommt damit vom Glauben ins Denken; er ist also im Denken bezogen auf die vorgängige Erfahrung des Glaubens und insofern ein aposteriorischer Gedanke, die Wirklichkeit des Gedachten ist in dem Begriff bereits mitbegriffen. Was dann denkend entfaltet wird, ist strenggenommen kein Gottesbeweis, sondern der Aufweis der inneren Sinnhaftigkeit, der Rationalität dieses Glaubensinhaltes. Im Prooemium spricht Anselm ausdrücklich von einem Argument, das allein hinreicht, um zu stützen, daß Gott in Wahrheit existiert. Stützen kann man aber nur etwas, das vorher und auf andere Weise gegeben ist, in unserem Falle eben durch den Glauben. Die ratio beweist dann nicht, sondern sie versucht zu verstehen (intelligere), daß es rational verantwortbar ist, solches zu glauben. Zum zweiten: Auch philosophisch-metaphysisch ist der Gedanke des quo maius cogitari non potest ein aposteriorischer. In seiner Antwort auf den Einwand Gaunilos 307 stellt Anselm diesen Sachverhalt klar heraus. In der Auseinandersetzung mit dem Ungläubigen, der die Autorität der Schrift nicht anerkennt, trägt naturgemäß der Hinweis auf den Glauben als Antwort auf die Frage nach der Herkunft dieses Gedankens nicht. Anselm greift deshalb zurück auf Überlegungen, die er schon im ›Monologion‹ angestellt hatte, und führt, von der Erfahrung in dieser Welt aufsteigend, zu seinem einen Argument. Vom Kontingenten, von den Dingen, über die hinaus Größeres gedacht werden kann, führt der Gedanke zu dem, ›quo maius cogitari non potest‹, zum notwendigen Sein. Es gibt also erfahrbare Wirklichkeit, von der aus sich das erschließen läßt, worüber hinaus Größeres nicht gedacht werden kann. Daher kann auf solche Weise der Ungläubige, der die Autorität der Schrift nicht annimmt, leicht widerlegt werden, wenn er bestreitet, daß man zum Begriff dessen, worüber hinaus Größeres nicht gedacht werden kann, von anderen Dingen aus gelangen könne. (Quid ad haec respondeat [8]). Den Gläubigen verweist Anselm eigens noch auf den Römerbrief (1,20), wo Paulus davon spricht, daß Gott aus den Werken der Schöpfung erkannt werden kann. Der Begriff ist gesichert. Das Problem liegt darin, ob die ratio necessaria dieses Begriffes die Unmöglichkeit der Nichtexistenz Gottes beinhaltet. Mit dieser Aufgabe ist das Denken allein auf sich selbst gestellt.

308 Dieser Gedankengang Anselms in seiner Antwort auf Gaunilo darf nicht als nachträglicher, nur apologetischer Zusatz für den Ungläubigen abgetan werden. Er ist schon im ›Proslogion‹, wenn auch nicht explizit, enthalten und gehört wesentlich zu Anselms philosophischer Theologie. Gegeben wird uns der Gottesbegriff in der Glaubenserfahrung. Verstanden werden kann aber eine Glaubenserfahrung nur von der Erfahrung der als Schöpfung verstandenen Wirklichkeit her. Damit ist keineswegs gesagt, daß ein so verstandener Gottesbegriff zu einem begriffenen Gott führt, ein Vorwurf, der ebenfalls gegen Anselm später erhoben wurde. Auch Anselm weiß, daß Gott größer ist, als gedacht werden kann: Quod maior sit quam cogitari possit. Dieser Gesichtspunkt ist für Anselms Beweis konstitutiv. Denn das, über das hinaus Größeres nicht gedacht werden kann, wäre ja nur das denkbar Größte und damit ein erstes Seiendes in einer Vielzahl von Seienden. Das aber ist nicht Gott. Zwischen dem größten Seienden und dem Grund dafür, daß überhaupt Seiendes ist, liegt eine absolute Differenz, und diese Differenz läßt sich formallogisch nicht mehr bruchlos in den Gesamtgedankengang integrieren. Das vere esse, das wirkliche Sein, bedeutet mehr als nur tatsächliches Existieren im Gegenüber zum Gedachtsein. Es ist der singuläre Fall absoluter Seinsvollkommenheit. Deshalb genügt es nicht, denkend die Grenzen des Denkbaren zu erreichen, diese Grenzen müssen vielmehr denkend überschritten werden. Darin liegt die Aporie, zugleich aber auch der Rang der Ratio Anselmi, des Gottesbeweises im Proslogion, wie eines jeden Gottesbeweises.

Literatur

Hödl 1978
Heinzmann 1981
Kienzler 1981
Külling 1984
Heinzmann 1987
Mojsisch 1989

V. Das ›ontologische‹ Argument

Gemessen an dem Rang seines Denkens ist die Wirkungsgeschichte Anselms aufs Ganze gesehen gering. Er hat keine Schule begründet und ist in den damals entstehenden Schulen im Grunde genommen nicht zum Zuge gekommen, so sehr der Ruf von Bec mit Anselms Namen in Verbindung gebracht wird. Mit der Verhältnisbestimmung von auctoritas und ratio hat Anselm ein Grundthema der Scholastik aufgegriffen und in einer exemplarischen Weise in seinem Werk realisiert. Damit wurde er in formaler Hinsicht zu einem wichtigen Wegbereiter der mittelalterlichen Philosophie und Theologie. Hinsichtlich einzelner theologischer Themen lassen sich im 12. und beginnenden 13. Jahrhundert vor allem in Kreisen monastischer Theologie vereinzelt Einflüsse etwa seiner Gotteslehre, oder der Theologie der Rechtheit und Freiheit des Willens nachweisen. Größere Bedeutung gewann Anselms großartige, aber auch einseitige Heils- und Erlösungslehre, die sogenannte Satisfaktionstheorie. 309

Unter wirkungsgeschichtlichem Gesichtspunkt bleibt das Unum argumentum Anselms herausragende Leistung, wenngleich es im Mittelalter keineswegs eine zentrale Rolle spielte. Mit Zustimmung wird der Gedanke von *Wilhelm von Auxerre*, *Bonaventura*, *Matthaeus von Aquasparta*, *Aegidius Romanus* und *Johannes Duns Scotus* aufgenommen. *Thomas von Aquin* und *Wilhelm von Ockham* akzeptieren ihn nicht. Losgelöst aus den Zusammenhängen anselmianischen und mittelalterlichen Denkens tritt der Gedanke seit Descartes in den Mittelpunkt philosophischer Spekulation über Gott. *Leibniz*, *Kant* und *Hegel* sind ebenso zu nennen wie Vertreter der mathematischen Logik und der analytischen Philosophie. Gerade in den letzten Jahrzehnten ist das Interesse an dem ontologischen Argument und an damit zusammenhängenden philosophischen Problemen eher noch gewachsen. Es ist dies jedoch die Wirkungsgeschichte eines einzelnen Gedankens, der nur noch äußerlich, wenn überhaupt, mit dem Namen Anselm von Canterbury verbunden ist. 310

Literatur

Henrich ²1967

K. Petrus Abaelard (1079–1142)

Leben und Werke

311 In Petrus Abaelard verdichten sich in geradezu exemplarischer Weise die für das 12. Jahrhundert charakteristischen Kräfte und Impulse des Aufbruchs. Von den einen als Sokrates Frankreichs, Plato des Westens und Aristoteles seiner Zeit gefeiert (Petrus Venerabilis), haben ihn auf der anderen Seite seine Gegner aufs schärfste bekämpft und von zwei Konzilien verurteilen lassen. Selbst von streitbarer Natur und nicht gerade auf Ausgleich bedacht, hat Abaelard seinen Beitrag zu diesen Auseinandersetzungen und Spannungen geleistet. Über sein Leben glaubte man zuverlässig unterrichtet zu sein. Seit jedoch die Echtheit der ›Historia calamitatum‹, seiner Autobiographie, und des Briefwechsels mit Heloise erneut und ernsthaft in Zweifel gezogen wurde, ist in den Einzelheiten Zurückhaltung geboten. John S. Benton hat zwar 1980 sein ursprüngliches Urteil in wesentlichen Punkten korrigiert und gemildert, die Diskussion ist aber noch nicht abgeschlossen. Bis zu einer endgültigen Klärung sollte man diese Texte nicht ohne Vorbehalt als authentisch betrachten.

Abaelard ist 1079 in Les Pallet, daher der Beiname Palatinus, in der Nähe von Nantes geboren, er war der älteste Sohn des Ritters Berengar und seiner Frau Lucia. Er verzichtete auf sein Erbrecht und begab sich mit etwa 15 Jahren auf den Weg der Wissenschaft. Zunächst war er wohl Schüler von *Roscelin von Compiègne*, dem Wortführer der Nominalisten, wechselte dann aber um 1100 nach Paris zu *Wilhelm von Champeaux*, der als extremer Realist die Gegenposition im Universalienstreit vertrat. Das anfänglich gute Verhältnis zu Wilhelm zerbrach an der anmaßenden Kritik Abaelards. Daraufhin unterrichtete Abaelard selbst mit großem Erfolg Dialektik, zunächst in Melun, später in Corbeil. Nach einer schweren Krankheit, die Studium und Lehrtätigkeit unterbrach, kam er 1108 wieder nach Paris, um erneut bei Wilhelm von Champeaux zu studieren. Die Auseinandersetzungen brachen jedoch wieder auf. Durch Abaelards Kritik wurde Wilhelm gezwungen, seine Position in der Universalienfrage zu modifizieren, was für das öffentliche Ansehen von beiden, wenn auch mit umgekehrten Vorzeichen, nicht ohne Folgen blieb. Wilhelm verhinderte daraufhin, daß Abaelard auf seinen Lehrstuhl kam, nachdem sein unmittelbarer Nachfolger zugunsten Abaelards verzichtet hatte. Abaelard ging zunächst wieder nach Melun, kehrte jedoch, als Wilhelm Paris verlassen hatte, zurück, um auf dem Genovefa-Berg seine eigene Schule aufzubauen. Die Wiederaufnahme des Streites mit Wilhelm, der nach Paris zurückgekehrt war, wurde dadurch beendet, daß Abaelard nach Hause gerufen wurde, da seine Eltern in ein Kloster eintreten wollten (ca. 1113).

Während dieser Zeit entschloß sich Abaelard, bei *Anselm von Laon*, einem der berühmtesten Lehrer seiner Zeit, Theologie zu studieren; aber auch dieser konnte seinen Ansprüchen nicht genügen. Vorlesungen, die er daraufhin selbst mit großem Erfolg anbot, untersagte Anselm mit dem Hinweis, es fehle ihm dazu die erforderliche theologische Vorbildung. In Paris wurde Abaelard mit der Leitung der Schule von Notre Dame beauftragt und hatte großen Zulauf. In diese Zeit fällt sein folgenschweres Liebesverhältnis mit Heloise; etwa 1118 wurde beider Sohn Astralabius geboren. Der Onkel von Heloise, der Kanoniker Fulbert, fühlte sich von Abaelard hintergangen und ließ ihn entmannen. Auf Drängen Abaelards trat Heloise als Nonne in das Kloster Argenteuil ein; er selbst wurde in St. Denis Mönch. Seine durch diese Affaire unterbrochene wissenschaftliche Tätigkeit konnte er auf Bitten seiner Schüler und mit Erlaubnis des Abtes in einer Einsiedelei des Klosters wieder aufnehmen. Hier entstand die ›Theologia summi boni‹; sie fand sehr schnell Verbreitung, brachte Abaelard aber auch neue Schwierigkeiten. Seine Gegner erreichten auf der Synode von Soissons (1121) ohne weitere Prüfung eine Verurteilung. Abaelard mußte das Werk eigenhändig ins Feuer werfen; er selbst wurde zu Klosterhaft verurteilt, bald aber durch den päpstlichen Legaten wieder begnadigt. Nach St. Denis zurückgekehrt, kam es erneut zu Streit, da Abaelard die Identität des Namenspatrons des Klosters mit Dionysius Areopagita in Frage stellte. Wiederum mußte er fliehen, erhielt aber durch Vermittlung die Erlaubnis, sich in eine Einsiedelei zurückziehen zu dürfen. In Quincey bei Nogent-sur-Seine ließ er sich nieder. Das für die zahlreichen Schüler erweiterte Haus weihte er dem Paraklet, dem Heiligen Geist als Tröster. Obwohl er von seinen Gegnern immer wieder angegriffen wurde, wählten ihn die Mönche des Klosters St. Gildas von Ruys in der Bretagne zu ihrem Abt. Seine Versuche, sie zu einem Leben nach der Ordensregel zu zwingen, brachten ihm neue Feindschaften und Gefahren. Um 1129 schenkte Abaelard den Nonnen von Argenteuil, deren Priorin inzwischen Heloise geworden war, das Oratorium zum Paraklet und übernahm deren geistliche Betreuung. 312

Im Jahre 1135/36 nahm Abaelard aufs neue in Paris seine Tätigkeit als Lehrer der Theologie und Philosophie auf. Unter anderem hörten ihn *Johannes von Salisbury* und vermutlich auch *Petrus Lombardus*. In dieser Zeit entstanden seine theologischen Hauptwerke, die Kommentare zum Hexaemeron und zum Römerbrief, die ›Theologia Scholarium‹, die ›Ethica‹. In *Wilhelm von St. Thierry* und insbesondere in *Bernhard von Clairvaux* erwuchsen ihm jedoch auch die entscheidenden Gegner. Auf der Synode von Sens (1140) endete die Auseinandersetzung für Abaelard mit einer Niederlage; aufgrund von 19 inkriminierten Lehren wurde er, ohne gehört worden zu sein, als Häretiker zu ewigem Stillschweigen verurteilt. 313

Der Abt *Petrus Venerabilis* nahm ihn in Cluny in sein Kloster auf, versöhnte ihn schließlich mit Bernhard und erreichte die Aufhebung der päpstlichen Verurteilung. Am 21. April 1142 starb Abaelard und wurde ins Kloster zum Paraklet überführt. Nach ihrem Tod wurde Heloise neben ihm beigesetzt.

Abaelard hat seine einzelnen Schriften im Laufe der Zeit wiederholt, manche bis zu fünfmal, durch ergänzende Zusätze überarbeitet. Buytaert hat in seiner allgemeinen Einleitung zur kritischen Edition alle Werke Abaelards, auch die verlorenen, zusammengestellt und, soweit möglich, chronologisch geordnet (1969, S. XII–XXV).

Literatur

Peppermüller 1977
Benton 1980
Moos 1980

I. Sprachlogik und Universalienfrage

314 Im Unterschied zu den meisten Denkern seiner Zeit war Abaelard ursprünglich Philosoph, und auch als er sich der Theologie zuwandte, galt sein bevorzugtes und bleibendes Interesse philosophischen, näherhin logischen Problemen. Die Begriffe ›Logik‹ und ›Dialektik‹ werden von ihm in der Regel nicht unterschieden. Gegenüber der Tradition trat die Syllogistik bei Abaelard in den Hintergrund, im Mittelpunkt seines Bemühens stand die Sprachlogik und darin gründet sein Ruhm als Logiker. Der Sache nach ist zwar die Analyse der Sprache eine rein formale Wissenschaft, Abaelard beschränkte sich jedoch nicht auf den rein formalen Aspekt, die ontologischen und erkenntnistheoretischen Zusammenhänge wurden von ihm durchaus mitbedacht.

1. Die Problemstellung

315 Von diesem umfassenden Kontext her ging Abaelard auch das Universalienproblem an. Von Porphyrius aufgeworfen und auch von Boethius verbal unentschieden gelassen, war das Universalienproblem seit dem Ende des 11. Jahrhunderts wieder äußerst kontrovers diskutiert worden. In seinem Kommentar zu Porphyrius greift Abaelard das Problem mit den drei von seiner Vorlage formulierten Fragen auf: a) Haben die Universalien ein wirkliches Sein (verum esse) oder existieren sie nur im denkenden Subjekt (tantum in opinione); b) falls sie wirklich existieren sollten, sind sie dann körperlich oder unkörperlich; c) sind sie von den Sinnendingen ge-

trennt oder in ihnen? Abaelard fügt als vierte eine eigene Frage hinzu und deutet damit bereits einen neuen Aspekt in der Stellung des Problems an: d) Müssen Gattungen und Arten, solange sie sind, eine der Benennung zugrundeliegende Sache haben, oder kann das Universale aufgrund der Bezeichnung des Begriffs (ex significatione intellectus) auch dann noch bestehen, wenn die benannten Dinge zerstört sind (Logica ›Ingredientibus‹ [LI] 7,29–8,23)?

2. *Das Universale – eine Sache der Sprache*

Philosophiegeschichtlich begann mit dieser Frage eine neue Sicht des Pro- 316
blems und damit die Eröffnung der Perspektive für einen neuen Lösungsansatz. Das Universalienproblem wurde von Abaelard nicht mehr primär als eine ontologische, sondern als eine sprachlogische Frage verstanden. In die gleiche Richtung weist Abaelards Verständnis der aristotelischen Kategorien; er interpretiert sie mehr als Aussageweisen – secundum significationem vocum – denn als Seinsweisen – secundum naturas rerum (LI 116,35117,1). Er ist sich dessen bewußt, daß sich damit neue Fragen von vergleichbarer Schwierigkeit erheben. So ist auf der einen Seite nach der gemeinsamen Ursache in den verschiedenen Dingen zu suchen, die dazu berechtigt, universalia nomina zu gebrauchen. Andererseits muß erklärt werden, was universale Namen begreifen, wenn damit keine Sache begriffen wird, was für einen Sinn sie haben können ohne Sachbezug (LI 8,14–23). Abaelard bereitet seine Antwort vor, indem er zunächst die Unhaltbarkeit der in seiner Zeit vertretenen Positionen aufzeigt. Sein direkter Gegner war ja Wilhelm von Champeaux; er war Anlaß zur Auseinandersetzung mit dem Universalienrealismus in seinen verschiedenen Modifikationen.

Ein extremer Realismus versteht unter den Universalien Gegenstände, 317
res universales, die eine den Einzelseienden gemeinsame Substanz darstellen; die Verschiedenheit liegt in der forma, im Sinne einer akzidentellen Erscheinung des wesenhaft identischen Universale. Nach Abaelard lassen sich mit diesem Denkmodell die Einzelgegenstände nicht angemessen erklären, es entbehre jeder Vernunft zu behaupten, daß das gleiche Wesen gleichzeitig in verschiedenen Seienden bestehe (LI 15,5–8).

Auch die sogenannte ›Collectio-Lehre‹ (LI 14,7–40) ist für Abaelard 318
nicht akzeptabel. Diese These läßt das real existierende Universale aus der Summe der unter einen Begriff fallenden Gegenstände konstituiert sein; so sind alle Menschen zusammengenommen das Universale ›Mensch‹ (LI 14,7–11). Diese These scheitert nach der Überzeugung Abaelards an dem Erfordernis, das Universale müsse als Ganzes in jedem Einzelnen sein.

Eine letzte Position, die sogenannte ›Indifferenzlehre‹, geht davon aus, 319
daß die gleiche Sache universell und individuell sei (Logica ›Nostrorum

petitioni‹ [LN] 518,9–13). Die Singularität gründet in der discretio, der Unterschiedenheit von anderem; die Universalität liegt in der Unterschiedslosigkeit (indifferentia) und der Übereinkunft in der Ähnlichkeit (convenientia similitudinis; LI 14,4–6). Der Haupteinwand Abaelards richtet sich gegen die darin implizierte Voraussetzung, Universalität und Individualität könnten rein akzidentell verstanden werden, was zur Folge hätte, daß Individualität durch sich definiert werden müßte, was jedoch in sich widersprüchlich ist (LN 520,11–14).

320 Abaelards Auseinandersetzung mit den zeitgenössischen realistischen Lösungen des Universalienproblems kommt zu dem Ergebnis, daß keine der vorgetragenen Antworten in sich schlüssig ist und eine sachgemäße Antwort auf die anstehenden Fragen bietet. Für ihn selbst ergibt sich daraus die Folgerung, daß man eine derartige Universalität allein den Worten zuschreiben kann (LI 16,21–22). So kann Abaelard definieren: »Est autem universale vocabulum quod de pluribus singillatim habile est ex inventione sua praedicari« (LI 16,25–26); ein Universale ist also ein Wort, das aufgrund menschlicher Festlegung geeignet ist, einzeln von mehreren ausgesagt zu werden. Damit ist die Ebene des Universalienrealismus endgültig verlassen; das Allgemeine ist Sache der Sprache, nicht des Seins. Durch weitere Differenzierungen präzisiert Abaelard seine Position. Unter ›vox‹ versteht er das Wort als Produkt des physiologischen Vorgangs des Sprechens (LN 522,19–21; vgl. Dialectica 114,20–23). Davon ist ›sermo‹ bzw. ›vocabulum‹ zu unterscheiden, hier geht es um die Bedeutung. Weder voces noch res können universell sein, das ist allein eine Funktion der Sprache (sermo), aufgrund menschlicher Festlegung (LN 522,28–31). Die Bedeutung der Sprache beruht folglich auf der Festlegung durch den Menschen, wodurch die vox zur vox significativa, zum sermo wird (Dialectica 562,25). Diese institutio oder inventio darf jedoch nicht subjektivistisch und aktualistisch verstanden werden; der Mensch findet sie vielmehr als immer schon geschehene »institutionem iam factam« vor (LN 524,22–24).

Universalwörter können nun ein Zweifaches bedeuten. Die Anwendung eines Universalwortes auf unmittelbar sinnlich wahrnehmbare Gegenstände nennt Abaelard ›appellatio‹; in diesem Fall ist keine Universalität in strengem Sinne gefordert (LI 22,2–4; LN 527,23). Wenn sich Universalwörter nicht auf sinnlich Wahrgenommenes beziehen, spricht Abaelard von ›significatio‹; Mensch als Speciesbegriff etwa ist keine res, kein sinnlich wahrnehmbarer Gegenstand. Was bezeichnet aber der Allgemeinbegriff in diesem Fall? Mit dieser Frage münden die sprachlogischen Überlegungen in die Erkenntnistheorie ein.

Bei der Erkenntnis spielen Sinnlichkeit (sensus) und Begreifen (intellec- 321
tus), die beide zur Seele gehören, ineinander; sie unterscheiden sich da-
durch, daß die Sinneswahrnehmung an leibliche Organe gebunden und
nur auf Körper und deren sinnlich erfaßbare Qualitäten bezogen ist. Das
Begreifen bedarf dessen nicht, »es begnügt sich mit einer Ähnlichkeit (si-
militudo) der Sache, die der Geist (animus) selbst sich herstellt und auf die
er die Tätigkeit seiner Vernunft richtet« (LI 20). So wie die Wahrnehmung
nicht identisch ist mit der wahrgenommenen Sache, ist auch der Begriff
nicht die forma der Sache, die aufgefaßt wird. Das Begreifen als Tätigkeit
der Seele richtet sich auf eine res imaginaria quaedam et ficta, auf ein Bild
der Wirklichkeit, auf eine vorgestellte Sache. Erkennen heißt, Dinge und
bestimmte Proprietäten an ihnen unterscheiden (LI 329,19–22). Der Be-
griff wird nicht aus den Dingen gewonnen, aber er bezieht sich auf die
Dinge. Vom Menschen konzipiert, steht der Begriff zwischen Subjekt und
Objekt. Der Unterschied zwischen den Begriffen der Universalien und de-
nen der Einzelbestimmungen stellt sich für Abaelard folgendermaßen dar:
Der Begriff, den ein Einzelname erzeugt – quem vox singularis generat –
hält die eigentümliche und in gewisser Weise einzigartige Gestalt eines
Einzelnen fest; die ihm zugrundeliegende Sache wird von ihm benannt
und bestimmt. Demgegenüber entwirft der Begriff, der zu einem allge-
meinen Namen gehört, ein gemeinsames und verwischtes Bild der vielen
Gegenstände – »communem et confusam imaginem multorum concipit«
(LI 21,27–32), ohne klare Unterscheidung des Individuellen wird das
mehreren Individuellen Gemeinsame begriffen. Der Allgemeinbegriff hat
als allgemeiner keine konkrete Entsprechung in der Wirklichkeit, es wird
vielmehr Ähnliches im Denken zusammengefaßt. Das geschieht durch
Abstraktion. Die ratio hat die Kraft, Stoff und Form, die nur verbunden
existieren, getrennt zu betrachten. Durch Abstraktion gewonnene Begriffe
werden deshalb leicht für falsch oder leer gehalten, weil sie die Sache an-
ders erfassen, als sie existiert (LI 25,15–16).

Abaelards Verständnis von Abstraktion ist freilich etwas ganz anderes als 322
das, was die metaphysische Abstraktionstheorie von Aristoteles intendiert,
wonach die forma als das allgemeine, artbestimmende Konstitutionsprinzip
eines konkret Einzelnen erfaßt und zum Begriff erhoben wird. Abaelard
bleibt mit seiner Abstraktion im sinnlich-psychologischen Bereich; es geht
um die Aufmerksamkeit, die sich einem Aspekt an einem Ding zuwendet,
der nie für sich genommen existiert, und andere beiseite läßt, ohne sie zu
leugnen. Wenn eine solche Eigenschaft auf dem Wege der Abstraktion an
mehreren Dingen betrachtet und mit einer vox belegt wird, dann ist das eine
vox universalis, da sie sich ja nicht nur auf ein Einzelding bezieht. Der mo-
dus intelligendi einer solchen Eigenschaft ist ein anderer als der modus exi-
stendi (LI 25,31–33); und damit stellt sich die Frage, wie es mit dem

Sachbezug und der Geltung von Allgemeinbegriffen bestellt ist. Abaelard geht mit seiner Antwort einen Weg zwischen dem Universalienrealismus Wilhelms von Champeaux und dem Nominalismus des Roscelin von Compiègne; das Allgemeine ist als solches weder existent, noch ist es nur die vox als physischer Laut. Allgemeinbegriffe haben als Objekt die forma communis; sie ist kein Einzelgegenstand, wird aber wie ein solcher betrachtet (LI 22,18). In dieser allgemeinen Form wird die durch Abstraktion gewonnene Ähnlichkeit der Dinge erfaßt. Diese forma communis ist ein Gebilde, ein Entwurf des Denkens, ein figmentum, das für die abwesenden Dinge steht. Es hat die Funktion, vermittelndes Zeichen der Dinge zu sein. Die figmenta stehen als »quasi quaedam intersigna rerum« (LI 315,28–37) zwischen Wirklichkeit und Begriff. Sie werden dazu gebraucht, um eine Aussage über die Natur der Dinge zu ermöglichen. Darin hat der Allgemeinbegriff einen Bezug zur Sache; in dem figmentum richtet sich die Erkenntnis auf die res, für die es steht. Solche Merkmale, in denen mehrere Seiende übereinstimmen, werden von Abaelard auch als status bezeichnet (LI 20,1–14). Wieviel Abaelard an dem Sachbezug der Allgemeinbegriffe gelegen ist, zeigt sich in einem weiteren Lösungsversuch (LN 530–533). In der Frage »quam rem intelligo« kann man das quam rem durch ein quid ersetzen. Dann bezieht sich der Allgemeinbegriff zwar nicht auf eine Sache, hat aber in dem quid trotzdem ein Objekt: »etsi nulla res sit quam intelligo, aliquid tamen intelligo« (LN 533,8–9). Dieses quid steht dann für das, was mit forma communis, figmentum und status von Abaelard herausgearbeitet wurde.

323 Obwohl Abaelard keine in sich geschlossene und systematische Darstellung des Universalienproblems vorgelegt hat und manche Unstimmigkeiten zwischen den einzelnen Lösungsversuchen nicht zu übersehen sind, läßt sich seine Position im Kontext der mittelalterlichen Universaliendiskussion einigermaßen klar umreißen: Das Allgemeine existiert nicht real; es ist von der Vernunft konzipiert. Auch das Wort (vox) als etwas physikalisch Hervorgebrachtes ist nicht allgemein. Die Sprache dagegen als sermo, conceptus, intellectus und significatio ist allgemein; sie ist nicht willkürlich gebildet, sondern Ergebnis der Abstraktion und deshalb sinnvoll. Dadurch unterscheidet sich Abaelard vom radikalen Nominalismus. Um das Eigene in Abaelards Universalienverständnis vom Nominalismus Roscelins ebenso wie von dem des 14. Jahrhunderts zu unterscheiden, hat man in der Philosophiegeschichtsschreibung den Begriff ›Konzeptualismus‹ für ihn gewählt.

Als Logiker ging Abaelard das Problem der Universalien vom Menschen und dessen Erkenntnis her an. Es bedeutet deshalb keineswegs eine Inkonsequenz, wenn er als philosophierender Theologe im Gefolge Augustins durchaus auch einen philosophischen Realismus vertrat in dem Sinne, daß im Geiste Gottes die Ideen als die ewigen Vorbilder der Gattungen und Arten schon vor der Schöpfung existierten (Dialectica V 576,34; Theologia summi boni III 91; Theologia christiana IV 138).

II. Abaelard als Theologe

Abaelard ist als Logiker berühmt geworden. Man darf aber seine Leistung nicht auf die Dialektik reduzieren, wenn man nicht Gefahr laufen will, wichtige Impulse, die von ihm ausgingen und für das Ganze des mittelalterlichen Geisteslebens von großer Bedeutung waren, zu übersehen. Abaelard war kein Rationalist, was ihm häufig vorgeworfen wird. Die Verhältnisbestimmung von Glauben und Wissen ist ausgewogen. Obwohl die Vernunft nicht imstande sei, so weit in der Gotteserkenntnis voranzukommen, daß es für die Erlangung des Heils genügen könnte, kämen ihr in der Theologie unverzichtbare Aufgaben zu in dem Bemühen um ein angemessenes Verständnis des Glaubens ebenso wie bei der Abwehr von Angriffen und Irrtümern. 324

1. ›Sic et non‹

Die reflektierende Aneignung der Tradition stieß auf ein Problem von besonderer Dringlichkeit. Es zeigte sich nämlich, daß als verbindlich geltende Sentenzen aus Schrift und Kirchenvätern in Widerspruch zueinander standen. Ohne die hohe Autorität solcher Texte grundsätzlich in Frage zu stellen, suchte Abaelard unter Anwendung der Dialektik einen Weg, um die in den Texten intendierte Wahrheit zu finden und die Widersprüche auszuräumen. In seiner Schrift ›Sic et non‹ hat er 156 Beispiele zusammengetragen und daran seine Methode erprobt. Besondere Aufmerksamkeit verdienen die Regeln und hermeneutischen Prinzipien, die er im Prolog aufgestellt hat, nach denen vorzugehen sei. Abaelard war nicht der erste, der diese Methode entwickelte, durch ihn hat sie jedoch prägenden Einfluß auf die gesamte Scholastik gewonnen. Diese Methode war Ausdruck einer tiefergehenden Entwicklung. Es ging eigentlich um das Verhältnis von auctoritas und ratio. Angesichts der aporetischen Situation sich widerstreitender Autoritäten trat die Bedeutung der menschlichen Vernunft als letzte Instanz auch in Sachen des Glaubens nachdrücklich ins Bewußtsein. 325

2. Subjektivität als Strukturprinzip der Theologie

Abaelard hat sich aber nicht in Einzelfragen verloren. Wenn es auch aus äußeren Gründen nicht zur Ausführung kam, so war seine Theologie gleichwohl systematisch entworfen: ›fides, caritas, sacramentum‹ (Glaube, Liebe, Sakramente) sollten die tragenden Elemente seiner Darstellung der gesamten Heilslehre sein. Es ist für Abaelard kennzeichnend, daß er 326 innerhalb seiner Theologie der Frage der Gotteserkenntnis durch die heidnischen Philosophen große Aufmerksamkeit schenkte (Commentaria in epistolam Pauli ad Romanos, CCH, CM XI S. 67–71). Nicht nur die Existenz Gottes, sondern auch die durch Macht (potentia), Weisheit (sapientia) und Güte (benignitas) zu unterscheidenden göttlichen Personen wurden ohne Offenbarung nach seiner Überzeugung erkannt. In der grundsätzlich für alle Menschen möglichen rationalen Gotteserkenntnis sieht Abaelard das Angebot der Gnade des Glaubens. Aber auch die Kennntis der Trinität ist für das Heil nicht ausreichend. Der Glaube an die Inkarnation, an das Mysterium der Menschwerdung, ist unabdingbar. Gleichwohl gibt die subjektive Seite den Ausschlag. Abaelard ist der Überzeugung, Gott werde jedem, der ihn ernsthaft sucht, das zum Heil Notwendige zukommen lassen.

327 Der personale Aspekt, der sich hier andeutet, setzt sich in der Beantwortung der Frage nach dem Grund der Menschwerdung Gottes weiter fort. Abaelard bricht mit den objektivistischen Erlösungstheorien der Tradition, wonach Inkarnation so verstanden wurde, daß Christus die Menschheit als solche aus der Macht des Teufels befreien oder Gott Genugtuung leisten mußte. Abaelard distanziert sich damit in dieser Frage von Augustinus ebenso wie von Anselm von Canterbury. Für ihn steht im Zentrum dieses Mysteriums der Gedanke der Liebe und damit eine personale Kategorie. Christus will durch sein Beispiel die Liebe zu Gott und zum Nächsten wecken. Indem der je Einzelne von der in Christus erschienenen Liebe Gottes erfaßt und verwandelt wird, geschieht über den Einzelnen Erlösung der Menschheit (aaO S. 113–118).

3. *›Erkenne dich selbst‹*

328 Die personal gedeutete Soteriologie hat in Abaelards Ethik ihre konsequente Umsetzung für das menschliche Handeln. Unter dem Titel ›Scito te ipsum‹ hat er eine unvollendete theologische Monographie über die moralischen Prinzipien des Christentums verfaßt; es ist kein moralphilosophischer Traktat, wie die von Abaelard selbst gelegentlich benutzte Bezeichnung ›Ethica‹ im Sprachgebrauch des 12. Jahrhunderts nahelegen könnte. In dem ›Erkenne dich selbst‹ kommt das eigentliche Anliegen Abaelards unmittelbar zum Ausdruck. Nicht objektive Werte und Normen, nicht Werke und äußere Taten stehen im Vordergrund, es geht vielmehr um den Menschen und seine innere Haltung. Geleitet durch die Frage nach dem letzten Kriterium sittlichen Handelns, liegt das ganze Interesse von Abaelards Ethik auf einer Theorie der Intention und der Definition von Sünde. Nach subtilen Analysen kommt er zu der Einsicht, daß allein die Gesinnung für die Sittlichkeit ausschlaggebend ist. Gott beurteilt den Menschen nicht nach den äußeren Handlungen, sondern nach der

Absicht, die sich in dem inneren Akt der Zustimmung manifestiert (44, 26–30). Die Werke selbst sind indifferent, allein vom handelnden Subjekt her kann man sie gut oder schlecht nennen (44,29–46,1). Sünde im strengen Sinne beinhaltet die Zustimmung des Menschen zu einem Sachverhalt, den er als verwerflich erkannt hat. So verstanden ist die Zustimmung zum Bösen identisch mit der Verachtung Gottes. Sünde ist deshalb nur dann gegeben, wenn ein Mensch gegen sein Gewissen handelt: »Peccatum non est nisi contra conscientiam« (54,27).

Abaelards Orientierung an der nicht ins Allgemeine hinein aufhebbaren 329
Subjektivität öffnet ihm eine für seine Zeit umstürzende Perspektive auf die Menschen außerhalb des Christentums. Daß auch sie gerettet werden können, versucht er in seinen theologischen Werken immer wieder nachzuweisen. Diese Überzeugung machte Abaelard zu einem offenen und toleranten Gesprächspartner mit anderen Religionen. Solcher Verständigung galt sein ›Dialogus inter Philosophum, Iudaeum et Christianum‹. Er sah aber ein solches Gespräch nicht durch einen letztlich alles relativierenden Subjektivismus ermöglicht, es hat vielmehr durchaus einen Grund in der Wahrheit selbst, denn keine Lehre sei so falsch, daß sich nicht eine Spur von Wahrem darin findet (PL 178, 1614 A). Mit diesem Gedanken wird von Abaelard die frühe christliche Logos-Spekulation wieder aufgenommen, wonach alle Wahrheit auf die göttliche Weisheit zurückzuführen ist. Auf der Basis der Vernunft kann damit ein Verständnis von Religion entworfen werden, das geeignet ist, gewissermaßen als gemeinsames Fundament zwischen den konkreten Ausgestaltungen von Religion zu vermitteln.

III. Würdigung

Das Neue, das sich im Denken Abaelards auf dem Gebiet der Philosophie 330
ebenso wie der Theologie ankündigt und mehr oder weniger durchsetzt, hat eine gemeinsame Wurzel: die konstitutive Funktion, die jeweils dem subjektiven Element bei der Lösung der Probleme zukommt. Darin zeichnet sich ein Wandel im Selbstverständnis des Menschen ab, der eine neue Sicht der philosophischen wie der theologischen Probleme mit sich brachte. Daß ein so genereller und tiefgreifender Prozeß zunächst auf Widerstand stoßen mußte und nur langsam nachvollzogen wurde, versteht sich von selbst. Seine Wirkungsgeschichte weist weit über das 12. Jahrhundert hinaus.

Abaelard hatte zahlreiche Schüler, darunter berühmte Namen, aber 331
keine Schule im eigentlichen Sinne. Die Entwicklung der scholastischen Methode verdankt ihm entscheidende Impulse. Am leichtesten ist sein Einfluß auf die Logik nachweisbar. Auf dem Gebiet der Theologie ist sein Nachwirken mehr indirekter Art.

Literatur

Geyer 1919–1933
Minio-Paluello 1958
de Rijk 1962, 1967
de Rijk ^{2}1970
Tweedale 1976
de Rijk 1980
Gombocz 1980
Jacobi 1980
Thomas 1980
Beckmann 1980
Schrimpf 1987
Clanchy 1997

L. Schulen des 12. Jahrhunderts

Während bis zum beginnenden 12. Jahrhundert theologische Arbeit und Ausbildung von wenigen Ausnahmen abgesehen den Klosterschulen vorbehalten waren, traten um die Jahrhundertwende mit schnell wachsendem Einfluß die Domschulen an ihre Seite. Neben der Theologie wurden dort auch die Artes liberales, Rechtswissenschaft und teilweise auch Medizin gelehrt. Damit war ein Wandel in der Zielsetzung theologischen Denkens verbunden. Während die kontemplativen Mönchsorden eine affektive und mystische Vereinigung mit Gott anstrebten, ging es der nach scholastischer Methode betriebenen Theologie primär um den Wissensfortschritt, der vor allem durch den Einsatz der Dialektik angestrebt wurde. Dadurch gewann die Philosophie zunehmend an Bedeutung. Trotz der formalen Gemeinsamkeit in der Methode zeichnet sich das 12. Jahrhundert in thematisch-materialer Hinsicht durch eine große Mannigfaltigkeit aus. Um einzelne angesehene Lehrer bildeten sich Schulen, die je eigene Traditionen begründeten. So etwa in Laon, wo *Anselm* und *Radulf von Laon* sowie *Wilhelm von Champeaux* tätig waren. Letzterer gründete in Paris die Schule von St. Viktor, die neben der des Mont Ste-Geneviève großes Ansehen erlangte. Weniger bedeutend waren Tours und Reims. Zu den einflußreichsten Institutionen dieser Art zählten die Schulen von Chartres und von St. Viktor. Mit den Universitätsgründungen zu Beginn des 13. Jahrhunderts traten diese Schulen in den Hintergrund und verloren schließlich weitgehend ihre wissenschaftliche Bedeutung. 332

I. Die Schule von Chartres

Nicht nur wegen ihres Alters, auch wegen ihres wissenschaftlichen Ranges ist die Schule von Chartres an erster Stelle zu nennen. Sie reicht zurück bis ins 5. Jahrhundert. Zu Beginn des 11. Jahrhunderts war *Fulbert von Chartres* (gest. 1028) die organisatorisch und wissenschaftlich herausragende Gestalt. Zu seinen Schülern zählte *Berengar von Tours* (gest. 1088). Spätestens mit *Ivo von Chartres* (gest. 1116) wurde die Domschule zu einem der prägenden Faktoren des geistigen Lebens des 12. Jahrhunderts. Man hat in der Vergangenheit manchen Namen für die Schule von Chartres in Anspruch genommen, der in einem engeren Sinne nicht dazugerechnet werden kann. Es ist hier nicht der Ort, auf diese Diskussion näher einzugehen (Southern 1970). Die Zugehörigkeit zu dieser Schule soll über die lokalen Grenzen hinaus von der besonderen geistigen Grund- 333 ausrichtung her bestimmt werden. Angesehene Gelehrte sind zu nennen. *Bernhard von Chartres* (gest. ca. 1126) war Magister und Kanzler der Schule. *Gilbert von Poitiers* (gest. 1154) war Leiter der Domschule, bevor er in Paris lehrte und schließlich 1142 Bischof von Poitiers wurde. Er war einer der bedeutendsten und fortschrittlichsten Denker des 12. Jahrhunderts und Inaugurator einer einflußreichen Schule (Porretanerschule), zu der *Alanus ab Insulis*, *Radulfus Ardens* und *Simon von Tournai* zählen. Zwischen 1140 und 1150 war *Thierry von Chartres* (gest. ca. 1150) Kanzler; sein Denken kann als für die Schule von Chartres repräsentativ angesehen werden. *Clarembald von Arras* (gest. ca. 1170), ein entschiedener Kritiker von Abaelard und Gilbert von Poitiers, hielt Thierry für den hervorragendsten Philosophen in ganz Europa. Unter den Schülern von Chartres ist *Wilhelm von Conches* (gest. 1154) zu nennen; er kommentierte nicht nur Plato und Boethius, sondern befaßte sich auch mit den Naturwissenschaften und vor allem mit der Medizin, wobei ihm Schriften arabischer Mediziner in der Übersetzung durch Constantinus Africanus als Grundlage dienten. Ob *Johannes von Salisbury* (gest. 1180), seit 1176 Bischof von Chartres, dort auch studiert hatte, ist ungewiß. Sein ›Metalogicon‹ ist ein für den Schulbetrieb aufschlußreiches Dokument, in dem einzelne der dortigen Gelehrten zutreffend charakterisiert werden. Beachtung verdient auch die Tatsache, daß sich Johannes nachdrücklich darum bemühte, daß man die aristotelische Logik in den wissenschaftlichen Unterricht einbezog.

334 Die ›Septem artes liberales‹ bildeten den Rahmen einer möglichst umfassenden wissenschaftlichen Bildung, wie sie in Chartres angestrebt wurde. Die Verbindung mit der Antike war damit vorgezeichnet. Die Beschäftigung mit den Dichtern wie etwa Cicero, Sallust, Horaz, Vergil oder Ovid stand gleichrangig neben dem Studium der Naturwissenschaften, die durch Euklid, Pythagoras, Ptolemäus, Calcidius oder Galen repräsentiert wurden. Das medizinische Wissen wurde vorwiegend aus arabischen Quellen bezogen. Der wissenschaftlich gebildete Arzt wird als ›physicus‹ von dem nur volkskundlich ausgebildeten ›medicus‹ unterschieden. Unter den philosophischen Autoritäten nahmen Plato, Boethius und Aristoteles die erste Stelle ein. Plato war unmittelbar nur durch ein Timaios-Fragment in der Übersetzung des Calcidius bekannt. In der Vermittlung durch Boethius ist jedoch neuplatonisches Gedankengut in großem Umfang wirksam; vor allem dessen ›Consolatio philosophiae‹ und die sogenannten ›Opuscula theologica‹ sind zu nennen. Starke Impulse gingen von der Logik des Aristoteles aus, deren Kenntnis in diesen Jahrzehnten um die sogenannte ›Logica nova‹ erweitert wurde. Nicht nur die Logik-Kommentare, sondern vor allem die Sprachphilosophie, wie sie etwa von Gilbert von Poitiers mit hohem Anspruch betrieben wurde, bezeugen den Aristoteles-Einfluß. In diesem Zusammenhang ist auch das wachsende Methodenbewußtsein zu sehen, das etwa in den ›Regulae‹ des Alanus de

Insulis einen ersten Niederschlag gefunden hat, wo es darum geht, nach den obersten Axiomen und theologischen Maximen zu fragen.

335 In thematisch-materialer Hinsicht stehen die Schöpfungslehre sowie die Gottes- und Trinitätslehre im Zentrum des Interesses. In der Auslegung der Schöpfungslehre greifen Heilsgeschichte und philosophisch-kosmologische Spekultation ineinander. In seinem Genesis-Kommentar suchte etwa Thierry von Chartres, die Schöpfungserzählung unter Heranziehung der Lehre von den vier Ursachen dem Verständnis näher zu bringen. Der trinitarische Gott ist Wirk-, Formal- und Zielursache der Schöpfung; Materialursache sind die aus nichts erschaffenen vier Elemente. Unter Einbeziehung der Physik des Calcidius entstand dadurch eine konsistente Weltentstehungstheorie im Sinne einer Evolutionslehre. Der platonische Gedanke der Weltseele wurde als kosmologisches Prinzip verstanden und mit dem Heiligen Geist identifiziert.

336 Allein die zahlreichen Kommentare zu ›De trinitate‹ von Boethius bringen das gesteigerte Interesse an diesem Gegenstand zum Ausdruck. Der natürlichen Gotteserkenntnis und der philosophischen Beweisbarkeit der Trinität galt die besondere Aufmerksamkeit. Augustinische Ternare wurden dabei mit einer auf der Eins aufruhenden Zahlenspekulation verbunden. Daß diese Gedanken Thierrys von Chartres im 15. Jahrhundert von Nikolaus von Kues aufgegriffen wurden, zeigt die nachhaltige Wirkungsgeschichte dieser Schule, die ganz allgemein dazu beitrug, daß in der Phase der Aristoteles-Rezeption und Dominanz die platonische Tradition nicht in Vergessenheit geriet.

II. Die Schule von St. Viktor

337 Die Methode, Theologie mit dem Instrumentarium der Dialektik und der Sprachlogik zu betreiben, wie es Anselm von Canterbury, Peter Abaelard und die Repräsentanten der Schule von Chartres in exemplarischer Weise getan haben, fand nicht nur Zustimmung. Die Bedenken reichten bis zu entschiedenem Widerspruch und radikaler Ablehnung. Im 12. Jahrhundert ist *Bernhard von Clairvaux* (1090–1153) unter den Gegnern an allererster Stelle zu nennen. Er lehnte die spezifisch scholastische Methode nicht nur ab, er drängte auch auf die kirchliche Verurteilung der führenden Köpfe; bei Abaelard hatte er Erfolg (1140 auf dem Konzil von Sens), bei Gilbert von Poitiers ist er damit gescheitert (1148 auf dem Konzil von Reims). Bernhard hatte ein anderes Verständnis von Theologie. Nicht rationale Analyse und Erkenntnisfortschritt seien der christlichen Lehre angemessen, sondern Intuition und Vision, mystisches Erleben als Verbindung zwischen der Seele und Gott (Ruh 1990, S. 226–275).

338 *Hugo von St. Viktor* (gest. 1141), vielleicht der universellste Gelehrte des 12. Jahrhunderts, versuchte zwischen beiden Positionen zu vermitteln. Er war bemüht, die auseinanderstrebenden und sich bekämpfenden Kräfte in einer einheitlichen Konzeption zusammenzufassen und darin die verschiedenen Anliegen zu integrieren. In seinem ›Didascalicon‹, einer der einflußreichsten Wissenschaftslehren vor der Aristoteles-Rezeption, versuchte Hugo, die Einheit des Wissens der Artes und der philosophisch-theologischen Erkenntnis dadurch herzustellen, daß er das gesamte profane Wissen der Glaubenswissenschaft zuordnete. Alle Wissenschaften haben einen gemeinsamen Ursprung und ein Ziel. Deshalb ist alle wahre Philosophie Theologie im augustinischen Sinne; entweder ›theologia mundana‹, die Gott in der Schöpfung (opus conditionis) oder ›theologia divina‹, die ihn im Werk der Erlösung (opus restaurationis) sucht (De sacramentis christianae fidei, Prologus). In der Erkenntnistätigkeit des Menschen unterschied Hugo drei Ebenen: die cogitatio bezieht sich auf die denkerische Erfassung der Welt; in der meditatio wird das in der cogitatio erfaßte im Innern verarbeitet; die dritte und höchste Stufe schließlich ist die contemplatio, die Anschauung des Göttlichen. In dieser Konzeption haben dialektische und mystische Theologie Raum, zugleich gewann der mystische Aspekt bei Hugo dadurch eine solidere und weniger durch bloße Affektion gefährdete Grundlage.

339 Der andere führende Kopf der Viktoriner-Schule war der aus Schottland stammende Schüler Hugos, *Richard* (gest. 1173). Er gab in der Synthese Hugos dem wissenschaftlichen Anteil noch ein höheres Gewicht. Neben seinen Bibel-Kommentaren ist ›De trinitate‹ sein bedeutendstes Werk. Seine Suche nach rationes necessariae des Geheimnisses der Trinität erinnert sehr stark an Anselm von Canterbury.

Die Grundausrichtung der Viktoriner setzt sich in der Franziskanerschule, insbesondere bei Bonaventura, fort.

Literatur

Häring 1981

Schipperges/Courth 1983

Ruh 1990

Nicolai 1996

M. Albertus Magnus (ca. 1200–1280)

Leben und Werke

Um 1200 (1193?) in Lauingen an der Donau geboren, stammte Albert aus 340 einer Ritterfamilie des niederen Adels. In Padua studierte er vermutlich Rechtswissenschaft; dort kam es wohl auch zu einer ersten Begegnung mit ethischen und naturwissenschaftlichen Schriften des Aristoteles. Nach dem Eintritt in den Dominikanerorden (1223 oder 1229) absolvierte er in Köln seine theologischen Studien und lehrte nach 1233 an den Ordenshochschulen in Hildesheim, Freiburg im Breisgau, Regensburg und Straßburg. Im Jahre 1243 oder 1244 nach Paris geschickt, wurde Albert 1245 Magister der Theologie. Im gleichen Jahr kam auch *Thomas von Aquin* nach Paris, der ihm dann 1248 nach Köln folgte, wo Albert das neugegründete Studium generale der Dominikaner aufbauen sollte. Neben Thomas zählte hier auch *Ulrich von Straßburg* zu seinen Schülern. Von 1254 bis 57 war Albert Provinzialprior der deutschen Ordensprovinz. Auf das ihm 1260 übertragene Bischofsamt in Regensburg verzichtete er bereits nach zwei Jahren. Anschließend war er als päpstlicher Legat tätig. Die letzten zehn Jahre seines Lebens verbrachte er wieder in Köln und trug zusammen mit seinen Schülern dazu bei, daß diese Stadt für etwa 100 Jahre hinter Paris und Oxford, wenn auch mit Abstand, zu einem geistigen Zentrum der westlichen Welt wurde. Albert genoß nicht nur als Wissenschaftler hohes Ansehen. Wegen seiner Klugheit und Umsicht wurde er immer wieder herangezogen, um schiedsrichterlich tätig zu sein. Neunzehn solcher Schiedssprüche sind bekannt, zu einem Teil sind sie urkundlich erhalten. Am 15. November 1280 starb Albert in Köln.

Gemessen an seinen vielfältigen und zeitraubenden außerwissenschaftlichen Verpflichtungen, hat Albert ein immenses literarisches Werk hinterlassen. Manchem fehlt die letzte Durcharbeitung, anderes ist unvollendet geblieben, Geplantes konnte nicht mehr in Angriff genommen werden. Gleichwohl umfaßt Alberts Werk nahezu alle Wissensgebiete seiner Zeit; mit gutem Grund hat man ihm den Ehrentitel ›Doctor universalis‹ gegeben. Seine erklärte Absicht war es, das Gesamtsystem aristotelischer Philosophie, das heißt die metaphysischen, die naturphilosophischen und naturwissenschaftlichen Schriften des Stagiriten, dem lateinischen Westen zu erschließen (Physica lib I, tract 1, c. 1). Vor allem durch die Aristoteles-Interpretation von Averroes war jedoch auch viel arabisches und jüdisches Gedankengut mit diesem umfangreichen Material verbunden, was zu erheblichen Irritationen im Christentum geführt hat. In zentralen Fragen standen sich Averroismus und Christentum ablehnend gegenüber. Um der dadurch hervorgerufenen Beunruhigung das Fundament zu entziehen und dem ursprünglichen aristotelischen Denken zum Durchbruch zu verhelfen, war Albert von Anfang an bemüht, zwischen Aristoteles und seinen Interpreten sorgfältig zu unterscheiden. Seine Kommentare sind als Paraphrasen angelegt, die bei besonders kontroversen Fragen durch Exkurse, ›digressiones‹, unterbrochen und erweitert sind. In der Anordnung des Stoffes hält sich Albert an die aristotelische Vorlage; der Text selbst wird jedoch nicht zitiert (ebd.).

341 Da Albert einen systematisch-enzyklopädischen Plan verfolgte, hat er auch pseudoaristotelische Schriften miteinbezogen. Neben den materialphilosophischen Werken hat Albert in einem zweiten Zyklus die logischen Schriften des Aristoteles paraphrasiert und dabei auch die Kommentare von Porphyrius und Boethius berücksichtigt.

Bei dieser Arbeit hatte Albert nicht nur innerhalb seines Ordens große Widerstände zu überwinden; auch die päpstlichen Aristotelesverbote von 1210 und 1231 hatten noch Geltung. Er war jedoch der Überzeugung, daß das Christentum dieser Auseinandersetzung nicht ausweichen dürfte und auf Dauer auch gar nicht könnte. In Paris war ja der Konflikt schon offen ausgebrochen in der Auseinandersetzung zwischen der Artistenfakultät und der theologischen Fakultät. Nicht nur die formale Logik, die freilich den Inhalten des Glaubens keine Alternative entgegensetzen konnte, sondern auch die materiale Philosophie, die ihrerseits Antworten auf letzte Fragen zu geben imstande war, sollten vom Studiengang der Theologie nicht ausgeschlossen werden.

342 Die Philosophiegeschichtsschreibung hat Albert wegen seiner herausragenden Leistung Begründer des ›Christlichen Aristotelismus‹ genannt. Unter sachlichen Gesichtspunkten ist diese Bezeichnung nur mit großem Vorbehalt zu akzeptieren. Für Albert war Aristoteles der ›Princeps philosophorum‹, und er war der Überzeugung, daß aristotelisches Denken und Christentum sich nicht widersprechen. Gleichwohl darf man nicht übersehen, in welchem Ausmaß für Alberts Philosophie und Theologie neuplatonisches Gedankengut von Bedeutung war, ohne daß er sich des Gegensatzes zum Aristotelismus bewußt gewesen wäre. Die griechische und arabische Tradition der Aristoteles-Auslegung war weitgehend neuplatonisch orientiert. Unter den arabischen Philosophen wurde von Albert Averroes (Ibn Rushd) hoch geschätzt; aber auch Avicenna (Ibn Sina), Alfarabi und Avicebron werden zitiert. Die jüdische Traditionslinie gewann durch Moses Maimonides (Mose ben Maimon) Einfluß auf sein Denken. Im ›Liber de causis‹ sah Albert die letzte Aufgipfelung der aristotelischen Metaphysik. Durch seinen umfangreichen Sentenzenkommentar wurde Augustinus, der ja die am meisten zitierte Autorität des Lombarden ist, für ihn zu einer gewichtigen Autorität. Zu allen Schriften von Dionysius Areopagita hat er Kommentare verfaßt. Auch Plato, den er allerdings mit Ausnahme des ›Timaios‹ in der Übersetzung des Chalcidius

(vielleicht waren ihm auch ›Phaidon‹ und ›Menon‹ bekannt) nur in der Gestalt des christlichen Neuplatonismus kannte, schätzte Albert sehr hoch; er äußerte die Überzeugung, der Mensch könne in der Philosophie nur zur Vollendung gelangen durch die Kenntnis zweier Denker: Aristoteles und Plato (Metaphysica, lib. I tract. 5, c. 15).

Albert war nicht nur ein universeller Gelehrter, sondern darüberhinaus ein selbständiger Denker. Das geht aus der Intention seines enzyklopädisch konzipierten Werkes ebenso hervor wie aus der Tatsache, daß er auch Aristoteles durchaus kritisch gegenüberstand. So hat er geäußert, auch Aristoteles sei kein Gott und könne deshalb irren (Phys. lib. VIII, tract. 1, c. 14). In seiner ›Summa theologiae‹ findet sich ein Abschnitt mit der Überschrift ›De erroribus Aristotelis‹ (Summa theologiae sive de mirabili scientia dei [STh] II, tract. 1, q. 4, membrum 2). Wenn Albert grundsätzlich Aristoteles den Vorrang vor Plato einräumte, geschah das nicht unbegründet. Ansatz und Methode der aristotelischen Philosophie verdienten gegenüber der Ideenlehre Platos den Vorzug, weil sie bei der konkreten Wirklichkeit ansetze und daraus nach streng wissenschaftlicher Methode die Prinzipien erschließe (In II Sententiarum, dist. 1 A). In innerem Zusammenhang mit dem philosophischen Ansatz bei der konkreten erfahrbaren Wirklichkeit stehen die naturphilosophischen und naturwissenschaftlichen Interessen, die Albert ebenfalls mit Aristoteles teilt. Auch in diesen Bereichen war Albert nicht nur kompilierender Vermittler. Aufgrund eigener Beobachtungen und Forschungen setzte er sich kritisch mit dem Tradierten auseinander und hatte neue Erkenntnisse einzubringen. Auf dem Gebiet der Botanik – ›De vegetabilibus‹ – und der Zoologie – ›De animalibus‹ – gilt Albert als der bedeutendste Forscher des lateinischen Mittelalters. 343

Literatur

Weisheipl 1980
Eckert 1981

I. Zum Verhältnis von Philosophie und Theologie

Albertus Magnus war Theologe, Philosoph und Naturwissenschaftler in einer Person. Ein kaum überschaubares Potential an Wissen wurde von ihm rezipiert. Eigengewicht und Unterschiedlichkeit der einzelnen Sachgebiete schärften den Blick für die je angemessenen Methoden; die wissenschaftliche Beschäftigung damit gewann als Wahrheitskriterium einen eigenen Wert. So stand für Albert auch bei der Verhältnisbestimmung von Philosophie und Theologie nicht der Versuch einer Synthese, sondern die 344 methodologische Trennung und damit die Eigenständigkeit der beiden Sachgebiete im Vordergrund. Gewonnen hat dadurch die Philosophie; sie wurde aus der traditionellen Vorstufe der Theologie zu einer selbständigen Disziplin.

345 Zu Beginn seines Sentenzenkommentars und der ›Summa theologiae‹ (Super I Sent. und STh lib. I, tract. 1) hat Albert diese Probleme im Umfeld der Frage nach der Theologie als Wissenschaft abgehandelt. Den entscheidenden Unterschied zwischen Philosophie und Theologie sieht er in den je anderen Prinzipien. Die Theologie beruft sich auf die übernatürliche Offenbarung, wie sie in der Schrift und den Glaubensartikeln niedergelegt ist (STh lib. I, tract. 1, q. 4). Die Prinzipien der Philosophie sind dagegen Axiome und oberste Sätze, letztlich aus sich selbst einsichtige Sachverhalte. Trotz der Trennung von Theologie und Philosophie nach Gegenstand und Methode fallen die beiden Bereiche nicht gänzlich auseinander, so daß am Ende Glaubenswahrheit und Vernunfteinsicht im Widerspruch zueinander stehen könnten, daß die Vernunft gleichzeitig das Gegenteil von dem denkt, was der Glaube glaubt. Diese Lehre von der doppelten Wahrheit – zu Unrecht wurde sie Averroes unterstellt, bei Siger von Brabant finden sich Ansätze dazu – hat Albert nie vertreten. Er verankerte letztlich das Ganze in Gott als der alles wirkenden ersten Ursache. Gott wirkt auf universale Weise; Sein und Wesen läßt er den Geschöpfen zukommen (De causis et processu universitatis a prima causa; Metaphysica). Vor allem aber führte Albert die rationale Erkenntnis ebenso wie die Glaubenserkenntnis als Fähigkeiten des Menschen auf Gott selbst zurück. Alles Wissen stammt von Gott (STh lib. I tract. 1, q. 4 ad 1). Albert unterscheidet dabei zwei Arten von Offenbarung (ebd. ad 3). Zur näheren Erklärung hierfür bediente er sich der seit Augustinus in der neuplatonischen Tradition geläufigen Lichtmetaphysik. Gott ist das ursprüngliche und unbegreifliche Licht. Durch das natürliche Licht der Vernunft offenbart er sich den Philosophen; in den evidenten Prinzipien leuchtet dieses Licht auf, »relucet in per se notis« (ebd). Der andere modus revelationis geschieht durch den Glauben, »in fidei articulis« und ist auf die überweltlichen Dinge, ad supermundana, gerichtet.

Welchen Eigenwert Albert den natürlichen Wissenschaften zuerkennt, zeigt sich u.a. in seiner Forderung, die Theologie müsse den Nachweis erbringen, nicht überflüssig zu sein; sie hat ihre Berechtigung in der Tatsache, daß durch die natürliche Vernunft das Heilsnotwendige nicht hinreichend erkannt wird (ebd. ad 6). Daß aber auch dafür die natürliche Erkenntnis nicht völlig belanglos ist, deutet das ›non sufficienter‹ an.

Das Bemühen, Alberts eigene philosophische Meinung im einzelnen zu 346
bestimmen, stößt oft auf nicht geringe Schwierigkeiten. Ihm war daran gelegen, seinen Zeitgenossen Aristoteles zu vermitteln. Daraus kann man schließen, daß er das für wichtig erachtete und die aristotelische Philosophie grundsätzlich akzeptierte. Es geht aber nicht an, von Aristoteles auf Albert zu schließen. Von einer solchen ungeprüften Identifikation distanzierte sich Albert ja ausdrücklich jeweils am Ende seiner großen Aristoteles-Paraphrasen, wo er betont, er habe nicht seine eigene Meinung, sondern die Positionen der Peripatetiker vorgetragen; Lob oder Tadel träfen deshalb allein sie und nicht ihn (Metaphysica; vgl. auch Physica, Politica, De causis et processu universitatis, De anima). Aber auch in Alberts systematischen theologischen Werken, und sie sind die gewichtigeren, läßt sich bei vielen philosophischen Problemen eher eine Grundorientierung ausmachen als Eindeutigkeit gewinnen.

Die Metaphysik des Albertus Magnus trägt im wesentlichen neuplato- 347
nische Züge. Im Vordergrund steht die Lehre von der ersten Ursache; die Frage nach dem Hervorgang alles Seienden aus ihr ist das immer wieder aufgegriffene zentrale Thema. ›De causis et processu universitatis a prima causa‹ lautet dann auch der Titel jener Schrift, in der Albert diese Probleme zusammenfassend behandelt. Mit seinen Überlegungen steht er in der Tradition der Lichtmetaphysik, vor allem unter dem Einfluß von *Robert Grosseteste* (gest. 1253), deren Grundgedanke eine absteigende emanatio aus dem göttlichen Licht als der ersten Ursache ist. Die Allheit der Dinge kann nur als Abschattung dieses ›Lichtes der Lichter‹ verstanden werden. Die Prinzipien der Dinge gründen der Wirkursache und der Formalursache nach in diesem göttlichen Prinzip. Ob das allgemeine Sein oder die Intelligenz das Erstgeschaffene ist, oder ob beide identisch sind, läßt sich nicht eindeutig ausmachen. Durch Erleuchtung und Erleuchtet-Werden vollzieht sich dieser ›Hervorgang der Allheit‹ über eine hierarchisch abgestufte Ordnung bis hin zur Materie. Die hochrangigen Seelen bilden die unterste Stufe der Intelligenzen. Aufgrund ihrer geistigen Natur können sie grundsätzlich unabhängig von der Materie existieren, obwohl sie bis zu einem gewissen Grad schon mit Materie verbunden sind. Darunter liegt der Bereich der ›ungetrennten Formen‹, die unaufhebbar an die Materie gebunden sind.

Für die geschaffene Wirklichkeit gilt der Hylemorphismus; ausgenom- 348
men sind die reinen Geistwesen, sie werden aus ›quod est‹ und ›quo est‹ zusammengesetzt gedacht. Damit stand Albert ebenso im Widerspruch zum Augustinismus wie mit der Ablehnung einer pluralitas formarum. Daß es nur eine Wesensform für ein Seiendes geben kann, zählt, wie bei Thomas von Aquin, zu den metaphysischen Grundpositionen Alberts. Die materia prima verstand er dagegen nicht als reine Möglichkeitsbedingung.

In der Materie liegen die Formen aller werdenden Dinge, aus ihr werden sie kontinuierlich hervorgebracht. Der Grund für die Vielheit kann in dieser Konzeption weder in den Formen noch in der Materie liegen. Die Frage nach dem Prinzip der Individuation führt über Materie und Form hinaus zu einem Ursprung, der allem vorausliegt. Der Urstoff des Werdens ist gleichzeitig mit der ersten Bewegung, mit der Zeit und dem ersten Himmel von Gott aus dem Nichts geschaffen. Die vieldiskutierte Frage nach der Ewigkeit der Welt ist damit entschieden worden. Alles ist von Gott geschaffen. Primär ist das eine theologische Aussage; sie hat aber nach der Überzeugung Alberts auch die besseren philosophischen Argumente auf ihrer Seite, wenngleich rein philosophisch weder das eine noch das andere zwingend beweisbar ist.

III. Erkennbarkeit und Beweisbarkeit Gottes

349 Im Zusammenhang mit den Erörterungen über den absoluten Ursprung steht die Frage nach der Erkennbarkeit und Beweisbarkeit Gottes. In seiner ›Summa theologiae‹ hat sich Albert, vorausgegangene Überlegungen aufnehmend, unter der Überschrift ›De cognoscibilitate, nominabilitate et demonstrabilitate dei‹ (STh lib. I, tract. 3, q. 13–18) mit diesen Fragen eingehend auseinandergesetzt. Albert unterscheidet zwischen Erkennbarkeit und Beweisbarkeit. Daß Gott existiert, quia deus est, kann mit der natürlichen Vernunft, solis naturalibus, positiv (positivo intellectu) erkannt werden (q. 14, c. 1). Was Gott ist, quid est, läßt sich aber nur infinite erkennen; Gottes Wesen ist jeder kategorialen Begrenzung entzogen. Aus der Negation aller definierenden Bestimmungen resultiert das Grenzenlose, das Undefinierbare und damit dem Begriff nach Unvollkommene und Konfuse (ebd.). In dieser Form des Verstehens wird von Gott erkannt, daß er prima causa und substantia intellectualis ist. Davon ist der intellectus privativus zu unterscheiden, der negativ erkennt, was Gott nicht ist.

350 An anderer Stelle fragt Albert dann aber ausdrücklich, ob die Existenz Gottes beweisbar sei (q. 17). Bei dem Begriff ›beweisbar‹ unterscheidet er zwischen einem weiteren (large et communiter) und einem engeren (stricte et proprie) Verständnis. Im weiteren Sinne spricht man von einem Beweis, wenn etwas auf irgendeine Weise aufgezeigt wird (ebd.). In diesem Verständnis des Hinzeigens ist Gott beweisbar. Streng genommen ist ein Beweis aber ein Syllogismus, der positiv aufweisend oder ›ad impossibile‹ geführt werden kann. Durch positive Schlußfolgerung läßt sich die Existenz Gottes nicht beweisen. Es kann aber durchaus indirekt der Beweis erbracht werden, daß die Behauptung der Nichtexistenz Gottes zu inneren Widersprüchen führt: »Si enim detur deum non esse, multa sequuntur impossibilia« (ebd.).

Nach kompetentem Urteil ist Alberts Anthropologie sein »großer originaler Beitrag zur Philosophie« (Craemer-Ruegenberg 1980, 39; 96–137). Die neuplatonisch-augustinische Reduktion des Menschen auf die Seele war schon vor dem Bekanntwerden der metaphysischen Schriften des Aristoteles insbesondere von Gilbert von Poitiers im 12. Jahrhundert nicht mehr als selbstverständlich akzeptiert worden. Theologische Überlegungen gaben Anlaß, die Verhältnisbestimmung von Leib und Seele kritisch zu prüfen (Heinzmann 1965). In diesem Prozeß der Neubesinnung auf das Wesen des Menschen, der durch die Aristoteles-Rezeption einen starken Impuls erhielt, nimmt Albert eine vermittelnde Position zwischen Plato und Aristoteles ein (STh II tract. 12, q. 69). Mit Plato ist er der Überzeugung, daß die Seele, für sich betrachtet, eine selbständige Substanz, ein unkörperlicher und unsterblicher Geist ist, »spiritus est incorporeus et semper vivens« (ebd. art. 2 ad 1). In Bezug auf den Leib aber ist die Seele Form im Sinne der aristotelischen Entelechie; sie ist das Lebensprinzip eines physisch-organischen Körpers (ebd. ad 3): »anima est primus actus corporis physici organici, potentia vitam habentis« (ebd. solutio). 351

Das Verständnis der Seele als forma corporis war schon durch *Nemesius von Emesa* bekannt, dessen Schrift ›De natura hominis‹ (verfaßt zwischen 390 und 400) gegen Ende des 11. Jahrhunderts in Salerno durch Burgundio von Pisa ins Lateinische übersetzt worden war und die Anthropologie des Mittelalters nachhaltig beeinflußte. Die neuplatonische Deutung des Formbegriffs durch Calcidius in seinem Timaios-Kommentar verstand die Form als Akzidens; da jedoch an der Substantialität der Seele auf jeden Fall festgehalten werden mußte, konnte sie nicht als Form verstanden werden. Obwohl also die Sache lange vorher diskutiert worden war, wurde aus der Sorge um die Substantialität der Seele die Formulierung ›anima forma et perfectio hominis‹ erst von *Wilhelm von Auxerre* (gest. 1231) in seiner ›Summa aurea‹ gewissermaßen als Abschluß dieser Entwicklung auch dem Wortlaut nach akzeptiert (Heinzmann 1965, 143–146). Von dieser Vorgeschichte her wird es verständlich, daß Albert nachdrücklich betont, die Seele sei kein Akzidens (STh II tract. 12, q. 68). Sie sei substantia und substantialis forma animati (aaO q. 68 u. 69). Als unkörperliche Substanz ist sie unibilis corpori, fähig, mit einem Körper eine Einheit zu bilden. Darin unterscheidet sie sich vom Engel und darin liegt es begründet, daß aus Leib und Seele ein »unum naturaliter et substantialiter« wird (aaO q. 68 ad 3). Albert unterstreicht zwar die leibunabhängigen Fähigkeiten der Seele mit großem Nachdruck (De anima lib III, tract. 2, c. 12), der Gedanke an eine Präexistenz der Seele wird aber mit Entschiedenheit zurückgewiesen. Auf der anderen Seite hat Albert weit ausgreifend sich bemüht, in sehr verschiedenartigen Beweisgängen 352 den Nachweis zu erbringen, daß die gesamte individuelle Seele des Menschen, nicht nur die Geistseele, unsterblich sei (vgl. De anima, De intellectu et intelligibili, De unitate intellectus, De natura et origine animae, De XV problematibus), denn Leben, Sinnenhaftigkeit und Rationalität seien im Menschen eine Substanz und eine Wirklichkeit (De natura et origine animae, tract. I, c. 6).

Die Erschaffung der individuellen Seele durch Gott, die höchste Ursache, aus nichts ist identisch mit ihrer Verbindung mit einem Körper (Summa de creaturis II, tract. 1, q. 5 a. 3).

353 In einer für die damalige Zeit völlig ungewöhnlichen Weise nimmt Albert diesen ganzheitlichen anthropologischen Ansatz zum Anlaß, darüber nachzudenken, wie sich diese Leib-Seele-Einheit in den leiblich-organischen und den seelisch-geistigen Funktionen und Tätigkeiten zeigt. In einem großen Teil seiner naturwissenschaftlichen Untersuchungen geht Albert diesen Fragen nach und eröffnet damit völlig neue Perspektiven für die gesamtwissenschaftliche Betrachtung des Menschen, in denen zum ersten Mal auch die leibliche Dimension wirklich Berücksichtigung findet.

354 Der aristotelische Ansatz muß jedoch in seiner Ambivalenz gesehen werden. Er wurde der Wirklichkeit des Menschen in höherem Maße gerecht als der neuplatonische Dualismus. Auch stellt er das begriffliche Instrumentarium bereit, um den Menschen als Einheit zu denken und damit das spezifisch christliche Verständnis des Menschen philosophisch zu fassen. Auf der anderen Seite aber erwuchs aus der gleichen peripatetischen Wurzel eine Konsequenz, die dem christlichen Glauben eines seiner Fundamente zu entziehen drohte: das aristotelische Verständnis des ›nous‹ schien den Gedanken an eine den Tod überdauernde personale Existenz ernsthaft in Frage zu stellen. *Alexander von Aphrodisias*, einer der einflußreichsten Aristoteles-Interpreten, hatte Aristoteles so verstanden und die Postexistenz einer individuellen Geistseele in Abrede gestellt. Neben der Abwehr des in der These von der Ewigkeit der Welt implizierten Pantheismus war die Verteidigung der individuellen Unsterblichkeit eine der wichtigsten und charakteristischsten Kontroversen zwischen christlichen Philosophen und heterodoxen Aristotelikern in der zweiten Hälfte des 13. Jahrhunderts. Wenngleich Alberts Interesse letztlich theologischer Art war, bemühte er sich doch, das Problem im Kontext der aristotelischen Philosophie anzugehen. Glaubensaussagen sollten ja nicht nur positivistisch zur Geltung gebracht, sondern nach Möglichkeit in ihrer rationalen Einsichtigkeit argumentativ aufgezeigt werden.

355 Welches Gewicht Albert der philosophischen Lehre von der menschlichen Geistseele beimißt, zeigt sich schon rein quantitativ. Neben der Paraphrase zu ›De anima‹ befassen sich folgende Werke mit dieser Problematik: ›Libri de intellectu et intelligibili‹; ›De natura et origine animae‹ (= Liber de immortalitate animae); ›De unitate intellectus contra Averroistas‹; ›De homine‹; ›De XV problematibus‹; darüber hinaus kommt er an

vielen Stellen seines Metaphysik-Kommentars und innerhalb seiner zoologischen Schriften im Zusammenhang seiner Ausführungen über die Sinnenwesen auf anthropologische Fragen zu sprechen. Trotz der thematischen Breite seiner anthropologischen Untersuchungen stand für Albert die Frage nach der Individualität des Intellekts im Zentrum des Interesses. Die These, der Intellekt sei für alle Menschen ein einziger – ›De unitate intellectus‹ – betrachtet Albert als charakteristisch für die averroistische Aristoteles-Interpretation, nicht für Aristoteles selbst. Richtig verstanden, führt die aristotelische Philosophie zu der Einsicht, daß die individuelle menschliche Seele den Tod überdauert. Die Verfechter der gegenteiligen Position argumentieren so: Der menschliche Geist erkennt das Allgemeine; um dazu fähig zu sein, muß er selbst als etwas Universales, als ein allgemeines Sein verstanden werden. Der erkennende Geist muß folglich einer und derselbe in allen Menschen sein. Das hat aber zur Folge, daß der Intellekt, so verstanden, von der individuellen Seele real verschieden sein muß. Der Mensch wäre dann nur im untergeistigen Bereich ein Individuum; nur durch die Begriffe ›vivum‹ und ›sensibile‹ wäre er definiert. Die ›differentia specifica‹, durch welche dem animal das rationale zugesprochen wird, käme ihm nicht zu; er wäre ein Sinnenwesen, in welchem ein überindividueller Intellekt denkt und erkennt (STh II, tract. 13, q. 77, membrum 3). Der Geist wäre vom physischen Tod nicht berührt; aber vom spezifisch Menschlichen wäre nichts unsterblich. Diese Folgerungen machen deutlich, daß die Vereinzelung des Geistes und die innere Einheit der anima rationalis in einem wechselseitigen Zusammenhang stehen und die Argumentation für eine personale Unsterblichkeit der Seele tragen. Albert widmet deshalb dem Gedanken der Einheit der anima rationalis, die nicht in unterschiedene Teile oder Teilseelen zerfällt, seine besondere Aufmerksamkeit. Allein in seiner De-anima-Paraphrase handelt er in sieben Kapiteln davon, um das Ergebnis dann in einem eigenen Exkurs herauszustellen: ›Et est digressio declarans, quod sensibile et vegetativum et rationale in homine sunt una simplex substantia‹ (De anima lib. III, tract. 5, c. 4). Die menschliche Seele ist also eine einfache Substanz mit sensitivem, vegetativem und rationalem Vermögen. Als solche ist die Seele mit ihren Vermögen individuelle Form eines Leibes und als solche überdauert sie den Tod dieses Leibes.

Damit erhebt sich die Frage nach dem Ursprung einer so verstandenen 356
Seele, die als individuelle nicht mit einem allgemeinen Nous identisch sein und als geistige nicht biologischen Ursachen entstammen kann. In theologischem Kontext beantwortet Albert diese Frage mit dem Hinweis auf die creatio ex nihilo. Die Sachfrage ist damit entschieden. Innerhalb der philosophischen Argumentation versucht jedoch Albert diesen Gedanken mit Hilfe der metaphysisch-kosmologischen Entwürfe, die ihm aus den heterogenen Überlieferungen zugeflossen sind, nachzuvollziehen. Die erste göttliche Ursache ist reiner Geist; sie wirkt als Licht und Erleuchtung und

bringt eine Stufenfolge von Formen hervor. Aufgrund ihrer Nähe zur Erstursache kommt der Verstandesseele in dieser Hierarchie ein besonderer Rang zu. Sie steht über allem, was Funktion von Materie sein könnte, wie vegetative und sensitive Seelen, obwohl sie an einen Organismus gebunden ist. Aus diesem Grund kann sie dank ihrer verschiedenen Fähigkeiten teils mit dem Körper teils ohne ihn wirken. Sie muß deshalb als Form von außen der Materie eingeprägt worden sein (De anima lib. I, tract. 2, c. 13). Auf diese Weise kann Albert dann – eine unverzichtbare Forderung des Aristoteles aufnehmend – erklären, daß der Intellekt ›getrennt und unvermischt‹ ist, d.h. daß er in seinen höchsten Tätigkeiten, dem Denken und Erkennen, nicht an einen Körper gebunden ist. Aus der gleichen einen Geistseele gehen aber auch Vermögen hervor, die an den Körper gebunden sind. So kann dann verständlich gemacht werden, daß die Seele mit dem Körper zu sein anfängt, mit ihm aber nicht untergeht (De anima lib. III, tract. 2, c. 12–19; tract. 3, c. 13). Für eine wesenhaft als ›forma corporis‹ verstandene Geistseele kann jedoch der Zustand der ›anima separata‹, der vom Leib getrennten Seele, nicht naturgemäß und deshalb nicht ihre volle Verwirklichung sein. Rein philosophisch läßt sich das Forma-sein jenseits der Todesgrenze als bleibender Zustand nicht plausibel machen. Der Gedanke führt in eine Aporie, welche zugleich den christlichen Ursprung dieser Sicht des Menschen aufdeckt und damit auf die theologische Antwort verweist, nämlich auf die Lehre von der Auferstehung des Leibes als Vollendung des Menschen. Ohne den Traktat ›De resurrectione‹ bliebe dieser anthropologische Ansatz Fragment und in sich widersprüchlich.

357 Die Individualität der Geistseele wird also auch durch ihre Fähigkeit, das Allgemeine zu erkennen, nicht in Frage gestellt; dem Intellekt kommt keine von der substantialen Einheit der Seele getrennte Existenz zu. Wenn der überindividuelle Aspekt des Intellekts angesprochen wird, wenn von dem Allgemeinen und Bleibenden die Rede ist, dann ist damit letztlich das formale Apriori menschlicher Erkenntnis gemeint. Es ist der tätige Intellekt – intellectus agens –, insofern ihm von dem ›ersten Licht‹, der prima causa, die allgemeinen und unveränderlichen Prinzipien der Erkenntnis eingestrahlt werden. In dem ursprünglichen, einen Licht des Geistes sind alle Prinzipien eine Einheit, »unum et simplex«. Dieses eine Licht wird im Menschen in der Vielzahl der Axiome auf den Begriff gebracht (De unitate intellectus III 1; De anima lib. III, tract. 3, c. 11). So sind diese nicht erlernbaren, allgemeinen Prinzipien von Natur aus im Intellekt und in allen Menschen dieselben (De anima lib. III, tract. 2, c. 13 und 14). Das durch die allgemeinen Prinzipien denkende und erkennende Subjekt ist jedoch selbst kein Allgemeines, sondern der je individuelle Mensch.

In diesem Zusammenhang muß die differenzierte und zugleich komplexe Intellektlehre Alberts verstanden werden (De anima lib. III, tract. 2, c. 18 und 19; tract. 3, c. 11 und 12), wonach der Mensch im Vollzug der Erkenntnis mit dem Ursprung in Verbindung tritt und in gewisser Weise

Gott ähnlich wird (tract. 3, c. 11). Darin sahen die Peripatetiker den Grund für die Unsterblichkeit und die Berechtigung davon zu sprechen, daß Menschen zu Göttern verwandelt würden (De XV problematibus I).

V. Würdigung und Wirkungsgeschichte

Die alle einzelnen Gesichtspunkte einschließende Leistung Alberts ist es, 258
das lateinische Mittelalter mit dem gesamten Werk des Aristoteles, vor allem auch mit der Naturphilosophie, bekannt gemacht zu haben. Daß der durch ihn entworfene christliche Aristotelismus in wesentlichen Punkten neuplatonisch geprägt ist, mindert diese Leistung ebensowenig wie die Tatsache, daß es ihm nicht gelingen konnte, alle Spannungen zwischen den heterogenen philosophischen Positionen und den Erfordernissen christlicher Theologie systematisch zum Ausgleich zu bringen. Besondere Erwähnung verdient Alberts ganzheitliche Anthropologie; nicht zuletzt durch seine Beschäftigung mit der aristotelischen Naturphilosophie hat er dabei die leibliche Dimension des Menschseins neu entdeckt. Damit wurden zugleich Vorentscheidungen getroffen für eine Wende in der Erkenntnistheorie.

Da Alberts Werk das gesamte Wissen seiner Zeit umfaßte, ist seine 259
Wirkungsgeschichte breit gestreut, aber im einzelnen nur schwer greifbar. Eine Schule hat er nicht begründet. Die neuplatonischen Elemente wurden vor allem von *Ulrich von Straßburg* aufgenommen. Über *Dietrich von Freiberg*, *Bertold von Moosburg* und *Meister Eckhart* reicht diese Traditionslinie bis zu *Nikolaus von Kues*. Mit *Thomas von Aquin* hatte Albert einen der bedeutendsten Denker des Mittelalters zum Schüler. Daß Thomas von Albert entscheidend geprägt wurde, unterliegt keinem Zweifel. Wie sich dieser Einfluß, der durchaus ein wechselseitiger war, im einzelnen darstellt, ist ein Desiderat der Forschung. Die eigenständige und epochale Bedeutung des Aquinaten wird jedoch von möglichen neuen Einzeleinsichten nicht tangiert werden. Im 15. Jahrhundert sind Professoren aus dem Weltklerus, die sogenannten Albertisten, in Paris, Köln, Löwen und Krakau mit dem Versuch, dem Thomismus einen Albertismus entgegenzustellen, nach kurzer Zeit gescheitert.

Literatur

Grabmann 1951
Wieland 1972
Simon 1978
Weisheipl 1980
Craemer-Ruegenberg 1980
Meyer u.a. 1980
Kübel 1980
Zimmermann 1981
Entrich 1982

N. Thomas von Aquin (1224/25–1274)

Leben und Werke

360 Mit großer Wahrscheinlichkeit wurde Thomas von Aquin zu Beginn des Jahres 1225 auf Schloß Roccasecca bei Neapel als jüngster Sohn einer hochadeligen Familie geboren. Im Alter von fünf Jahren brachten ihn seine Eltern zu den Benediktinern nach Monte Cassino. Mit 14 Jahren kam er nach Neapel, wo er an der kaiserlichen Universität zunächst mit dem Studium der Artes liberales begann. Hier war es, im Gegensatz zu Paris, möglich, ungehindert durch kirchliche Verbote, Aristoteles zu studieren. So wurde Thomas durch *Petrus von Hibernia* vor allem in die aristotelische Philosophie eingeführt. Gegen den heftigen Widerstand seiner Familie trat er 1244 in den etwa drei Jahrzehnte zuvor gegründeten Dominikanerorden ein. Im Jahre 1245 führte ihn sein weiteres Studium nach Paris, dann nach Köln, wo er (1248–52) bei Albertus Magnus studierte, auf dessen Vorschlag ihn der Orden 1252 nach Paris schickte, wo er als Bakkalaureus am Studienzentrum der Dominikaner seine Lehrtätigkeit aufnahm. Im Anschluß an diese erste Pariser Tätigkeit lehrte Thomas von 1259 an in Italien. Im Jahre 1268 wurde er erneut nach Paris geschickt, als dort die Situation u.a. wegen des Streites um die Bedeutung profaner Wissenschaft sich krisenhaft zugespitzt hatte. Als 1272 die Universität streikte, wurde Thomas nach Italien zurückgerufen, um in Neapel das Studium Generale aufzubauen und dort zu lehren. Am 7. März 1274 starb Thomas auf dem Weg zum Konzil von Lyon in der Zisterzienserabtei Fossanuova.

361 Beginnend mit seiner Tätigkeit in Paris, entstanden in gleichmäßigen Abständen und im gleichzeitigen Nebeneinander der verschiedenen Gattungen Kommentare, Summen, Opuscula, Quaestiones disputatae. Schon ein Blick auf die wichtigsten Schriften läßt nicht nur die immense Arbeitskraft und Arbeitsleistung, sondern vor allem auch die umfassende Weite und Offenheit dieses Denkers erahnen. Es gibt kein allgemein anerkanntes und von der Sache her zwingendes Klassifizierungssystem seiner Schriften. Wegen der Einheitlichkeit soll die Einteilung von Weisheipl (1980, S. 321–351) zugrundegelegt werden.

362 Unter den theologischen Synthesen ist das ›Scriptum super libros sententiarum‹, der Sentenzenkommentar, das erste große Werk des Aquinaten. Es ist der Niederschlag seiner Vorlesung als Bakkalaureus (1252–56). Noch in Paris beginnt Thomas auch die Arbeit an der 1264 in Orvieto abgeschlossenen ›Summa contra gentiles‹ (ScG). Das vielleicht bedeutendste und genialste Werk des Aquinaten ist die ›Summa theologiae‹ (STh). In Italien 1267 begonnen, umfaßt dieses Werk drei Teile, die Secunda pars

ist wiederum zweigeteilt (Prima secundae, Secunda secundae). Thomas arbeitete bis 1273 daran, dann legte er auch dieses sein wichtigstes Werk in der Tertia pars, q. 90, a. 4 unvollendet beiseite. Die ersten Editoren versuchten durch das sogenannte ›Supplementum‹, zusammengestellt vor allem aus dem IV. Buch des Sentenzenkommentars, die Summa abzuschließen. Diese Werke, insbesondere die beiden Summen, verfolgen die Absicht, ein bestimmtes Wissensgebiet unter einer systematischen Vorentscheidung zusammenzufassen und didaktisch zu vermitteln. In den ›Quaestiones disputatae‹ steht der Prozeß des Nachdenkens und des Ringens um die Wahrheit im Vordergrund. Die wichtigsten sind zusammengefaßt in den Reihen ›De veritate‹ [De ver] (Über die Wahrheit; Paris 1256–59); ›De potentia‹ (Über die Macht, vor allem Gottes; Rom 1265–66); ›De malo‹ (Über das Übel; Rom 1266–67) und ›De anima‹ (Über die Seele; Paris 1269). Außerdem sind 12 ›Quodlibeta‹ überliefert.

Bei allem Bemühen um die Systematik hat Thomas das Studium der Schrift keineswegs vernachlässigt. Zu zahlreichen Schriften des Alten und des Neuen Testamentes hat er theologisch gewichtige Kommentare verfaßt, u.a. zu den Evangelien des Matthäus und Johannes sowie zu den Paulusbriefen.

In philosophischem Zusammenhang kommt den Kommentaren zu Aristoteles herausragende Bedeutung zu, wenngleich grundlegende philosophische Probleme in theologischem Kontext entwickelt werden. Die wichtigsten Kommentare – gegliedert in libri (lib.), lectiones (lect.) und numeriert (nr.) – sind: zur ›Metaphysik‹, zur ›Ethik‹, zur ›Politik‹, zu ›Peri Hermeneias‹, zur ›Physik‹ und zu ›De anima‹. Sie entstanden alle in der Zeit, da Thomas auch an seiner ›Summa Theologiae‹ arbeitete.

Schließlich sind noch andere Kommentare zu nennen, so zu ›De hebdomadibus‹ und ›De trinitate‹ von Boethius; zu ›De divinis nominibus‹ von Dionysius Areopagita und zum ›Liber de causis‹. Neben verschiedenen polemischen Schriften, darunter die wichtige Abhandlung ›De unitate intellectus contra Averroistas‹ (1270), wären Abhandlungen über besondere Themen, Gutachten, Briefe, liturgische Texte und Predigten zu erwähnen. Zu diesen Opuscula zählt auch der berühmte Traktat ›De ente et essentia‹, eine der frühesten (1253–55) von Thomas verfaßten Abhandlungen, in der er die Ansätze seines philosophischen Denkens grundlegt und entfaltet.

In den von Thomas kommentierten Schriften spiegelt sich die Vielzahl und Unterschiedlichkeit der Quellen, denen er verpflichtet ist. Er hat keine geistesgeschichtliche Richtung ungeprüft und unbesehen abgelehnt; er hat sich mit der ganzen Breite des Wissens, das im 12. und 13. Jahrhundert zusammenfloß, auseinandergesetzt und übernommen, was er für richtig erkannt erachtete. Letztlich ging es ihm nicht darum zu wissen, was andere gedacht haben, sondern allein wie es sich mit der Wahrheit verhält: »Quia studium philosophiae non est ad hoc quod sciatur quid homines senserint, sed qualiter se habeat veritas rerum« (De caelo et mundo, lib. I, lect. 22, nr. 228).

Literatur

Bernath 1978 Torrell 1995

I. Die Autonomie der Vernunft

363 Thomas von Aquin war seiner Absicht und seinem Selbstverständnis nach Theologe (Pesch 1988). Dieser Sachverhalt steht gewissermaßen vor der Klammer seines gesamten Werkes, auch der rein philosophischen Schriften, und muß immer mitbedacht werden. Wenn Thomas trotzdem die erste eigenständige Philosophie im Raum des abendländischen Christentums entworfen hat, dann ist das theologisch begründet. Diese theologische Vorgabe ist das radikale Ernstnehmen der Offenbarungswahrheit, daß die Welt Schöpfung Gottes ist. Aus diesem Grund entschied sich Thomas gerade als Theologe auch für die Philosophie, und zwar für den aristotelischen Ansatz, der in seiner vorbehaltlosen Hinwendung zur Welt im Urteil der traditionellen Theologie und eines oft jenseitsorientierten, spiritualistischen Glaubensbewußtseins seiner Zeit als ausgesprochen profan und damit als Widerspruch zum Christentum empfunden wurde. Hier zeigt sich eine Wende im Denken und Lebensgefühl an. Die Welt, begriffen als Schöpfung Gottes, ist als Ganze grundsätzlich positiv bestimmt. Das von Gott Geschaffensein macht die Größe und Würde der Welt aus, darin gründet ihre Selbständigkeit und Eigenwertigkeit. Obgleich Gott die erste und allgemeine Wirkursache ist, gehört es doch zur Vollkommenheit der geschaffenen Dinge, daß sie in Eigenwirksamkeit tätig werden (De anima a. 4 ad 7). Damit ist die Antinomie der Allwirksamkeit Gottes – causa prima – und der Existenz von causae secundae angesprochen, in der sich die Verhältnisbestimmung von Schöpfer und Schöpfung konkretisiert. Es macht die innere Ausgewogenheit des Denkens von Thomas aus, daß er die Spannung zwischen Allwirksamkeit Gottes und Eigenwirksamkeit der Geschöpfe durchhält, ohne sie ins eine oder andere Extrem hinein aufzuheben (De ver II 14 ad 5).

364 Auf den Menschen als Vernunftwesen, als wesenhaft verleiblichter Geist, angewendet, gewinnt dieser Gedanke seine eigentliche Bedeutung und Tragweite und für die damalige Zeit geradezu revolutionäre Dynamik. Alle Eigenständigkeit, Eigenwertigkeit und Eigenwirksamkeit der Welt konzentriert sich gewissermaßen im Menschen, in der Autonomie der Vernunft. Es ist die gottgeschaffene Natur der menschlichen Ratio, aus

eigener Initiative Wahrheit erkennen zu können, ohne dazu einer besonderen Illuminatio zu bedürfen. Der gesamten Wirklichkeit zugeordnet zu sein, auf alles bezogen zu sein, was ist, ist das Wesen des menschlichen Erkenntnisvermögens. Diese Grundrelation von Denken und Sein ist gemeint, wenn es von der Geistseele heißt, sie sei ›quodammodo omnia‹. Damit sind von Seiten des Erkenntnisobjektes ebenso wie vom Erkenntnissubjekt die Voraussetzungen nicht nur für eine eigenständige Philosophie, sondern auch für jede Art wissenschaftlicher Welterkenntnis gegeben. Weil die Schöpfung wirkliches Eigensein und echte Eigenkausalität besitzt, greift wissenschaftliche Erkenntnis der Welt nicht ins Leere einer letztlich nicht faßbaren causa prima, sondern ist Wirklichkeits- und Wahrheitserkenntnis, auch dann, wenn sie sich nur mit den causae secundae befaßt.

Trotz der angestrebten Synthese zwischen Philosophie und Theologie, zwischen Denken und Glauben, legt Thomas größten Wert auf genaue Unterscheidung und Trennung der beiden Bereiche bezüglich der Voraussetzungen und des methodischen Vorgehens. Eine von der Theologie abhängige Philosophie wäre gerade auch für die Theologie selbst völlig wertlos. Deshalb beschränkt sich der Einfluß der Theologie darauf, die Aufmerksamkeit auf Probleme zu lenken, die im Umfeld der Offenbarung liegen und daher für die Synthese von vorrangiger Bedeutung sind (vgl. hierzu STh I 1, 3). Während der Erkenntnisweg der Theologie durch die Offenbarung von Gott ausgeht und zur Schöpfung absteigt, nimmt die natürliche Vernunft bei der Schöpfung ihren Anfang und steigt bis zur Erkenntnis Gottes auf (ScG III 25). Die Philosophie des Aquinaten läßt sich also als eine Philosophie des Aufstiegs charakterisieren (ScG IV 1). 365

Diese hier nur kurz angedeuteten Gesichtspunkte machen es noch einmal verständlich, daß Aristoteles für Thomas der ›philosophus‹ schlechthin war. Der Realitätsbezug seiner Philosophie, daß er von dem, was offenkundig ist, nicht abweicht, »a manifestis non discedere« (De spiritualibus creaturis 5), das war für Thomas der angemessene Ansatz der ratio, der Philosophie. Aristoteles war für ihn ein brauchbares Instrument für das gesamte Weltwissen und damit Voraussetzung für seine Theologie.

II. Das konkret Seiende und seine Prinzipien

1. Die Evidenz des Seins

Der gesamte philosophische Entwurf des Aquinaten ist getragen und geprägt von dem Gedanken des Seins. Das Verstehen von ›ens‹, ›seiend‹, betrifft nicht nur schlechthin alles, es steht auch am Anfang allen Verstehens. Das gemeinhin Unreflektierte, Selbstverständliche wird damit zum Thema 366 und Problem. ›Seiend‹ ist von Anfang an erfaßt und verstanden, es ist gleichsam das Bekannteste (De ver I 1). Das Verstehen von ›sein‹ ist nicht das Produkt diskursiven Denkens, der Seinsbegriff wird nicht vom Menschen entworfen. Das ›seiend‹ verstanden haben liegt vielmehr allem Verstehen und Erkennen als Möglichkeitsbedingung zugrunde und voraus. Wenn ›sein‹ nicht verstanden ist, kann überhaupt nichts verstanden werden. Darin liegt die im strengen Sinne des Wortes fundamentale Bedeutung und die alles umgreifende Tragweite der Frage nach dem Verständnis von ›ens‹.

367 Wie kommt nun aber der Mensch zum Verstehen von ›sein‹, wenn dieses immer schon allem Denken und Erkennen vorausliegt? Die prima conceptio entis ist nach Thomas ein Empfangen, ein Erfassen und nicht ein aktiv entwerfendes Begreifen. Der intellectus ist es, der in einer simplex apprehensio das Sein erfaßt. Das Sein und seine Prinzipien werden intuitiv unmittelbar aufgenommen (De ver VIII 15). So kann Thomas den Intellekt umschreiben als den habitus principiorum, als das irrtumsfreie Haben des Seins und seiner Gesetze (STh I 79, 12). Jede Erkenntnis gründet so gesehen im Sein, leitet sich davon her und wird darauf zurückgeführt. Das oberste, alles Fragen, Denken, Urteilen und Schließen ermöglichende Gesetz, das Kontradiktionsprinzip, der Satz vom sich ausschließenden Widerspruch, ist nicht ursprünglich und primär ein Denkgesetz. Das gleiche gilt auch von den anderen Grundaxiomen. Sie sind Seinsgesetze und deshalb auch Denkgesetze. Diese Seins- und Denkgesetze sind identisch und nicht durch weitere Rückführung beweisbar (STh I/II 94, 3). Die Unvereinbarkeit von seiend und nicht seiend, von Ja und Nein als die logische Darstellung dieses Sachverhaltes, muß vom Menschen immer schon verstanden sein, darauf ruht alles weitere Erkennen. Und es ist deshalb vom Menschen verstanden, weil diese Einsicht unmittelbar mit dem Seinsbegriff verbunden und gegeben ist (Vgl. hierzu In Metaph. lib. XI, lect. 5, nr. 2211). Die letzte Begründung eines Satzes, eines Urteils, geschieht durch die Rückführung, die reductio, auf diese ersten Axiome und aus sich selbst einsichtigen, evidenten Prinzipien. Auf ihnen gründet jedes spätere Urteil. Es gäbe keinerlei Sicherheit und Gewißheit in dem von diesen Prinzipien Abgeleiteten, wenn sie selbst nicht in höchstem Maße gewiß wären. In der Erkenntnis der ersten allgemeinen Prinzipien kann es keinen Irrtum geben (De ver XVI 2).

Vergleichbares geschieht, wenn der Mensch seine Denkinhalte – conceptiones – analysiert, wenn in der resolutio, der Rückführung, ein einfacher, nicht mehr zusammengesetzter und insofern erster Begriff erreicht wird, der gleichwohl im Prinzip alles umgreift, das in einem Begriff zusammengefaßt sein kann. Dieses Letzte und Erste und Bekannteste, in allem, was der Mensch begreift, Mitbegriffene, ist das ›ens‹, das ›seiend‹ (STh I/II 94,2).

Diese unmittelbar evidenten Prinzipien erfährt der Mensch in ihrer Gewißheit ursprünglich in sich selbst, denn das Wissen um sich selbst, die

Selbstgewißheit, ist das Gewisseste und Sicherste (De ver X 8). Wie bei Augustinus und später bei Descartes kommt auch bei Thomas der Selbstgewißheit fundamentale Bedeutung zu.

2. *Die Analogie des Seins*

Das ›ens‹ als das ›ens commune‹ nimmt in seiner alles umgreifenden All- 368
gemeinheit eine einmalige und eigentümliche Sonderstellung ein. Im gesamten Bereich der Wirklichkeit findet sich nichts, was nicht seiend genannt werden müßte. Nicht nur die denkunabhängige Wirklichkeit und alles, was der Mensch aktiv gestaltend hervorbringt, auch das nur Gedachte, das sogenannte ens rationis, das bloße Gedankending, die Begriffe und Anschauungsinhalte sowie die formalen Denkoperationen und selbst das Mögliche, fällt unter den Begriff ›seiend‹.

Hier zeichnet sich das Besondere des Seinsbegriffs ab. Jeder wirkliche 369
Begriff muß definierbar sein, er muß durch genaue Angaben ein- und abgegrenzt werden können. Das geschieht nach der Definitionslehre durch die Angabe der nächsten Gattung (genus proximum) und des artbildenden Unterschiedes (differentia specifica). Der Seinsbegriff läßt sich jedoch nicht definieren, denn die für eine Definition erforderlichen Begrenzungen gehören ebenso wie die genera selbst in den Bereich dessen, was ens meint. Dem Sein ist kein Begriff übergeordnet und jede mögliche differentia fällt selbst wiederum unter das ens. Alles Begrenzte und alle Grenzen fallen unter das Sein. Das Sein definieren, eingrenzen wollen, wäre geradezu ein Widerspruch in sich selbst; denn es hieße, das grundsätzlich Unbegrenzte durch Begrenzung begreifen zu wollen. Dem Seinsbegriff kommt also die Univozität, die Eindeutigkeit eines definierbaren Begriffes nicht zu. Gleichwohl ist ›seiend‹ auch kein Wort, das äquivok gebraucht würde, so daß man damit bei Wortgleichheit der Sache nach völlig verschiedene Dinge bezeichnen könnte. Alle unterschiedlichen Bedeutungen von ›seiend‹ sind vom Ursprung her und immer schon vom Sein selbst umfangen. Die Differenz zwischen den verschiedenen Seienden ist deshalb nicht zwischen seiend und nicht seiend anzusetzen, sie liegt vielmehr in den je verschiedenen Weisen zu sein, im modus essendi, also nicht darin, ob etwas ist oder nicht ist, sondern auf welche Weise es ist.

Die verschiedenen Arten und Weisen, wie Seiendes ist, werden nach 370
der Überzeugung des Thomas in den Kategorien erschöpfend erfaßt. Unter den Kategorien versteht Thomas die verschiedenen Weisen des Aussagens und damit einschlußweise, weil immer irgendwie Sein ausgesagt wird, die verschiedenen Weisen des Seins, eben die modi essendi (In Phys. lib. III, lect. 5, nr. 322). Weil sich Seiendes verschieden zum Sein verhält, kann es nicht univok ausgesagt werden (De potentia 7,7). Der Seinsbegriff wird also auf vielfältige Weise ausgesagt, aber nicht äquivok,

sondern analog; es wird etwas begriffen, das allem wirklich zukommt, aber eben in grundverschiedener Weise. Bei allen Differenzen zwischen den verschiedenen Arten besteht gleichwohl die grundlegende Identität darin, daß es Arten und Weisen zu sein sind. Das Unterscheidende kommt mit dem Unterschiedenen darin überein, daß es ist. Transzendentalität und Analogie hängen innerlich notwendig zusammen.

Bei Thomas finden sich verschiedene Ansätze, das Analogieproblem zu lösen. Sie gehen aus dem Bemühen hervor, mit Hilfe der ›analogia entis‹ am Ende auch noch die Differenz zwischen dem Absoluten und dem Kontingenten, zwischen Schöpfer und Geschöpf in dem Sinne zu überbrücken, daß menschliche Worte, auf Gott bezogen, nicht einfach ins Leere greifen.

3. *Die transzendentalen Bestimmungen des Seins*

371 Eine eigene Frage ist es, wie man einen Zugang zum Sein finden kann. Mit den sogenannten transzendentalen Bestimmungen des Seins greift Thomas dieses Problem auf und beantwortet zugleich die Frage nach der Möglichkeit von Ontologie. Die Transzendentalien folgen unmittelbar und notwendig aus dem Wesen des Seins und sind deshalb mit diesem alle Grenzen, Gegensätze und Seinsweisen übergreifend. Selbst sind sie nicht vom Sein umgriffen, sondern mit dem Sein identisch. Die Explikation des Grundbegriffes ›ens‹ führt zu den mit ens konvertiblen transzendentalen Bestimmungen ›res‹, ›unum‹, ›aliquid‹, ›verum‹ und ›bonum‹ als generelle Weisen des Seienden, die nicht von außen zum ens hinzugefügt werden, sondern mit dem ›seiend‹ selbst gegeben sind.

4. *Akt und Potenz*

372 Da nun alles in irgendeiner der Weisen des Seins unter den Begriff ens fällt, muß weiter nach den Strukturen und Prinzipien des konkret Seienden gefragt werden. Nur vom konkret Seienden, vom ›hoc aliquid‹, kann man im strengen Sinne sagen: es ist. In diesem Sachverhalt manifestiert sich eine Wende im abendländischen Denken. Die Wirklichkeit des Einzelnen wird nicht von allgemeinen Prinzipien deduziert, sondern diese Prinzipien werden durch die Analyse des ens aufgefunden. Es gibt diese Prinzipien nicht vor dem durch sie konstituierten Seienden, sondern immer nur in ihm, als nachträglich erkennbare, nicht-selbständige Seinsprinzipien.

373 Mit dem Verstehen des ›ens actu‹, wird gleichursprünglich das dem actus korrespondierende Prinzip der Potentialität miterfaßt. Die Differenz zwischen Verwirklichtsein, actus, und Möglichsein, potentia, durchzieht alles, was ist. Die konkreten Dinge, das hoc aliquid, sind nicht nur Wirklichkeit, sondern stets auch bestimmt von Möglichsein, sie tragen Poten-

tialität in sich. Alles, was der Erfahrung begegnet, kann nicht nur in höherem oder geringerem Maße verwirklicht sein; es kann auch sein und nicht sein, es kann werden und vergehen. Dieser Sachverhalt ist gemeint, wenn Thomas von jedem Seienden sagt, es sei ein ›ens mobile‹. Auf diese Weise wird das Werden, die Bewegung – motus – im physikalischen wie im metaphysischen Sinne, definiert als ›actus entis in potentia‹, als Verwirklichung einer Potenz.

In seiner formellen Akt-Potenz-Lehre greift Thomas auf Aristoteles 374
zurück, der mit seinem ›Hylemorphismus‹ zwischen Parmenides und Heraklit vermittelt hatte. Der forma (morphe) entspricht der Akt, der materia (hyle) die Potenz. Alle wandelbaren Substanzen sind in diesem Sinne metaphysisch aus Materie und Form zusammengesetzt.

Das Prinzip der inneren Einheit und Bestimmtheit, welches das Sein einfachhin – den actus essendi – verleiht, ist die substantielle Form, die in jedem Seienden nur eine einzige sein kann, sie ist der Grund für das ›Daß‹, das ›Was‹ und die ›Einheit‹ des Seienden (De anima 9). Alle weitere, das Wesen nicht verändernde Bestimmung ist Sache der sogenannten ›forma accidentalis‹, die nur ein esse secundum quid verleiht. Zwei schon aktuierte substantielle Formen können bestenfalls äußerlich, additiv zusammengefügt, nie aber zu einer Wesenseinheit werden.

Als Möglichkeitsbedingung für das substantielle Wirken, dafür, daß 375
die forma bestimmend wirken, daß sie Prinzip des Seins und des So-Seins sein kann, bedarf es eines entgegengesetzten Koprinzips, der Potentialität, und das ist die Materie. Die sogenannte ›materia prima‹ ist aus sich bestimmungslose, reine Möglichkeitsbedingung, reine Potenz. Als solche kommt sie nicht vor. Davon ist die ›materia secunda‹ zu unterscheiden. Sie ist bereits geformte, aber weiterer Verwirklichung fähige Materie. So ist die Materie Prinzip und Grund für die Verwirklichung der allgemeinen Form, des Wesens des konkreten Einzelnen, und damit Prinzip der Vielheit. Diese quantitativ gezeichnete und in Raum und Zeit greifbare Materie – materia quantitate signata – ist das Prinzip der Individuation: dieselbe Form kann in verschiedenen Individuen vorkommen, die gleiche species ist in einer Vielzahl von Exemplaren verwirklicht.

Es finden sich bei Thomas aber auch Texte, die davon sprechen, die Individuation sei ›de ratione formae‹, sie habe ihren Grund in der Form. Beide Aussagen müssen sich keineswegs widersprechen; es sind lediglich verschiedene Aspekte des gleichen Sachverhaltes. Bei der Erörterung des Individuationsproblems wird nämlich nicht hinreichend beachtet, daß es die nicht individuierte Form ebenso wie die materia prima ja gar nicht gibt, da die forma ja immer nur im Konkreten, d.h. eben individuiert verwirklicht ist. Materie und Form sind in diesem Verständnis als nicht selbständige Prinzipien innere Ursachen eines jeden Seienden: causa materialis und causa formalis. Äußere Ursachen, weil nicht in das Seiende eingehend, sind die causa efficiens und die causa finalis.

5. *So-Sein und Da-Sein*

376 In diesem Zusammenhang kommt der Frage, wie das Verhältnis von So-Sein (essentia) und Da-Sein (existentia) näherhin zu denken und zu bestimmen sei, grundlegende Bedeutung zu. Es geht dabei um den Ansatz und damit um den Zugang zu einer philosophischen Konzeption und so um den Schlüssel zu einer angemessenen Interpretation eines Autors. Eine bis in unser Jahrhundert reichende Tradition der Thomas-Auslegung war der Ansicht, Thomas vertrete einen Essentialismus, er habe seine Philosophie vom Wesen her entworfen. Thomas denkt jedoch Sein und Wesen nicht als für sich genommene Seiende; in diesem Sinne der Existenz sind sie vielmehr nicht, er versteht sie als Prinzipien, durch welche das konkret Seiende ist, Wesen und Sein sind je ein ›quo est‹, ein wodurch, des ›quod est‹, des konkreten Seienden. Der actus essendi macht also ein Seiendes zum ens. Sein ist nicht nur Dasein eines Wesens, sondern inneres metaphysisches Prinzip des Seienden als Seienden. Sein ist nur gegeben im Seienden als Etwas-Sein, und Wesen ist nur als durch Sein verwirklichtes. Thomas kennt kein eigenes Wesenssein, unabhängig vom Seienden. Das Seiende wird von ihm nicht von einem Sein des Wesens, sondern vom actus essendi her gedacht. Darin liegt die Stärke und die Aktualität der thomasischen Position gegenüber jeder Wesensmetaphysik.

Literatur

Kluxen 1972
Elders 1985
Lutz-Bachmann 1988
Heinzmann 1994
Aertsen 1996

III. Möglichkeit und Grenze rationaler Gotteserkenntnis

In der Weiterführung seiner ontologischen Analysen stellt Thomas die Frage nach Gott, und zwar als Frage nach der Bedingung der Möglichkeit dafür, daß kontingent Seiendes ist, obwohl es dadurch gekennzeichnet ist, daß es sein kann, aber nicht sein muß.

1. *Notwendigkeit eines Gottesbeweises*

377 Seinen berühmten ›Quinque viae‹ (ScG I 13; STh I 2,3) schickt Thomas die Frage voraus, ob es überhaupt eines Beweises für die Existenz Gottes bedarf, ob es nicht an sich und für sich bekannt ist, per se notum, daß Gott ist. Durch eine Unterscheidung, in der sich das Beweisverfahren ebenso ankündigt wie die erkenntnistheoretische Voraussetzung, geht Thomas das

Problem an. Es kann etwas an sich und nicht im Bezug auf den Menschen, oder an sich und in Bezug auf den Menschen bekannt sein. Eine Aussage ist dann an sich bekannt, wenn der Prädikatsbegriff im Subjekt impliziert ist. Aber auch wenn dieser Sachverhalt des per se notum in sich vorliegt, muß er nicht unbedingt für den Menschen gegeben sein, nämlich dann, wenn dem Menschen Subjekt und Prädikat unbekannt sind. Der Satz ›Gott ist‹, ist an sich bekannt. Gottes Wesen ist mit seiner Existenz identisch. Wer den Gottesbegriff verstanden hat, kann an Gottes Existenz nicht zweifeln, da mit diesem Begriff Existenz notwendig verbunden ist. Aus der Erkenntnis des Wesens, des quid est, dessen, was Gott ist, kann deduktiv das Dasein bewiesen werden. Thomas spricht deshalb von einer ›demonstratio propter quid‹, von einem Beweis, weswegen etwas so ist. Er wird aus schlechthin früheren Prinzipien geführt. So etwa versteht Thomas den berühmten Gedanken *Anselms von Canterbury*, Gott sei etwas, über das hinaus Größeres nicht gedacht werden kann, und lehnt ihn ab. Er begründet es damit, daß wir nicht wissen, was Gott ist, da wir keine Einsicht in sein Wesen haben. Das daraus als per se notum sich ergebende Existenzurteil ist deshalb für ihn keine an sich bekannte Aussage. Wir müssen den Satz ›Gott ist‹ durch das, was uns bekannter ist, beweisen.

Nach Thomas kann also ein Gottesbeweis nur a posteriori geführt werden. Es ist das die andere Beweisart, die induktiv aus der Wirkung auf die Ursache schließt, die ›demonstratio quia‹, der Beweis, daß etwas ist. Darin zeichnet sich die erkenntnistheoretische Position des Thomas ab. Menschliche Erkenntnis ist, der leib-seelischen Einheit des Menschen gemäß, an die Sinne gebunden und deshalb auch bei der Frage nach Gott auf die Welt verwiesen.

2. *Fünf Wege zu Gott*

In seinen ›Quinque viae‹ hat Thomas, Gedanken der Tradition aufgrei- 378
fend, auf fünf Wegen gezeigt, daß Gott ist. Der erste und, wie Thomas ausdrücklich sagt, offenkundigere Weg geht von der ›Bewegung‹ – motus – aus, die in weitem Sinne als Übergang von der Möglichkeit zur Wirklichkeit verstanden wird. Da es Bewegung in der Welt gibt, wie die Erfahrung lehrt, und da etwas nicht zugleich und in derselben Hinsicht bewegend und bewegt sein kann, ist es notwendig, »zu etwas erstem Bewegendem zu kommen, das von nichts bewegt wird« (STh I 2,3). Der zweite Weg geht von der ›Wirkursache‹ – causa efficiens – aus und verfährt nach der gleichen Argumentation (ebd.). Der dritte Weg beruht auf dem Gegensatz zwischen ›Möglichem und Notwendigem‹. Der vierte Gedanke ist platonisch orientiert und geht von der ›Gradualität‹ der seienden Dinge aus. Wo immer es ein Mehr und ein Weniger gibt, muß es ein Prinzip geben, das den Sachverhalt in höchstem Maße verwirklicht. Der fünfte

Weg schließlich ist von der ›Leitung der Dinge‹ – ex gubernatione rerum – genommen. Wenn auch die Dinge, die des Denkens entbehren, zielgerichtet tätig werden, muß »es etwas vernünftig Erkennendes geben, von dem alle Naturdinge auf ein Ziel hingeordnet werden« (ebd.). Diese fünf Wege enden alle mit dem Satz: Das nennen alle Gott. Der Beweisgang ist jedoch jeweils vorher mit dem Erreichen eines absoluten Prinzips abgeschlossen. Die Identifikation mit Gott als einem Begriff der Religion gehört nicht mehr dazu. Es sind Wege, die die Philosophie gegangen ist. Keines der Argumente ist neu; gleichwohl tragen sie in der Durchführung durchaus die Handschrift des Thomas, selbst wenn er sie mehr referierend aufgenommen haben sollte, denn er stellt sie in den Zusammenhang seiner Seinslehre. Trotz des jeweils unterschiedlichen Ausgangspunktes haben diese fünf Argumente zunächst formal eine gemeinsame Struktur: Sie gehen von der Erfahrung aus und schließen vom verursachten Sein der Weltdinge auf eine erste Wirkursache, eine prima causa, zurück. Aber auch in materialer Hinsicht sind sie, auch wenn sich das dem Blick nicht unmittelbar erschließt, von einem einzigen Gedanken getragen, der Frage nach dem Sein und dem Grund dafür, daß es ist und nicht nicht ist.

379 Jedem dieser fünf Wege liegt jeweils ein anderer Aspekt, eine transzendentale Bestimmung des Seins des konkret Seienden zugrunde. Deshalb lassen sie sich auf einen einzigen Grundgedanken zurückführen, von dem sie umgekehrt auch getragen werden, ohne den sie sich einem angemessenen Zugang verschließen. Dieser das Ganze tragende und die fünf viae erst aufschließende Grundgedanke wurde von Thomas bereits in seiner Frühschrift ›De ente et essentia‹ (cap. V) in wenigen Sätzen zusammengefaßt: »Daher muß jedes Ding, dessen Sein etwas anderes ist als seine Natur, sein Sein von woandersher erhalten haben. Weil nun alles, was von einem anderen her ist, letztlich auf das, was von sich aus ist, auf die erste Ursache zurückgeht, so muß es etwas geben, was für alle Dinge dadurch die Ursache des Seins ist, daß es selbst nur das Sein ist; wäre dem nicht so, so ginge die Reihe der Ursachen ins Endlose, weil, wie gesagt, jedes Ding, das nicht nur Sein wäre, eine Ursache für sein Sein haben müßte.« Der Ausgangspunkt dieses Gedankenganges ist die erfahrbare Wirklichkeit. Durch die Verschiedenheit von Sein und Wesen, von dem, was etwas ist, und dem, daß es ist, wird eine innere Differenz und damit das metaphysische Zusammengesetztsein dieser Wirklichkeit unmittelbar ausgesprochen. Das Dasein gehört nicht zum Wesen der Dinge. Indirekt wird dadurch auf den Unterschied zu einer Wirklichkeit aufmerksam gemacht, die nur Sein, das esse tantum, ist. Dadurch wird der Ansatz der impliziten Argumentation noch einmal präzisiert, weil von dem Sein des Seienden, nicht von seinem Wesen, von seiner Natur aus argumentiert wird. Das Wirklichsein, der actus essendi, steht also zur Frage. Wenn nun das Wirklichsein mit dem Wesen des Seienden nicht identisch ist, dann muß dieses Wirklichsein letztlich auf eine Ursache zurückgehen, die nicht

dies oder jenes ist, sondern eben reine Wirklichkeit, actus purus, das Sein selbst.

3. *Die Unbegreiflichkeit Gottes*

Gott ist nicht das Sein, sondern die Ursache des Seins der Dinge. An ent- 380
scheidender Stelle der Argumentation wird auf das metaphysische Kausalitätsprinzip zurückgegriffen (STh I 44,1; ScG II 15). Alles wirkliche kontingente Sein muß eine Ursache haben, durch die es existiert. Das Kausalitätsprinzip wird als denknotwendig und streng allgemeingültig für den gesamten Bereich des endlichen Seins vorausgesetzt. Dieses Prinzip ist das logische Instrument zur Überschreitung des Erfahrungsbereiches und zum Verweis auf den absoluten Grund. Gott darf jedoch in dieser Überlegung nicht als erste, in einer linearen, gleichrangigen Reihe von Ursachen gedacht werden. Gott fällt nicht unter das kategoriale Sein (STh I 3,5). In diesem Sinne ist Gott nicht; er ist vielmehr das Prinzip aller Weisen des Seins (ScG I 24).

›An deus sit‹, ob Gott sei, war die Ausgangsfrage. Sie wird positiv be- 381
antwortet: Gott ist, deus est. Dieses ›ist‹ ist jedoch nicht eindeutig und deshalb höchst mißverständlich. Das Wesen Gottes kann damit nicht gemeint sein. Was Gott ist, können wir nicht wissen. Aber auch die Wirklichkeit, den actus essendi Gottes, kann dieses ›ist‹ nicht bezeichnen, denn Existenz ist ja in diesem singulären Fall mit dem Wesen identisch. Daraus ergibt sich, daß dieses ›ist‹ keine Aussage über Gottes Sein ist, wir begreifen ihn damit nicht. In diesem Satz ist das ›ist‹ lediglich die Kopula, die Verbindung des Subjektes mit dem Prädikat, die der urteilende Verstand herstellt: Gott ist das Prinzip aller Weisen zu sein. Darin liegt die Wahrheit dieses Satzes. Gott selbst bleibt jedoch dem begreifenden Denken des Menschen entzogen. Das Höchste und Letzte menschlicher Gotteserkenntnis liegt deshalb darin, die Unbegreiflichkeit Gottes zu begreifen (De potentia 7,5).

Literatur

Seidl 1982
Elders 1987
Heinzmann 1987
Wagner 1989

1. Der Mensch als Einheit aus Geist und Materie

382 Was der Mensch sei, entscheidet sich an der Verhältnisbestimmung von Leib und Seele. Gleichzeitig fällt damit eine Vorentscheidung über eine Reihe anderer Fragen: Über das Wesen menschlicher Erkenntnis, über den Bezug des Menschen zur Welt, über die Voraussetzung und Möglichkeitbedingung einer Existenz jenseits der Todesgrenze, um nur einige der davon abhängenden Probleme zu nennen. Auch bei der Frage nach dem Menschen geht Thomas von der konkreten Wirklichkeit, d.h. vom konkreten Menschen aus. Er deduziert nicht von allgemeinen Prinzipien, was der Mensch sein soll, sondern er stellt fest, wie er wirklich ist, und fragt von da aus nach seinen Seinsprinzipien. Im Hintergrund steht eine theologische Vorgabe. Der Mensch ist selbstverständlich, wie alle Wirklichkeit, Geschöpf Gottes. Das Wesen des Menschen wird aber noch näher bestimmt: Der Mensch ist in seiner Konkretheit, als Kompositum aus Leib und Seele, von Gott beabsichtigt und geschaffen. Diese geistig-leibliche Einheit ist »ex prima intentione dei« (De potentia 3,10). Ihr liegt nichts voraus; auch die Seele ist nicht etwa früher und unabhängig vom Körper geschaffen. Gott ist der Schöpfer der Ganzheit ›Mensch‹. Diese von Gott gewollte und in der Schöpfung verwirklichte Einheit des Menschen ist für Thomas Gegenstand philosophisch interpretierender Explikation, und zwar mit Hilfe des Hylemorphismus.

383 Zur Diskussion steht, wie diese Einheit aus Geist und Materie philosophisch gedacht und begriffen werden kann. Thomas betrachtet diesen anthropologischen Ansatz jedoch nicht nur als positive theologische Vorgabe, er ist darüberhinaus überzeugt, daß diese Sicht des Menschen durch die Erfahrung – experientia – bestätigt und gedeckt wird. Thomas ist sich offensichtlich bewußt, in dieser Frage völlig neue, auch über Aristoteles hinausgehende Denkwege zu beschreiten, und versäumt es deshalb nicht, die von ihm abgelehnten Positionen eines neuplatonischen Dualismus mit seinen verschiedenen Varianten auch innerhalb des Christentums ausführlich zu referieren sowie mit großer Sorgfalt argumentativ zu widerlegen. In den entsprechenden Partien der Summa contra Gentiles (II 56–59; 68–81) bietet Thomas geradezu einen Abriß der Geschichte der Deutung des Leib-Seele-Verhältnisses.

384 Der mit Entschiedenheit zurückgewiesene Dualismus stellt sich für Thomas etwa folgendermaßen dar: Leib und Seele sind zwei selbständige Substanzen. Die Seele wird mit dem Leib verbunden wie ein ens completum mit einem anderen vollständigen Seienden. Sie verhält sich zum Leib wie der Fischer zu seinem Boot, wie der Mensch zu seiner Kleidung.

Die Seele subsisitiert nicht nur für sich, sondern sie verwirklicht auch in sich die vollkommene Artnatur des Menschen. Der Mensch ist also eine Seele, die sich eines Körpers bedient. Das Verhältnis zwischen Leib und Seele ist nur ein beiläufiges, akzidentelles. Deshalb ist der Tod, verstanden als Trennung von Leib und Seele, keine corruptio substantialis. Unsterblich, präexistent und sich selbst bewegend, geht die Seele als der eigentliche Mensch im Kreislauf de corpore ad corpus, von einem Körper zum anderen.

Daraus ergeben sich erkenntnistheoretische Konsequenzen. Die Sinne 385
haben für die Seele und ihr Erkennen, wie der ganze Körper, nur zufällige, nicht wesenhafte Bedeutung. Durch die sinnlichen Eindrücke wird unsere Seele lediglich in gewisser Weise angeregt, sich an das zu erinnern, was sie vorher wußte, und was sie von Natur aus in sich selbst trägt. In ihrer Präexistenz hat sie an den Ideen partizipiert und so ohne jede Behinderung alles Wissen empfangen. Durch die Vereinigung mit einem Körper wurde die Seele dann in einem solchen Maße belastet, daß sie vergaß, wovon sie ursprünglich ein konnaturales Wissen hatte. Erkenntnis, die Maieutik ist dafür der Beweis, ist deshalb nichts anderes als Anamnesis, als Wiedererinnerung (De anima 15). Wenn es sich tatsächlich so verhielte, dann, so der Einwand des Thomas, gäbe es keinen vernünftigen Grund – und nach seiner Überzeugung konnte auch Plato keinen benennen –, weshalb die Seele eigentlich mit einem Leib verbunden wird. Dann ist diese Verbindung gegen ihre eigene Natur. Der Mensch in der Verbindung von Leib und Seele wäre also etwas Nicht-Natürliches, in sich Widersprüchliches. Wenn aber Leib und Seele wesentlich den Menschen ausmachen, dann muß ihr Verhältnis zueinander so gedacht werden, daß sie für sich genommen nur nicht-selbständige Prinzipien des konkreten Menschen in seiner wesenhaften Einheit sind. Leib und Seele als für sich existent, als actu entia, könnten nie zu einem unum simpliciter verbunden werden. Die Voraussetzung für eine letzte innere Einheit des Menschen ist nur dann gegeben, wenn Leib und Seele als metaphysische Prinzipien verstanden werden, wenn sie sich verhalten wie materia und forma, wenn der Hylemorphismus also streng metaphysisch verstanden wird.

Nach ausführlichen Erörterungen kommt Thomas zu dem Ergebnis, 386
daß die geistige Seele die einzige substantielle Form des Menschen ist. Als Ko-Prinzip der anima intellectiva kommt dann aber nur die materia prima als reine Potenz in Frage. Alles, was der Mensch ist, Körperwesen, Lebewesen, Sinnenwesen und Geistwesen ist er durch die anima intellectiva als Wesensform. Was zum Menschen gehört, verdankt er seiner Geistseele.

Damit ist aber zugleich Wichtiges über die Seele selbst ausgesagt: Es ist ihr Wesen, Geist und forma corporis zu sein; sie ist von solcher Art, daß sie zu ihrer eigenen Verwirklichung eines Körpers bedarf (De ver XVI 1 ad 13). Seele kann nur vom Leib her und auf den Leib hin verstanden und definiert werden (De spiritualibus creaturis, 9). Wenn Thomas trotzdem von der Unzerstörbarkeit (incorruptibilitas) der Seele spricht, hat das mit der Unsterblichkeit der Seele der neuplatonisch-augustinischen Tradition nichts gemein. Was Thomas damit sagen will, kann nur von dem theologischen Datum der Auferweckung der Toten her verstanden werden.

2. *Erkenntnis und Wahrheit*

387 Als menschliche Seele ist die anima intellectiva an die Welt verwiesen; sie braucht deshalb gerade auch für ihre höchste Tätigkeit, für das Erkennen, unabdingbar sensitive Kräfte (De anima, 8 ad 15). Als höchste Potenz ist der menschliche Intellekt eine tabula rasa. Alle menschliche Erkenntnis beginnt deshalb mit der Erfahrung, mit der sinnlichen Wahrnehmung der konkreten Dinge. Insofern ist sie aposteriorisch und rezeptiv. Durch die Spontaneität des tätigen Intellekts, durch den intellectus agens, kommt es dann durch den Prozeß der Abstraktion zur Erkenntnis der Washeit des einzelnen konkret Seienden. Der Verstand erfaßt im sinnlich Wahrnehmbaren das geistig Erfaßbare – das intelligibile in sensibili. Das Apriori, das von der Erfahrung Unabhängige und ihr Vorausliegende im Erkenntnisvorgang ist das ›lumen mentis‹, bzw. ›lumen naturale‹. Thomas versteht darunter ein rein formales Apriori, die Bedingung der Möglichkeit, daß Seiendes in seinem Wesen begriffen werden kann, weil Sein immer schon verstanden ist (In De anima, lib. III, lect. 7, nr. 680). Mit einem materialen Apriori eingeborener Ideen, mit der Einstrahlung der Wahrheit oder ihrer unmittelbaren Schau hat dieser Gedanke nichts gemeinsam. Das lumen mentis ist der habitus principiorum, jener Sachverhalt, daß Seins- und Denkgesetze identisch sind. So verstanden verhält sich das lumen mentis zum Intellekt, wie das, wodurch erkannt wird, nicht wie das, was erkannt wird.

388 Den gesamten Vorgang des Erkennens versteht Thomas als ein Hinausgehen des erkennenden Subjektes zum Objekt und in der Gegenbewegung als eine Rückkehr des erkennenden Prinzips zu sich selbst (De ver I 9). Dabei erkennt der Mensch nicht nur, sondern er reflektiert zugleich über sich und seine Erkenntnis; dadurch wird Wahrheit konstituiert als Übereinstimmung des Intellekts mit der Sache: adaequatio rei et intellectus. Für die Frage nach der Wahrheit ist die Verhältnisbestimmung von Denken und transmentaler Wirklichkeit grundlegend. Ist Denken ein Maßnehmen an der unabhängig vom Subjekt gegebenen Wirklichkeit und ein Nachformen dieser Wirklichkeit im Gedanken? Oder ist Denken ein Maßgeben, ein Setzen des Erkenntnisgegenstandes? Mit anderen Worten: Bezieht sich die Spontaneität des Geistes nur auf den Akt der Erkenntnis oder zugleich auch auf das Was, auf ihren Inhalt? Die Antwort des Thomas ist eine der klassischen Grundpositionen in dieser Frage (STh I/II 93,

1 ad 3). Menschliche Erkenntnis ist nicht aus sich selbst wahr, sondern weil und insofern sie mit der Wirklichkeit übereinstimmt. Der erkennende Geist empfängt sein Maß von den Dingen. Die geschaffenen Dinge aber haben ihr Maß vom erkennenden Geiste Gottes empfangen; er ist maßgebend und nicht maßempfangend. Alles, was ist, ist zwischen den göttlichen und den menschlichen Intellekt gestellt. Von Gott ist es – und das heißt Schöpfung – actu, wirklich erkannt, und darin gründet die prinzipielle Erkennbarkeit (STh I 78,1). Dieser Erkennbarkeit korrespondiert die Geistseele, die von ihrem Ursprung her solcher Art ist, daß sie mit allem Seienden übereinstimmen kann. Wegen dieser Fähigkeit sagt Thomas von der Seele, sie sei gewissermaßen alles, quodammodo omnia; sie ist nicht nur das, was sie selbst ist, sondern in gewisser Weise auch das andere: »Non solum est id quod est, sed etiam est quodammodo alia« (In De anima, lib. II lect. 5 nr. 383). Im eigentlichen Sinne kann man von Wahrheit nur im Urteil sprechen. Nur in der Stellungnahme des Urteils, wenn durch das Ist-Sagen ein Subjektsbegriff mit einer Prädikatsaussage verbunden wird bzw. das eine vom anderen ausgeschlossen wird, ist Wahrheit gegeben (ScG I 59; STh I 16,2).

3. *Determination und Freiheit*

Wie die transzendentale Bestimmung des ›verum‹ aus der Zuordnung der Wirklichkeit zum erkennenden Geist – vis cognitiva – gewonnen wird, so resultiert das ens als ›bonum‹ aus dem Bezug zur vis appetitiva, zum Strebevermögen des Menschen (De ver I 1). Nach diesem Verständnis erstrebt alles von Natur aus das Gute, das, was zu seiner Verwirklichung beiträgt. Alles ist durch die inclinationes naturales, durch die natürlichen Neigungen und Grundtriebe auf das hingeordnet, was ihm zuträglich ist. Diese teleologische Verfaßtheit ist den Dingen von Gott eingeschaffen. 389

Das natürliche und letzte Ziel des Menschen, ist das Glück, die beatitudo (STh I 16,2; De potentia, 2,3). Im Gegensatz zu den untergeistigen Wesen, die durch ihre Instinkte auf ganz bestimmte Ziele hingeordnet und dadurch in ihre Umwelt eingebunden sind, ist der Mensch als geistbegabtes Wesen auf das Sein, auf alles, was ist, bezogen. Sein letztes Ziel und damit eben sein Glück kann deshalb nicht dieses oder jenes bonum sein, sondern nur das ›bonum universale‹. Der Mensch kann das Gute als solches erkennen und deshalb auch wollen, das aber ist Gott. Hinsichtlich dieses Zieles gibt es für den Menschen keine Wahl, das Gute in seiner Universalität ist das transzendentale Objekt, auf das der Mensch wesenhaft bezogen ist (STh II/II 82,1). In dieser finalen Determination hat gleichzeitig die Freiheit des Geistes ihr Fundament; sie ermöglicht nämlich die Freiheit den innerweltlichen Teilgütern gegenüber. In dieser Freiheit der Wahl, dem liberum arbitrium, gründet die sittliche Verantwortung 390 des Menschen. Freiheit setzt Vernunft voraus, die das Ziel erfaßt und das Handeln darauf hinordnet. Die Vernunft hat das freie Handeln zu regeln. Da jedes Gesetz eine Vernunft verlangt, von der es gegeben wird, ist in diesem Sinne Gott der Gesetzgeber für die gesamte Wirklichkeit. Von seiner Vernunft wird das ganze Weltall geleitet, das ewige Gesetz, die ›lex aeterna‹ ist »nichts anderes als der Plan der göttlichen Weisheit, insofern sie alle Handlungen und Bewegungen lenkt« (STh I/II 93,1).

391 Von diesem Verständnis der lex aeterna aus geht Thomas die Frage nach der ›lex naturalis‹ an (STh I/II 91,2). Dem vernunftbegabten Geschöpf kommt eine Sonderstellung zu. Es unterliegt in einer ausgezeichneteren Weise – excellentiori modo – der Vorsehung Gottes. Die rationalis creatura nimmt in einem aktiven Sinne daran teil, da sie für sich und andere vorsehen, voraussehen und planen kann und muß (STh I/II 91,2; De ver V 5). Das Naturgesetz, die lex naturalis, ist die Teilnahme des vernunftbegabten Geschöpfes am ewigen Gesetz. Jeder Mensch hat die natürliche Neigung, gemäß der Vernunft zu handeln (STh I/II 94,3).

392 An der Strukturparallelität der theoretischen und praktischen Vernunft zeigt Thomas auf, wie die ratio practica zu den Kriterien ihres Handelns gelangt. »Die Gebote des Naturgesetzes verhalten sich zu der auf das Tun gerichteten Vernunft, wie die Grundsätze der strengen Beweise sich zu der auf die Schau gerichteten Vernunft verhalten: Beide sind nämlich aus sich einleuchtende Grundsätze, »principia pe se nota« (STh I/II 94,2). So wie ›seiend‹ (ens) das von der theoretischen Vernunft schlechthin Ersterfaßte ist, so ist ›gut‹ (bonum) das, was die praktische Vernunft, vis appetitiva, als erstes erfaßt. Alles nämlich, was handelt, handelt wegen eines Zieles, das in sich die ratio boni, die Bewandtnis des Guten hat. Daraus ergibt sich als Grundsatz der praktischen Vernunft: Das Gute ist das, wonach alle streben. Das erste Gebot des Naturgesetzes lautet demnach: Das Gute ist zu tun und zu erstreben, das Böse ist zu meiden. Alle weiteren Gebote der lex naturalis sind daraus abzuleiten. So wie das lumen naturale als formales Apriori der theoretischen Vernunft eine Teilhabe an der ersten Wahrheit darstellt (participatio primae veritatis), so ist das gleiche lumen naturale als formales Apriori der praktischen Vernunft participatio legis aeternae. Von diesem Verstandeslicht wird das Naturgesetz konstituiert (STh I/II 94,1), vergleichbar einem Satz der theoretischen Vernunft. Es ist deshalb das Gesetz des Menschen, das Gesetz seiner Natur, vernunftgemäß zu handeln. Das heißt aber gleichzeitig, tugendhaft zu handeln (STh I/II 91,6). Von dieser allen Einzeleinsichten vorausliegenden Evidenz der ratio practica, das Gute zu tun und das Böse zu meiden, sind alle weiteren Urteile der praktischen Vernunft abzuleiten. Die unmittelbare Einsichtigkeit des Naturgesetzes beschränkt sich aber auf die obersten Prinzipien. Für den Bereich der Schlußfolgerungen, der conclusiones, ist durchaus die Möglichkeit des unverschuldeten Irrtums gegeben (STh I/II 94,6).

In diesem Verständnis des Naturgesetzes als eines Vernunftgesetzes gründet das thomasische Verständnis des Gewissens (STh I 79, 12 und 13), das im Verpflichtungscharakter auch des irrenden Gewissens (De ver XVII 4) seine deutlichste Ausprägung erfährt. Thomas eröffnet damit auch für den Bereich der praktischen Philosophie neue Perspektiven menschlicher Autonomie. Der Prozeß der Wende des abendländischen Denkens vom Allgemeinen zum Einzelnen, zum Subjekt, findet hierin einen besonders sprechenden Ausdruck. Gleichwohl wird der Mensch aber auch als Gemeinschaftswesen gesehen. Das geht vor allem daraus hervor, daß Thomas der politischen Theorie unter den Disziplinen der praktischen Philosophie den höchsten Rang zuerkennt (vgl. die Kommentare zur Politik und zur Ethik des Aristoteles). 393

Literatur

Pesch 1977
Kluxen ²1980
Heinzmann 1986
Kleber 1988
Schröer 1995

V. Würdigung und Wirkungsgeschichte

1. *Ein Theologe als Philosoph*

Thomas von Aquin zählt zu den herausragenden Denkern der abendländischen Geistesgeschichte. Im christlichen Raum ist nur Augustinus mit ihm vergleichbar. Das hervorstechendste Merkmal seines Denkens ist die außerordentliche Kraft zur Synthese. Didaktisch klug aufgebaut, besticht sein Werk durch die Logik der Gedankenführung und die Klarheit seiner Sprache. Die Gefahr, nur zu meinen, man habe ihn verstanden, ist dadurch sehr groß. 394

Als Theologe war Thomas bemüht, Wissen und Glauben in ein ausgewogenes Verhältnis zu bringen, bei gleichzeitiger Wahrung der Eigenständigkeit von Philosophie und Theologie. Der sauberen methodischen Trennung beider Disziplinen galt seine besondere Aufmerksamkeit. Philosophie und Theologie fallen nicht mehr in eins, aber auch noch nicht antithetisch auseinander. Die Philosophie des Aquinaten stellt ihrerseits eine beeindruckende Synthese der vielfältigen, bisweilen gegensätzlichen geistigen Strömungen seiner Zeit dar. Gelegentliche Spannungen und innere Unausgeglichenheiten können die systematische Konzeption im Ganzen nicht beeinträchtigen. Wenngleich der Einfluß des Aristoteles dominiert, wird man mit der Qualifikation ›christlicher Aristotelismus‹ der denkerischen Leistung des Aquinaten ebenso wenig gerecht, wie mit dem Versuch, seine Synthese als Eklektizismus oder Synkretismus abzutun. Unter Heranziehung seiner Quellen und in kritischer Auseinandersetzung mit ihnen hat Thomas die erste eigenständige Philosophie innerhalb des abendländischen Christentums entworfen. Als christlicher Theologe konnte er weder das platonische Prinzip der Idee noch das aristotelische einer ewigen Bewegung akzeptieren und ist deshalb mit vollem Bewußtsein seinen eigenen Weg gegangen (De spiritualibus creaturis, quaestio unica, art. 5), der es ihm ermöglichte, die Transzendenz Gottes ebenso zu denken wie die Eigenständigkeit der Welt und die innere Einheit des Menschen aus Geist und Materie.

395 Gerade seiner Anthropologie kommt eine gewisse Schlüsselfunktion zu. Das Axiom ›agere sequitur ens actu‹, der Gedanke also, daß jedes Seiende die Prinzipien seines Tätigwerdens in sich selbst trägt, bedeutet für den Menschen eine gewisse Autonomie. Er ist Ursprung seines Denkens und Handelns. Von diesem Ansatz her folgte Thomas in den wesentlichen Punkten der aristotelischen Erkenntnistheorie; den Widerspruch zur neuplatonisch-augustinischen Interpretation menschlicher Erkenntnis brachte er ausdrücklich zur Sprache. Das hinderte ihn aber nicht, in der Metaphysik Neuplatonismus und Aristotelismus in einer Synthese so zu verbinden, daß sich daraus eine Konzeption ergab, die durchaus Anspruch auf Eigenständigkeit erheben kann. Das Weiterdenken und Vertiefen von tradierten Lösungsversuchen führte vor allem in der Frage nach dem Wesen des Menschen zu einem Ergebnis, das alle bis dahin vorgelegten Versuche, das Verhältnis von Leib und Seele zu denken, hinter sich läßt. Mit seinem Verständnis der Geistseele als einziger Wesensform des Menschen hat Thomas nicht nur den platonischen, sondern auch den aristotelischen Dualismus überwunden. Aristoteles – so verstand ihn das Mittelalter – denkt zwar den Menschen auch als Leib-Seele-Einheit, aber der Geist, der nous, gehört nicht zur substantiellen Form des Leibes, er kommt von außen zum Menschen hinzu. Die Differenz zwischen Aristoteles und Thomas liegt nicht im philosophischen Instrumentarium, sondern in dem der philosophischen Reflexion vorausliegenden Verständnis dessen, was der Mensch ist. Für Thomas ist der Mensch als Person bleibende Vereinzelung wesenhaft materiegebundenen Geistes. Das hat Konsequenzen für alle Gebiete der Anthropologie, insbesondere für die Ethik.

Von diesem Ansatz her bahnt sich bei Thomas eine Wende im abendländischen Denken an. Das Allgemeine verliert seine Priorität und tritt in den Hintergrund, das Sein wird von der Subjektivität her gedacht, erste Anfänge der Neuzeit kündigen sich an.

Literatur

Metz 1962
Oeing-Hanhoff 1974
Kluxen 1975
Bernath 1981
Heinzmann ²1985

2. Thomismus

Die Wirkungsgeschichte des Aquinaten ist zunächst durch Anfeindung und Erfolglosigkeit gekennzeichnet, ein Sachverhalt der jedoch nur aus dem größeren Zusammenhang der Spannungen des 13. Jahrhunderts richtig beurteilt werden kann. Die umfassende Rezeption aristotelischer und arabischer Philosophie wurde zunehmend als eine ernsthafte Bedrohung des Christentums durch das Heidentum empfunden. Das christliche Denken in der Gestalt des neuplatonischen Augustinismus geriet dadurch in eine schwere Krise. In Paris konkretisierte sich diese Situation, wo die Artistenfakultät durch die Stoffzufuhr an materialer Philosophie ein hohes Maß an Eigenständigkeit und Einfluß erlangte; eine heterodoxe Aristoteles-Auslegung setzte sich bisweilen in der Tat in Widerspruch zu Religion und Christentum. Thomas geriet zwischen die Fronten des heterodoxen Aristotelismus und konservativer Theologie und mußte sich nach beiden Seiten verteidigen. Seine Gegner waren vor allem Mitglieder des Franziskanerordens (*Johannes Peckham*, *Petrus Johannes Olivi*), aber auch eigene Mitbrüder (*Robert Kilwardby*, *Petrus von Tarantasia*) und Professoren aus dem Weltklerus (*Heinrich von Gent*). 396

Bei dieser Konstellation war es ein Leichtes, Aristoteles, Avicenna oder Averroes zu sagen und Thomas zu meinen. So kam es schließlich dazu, daß im Jahre 1277 in einem Dekret von dem Pariser Bischof Stefan Tempier 219, völlig unsystematisch zusammengestellte Thesen verurteilt wurden; ohne daß sein Name dabei genannt wurde, war auch Thomas davon betroffen, unter anderem mit seiner Anthropologie (These 7). Zu einer vorgesehenen eigenen Verurteilung von Thomas ist es jedoch nicht mehr gekommen. Bald nach der Verurteilung von 1277 hat *Wilhelm de la Mare OFM* ein ›Correctorium fratris Thomae‹ mit 118 inkriminierten Sätzen, vor allem aus der ›Summa Theologiae‹, vorgelegt, ohne welches die Franziskaner aufgrund einer Verordnung von 1282 die Summa nicht lesen durften. Aus der Auseinandersetzung mit diesem Dokument entstand der sogenannte ›Korrektorienstreit‹ (Schneider 1972). Bereits 1278 hatte jedoch der Dominikanerorden Thomas zu seinem offiziellen Lehrer erhoben. Die Thomas betreffenden Pariser Verurteilungsthesen wurden 1325 widerrufen. Die offiziellen Hindernisse waren zwar damit aus dem Wege geräumt, die Kontroverse ging aber weiter. Während sich die 397

Dominikaner immer mehr mit der Thomistenschule identifizierten, legten sich die Franziskaner von ihrer augustinischen Grundausrichtung her gegen die Thomisten fest.

398 Die unmittelbare Schülergeneration des Thomas war seinem Denken nicht gewachsen; sehr bald zerbrach deshalb seine große Synthese. Mit viel Eifer, aber ohne schöpferische Eigeninitiative, bemühte man sich, sein Werk zu erarbeiten. Abkürzende Kompendien (Abbreviationes), alphabetische Indices (am bekanntesten ist die ›Tabula aurea‹ des *Petrus von Bergamo* [gest. 1482]) und Konkordanzen widersprüchlicher Lehrsätze innerhalb der Werke des Thomas entstanden in großer Zahl. Nach einer Phase der Thomas-Apologie, die in der Gattung der ›Defensiones‹ ihren Höhepunkt erreichte, begann dann um die Mitte des 15. Jahrhunderts die Zeit der Thomas-Kommentare. Die historisch greifbare Wirkungsgeschichte des Thomas vollzog sich damit im Thomismus; zwischen thomasisch (thomanisch) und thomistisch weiß man aber heute sorgfältig zu unterscheiden. Verschiedene Ursachen haben zur Entstehung dieser Differenz beigetragen. Hervorzuheben ist die Interpretation des Thomas allein von Aristoteles her. Das hatte zur Folge, daß die neuplatonisch-augustinischen Elemente in seinem Denken zurückgedrängt oder ganz übersehen wurden. Die antiscotistische Intention führte zu weiteren Einseitigkeiten und Verkürzungen. Schließlich ging durch die Haltung der Abwehr und des Sich-Verteidigen-Müssens die Offenheit, ein Grundzug des thomasischen Denkens, verloren.

399 So kam es zu gravierenden Unterschieden im Verständnis der ›analogia entis‹, hervorgegangen aus der Zurückweisung der scotistischen Univokation des Seins. Die Partizipationsmetaphysik wurde durch die Kausalität verdrängt. Der Ansatz beim actus essendi wurde in seiner für Thomas fundamentalen Bedeutung nicht mehr gesehen. Mit der Diskussion über die Realdistinktion zwischen Existenz und Essenz wurde eine Frage in Thomas hineingetragen, die sich so bei ihm nicht stellen läßt. Auf dem Hintergrund der Verhältnisbestimmung der causa prima zu den causae secundae wurde der transzendentale Charakter göttlicher Kausalität nicht mehr gesehen, wodurch es zu Aporien im Verständnis menschlicher Freiheit kam.

400 Vergleichbare Differenzen lassen sich auf theologischem Gebiet nachweisen. Nach der definitiven Trennung von Philosophie und Theologie hat Thomas auf die Entwicklung der Philosophie keinen Einfluß mehr gehabt. Erst in unserem Jahrhundert wurde er, befreit von thomistischer und neuscholastischer Verfremdung und Fehlinterpretation, neu entdeckt und so wiederum zu einem philosophischen Gesprächspartner.

Literatur

Pesch 1965

O. Bonaventura (1217/18–1274)

Die Bedeutung der beiden Mendikantenorden für die Theologie und Phi- 401
losophie des Mittelalters steht außer Frage. Aus beiden sind Gelehrte von hohem wissenschaftlichem Rang hervorgegangen, beide entwickelten eigene einflußreiche Schultraditionen mit unterschiedlicher philosophischer Grundorientierung. Darüberhinaus haben die Franziskaner vor allen inhaltlichen Aussagen eine spezifische Spiritualität entwickelt, die auf ihre Art zu denken einen starken Einfluß ausübte; etwas Vergleichbares gibt es bei den Dominikanern nicht. Um dieses Spezifikum zu charakterisieren, hat man von der »Franziskanischen Vorentscheidung« (W. Dettloff) gesprochen. Es handelt sich dabei um auf *Franziskus von Assisi*, den Ordensgründer, zurückgehende Grundanliegen. Neben der zentralen Stellung von Christus sowie der Betonung seines Menschseins und dem Verständnis Gottes als des Allerhöchsten, Allwirkenden und Allgütigen ist vor allem die biblisch-heilsgeschichtliche Grundausrichtung zu nennen. Diese Ansätze waren nicht nur theologisch relevant; aus ihnen ergab sich eine andere Grundeinstellung zur Philosophie und, daraus resultierend, eine andere Art des Philosophierens. Die Polarität zwischen Heilsgeschichte und Metaphysik hebt sich in die Heilsgeschichte hinein auf, die Philosophie wird der Theologie integriert. In diesem Prozeß liegen Ansätze der späteren auch innerphilosophischen Metaphysikkritik.

Diese Eigenart franziskanischen Denkens hat schon früh über den 402
Orden hinaus Einfluß gewonnen. In Oxford war es *Robert Grosseteste* (gest. 1253), der spätere Bischof von Lincoln, der dem Franziskanerorden zur ersten Niederlassung verholfen und viele Jahre im Minoritenstudium gelehrt hat. Er orientierte sich insbesondere an Augustinus und dem arabischen Neuplatonismus; der Lichtmetaphysik und der Emanationslehre galt sein besonderes Interesse. Er hat aber auch Kommentare zu Aristoteles (Zweite Analytik und Physik) verfaßt und übersetzte die Nikomachische Ethik. Er sah früh, daß sich nicht alle Elemente aristotelischer Philosophie für christliches Denken in gleicher Weise eignen. In Paris hat eine vergleichbare Funktion *Alexander von Hales* (gest. 1245) wahrgenommen. Er trat als Magister in den Orden ein und verschaffte dadurch den Franziskanern den ersten Lehrstuhl an der Universität. Trotz relativ guter Vertrautheit mit Aristoteles blieb auch seine Grundausrichtung neuplatonisch-augustinisch. In einer Reihe weiterer bedeutender Gelehrter dieser älteren Franziskanerschule ist Bonaventura die herausragende Persönlichkeit.

403 Bonaventura (Johannes Fidanza) wurde 1217 oder 1218 in Bagnoreggio bei Viterbo geboren und studierte an der Artistenfakultät in Paris (1236 bis 42). Im Jahre 1243 trat er in den Franziskanerorden ein. Neben *Johannes von Rupella*, *Odo Rigaldi* und *Wilhelm von Melitona* war *Alexander von Hales* einer seiner wichtigsten Lehrer. Mit etwa 35 Jahren wurde er an der Pariser Universität Magister der Theologie. Durch den Bettelordenstreit, Gegner der Franziskaner und Dominikaner wollten deren Tätigkeit an der Universität verhindern, wurde seine Lehrtätigkeit unterbrochen. Zusammen mit Thomas von Aquin wurde ihm 1257 das theologische Lehramt endgültig übertragen; wenige Monate vorher hatten ihn jedoch seine Mitbrüder zum Generalminister gewählt. Damit war die Epoche seiner wissenschaftlichen Tätigkeit beendet. Danach hat er nur noch durch seine Universitätsansprachen jeweils im März und April der Jahre 1267, 1268 und 1273 unmittelbar in die wissenschaftlichen Auseinandersetzungen um den heterodoxen Aristotelismus eingegriffen. Seine Haupttätigkeit galt dem Orden und den Problemen der franziskanischen Bewegung. Im Jahre 1273 zum Kardinalbischof ernannt, war Bonaventura maßgeblich an der Vorbereitung zum II. Konzil von Lyon beteiligt; vor dem Ende des Konzils starb er dort am 15. Juli 1274.

404 Rein philosophische Schriften hat Bonaventura nicht verfaßt. Neben ihrer theologischen Bedeutung sind aber folgende Werke auch für die Philosophie relevant: ›Commentarii in quattuor libros sententiarum Petri Lombardi‹; sie sind das wissenschaftliche Hauptwerk Bonaventuras und einer der bedeutendsten Sentenzenkommentare. ›Quaestiones disputatae de scientia Christi‹ und ›De mysterio SS. Trinitatis‹; hier finden sich wichtige Erörterungen zur Erkenntnistheorie und zur philosophischen Gottesfrage. ›Breviloquium‹; eine konzentrierte Entfaltung der Theologie aus Gott als dem Urprinzip. ›Itinerarium mentis in deum‹; Entwurf einer mystischen Theologie unter Einbeziehung aller Erkenntnismöglichkeiten mit dem Ziel der Einheit christlicher Weisheit. ›Opusculum de reductione artium ad theologiam‹; Bonaventura führt darin den Nachweis, wie alle Wissenschaften, in den Dienst der Theologie gestellt, auf Gott als das höchste Ziel zurückgeführt werden können. ›Collationes de septem donis spiritus sancti‹; im vierten dieser Vorträge handelt Bonaventura unter anderem von der Philosophie, die als Weg und Mittel einer höheren Erkenntnis verstanden werden muß. ›Collationes in Hexaemeron‹; in diesen nur als Hörernachschrift (reportatio) erhaltenen Ansprachen aus der Osterzeit 1273 wendet sich Bonaventura mit äußerster Entschiedenheit gegen den heterodoxen Aristotelismus. Darüberhinaus hat Bonaventura Schriftkommentare, mystische Schriften und Abhandlungen zu Problemen des Ordens verfaßt. Bei den überlieferten Predigten ist die Echtheitsfrage nicht immer eindeutig zu beantworten. Das gesamte Werk liegt in einer kritischen Ausgabe vor.

Bonaventura hat weder eine gesonderte Grundlegung seiner Philosophie 405
noch eine monographische Behandlung eines philosophischen Einzelproblems verfaßt. Alle philosophischen Aussagen stehen bei ihm in theologischem Kontext. Der Zugang zu seiner Philosophie führt deshalb nur über die Theologie, und das in einem doppelten Sinne. Zum einen werden also philosophische Fragen immer im Zusammenhang mit theologischen Problemen abgehandelt. Das besagt jedoch nicht, die Grenzen von Philosophie und Theologie würden verwischt, so daß man am Ende nicht wüßte, ob es sich im Einzelfall um eine theologische oder philosophische Aussage handelt. Ganz im Gegenteil, Bonaventura steckte die Grenzen der Philosophie deutlich und mit großem Nachdruck ab; damit unterstrich er zugleich die ihr innerhalb dieser Grenzen zukommende Eigenständigkeit. Der zweite Aspekt ist von grundlegender Bedeutung, weil er vom Ganzen her Ort und Funktion der Philosophie bestimmt. Bonaventuras Denken ist vom Ansatz her und in jeder Phase der Durchführung heilsgeschichtlich bestimmt. Alle Wirklichkeit ist Schöpfung Gottes, die den Verweis auf ihren Schöpfer in sich trägt. Der Mensch hatte ursprünglich die Fähigkeit, in der Natur wie in einem Buch zu lesen, darin das Bild und die Spur Gottes zu erkennen und dadurch zur Liebe Gottes als seinem eigentlichen Ziel zu gelangen. Durch die Sünde des Menschen verlor die Natur ihre Lesbarkeit und der Mensch seine Fähigkeit, darin zu lesen. Dadurch war es erforderlich geworden, daß Gott von neuem die Natur als das erschloß, was sie von ihrem Ursprung her war. Das geschah in der Heiligen Schrift, die der erschließende Kommentar zum Buch der Natur ist. Durch den Glauben an Christus als das Abbild Gottes und das Urbild von allem wird auch die Fähigkeit des Menschen wieder hergestellt, die Tiefendimension aller Dinge zu erkennen; dadurch wird der Mensch zur Liebe zu Gott und zu seinem Heil geführt (Collationes in hexaemeron XIII 12). Da nur ein Wissen, das zum Heil führt, für Bonaventura von Interesse ist, ergibt sich aus der nachparadiesischen Situation des Menschen, daß alle Erkenntnis unter theologischem Anspruch stehen muß (aaO I 11–38). Damit zeichnet sich der Ursprung der Philosophie klar ab, und dieser Ursprung impliziert ihre Wertigkeit: die Philosophie hat ihren Grund in der Erbsünde. Das Denken der gefallenen Natur ist auf sich selbst gestellt und kann deshalb von sich aus nichts zum Heil beitragen. In diesem Zusammenhang steht der aufschlußreiche, die entscheidende Grenze der Philosophie markierende Satz: »Apud Philosophos non est scientia ad dandam remissionem peccatorum« (aaO XIX 7), philosophisches Wissen führe nicht zur Vergebung der Sünden.

Da die Philosophie nichts zum Heil beitragen kann, sinkt ihre Bedeu- 406
tung, für sich genommen, zu einer gewissen Belanglosigkeit ab. Darüber-

hinaus kann sie sogar in die Negativität geraten. Der Mensch hat zwar die Richtigkeit verloren, aber nicht die Ausrichtung auf die Richtigkeit; er verlor die Fähigkeit, nicht aber das Verlangen (In II Sententiarum, Prooemium). Da das Verlangen ohne die Fähigkeit, es zu erfüllen, zurückblieb, ist der Mensch ein ruhelos Fragender geworden (ebd.); er verfängt sich in endlosen Fragen, ohne den letzten Sinn aufdecken zu können. Wenn nun der Mensch seine heilsgeschichtliche Lage, sei es bewußt oder unbewußt, verkennt, wenn er das Verlangen nach der Wahrheit mit der Fähigkeit, sie aus eigener Kraft zu erlangen, die er eben durch die Sünde verloren hat, identifiziert, dann wird sein Wissensdrang zur ›curiositas‹, zur nutzlosen und verwerflichen Neugier (vgl. hierzu Coll. in Hex. XIX). Eine so verstandene Autonomie profaner Wissenschaft ohne innere Hinordnung auf das Heil erweist sich als superbia, als Hochmut, und damit als Folge der Ursünde; solche Selbstherrlichkeit wird von Bonaventura als Weltweisheit verworfen.

407 Seine bisweilen sehr harten Urteile über die Philosophie und alle profane Wissenschaft müssen primär als Konsequenz aus dieser heilstheologischen Gesamtkonzeption verstanden werden. Würde man seine Einschätzung der Philosophie nur als Ausdruck einer konservativen Grundhaltung oder als Anti-Aristotelismus abtun, würde man einen wesentlichen Aspekt seines Denkens und den allein angemessenen Zugang zu seinem Verständnis der Philosophie verfehlen. Es war nur die sich selbstherrlich und absolut gebende Philosophie, die Bonaventura ablehnte. Wenn sie sich in die Ordnung des Ganzen einfügt und sich damit dem Glauben und der Theologie unterordnet, dann gewinnt sie erneut ihren ursprünglichen Erkenntniswert. Durch das Licht des Glaubens wird im Profanen die Dimension eines letzten Sinnes und damit des Heilshaften sichtbar. Von dieser grundsätzlichen Offenheit wird die regionale Eigenständigkeit der Philosophie, was ihre Prinzipien und Methoden angeht, nicht tangiert. »Die philosophische Wissenschaft ist sichere Erkenntnis der Wahrheit, insofern sie Gegenstand der Erforschung ist« (Coll. de septem donis spiritus sancti). Hineingenommen in den Vollzug des Glaubens, wird die Philosophie zum Instrument, zur Einsicht in den Glauben – intellectus fidei – fortzuschreiten und schließlich zur mystischen Schau zu gelangen, »ad suavitatem contemplationis« (Sermo theologicus IV 15). Von der Liebe nimmt die Erkenntnis ihren Anfang und steigt über die theologische Spekulation auf zur ekstatischen Vereinigung mit Gott. Dieser Gedanke ist für Bonaventura charakteristisch und findet sich in verschiedenen Modifikationen in vielen seiner Schriften.

II. Die philosophische Synthese

Aus dieser organischen Einheit einer in die Theologie integrierten Philoso- 408
phie – das ist die augustinische Grundorientierung Bonaventuras – gilt es, die Philosophie als solche herauszulösen. Eine solche Rekonstruktion ist eine schwierige, aber nicht unlösbare Aufgabe, da Bonaventura die Philosophie als durch die Sünde reduzierte Gestalt menschlicher Rationalität gegenüber dem Glauben und der Theologie deutlich abgegrenzt hat. Das für Bonaventura Charakteristische, der Geist Bonaventuras, kann dann aber nicht mehr das Kennzeichen einer solcherart isolierten Philosophie sein. Denn das, was die besondere Spiritualität, eben die franziskanische Vorentscheidung seines Denkens ausmacht, liegt ja gerade in der theologischen Gesamtkonzeption, d.h. in der Art der Integration der profanen Wissenschaften und damit eben auch der Philosophie.

In der Beurteilung, wie eine solche künstlich extrahierte Philosophie 409
Bonaventuras genannt werden könne, was ihr Spezifikum sei und wie sie sich philosophiegeschichtlich einordnen lasse, gab es sehr kontroverse Positionen. Man sprach von Eklektizismus und wollte damit zum Ausdruck bringen, daß die verschiedenen Richtungen entstammenden philosophischen Elemente nur mehr oder weniger verbunden nebeneinander stünden. Man setzte den ›Augustinismus‹ Bonaventuras dem ›Aristotelismus‹ des Thomas von Aquin entgegen und wurde damit beiden nicht gerecht. Dem tatsächlichen Befund kommt die Bezeichnung ›neuplatonisierender Aristotelismus‹ am nächsten, sie bringt jedoch die von Bonaventura geleistete innerphilosophische Synthese nicht zum Ausdruck. J.S. Quinn (1973) hat deshalb zu Recht gefordert, man müsse von ›Bonaventuranismus‹, von einer bonaventuranischen Synthese sprechen, da sich Bonaventura auch in der von ihm benutzten Philosophie nicht auf die Summe seiner Quellen reduzieren lasse.

Gleichwohl führt ein legitimer Zugang zu den einzelnen philosophischen Positionen Bonaventuras nur über seine Gewährsleute.

Mit Entschiedenheit und wachsender Polemik hat Bonaventura den ra- 410
dikalen Aristotelismus der Artistenprofessoren in Paris verworfen. Man hat daraus zu Unrecht den Schluß gezogen, Bonaventura lehne die aristotelische Philosophie als solche ab. Er hat zwar verschiedene Thesen von Aristoteles auf der Basis philosophischer Argumentation zurückgewiesen, wie etwa die Lehre von der Ewigkeit der Welt, aber das vernichtende Urteil seiner Pariser Universitätsansprachen galt einer sich autonom verstehenden Philosophie, die vorletzte Gründe absolut setze. Daß das anhand von Aristoteles geschah, war für seinen Protest nicht wesentlich.

Aufgrund seines Philosophie- und Theologiestudiums kann man davon ausgehen, daß Bonaventura Aristoteles, dem damaligen Rezeptionsstand entsprechend, recht gut kannte. Da er selbst aber nie eine philosophische

Schrift verfaßt hat und keines der Werke des Aristoteles kommentierte, wird man kaum von einer besonders gründlichen Kenntnis sprechen können. Seinen Stellungnahmen zu Aristoteles, etwa im Sentenzenkommentar, kann man entnehmen, daß er ihn durchaus schätzte und den Platonikern auf der anderen Seite keineswegs unkritisch gegenüberstand. Für ihn stellten sich die Vorzüge und die Grenzen beider Denker so dar. Plato habe sich ganz auf die geistige, die ideale Welt konzentriert und die Gewißheit der Erkenntnis auf die Ideen beschränkt, um so den Weg der Weisheit – sapientia – zu sichern, der den ewigen Gründen gemäß verläuft. Mit Recht habe Aristoteles ihn dafür getadelt, weil er die Sinneserkenntnis verachtete und dadurch den Weg der Wissenschaft – scientia –, der den geschaffenen Gründen gemäß verläuft, zerstörte. Diesen wählte Aristoteles, verachtete aber den anderen. Plato sei das Wort der Weisheit, Aristoteles das Wort der Wissenschaft gegeben worden. Augustinus wurden aber vom Heiligen Geist beide Worte verliehen, das der Weisheit und das der Wissenschaft (Sermo theologicus IV).

411 Mit diesem Ansatz schloß sich Bonaventura Augustinus an. Ohne deshalb die Wissenschaft gering zu achten, war auch für ihn das Ziel menschlichen Strebens nach Wissen die Weisheit als die im Erkennen begonnene und in der mystischen Erfahrung sich vollendende Liebe zu Gott (In III Sent., dist. 35). Da die Weisheit nach Bonaventura aber nur erreicht werden kann, wenn sich die Philosophie vom Glauben leiten und der Theologie unterordnen läßt, fällt das Entscheidende platonischen Denkens als Thema der Philosophie aus.

412 Mit dem Hinweis, es sei von der Natur der Dinge gefordert, unterschied Bonaventura in der ›scientia philosophica‹ drei Teile: Die philosophia rationalis hat die Wahrheit der Rede (veritas sermonum) zum Gegenstand und behandelt Grammatik, Logik und Rhetorik; bei der philosophia naturalis geht es um die Wahrheit der Dinge (veritas rerum) mit den Teilgebieten Physik, Mathematik und Metaphysik; die philosophia moralis befaßt sich mit der Wahrheit der Sitten (veritas morum), untergliedert in die individuelle Moral (monastica), die Moral der Familie oder des Hauswesens (oeconomica) und die politische Moral (politica) (Collationes de septem donis spiritus sancti IV 6–11). Dieser Aufriß orientiert sich teils an der Einteilung des Gundissalinus, teils an der stoischen Einteilung der Philosophie vermittelt durch Augustinus (De civ. Dei XI, 25); er zeigt, daß Bonaventuras Verständnis von Philosophie die gesamte Thematik aristotelischer Philosophie umfaßt. Die philosophia rationalis ist identisch mit dem Trivium, die philosophia naturalis mit der theoretischen Philosophie des Aristoteles, die philosophia moralis deckt sich mit dessen praktischer Philosophie. Dieser Entwurf einer Philosophie wurde von Bonaventura natürlich nie ausgearbeitet. Soweit er sich aber in seinem Werk der Philosophie bediente, geschah das im wesentlichen auf der Basis des Aristotelismus in der neuplatonisierenden Auslegung der damaligen

Rezeptionsphase. Das war das philosophische Umfeld, in dem Bonaventura studierte und lehrte; es muß sich deshalb im Einzelfall keineswegs um eine bewußte Entscheidung für Aristoteles handeln; schon gar nicht soll damit eine direkte Kenntnis der Quellen behauptet werden. Nicht nur die aristotelische Logik war selbstverständliches Instrumentarium Bonaventuras; auch die grundlegenden Positionen der aristotelischen Metaphysik begegnen allenthalben in seinem Werk. Die Lehren von Potenz und Akt, Materie und Form sind genauso geläufig wie die Ursachenlehre oder die Unterscheidung zwischen Substanz und Akzidens oder die Grundbegriffe der praktischen Philosophie. Bonaventura übernahm solche Positionen nicht kritiklos; er entwickelte sie weiter oder verwarf sie auch, wenn sie in Widerspruch zu Glaubensaussagen standen.

Daß Bonaventura der Tradition der lateinischen Theologie, Augustinus, Boethius, Anselm von Canterbury, Hugo und Richard von St. Viktor, verpflichtet war, steht außer Frage. Bei divergierenden philosophischen Implikationen hat er jedoch keineswegs grundsätzlich Position gegen Aristoteles bezogen, sondern nach Möglichkeit beide Positionen miteinander zu verbinden versucht.

Für dieses Vorgehen ist die Erkenntnislehre besonders aufschlußreich, 413
deren Grundzüge Bonaventura in verschiedenem theologischen Kontext entwickelte (vgl. hierzu De scientia Christi q. IV; In II Sent d. 24; In III Sent d. 14). Bonaventura unterschied zwischen der Erkenntnis der Welt unserer sinnlichen Erfahrung und der geistigen Welt. In der Frage der Welterkenntnis folgte er im wesentlichen Aristoteles. Über die äußere Erfahrung gelangt der Mensch durch die abstrahierende Kraft des ‚intellectus agens' zum Allgemeinbegriff. Das Apriori der Erkenntnis, die obersten logischen Gesetze und ersten Prinzipien, entstammen zwar nicht der äußeren Erfahrung, werden aber selbst erst im Vollzug sinnlicher Erkenntnis miterkannt. Für die Erkenntnis der Prinzipien des rein Geistigen trägt die sinnliche Erfahrung nichts bei, da der Geist selbst in einer unmittelbaren, intuitiven Weise erkennt. Damit erhebt sich die entscheidende Frage, wie der kontingente Geist mit der absoluten, notwendigen und ewigen Wahrheit in Verbindung kommt, mit einem Maßstab also, den er nicht entworfen haben kann, da er ihm selbst unterworfen ist. Das ist aber die Voraussetzung, wenn der Mensch zu einer gewissen Einsicht in einen notwendigen Sachverhalt befähigt sein soll. Diese Frage beantwortete Bonaventura im Anschluß an Augustinus mit der Illuminationstheorie. Damit ist nicht eine gelegentliche Einwirkung Gottes gemeint; Bonaventura verstand darunter vielmehr die das Wesen des geschaffenen Geistes ausmachende und deshalb natürliche und bleibende Verbundenheit des geschaffenen Intellekts mit der absoluten Wahrheit; darin liegt die Befähigung des Menschen zu wahrer Erkenntnis.

Als Parallele zur Gnoseologie stellte sich bei Bonaventura die Frage 414
einer philosophischen Gotteserkenntnis dar. Der aposteriorische Weg führt

von der sinnlich wahrnehmbaren Welt zu ihrer ersten Ursache, und zwar unter dem Gesichtspunkt der verschiedenen causae (efficiens, finiens, exemplaris; De mysterio trinitatis I 1, 11–20). Bonaventura ließ diesen Beweisen wenig Sorgfalt angedeihen und zeigte dadurch, daß er ihnen kein besonderes Gewicht zuerkannte. Für ihn war ein anderer Aspekt von größerer Bedeutung. Gott wird durch eine innere Erfahrung als eingeborene Idee erkannt. Um das aufzuzeigen, ging Bonaventura von den Hauptstrebungen der menschlichen Natur aus; aus der Liebe des Menschen zur höchsten Weisheit schloß er auf ein angeborenes Wissen um ein höchstes Gut. Der Weg zur Gotteserkenntnis führt also über die Selbsterkenntnis (De mysterio trinitatis I 1). Daß Bonaventura die ratio Anselmi positiv aufnahm, ist damit unmittelbar einsichtig. Indem er dieses Argument mit Augustins Gottesbeweis aus der im Geist präsenten Wahrheit zusammendachte, ging er über Anselms Argumentation hinaus, da dadurch bereits die Bejahung einer Teilwahrheit – diese setzt die Existenz der absoluten Wahrheit voraus – ausreichte, um die Existenz Gottes behaupten zu können (De mysterio trinitatis I 1; In I Sent d. 8 art. 1 q. 1; Coll. in Hexaemeron IV 1).

415 Als besonders typisch für den Augustinismus Bonaventuras galt und gilt häufig noch seine Anthropologie, insbesondere seine Konzeption des Leib-Seele-Verhältnisses. Danach bestehe der Mensch aus zwei Substanzen, Leib und Seele, die beide aus Materie und Form zusammengesetzt seien; der augustinische Dualismus würde von Bonaventura sogar noch verschärft. Wie Quinn (1973, 103–135) überzeugend nachgewiesen hat, läßt sich diese These nicht halten; sie ist durch den Textbefund nicht abgedeckt. Die Hauptursache für dieses Fehlurteil ist wohl darin gelegen, daß man von der thomasischen Metaphysik her Bonaventura interpretierte und übersah, daß vor allem der Begriff der materia und, dadurch bedingt, die Relation zur forma substantialis von Bonaventura ganz anders konzipiert sind, als das bei Thomas der Fall ist. Bonaventura versteht die materia als von Gott aus nichts geschaffen; sie ist deshalb grundsätzlich das Kennzeichen nichtgöttlicher Wirklichkeit. Das ist auch der Grund, weshalb Bonaventura von geistiger Materie spricht, da auch die rein geistigen Wesen von Gott unterschieden und deshalb veränderlich gedacht werden müssen. Die materia ist das Fundament für ein Sein, das sie von einem anderen Prinzip, nämlich von der forma erhält: Materia »est fundamentum esse quod recipit aliunde, scilicet a forma« (In I Sent d. 19 q. 3 ad 2). Die Materie (appetitus materiae) ist hingeordnet auf die Form wie auf ihre substantiale Vollendung; und von dieser forma substantialis her wird auch die Materie erst ein unum (In I Sent d 1 art 3 q 2 ad 1). Dieser appetitus der Materie gründet in den seminales rationes, welche als vermittelnde Dispositionen verstanden werden müssen; sie sind die Potenzen der Materie, welche sie befähigt zur Verbindung mit der Form. Materie und Form gehören deshalb immer demselben Genus an. In der Materie ist

die Vollendung durch die jeweilige substantielle Form angelegt. Sie bringt nicht neue substantiale Formen hervor, sondern das Hervorbringen substantialer Formen bedeutet die Vollendung der in der Materie sich findenden rationes seminales.

Damit ist die Perspektive auf ein angemessenes Verständnis des Leib- 416
Seele-Verhältnisses eröffnet. Der Mensch besteht aus Leib und Seele wie aus Materie und Form, die in wechselseitigem Bezug zueinander stehen (Breviloquium VII 5). Die anima rationalis ist Form und Bewegungsprinzip des menschlichen Leibes. Die Verbindung von Leib und Seele gründet in einer Wesenseigenschaft der Seele, in der unibilitas, in der Fähigkeit, mit dem Leib eine Einheit zu werden. Diese unibilitas gehört in die Definition der Seele (In III Sent d. 5 art 2 q 3). In der unibilitas sieht Bonaventura zugleich die Wesensdifferenz zwischen Seele und Engel; beide sind dem Genus nach verschieden. Dem entspricht auf der anderen Seite die Differenz zwischen einem menschlichen Körper und einem unbelebten Körper, der nicht mit einer Geistseele vereint werden kann. Die Seele ist also forma substantialis, nicht irgendeiner Materie, sondern eines menschlichen Leibes, der die vornehmste Organisation in der Natur aufweist. Die Seele ist das Prinzip der perfectio, der Leib deren Subjekt. Das durch das Prinzip Seele vollendete Subjekt ist der als wesentliche Einheit verstandene Mensch. Wie Thomas von Aquin hatte auch Bonaventura die Absicht, den Menschen als wesentliche Einheit zu denken. Beide gingen dabei unter Einbeziehung der gleichen philosophischen Quellen getrennte Wege und setzten unterschiedliche Akzente, kamen aber in der Sache zum gleichen Ergebnis. Von augustinischem Dualismus kann in der Anthropologie Bonaventuras keine Rede sein.

Diese hier kurz explizierten philosophischen Positionen zeigen, daß es nicht angeht, Bonaventura als Augustinisten einzuordnen und daraus dann im einzelnen seine philosophische Einstellung zu deduzieren. Seine philosophische Eigenständigkeit verlangt für jede Frage eine gesonderte Untersuchung.

III. Bedeutung und Wirkungsgeschichte

Bonaventura gilt neben Thomas von Aquin als der bedeutendste Theologe 417
des 13. Jahrhunderts. Sein Einfluß als Verfasser geistlicher und mystischer Schriften war sehr groß; früh schon wurden gerade seine erbaulich-mystischen Schriften in die Landessprachen übersetzt. Die Wirkungsgeschichte seiner Philosophie läßt sich von seiner Theologie nicht trennen. Von seiner theologischen Gesamtkonzeption, in der die Philosophie einen festen, wenn auch untergeordneten Platz einnimmt, sind jedoch auch für die Philosophie wichtige Anstöße ausgegangen, wenngleich bei ihm die

theologischen Erfordernisse immer den Vorrang vor philosophischer Stringenz und Kohärenz hatten. Aus der franziskanischen Spiritualität heraus mit der Hinwendung zur Innerlichkeit kamen wichtige Impulse für eine neue Wertung der gesamtmenschlichen Erfahrung. Die Affekte und der Wille traten ins Bewußtsein. Der Rang des Individuums und vor allem der menschlichen Person wurde mit großem Nachdruck herausgearbeitet. Durch das Verständnis der Schöpfung als relatio, die nur als wesenhafte Beziehung zwischen Gott und Geschöpf ausgelegt werden kann, kritisierte Bonaventura den Ausschließlichkeitsanspruch der aristotelischen Kategorienlehre. Die Tradition der Lichtmetaphysik und der Illuminationslehre erhielt von ihm neue Impulse.

418 Bonaventura hat keine Schule gegründet, aber er hatte Schüler; man zählt sie zu der sogenannten ›Mittleren Franziskanerschule‹. Zu den bekanntesten gehörten *Matthaeus von Aquasparta* (gest. 1302), *Johannes Peckham* (gest. 1292) – beide waren polemische Neoaugustinisten – und *Wilhelm de la Mare* (gest. 1282), der vor allem durch sein ›Correctorium fratris Thomae‹ bekannt wurde. Unter wirkungsgeschichtlichem Aspekt waren es *Johannes Duns Scotus* und *Wilhelm von Ockham*, die Bonaventuras Ansätze aufgriffen und weiterführten.

Literatur

Gilson 1960
Mercker 1971
Quinn 1973
Steenberghen 1977
Dettloff 1981
Gerken 1983
Bougerol 1987
Dettloff 1989
Baum 1990

P. Johannes Duns Scotus (ca. 1265/66–1308)

Leben und Werke

419 Johannes Duns Scotus ist der herausragende Vertreter der sogenannten ›Jüngeren Franziskanerschule‹, die trotz ihrer augustinischen Grundausrichtung durchaus offen war für Aristoteles und Avicenna.

Über das Leben von Duns Scotus gibt es wenig gesicherte Daten. Im Jahre 1265/66 vermutlich im heutigen Duns (Schottland) geboren, trat er mit 15 Jahren in den Franziskanerorden ein und wurde 1291 zum Priester geweiht. Nach dem Studium in Paris und Oxford kommentierte er um 1300 die Sentenzen in Cambridge, später in Oxford und 1302/3 in Paris. Im Jahre 1305 wurde er Magister regens in Paris, ging aber 1307 nach Köln, wo er am 8. November 1308 starb. Scotus erhielt schon sehr bald den Beinamen ›Doctor subtilis‹. Das mag auch ein Ehrentitel sein; in erster Linie ist es eine passende Charakterisierung seines Denkens. Sein scharfer Verstand zergliederte die Probleme bis in die feinsten Verästelungen. Immer wieder unterscheidend, entfaltet sich sein Denken in langen, oft kaum mehr überschaubaren Argumentationsfolgen. Scharfe Logik und präzise Terminologie zeichnen ihn dabei aus. In seiner Kritik geht es ihm immer um die Wahrheit; oberflächliche Polemik lag ihm fern. Das gilt vor allem für seine Auseinandersetzung mit *Heinrich von Gent*, *Gottfried von Fontaine* und *Aegidius Romanus*; *Thomas von Aquin* stand nicht im Vordergrund der Kontroversen.

420 Das Werk des Duns Scotus stellt die Mediaevistik auch heute noch vor zahlreiche ungelöste Probleme rein formaler Art. Obwohl in unserem Jahrhundert viele Schriften, die in der lange Zeit maßgebenden Ausgabe von L. Wadding (1639) Scotus zugeschrieben wurden, als unecht ausgeschieden werden konnten, sind keineswegs alle Fragen der Authentizität beantwortet. Ebenso ist auf dem Gebiet der Textkritik noch viel mühsame Arbeit zu leisten. Durch die jüngsten Untersuchungen von Vladimir Richter (1988) wird sogar die Basis der kritischen Ausgabe erneut und mit überzeugenden Argumenten in Frage gestellt. Einer der Hauptgründe für diese schwierige Lage ist darin gelegen, daß ein Teil der scotischen Werke nur als Vorlesungsnachschriften (reportata) von sehr unterschiedlicher Qualität erhalten ist. Selbst sein Hauptwerk, der von Scotus für die Herausgabe vorgesehene große Sentenzenkommentar, die ›Ordinatio‹, konnte von ihm nicht vollendet werden; die Ordinatio ist weitgehend mit dem sogenannten ›Opus Oxoniense‹ identisch, daneben gibt es noch andere Fassungen des Sentenzenkommentars: ›Opus Parisiense‹, ›Lectura prima‹, ›Reportatio examinata‹. Ein weiteres bedeutsames Werk ist das 21 Quaestionen umfassende

›Quodlibetum‹. Auch bei den überlieferten ›Collationes Parisienses‹ und ›Collationes Oxonienses‹ handelt es sich um Disputationen und nicht um Predigten. Von den zahlreichen in Quaestionenform abgefaßten Kommentaren zu Aristoteles ist nur die Authentizität des Metaphysikkommentars (I–IX) unbestritten. Der ›Tractatus de primo principio‹, im Aufbau und in der Intention von Anselms Proslogion inspiriert, übernimmt etwa die Hälfte des Textes aus der ›Ordinatio‹; insofern ist die Echtheit garantiert. Aber gerade wegen des kompilatorischen Charakters ist die Frage der Authentizität des Gesamtwerkes noch offen (Richter 1988, S. 16).

Trotz dieser ungeklärten Fragen bezüglich der Echtheit der einzelnen Schriften, gibt es genügend gesichertes Material, um die Grundpositionen des scotischen Denkens ansprechen zu können.

I. Zum Verhältnis von Theologie und Philosophie

421 Wie Bonaventura ist auch Duns Scotus geprägt von dem Apriori franziskanischer Spiritualität. Die biblisch-heilsgeschichtliche Grundausrichtung seines Denkens steht bei ihm allerdings in einer eigenartigen Spannung zur konkreten Durchführung. Von der Art und Weise, wie die Schrift denkt, findet sich bei ihm keine Spur. Die sich permanent aufdrängende Präsenz philosophischer Spekulation darf jedoch nicht über die Tatsache hinwegtäuschen, daß auch für Scotus die Philosophie allein insuffizient ist und nur innerhalb der theologischen Synthese Bedeutung gewinnen kann.

422 Die heilsgeschichtliche, von Scotus nicht noch einmal hinterfragte Ausgangsposition seines Denkens wird zu Beginn der ›Ordinatio‹ (Prol. I 1) unmißverständlich ausgesprochen. Die Frage, ob eine übernatürlich geoffenbarte Lehre über das hinaus, was das natürliche Licht des Verstandes erreichen kann, notwendig sei, nimmt Bezug auf den Menschen in seinem derzeitigen, nachparadiesischen Zustand. In der Beurteilung dieses Zustandes sah Scotus den entscheidenden Dissens zwischen Philosophen und Theologen; die Philosophen halten ihn für eine perfectio naturae, die Theologen erkennen darin einen defectus naturae, in welchem gerade auch die Erkenntnisfähigkeit als Folge des Sündenfalls eingeschränkt ist, und halten deshalb eine übernatürliche Vollendung für notwendig. Dazu bedarf es der Offenbarung, die dem Menschen wieder eine klare Erkenntnis von seinem Ziel und den Bedingungen, es zu erreichen, vermittelt.

423 Scotus lehnte deshalb die Philosophie keineswegs ab; er schätzte sie hoch und machte ausführlich und gekonnt von ihr Gebrauch. Er akzeptierte sie als selbständiges Wissen aus eigenen Prinzipien. Aber – und das ist wirkungsgeschichtlich von großer Bedeutung – er zog der Fähigkeit der natürlichen Vernunft zu metaphysischer Erkenntnis enge Grenzen. Die grundsätzlichen Möglichkeiten der Philosophie könnten nach seiner Über-

zeugung im Raum der Theologie viel besser entfaltet werden. Trotz ihrer Eigenständigkeit muß sich die Philosophie, wenn sie in Widerspruch zum Glauben gerät, unterordnen. Eine Alternative zu einer durch die Offenbarung gesicherten Position war für Scotus auch rein philosophisch keine akzeptable These mehr. So gesehen hat der Glaube der Philosophie gegenüber eine kritische Funktion. Darin zeigt sich der Charakter der Theologie als positiver Wissenschaft an. Die Philosophie kann einzelne Glaubensinhalte nicht als metaphysisch notwendig deduzieren, sondern lediglich deren innere Widerspruchslosigkeit aufzeigen; es gibt keine notwendigen Gründe, rationes necessariae, die aufgedeckt werden könnten.

Das ist auch der Grund, weshalb Scotus als Theologe nicht die Absicht 424
hatte, ein geschlossenes philosophisches System als solches zu entwerfen. Philosophische Fragestellungen und Lösungen sind bei ihm fast ausschließlich theologisch bedingt. Scotus versuchte nicht zu harmonisieren; im Gegenteil, er hat unter dem Eindruck der Auseinandersetzungen um den heterodoxen Aristotelismus und den Averroismus die grundlegenden sachlichen Gegensätze zwischen Philosophie und Theologie klar herausgestellt: Gott ist kein absolutes Prinzip, aus dem die Welt, gleich ewig wie ihr Ursprung, mit Notwendigkeit hervorginge. Er ist vielmehr dreipersonal und hat in Freiheit die kontingente Welt aus nichts geschaffen. Auch der Mensch kann christlich nicht als Exemplar der Gattung Lebewesen gedacht werden, in der ein transsubjektiver Intellekt denkt, sondern er ist als Person zu bleibender Gemeinschaft mit Gott berufen. In diesen theologischen Grundpositionen sind entscheidende philosophische Thesen des Scotus impliziert, die nachfolgend kurz angesprochen werden sollen.

Literatur

Kluxen 1974
Dettloff 1982
Richter 1988

II. Philosophische Grundpositionen

1. Das Individuelle und seine Erkenntnis

Der ontologische Vorrang des Einzelnen vor dem Allgemeinen hat sein 425
Fundament ausschließlich im christlichen Schöpfungsglauben. Thomas von Aquin hatte diesen Gedanken bereits für den Menschen zu philosophischer Geltung gebracht, Scotus weitete ihn auf die gesamte Wirklich-

keit aus. Als das entscheidende Problem erweist sich hierbei die Frage nach dem Grund der Vereinzelung, ›De principio individuationis‹. Im II. Buch der ›Ordinatio‹, Distinctio tertia, Pars prima wird dieses Problem ausführlich abgehandelt. Auch nach Scotus ist das Konkret-Seiende metaphysisch zusammengesetzt aus Materie und Form. Der Materie als der Grundlage substantialer Veränderung sprach Scotus eine gewisse von der Form verschiedene Aktualität zu; denn als Sein begründend kann sie nicht nichts sein.

426 Als ein Allgemeines, das durch eine Wesensform seine Artbestimmung erhalten soll, kann die Materie in keinem Fall Prinzip der Individuation sein. Entsprechendes gilt für die Form, der die Funktion der Artbestimmung zugesprochen wird; auch sie muß als Individuationsprinzip ausfallen. Nach der Argumentation von Scotus kommt auch eine negatio oder privatio formell nicht als Grund der Vereinzelung in Frage. Das Individuationsprinzip muß deshalb etwas Positives sein, das zur allgemeinen Natur hinzukommt (Ord II d. 3 p. 1 q. 6). Diese Realität bestimmt das Individuum, so wie die Form die Art bestimmt; sie macht das ›species-sein‹ zum ›individuum-sein‹. Als letzte Entität kommt diese Form der Spezies nicht zu wie eine Sache der anderen, sondern sie ist eine Realität, die zur Realität der Spezies hinzukommt. Sie bedeutet keine Wesensbestimmung, sondern sie bewirkt, daß das quidditativ schon bestimmte Wesen dieses Individuum sei und kein anderes, und zwar als individuelle Substanz in Raum und Zeit existierend. Diese Entität, »illa entitas, quae de se est haec« (ebd.), ist die letzte Wirklichkeit eines Seienden, »ultima realitas entis« (ebd.). Von der Sache selbst ist diese individuierende Wirklichkeit nur durch eine Formaldistinktion unterschieden; es ist ein Unterschied zwischen zwei Realitäten ein und derselben Sache. Das Individuum und das Wesen des Individuums sind in der Wirklichkeit eine Sache, formell aber sind beide voneinander verschieden. Das Prinzip der Individuation ist also die ›haecceitas‹; Scotus selbst gebrauchte den Begriff nur gelegentlich, bei seinen Schülern wurde er zum terminus technicus.

427 Der ontologische Rang des konkret Einzelnen konnte nicht ohne Einfluß auf die Erkenntnistheorie bleiben. Hinzu kam ein direktes theologisches Postulat, mit dem Scotus an den menschlichen Intellekt herantrat. Weil Gott den Menschen zur visio beatifica berufen hat, muß der menschliche Intellekt von Natur aus auch zu intuitiver geistiger Erkenntnis fähig sein. Die Erkenntnis auf dem Weg der Abstraktion dagegen ist eine für den nachparadiesischen Zustand des Menschen von Gott positiv verfügte Folge der Sünde (Ord II d. 3 p. 2 q. 1). Die vornehmste Tätigkeit der menschlichen Vernunft ist aber die intellektuelle Anschauung, nicht die Abstraktion. In einer cognitio intuitiva erfaßt der Mensch das Einzelne, »secundum eius existentiam actualem«; nicht durch eine intuitive Abstraktion, sondern einfachhin, »eo modo quo dicimur intueri rem, sicut est in se« (aaO 2, n. 6). Demnach ist auch das Einzelne und Sinnliche Gegen-

stand geistiger Erkenntnis und nicht nur das Allgemeine. Weil Vereinzelung, Individuation Vollkommenheit und nicht Defizienz ist, deshalb ist die Erkenntnis des konkret Einzelnen vollkommene Erkenntnis, es ist die Art, wie Gott erkennt (Ord II d. 3 q. 11 n. 9 [ed. Paris.]).

Wenn Scotus trotzdem eine Abstraktionslehre entwarf, dann zeigt sich 428
darin, daß er mit seiner Erkenntnistheorie in keinem Fall der Metaphysik den Boden entziehen wollte. Von Avicenna übernahm Scotus den Gedanken einer ›natura communis‹ und machte sie zur Basis seiner Abstraktionstheorie. Die ›gemeinsame Natur‹ steht zwischen Individuum und Allgemeinbegriff. Sie ist die Einheit der Wesenheit und als solche der Einheitsgrund für die Gegenstände unserer Erfahrung. Wie die Individuationslehre gezeigt hat, sind das konkrete Ding und die natura communis nur formal verschieden (Quaestiones subtilissimae I q. 6, n. 6). Der Abstraktionsvorgang setzt nicht beim konkret Einzelnen, beim Sinnenbild (phantasma) an, sondern bei der ›allgemeinen Natur‹. Aus ihr wird die species intelligibilis, der Allgemeinbegriff, gewonnen, und zwar durch den intellectus agens (Quaest. subt. VII, q.18, n. 8; Ord I, d. 3, q. 6 ed. Paris.). Objekt und Verstand sind als Ursachen der Erkenntnis erforderlich, sie sind »una causa integra respectu notitiae genitae« (Ord I d. 3, q. 7 ed. Paris.); der aktive Faktor ist aber die Spontaneität des menschlichen Geistes. Als Anlaß ist zwar die sinnliche Erfahrung erforderlich, sie wirkt aber nicht im Sinne einer causa efficiens auf den Intellekt: »Intellectus non habet sensus pro causa, sed tantum pro occasione« (Ord I, d. 3, p. 1 q. 4). Die ersten Erkenntnisprinzipien werden vom Verstand aus eigener Kraft unmittelbar und unzweifelhaft erfaßt; die Einsicht in die Identität oder Nicht-Identität der Begriffe bedarf nicht noch einmal der Verifizierung »in re« durch die Sinne (ebd n. 7). Über die Wahrheit eines Urteils entscheidet der Verstand allein.

Die beiden von Scotus vorgetragenen Erkenntnisweisen sind Ausdruck einer Übergangsphase. Die Verhältnisbestimmung zwischen dem Universalen und dem Individuellen ist in eine Entwicklung geraten; erkenntnistheoretisch deuten sich die alternativen Positionen des ›Rationalismus‹ und des ›Empirismus‹ an.

2. *Das ›ens inquantum ens‹ als Gegenstand der Metaphysik*

Mit Avicenna und gegen Averroes vertrat Scotus die These, daß nicht 429
Gott, sondern das Seiende als Seiendes – ens inquantum ens – der erste Gegenstand (Scotus spricht abwechselnd von Subjekt und Objekt) der Metaphysik sei (vgl. hierzu vor allem Quaest. subt. Prologus u. I 1; die Prologe zu den Sentenzenkommentaren; Ord I d. 3 p. 1 q. 1–2). Das Sein in dieser Allgemeinheit verstanden, steht über allen Modalitäten seiner Verwirklichung. Wenngleich der Verstand von den sinnlich wahrnehm-

baren Gegenständen seinen Ausgang nimmt, ist er imstande, einen Seinsbegriff zu bilden, der über die Materialität hinausreicht, so daß auch das unserer Erfahrung entzogene immaterielle Sein damit erreicht wird. Von diesem Ansatz her werden die Möglichkeiten der Metaphysik stark begrenzt, denn der Begriff des Seins sagt über den metaphysischen Bereich nur aus, was dieser mit dem Erfahrenen gemeinsam hat. Wesentliche Aufgabe der Metaphysik ist es deshalb, einen Begriff des alles Kategoriale übersteigenden Seienden als solchen zu erarbeiten, der alle anderen Aussagen über einen Gegenstand allererst ermöglicht. Da auch bei den Begriffen alle Vielheit auf ein unum, auf eine Einheit zurückgeführt werden muß (Ord I d. 3 p. 1 q. 2 n. 44), verlangt die Bildung von Allgemeinbegriffen grundsätzlich Univozität: »Univocatio enim non est nisi in generalibus rationibus« (aaO n. 57). Aus diesem Grund muß auch der Seinsbegriff univok gefaßt werden. Er bezeichnet alles ohne irgendeine weitere Bestimmung, das heißt, Unterschiede zwischen den Seienden werden davon nicht angesprochen. Dieser Begriff ist so allgemein und so einfach, daß er jeder näheren Bestimmung gegenüber neutral ist und ihr vorausliegt. Gerade deshalb ist der univoke Seinsbegriff auch die unerläßliche Voraussetzung philosophischer Gotteserkenntnis, die andernfalls, vom kontingenten Sein ausgehend, in der Aporie der Äquivokation enden würde (Ord I d. 3 p. 1 q. 3). Der univoke Seinsbegriff des Scotus ist deshalb nicht eine pantheisierende Alternative zur ›analogia entis‹; es handelt sich vielmehr um zwei unterschiedliche Aspekte: Die analogia entis spricht von den verschiedenen Weisen, wie Sein verwirklicht ist; die Univozität hat die Allgemeinheit des Begriffs vor jeder Differenzierung im Blick. Der univoke Seinsbegriff des Scotus schließt die Lehre von der analogia entis ein.

430 Den Beweis für diesen Sachverhalt erbringt die Lehre von den transzendentalen Bestimmungen des Seins (passiones entis). Unter die Transzendentalien im scotischen Verständnis fallen alle Aussagen, die vom Sein als solchem gemacht werden können vor der Differenzierung in endliches und unendliches Sein, »inquantum est indistinctum ad finitum et infinitum« (Ord II d. 1 q. 4–5 n. 15). Neben den klassischen transzendentalen, mit ens konvertiblen Bestimmungen kennt Scotus disjunktive Transzendentalien («si aliquod ens est finitum, ergo aliquod ens est infinitum«; Ord I d. 39 q. 1–5 n. 13) und reine Vollkommenheiten (z.B. Weisheit). Die Wissenschaft vom Sein und den Transzendentalien ist die Metaphysik; sie wurde damit als transzendentale Wissenschaft entworfen.

3. *Gott als das aktual Unendliche*

431 Mit dieser Konzeption von Metaphysik waren die inneren Grenzen einer ›theologia naturalis‹ abgesteckt. Aber auch zur theologischen Gotteserkenntnis hin hat Scotus klar unterschieden. Gleichwohl gibt es eine

Berührung beider Disziplinen. Die Metaphysik hat Gott nicht zu ihrem ersten Gegenstand, über die Frage nach dem Sein kommt sie jedoch zu einem Wesen, das dem Begriff des Seins in vollkommener Weise gerecht wird. Das ist zwar Gott, sie kann aber davon nur als erstem Seienden sprechen. In dem ›seiend‹ konvergieren gleichwohl Metaphysik und Offenbarung, denn nach Exodus 3,14 ist der offenbarte Name Gottes Jahwe, ›der da ist‹ (qui est). In ›De primo principio‹ entwarf Scotus, davon ausgehend, eine metaphysische Gotteslehre. Was allerdings die Aussage eines ersten Seienden übersteigt, das ist Gegenstand und Aufgabe der Offenbarungstheologie (Ord Prol. p. 3 q. 1–3). Gemeinsam ist der Theologie als ›theologia nostra‹ und der Metaphysik, daß sie von Gott nur in Allgemeinbegriffen handeln und ihn deshalb lediglich »confuse« erfassen können. Einen Wesensbegriff von Gott könnte nur eine ›theologia in se‹, d.h. eine dem Gegenstand ›Gott‹ gleichrangige Erkenntnis erlangen (aaO n. 12). Der endliche Intellekt muß einen diese Wesenheit ›Gott‹ unmittelbar erfassenden Begriff durch zwei Allgemeinbegriffe ersetzen: durch ›sein‹ und ›unendlich‹. Die natürliche Vernunft ist aus eigener Kraft imstande, bis zu dem Begriff des ›Ersten Seins‹, der das unendliche Sein impliziert, vorzudringen. Dieser Begriff von Gott bleibt aber unvollkommen. Die entscheidenden Wesensmerkmale Gottes und der geistigen Welt bleiben der Vernunft jedoch verschlossen. Zwar haben sich auch die Philosophen darum bemüht; viel Absurdes kam dabei zutage. Vor allem ist es ihnen nicht gelungen, die Kontingenz der von Gott verschiedenen geistigen Substanzen zu denken.

In einem einzigen, beeindruckenden Gedankengang hat Duns Scotus in streng logischem Aufbau seinen Gottesbeweis durchgeführt. In der Struktur und den wesentlichen Elementen sind die verschiedenen Fassungen des Gottesbeweises identisch (Ord I d. 2 p. 1 q. 1–2; Tractatus De primo principio). Am Anfang der Erörterungen steht die Frage, ob es unter den Seienden etwas gibt, das als aktual Unendliches existiert. Bevor der eigentliche Beweisgang beginnt, stellt sich Scotus der Frage, ob die Existenz eines Unendlichen überhaupt eines Beweises bedarf und einen solchen zuläßt, oder ob der Satz ›deus est‹ nicht evident sei. Wenn man unter dem Sein, das in dem Satz ›deus est‹ Gott zugesprochen wird, das reale Sein Gottes selbst versteht, dann ist der Satz evident. Da einem endlichen Intellekt – quantum ad nos – aber der Wesensbegriff Gottes (quid est) verschlossen ist, kann aus dem Begriff, den der Mensch von Gott hat und der kein einfacher Begriff ist, die Evidenz dieses Satzes nicht hervorgehen; ein Beweis ›propter quid‹ scheidet also aus. Die notwendige Zusammengehörigkeit der Terme ›Gott‹ und ›Existenz‹ ist also nicht evident und muß deshalb auf anderem Wege aufgezeigt werden. Dieser Weg kann nur der aposteriorische sein, der von der Wirkung auf die Ursache zurückschließt. 432

Die Grundstruktur des vielfach untergliederten Argumentationsganges zerfällt in zwei Teile. In einem ersten Schritt beweist Scotus, daß es in 433

Wirklichkeit ein Erstes gibt, dem eine triplex primitas zugesprochen werden muß: die primitas (Erstheit) in der Ordnung der Wirkursächlichkeit (efficientiae), der Zweckursächlichkeit (finis) und in der Ordnung des Vorrangs (eminentiae). Voraussetzung für die Beweisführung für die jeweilige Erstheit ist der Ausschluß eines regressus in infinitum als widervernünftig. Der Ausgangspunkt ist die Erfahrung: es gibt Dinge, die bewirkt sind. Das ist jedoch ein kontingenter Satz, der als solcher den Ansprüchen der aristotelischen Konklusionstheorie nicht gerecht wird. Deshalb wählte Scotus den daraus resultierenden notwendigen Satz: Es gibt Bewirkbares – aliquod ens est effectibile. Damit ist bereits die Ebene erreicht, auf der die notwendigen Zusammenhänge aufgezeigt werden können. Aus der Bewirkbarkeit, die durch das Faktum, daß es Bewirktes gibt, evident ist, wird ein erstes Wirkfähiges gefolgert, das seinen Grund in sich selber tragen muß und deshalb nicht mehr bewirkbar sein kann. Mit dem Nachweis, daß dieses nicht nur möglich, sondern wirklich ist, schließt die Argumentation. Die beiden anderen Aspekte werden analog dazu entfaltet. Die drei primitates schließen sich gegenseitig ein, so daß jenem Wesen, dem eine zukommt, notwendigerweise auch die anderen zukommen. Daraus wiederum folgt, daß die dreifache Erstheit nur einer Natur zukommt (Ord I d. 2 p. 1 q. 1–2 n. 41 u. n. 68–73); der Gedanke von zwei absoluten Naturen ist in sich widersprüchlich.

434 Der zweite Schritt gilt dem Nachweis, daß dieser dreifachen Erstheit auch Unendlichkeit zukommt, im Sinne des actu Unendlichen. Scotus greift dabei noch einmal die drei primitates auf – den ersten Gedanken geht er zweimal an –, so daß er insgesamt mit vier Argumenten die Unendlichkeit der triplex primitas aufweist, von der damit bewiesen ist, daß sie wirklich unter den Seienden existiert. Daß er unendlich sei, ist die vollkommenste Erkenntnis, die der Mensch von Gott naturaliter gewinnen kann.

Literatur

Gilson 1959
Wolter 1962
Honnefelder 1979
Honnefelder/Wood/Dreyer 1996

III. Würdigung und Wirkungsgeschichte

435 Duns Scotus zählt zu den herausragenden Gestalten mittelalterlichen Denkens. In formaler Hinsicht hat er dem Denken neue Maßstäbe gesetzt. Begriffliche Präzision, unerbittliche Kritik, subtilste Distinktionen, strenge Anwendung der Logik zeichnen ihn ebenso aus, wie eine tiefgründige Spekulation. Obwohl er auf eine klare Trennung von Theologie und Philo-

sophie aufs äußerste bedacht war, hat er von den theologischen Fragestellungen her der Entwicklung der Philosophie wesentliche Impulse verliehen. Mit seinem Entwurf einer transzendentalen Metaphysik ist er zu einem unmittelbaren Wegbereiter der Neuzeit geworden. Wichtige Anstöße gingen von seinem Verständnis der Schöpfung und damit der nichtgöttlichen Wirklichkeit aus. Schöpfung ist nicht notwendiger Emanationsprozeß eines absoluten Prinzips; sie ist vielmehr von dem autonomen und freien Willen des Schöpfers als kontingente Wirklichkeit gesetzt, wobei jedoch die innere Widerspruchslosigkeit garantiert ist. Dem Willen kommt der Primat vor dem Intellekt zu (Ord I, d. 1, p. 2, q. 2, n. 91), denn das Erkannte muß nicht gewollt werden. »Alles außer Gott ist gut, weil es von Gott gewollt ist, und nicht umgekehrt« (Ord III, d. 19, q. unica, n. 7). Durch diesen theologischen Ansatz gewinnen auch in der Philosophie das konkret Einzelne, die Subjektivität und damit der Wille und die Affekte immer mehr an Gewicht. Das zeigt sich nicht zuletzt in der Psychologie und der Ethik.

Die Bedeutung des Duns Scotus für Theologie und Philosophie hat in 436
der Bildung einer einflußreichen Schule ihren Niederschlag gefunden. Wenn von ›Scotismus‹ die Rede ist, muß man allerdings fragen, ob im Einzelfall die Lehre des Scotus selbst oder die seiner Schüler gemeint ist. Besondere Beachtung verdient die Rezeption des scotischen Denkens durch die Philosophie des 20. Jahrhunderts.

Literatur

Dettloff 1982
Honnefelder 1982

Q. Wilhelm von Ockham (um 1280–ca.1349)

437 Auch in dieser späten Phase mittelalterlicher Theologie und Philosophie, die sich beim ersten Hinsehen nur wie ein Bruch mit der Tradition ausnehmen könnte, ist die Entwicklung von einer sich durchhaltenden inneren Konsequenz der Problemstellung und der daraus resultierenden möglichen oder eben nicht mehr möglichen Antworten getragen. Selbst in dem Vorgang des Zerfalls der durch Thomas von Aquin repräsentierten Synthese von Philosophie und christlichem Glaubensdenken gingen von der Theologie noch einmal entscheidende Impulse für die Philosophie aus. Dieser geistige Prozeß einer im Umbruch sich vollziehenden Weiterentwicklung, der wesentlich durch eine kritische Grundeinstellung, im positiven Sinne, vorangetrieben wurde, war nicht das Werk eines einzelnen. Ansätze finden sich bei den mehr empirisch orientierten englischen Denkern wie etwa *Robert Grosseteste* und *Roger Bacon*. Vor allem aber bei dem Dominikaner *Durandus de S. Porciano* (gest. 1334) und dem Franziskaner *Petrus Aureoli* (gest. 1322) zeichnen sich die charakteristischen Thesen des sogenannten ›Nominalismus‹ des 14. Jahrhunderts ab.

438 Wie in einem Brennpunkt versammeln und verdichten sich die kritischen Tendenzen und Strömungen jedoch in Wilhelm von Ockham; er ist eine herausragende und trotz seiner Abhängigkeit von Duns Scotus durchaus eigenständige Denkergestalt. Sein Bild war über Jahrhunderte von Vorurteilen geprägt. Er galt als einer der Verantwortlichen für den Zerfall mittelalterlicher Philosophie und Theologie. Die Einsicht, daß dieser Niedergang auch – vor allem für die Philosophie – Aufbruch bedeutete, führte in den letzten Jahrzehnten zu einer unvoreingenommenen und intensiven Beschäftigung mit Ockham.

Leben und Werke

439 Um 1280 in Ockham, einem Dorf südlich von London, geboren, starb er nach einem unruhigen Leben, das allerdings durch nichts aus der Verankerung eines unerschütterlichen Glaubens gerissen werden konnte, zwischen 1346 und 1349 in München, vermutlich an der Pest. Nach dem Eintritt in den Franziskanerorden hat Wilhelm in Oxford Philosophie und Theologie studiert und von 1317–19 dort die Sentenzen des Lombarden kommentiert. Ockhams Ehrentitel ›Venerabilis inceptor‹ ist ein Hinweis darauf, daß er zwar alle Voraussetzungen erfüllte, aber nie zum Magister regens der Theologie ernannt wurde.

Mit großer Wahrscheinlichkeit wurde Ockham 1321 nach London be- 440
rufen, um im Ordensstudium Philosophie zu dozieren. Die meisten seiner philosophischen Schriften dürften dort entstanden sein. Das Jahr 1324 brachte die entscheidende Zäsur in seinem Leben. *Johannes Lutterell*, bis 1322 Kanzler in Oxford, hatte beim Papst eine Anklageschrift vorgelegt ›Libellus contra doctrinam Guillelmi Occam‹, in der er wohl unter Bezugnahme auf den Sentenzenkommentar Wilhelm der Häresie beschuldigte. Ockham wurde nach Avignon zitiert, jedoch aus unbekannten Gründen trotz des Schlußgutachtens der Untersuchungskommission mit 51 Anklagepunkten nie formell verurteilt. Während des sich hinziehenden Prozesses hat sich Ockham in dem Streit um die Armutsfrage auf die Seite seines Ordens und gegen den Papst gestellt. Dadurch haben sich die Spannungen noch verschärft. Mit seinem Ordensgeneral und einigen Mitbrüdern floh er schließlich 1328 aus Avignon zu Ludwig dem Bayern, der ebenfalls mit dem Papst in Streit lag. Am Hofe Ludwigs in München arbeitete Wilhelm – vom Papst zusammen mit den Franziskanerspiritualen exkommuniziert – bis zu seinem Lebensende.

Der äußere Bruch in seinem Leben brachte eine Wende in seinem Schaffen mit sich. Überzeugt, daß der Papst »in ketzerische Verkehrtheit verfallen war«, galt künftig nahezu seine ganze Schaffenskraft dem Kampf gegen das avignonesische Papsttum; seine sechzehn, zum Teil sehr umfangreichen politischen und kirchenpolitischen Schriften sind ein nachdrückliches Zeugnis dafür. Aber auch in dieser völlig anderen Thematik sind die Spuren seiner urspünglich philosophisch-theologischen Grundpositionen nicht zu übersehen.

Das früheste Werk Ockhams ist zugleich eines seiner bedeutendsten: 441
›Ordinatio sive Scriptum in librum primum Sententiarum‹. Die Bücher II–IV des Sentenzenkommentars sind nur als Reportatio überliefert: ›Reportatio sive quaestiones in secundum, tertium et quartum librum Sententiarum‹. Besonderes Gewicht kommt dem in der kritischen Ausgabe 367 Seiten umfassenden Prolog zum I. Buch zu. Ockham hatte die Absicht, alle theoretischen Schriften des Aristoteles zu kommentieren; erhalten sind folgende: ›Expositio in librum Porphyrii de Praedicabilibus; in librum Praedicamentorum Aristotelis; in librum Perihermenias Aristotelis; super libros Elenchorum; super VIII libros Physicorum Aristotelis‹. Zwei weitere Werke befassen sich mit der Aristotelischen Physik: ›Quaestiones in libros Physicorum‹; ›Summulae in libros Physicorum‹. Neben der ›Summa Logicae‹, einer umfassenden Abhandlung zur Logik, gelten zwei kleinere Werke ebenfalls ausschließlich diesem Thema: ›Compendium logicae sive tractatus logicae minor‹;› Elementarium logicae‹. Für zentrale philosophische Fragen sind auch die ›Quodlibeta septem‹ von grundlegender Bedeutung. Trotz des theologischen Gegenstandes werden in ›De sacramento altaris‹ wichtige philosophische Themen, so vor allem zur Kategorienlehre, behandelt.

Von den politischen Schriften seien folgende eigens genannt: ›Opus XC dierum‹; es ist das die erste Schrift Ockhams mit kirchenpolitischer Thematik. Der Titel weist auf die Dauer der Abfassung hin (90-Tage-Werk); es ist eine Antwort auf das päpstliche Schreiben zum sogenannten Armutsstreit. Für die Verhältnisbestimmung von päpstlicher und staatlicher Gewalt kommt dem ›Dialogus‹ grundlegende Bedeutung zu. Weiter sind zu nennen: ›Breviloquium de principatu tyrannico‹; ›De imperatorum et pontificum potestate‹.

I. ›Creatio ex nihilo‹

1. Omnipotenz und Kontingenz

442 Zu den genuinen und grundlegenden Unterschieden zwischen jüdisch-christlichem Glaubensdenken und griechischer Philosophie zählt die je andere Weltauslegung. Die Lehre von der ›creatio ex nihilo‹ mit ihren Folgerungen steht in einem nicht aufhebbaren Gegensatz zu der These von der Ewigkeit der Welt im Sinne ihres notwendigen Hervorgangs aus einem absoluten Prinzip. Die Spannung zwischen diesen beiden Positionen, die erst seit der Mitte des 13. Jahrhunderts in ihrer ganzen Tragweite gesehen und zum Gegenstand der Reflexion wurde, hat die Entwicklung der mittelalterlichen Philosophie und Theologie nachhaltig beeinflußt und vorangetrieben. In der Frage nach dem Grund des Seins im Sinne der Existenz konnte sich der Schöpfungsgedanke von Anfang an durchsetzen. Die Kontingenz aller nichtgöttlichen Wirklichkeit unter dem Gesichtspunkt des ›daß‹, des Daseins, war nie umstritten. Damit wurde jedoch der christlich geforderten Freiheit des Schöpfers nur teilweise Rechnung getragen. Das Wesen der Dinge wurde nicht als von Gott frei entworfen gedacht. Die ewigen, unveränderlichen und exemplarischen Urbilder in Gott selbst galten in gewisser Weise als ontologisches Apriori des Schöpfungsaktes und determinierten die Welt in dem, was sie ist. Eine andere Welt war nicht vorstellbar. Das Gefälle zwischen der bleibenden Idee und ihrer veränderlichen konkreten Verwirklichung wurde damit auch im christlichen Denken ungefragt akzeptiert. Augustinus ist dafür repräsentativ.

443 Die Differenz zwischen neuplatonischer Emanationslehre und christlichem Schöpfungsglauben beschränkte sich damit auf den formalen Aspekt der Notwendigkeit bzw. der Freiheit des Hervorgangs. Noch *Albertus Magnus* dachte Schöpfung neuplatonisch als ›Hervorgang der Allheit‹. Das Erstgeschaffene ist die oberste Intelligenz bzw. das allgemeine Sein; daraus emaniert, vermittelt durch jeweils untergeordnete

Instanzen, in einer hierarchisch absteigenden Ordnung die Vielheit der Welt. Thomas brach mit diesem Denkmodell. Er betonte die Erschaffung des konkret Einzelnen ohne vermittelnde Zwischenstufen und hat damit einen weiteren, wesentlichen Aspekt des Schöpfungsglaubens zur Geltung gebracht, ohne die äußersten Konsequenzen daraus zu ziehen. Die Welt wird noch als nach ewigen Urbildern geschaffen und so gewissermaßen als Selbstmitteilung Gottes verstanden. Auch Scotus ließ die forma als wesensbestimmendes konstitutives Prinzip des Einzelnen noch gelten.

Ockham führte den Gedanken der creatio ex nihilo zur äußersten Kon- 444
sequenz (In II Sent q. 1–5). Erschaffen bedeutet »causare contingenter«; Gott bringt nicht allgemeine Prinzipien, sondern die vielen konkreten Einzeldinge hervor; »aequaliter respicit plura« (In II Sent q. 4). Auch im Zusammenwirken mit den innerweltlichen Zweitursachen ist Gott unmittelbare Ursache von allem, »est causa immediata cuiuslibet rei factibilis« (q. 5). Das Ziel seiner Schöpfertätigkeit ist die ›res singularis‹, deren Wesen mit ihr selbst identisch ist. Nach Ockham kann das Einzelding nicht als numerische Vervielfältigung eines allgemeinen Wesens verstanden werden. Aus theologischen Gründen ist alles, was ist, von seinem Ursprung her individuell und nach Dasein und Sosein kontingent. Die alte und vieldiskutierte Frage nach dem ›principium individuationis‹, danach also, wodurch das allgemeine Wesen, die forma, vereinzelt werde, ist damit gegenstandslos geworden: »quaelibet res singularis se ipsa est singularis« (In I Sent d. 2, q. 6). Das ontologische Problem kehrt jetzt allerdings, in Umkehrung, auf der gnoseologischen Ebene wieder, und zwar in der Gestalt der Frage, wie angesichts der Reduktion der Wirklichkeit auf kontingente Individualität allgemeine und notwendige Erkenntnis möglich sein soll: »quomodo possibile est aliquid esse commune et universale« (In I Sent d. 2, q. 6).

Die Ausschöpfung der Lehre von der creatio ex nihilo kam bei Ock- 445
ham zu einem gewissen Abschluß. Er schuf damit die Voraussetzung und den Raum für die These von der durch nichts begrenzten Freiheit und souveränen Macht Gottes. Dieser Gedanke wurde nicht nur zum Fundament und Zentrum von Ockhams Philosophie und Theologie, er hatte darüberhinaus einen tiefgreifenden geistigen Umbruch zur Folge. Daß dieser Denkansatz wesentlich im christlichen Glauben verankert ist, betonte Ockham mit besonderem Nachdruck. Das Omnipotenzprinzip ist philosophisch nicht ableitbar, gegen die Einrede der Ungläubigen läßt es sich, trotz guter Gründe, die dafür sprechen, nicht zwingend verteidigen. Als Inhalt des Glaubens – »tenendum est tamquam creditum« (In II Sent d. 1 q. 4; vgl. auch Quodl I 1; VI 6) – kann die Allmacht Gottes nicht noch einmal hinterfragt werden. In dieser Ausprägung erweist sich der Glaube an die absolute Freiheit und Macht des Schöpfergottes als äußerste Gegenposition zum Determinismus und Nezessitarismus der Antike. Dieser heilsgeschichtliche Ansatz ließ Theologie und Philosophie noch weiter

auseinander treten und führte in beiden Bereichen zu neuen Problemstellungen.

446 Ockhams Lehre von der absoluten Freiheit Gottes war von Anfang an auch Anlaß für Mißverständnisse und Fehlinterpretationen. Die Auslegung als Willkür mit allen sich daraus ergebenden Folgerungen bestimmte, bisweilen in äußerst polemischer Weise, bis in die jüngste Gegenwart das Urteil über ihn. Schon in seinem Sentenzenkommentar (In I Sent d. 45 q. unica) mußte er sich gegen solche Unterstellungen wehren mit der Begründung, daß Willkür mit dem vollkommenen Wesen Gottes unvereinbar sei.

447 Der angemessene Zugang zu Ockhams Begriff der Omnipotenz Gottes führt über die Unterscheidung zwischen der ›potentia dei absoluta‹ und der ›potentia dei ordinata‹ (vgl. hierzu vor allem Quodl VI 1). Das damit angesprochene Problem ist nicht neu. Es geht um zwei Aspekte im Blick auf die Macht Gottes: Zum einen um das, was Gott in Schöpfung und Erlösung tatsächlich gewollt und hervorgebracht hat, um die konkrete, gegenwärtige Heilsordnung also; der andere Gesichtspunkt spricht, über das Faktische hinaus, von dem grundsätzlich Möglichen, von der absoluten Macht und Fähigkeit Gottes.

448 Im Rückgriff auf Augustinus hat *Petrus Lombardus* in seinen Sentenzen das Problem angesprochen (lib.I, dist. 42). Die Fragestellung wurde danach langsam und unterschiedlich weiterentwickelt. Seit der Mitte des 13. Jahrhunderts war die Formulierung ›potentia absoluta‹ und ›potentia ordinata‹ allgemein gebräuchlich; die damit angesprochene Sache selbst stand aber noch keineswegs im Vordergrund der theologischen Auseinandersetzung der damaligen Zeit. Unter dem Einfluß der Kanonistik des 13. Jahrhunderts wuchs dem Begriff ›potentia absoluta‹ eine weitere Bedeutungsvariante zu. Das Begriffspaar wurde als Denkmodell für das Verhältnis zwischen päpstlicher Macht (plenitudo potestatis) und kirchlichem Gesetz herangezogen; dabei wurde die ›potentia absoluta‹ nicht nur als grundsätzliche Fähigkeit verstanden, sondern als Möglichkeit, im Ausnahmefall gegen das Gesetz im Sinne der ›potentia ordinata‹ zu handeln. Von einzelnen Theologen wurde dieses Verständnis von ›potentia absoluta‹ analog auf Gott angewandt; andere haben das entschieden abgelehnt. In das Zentrum der theologischen Diskussion und Reflexion trat die Unterscheidung zwischen ›potentia absoluta‹ und ›ordinata‹ bei Duns Scotus; sie ist vor allem die tragende Struktur seiner Rechtfertigungslehre und seiner Ethik. Neben dem traditionellen theologischen Verständnis der Unterscheidung zeigt sich bei ihm aber auch der Einfluß der kanonistischen Deutung, wenn die ›potentia absoluta‹ mehr im Sinne einer besonderen Art von Handeln Gottes und nicht als grundsätzliche und durch nichts bedingte Möglichkeit verstanden wird. Ockham distanzierte sich von der kanonistischen Deutung mit Nachdruck. Nach seinem Verständnis beziehen sich die beiden Begriffe nicht auf zwei Arten von Macht in Gott, sie werden auch nicht von unterschiedenen Anwendungsbereichen her benannt,

es handelt sich dabei vielmehr um die eine Macht Gottes unter zwei unterschiedlichen Aspekten. Der Grund dafür liegt in den beiden Möglichkeiten, wie ›Etwas-Können‹, das ›posse aliquid‹, verstanden werden kann (Summa logicae [S. log] III tr 1 c. 4). Gott kann gemäß den von ihm begründeten Gesetzen und eingerichteten Ordnungen handeln; das geschieht dann de potentia ordinata. Darüber hinaus kann er aber grundsätzlich alles, was nicht in sich widersprüchlich ist, und zwar unabhängig davon, ob er es tatsächlich tut oder nicht. Das ist das »posse aliquid de potentia absoluta« (Quodl VI 1). Gott kann mehr, als er tatsächlich tut: »deus potest facere multa quae non vult facere« (ebd.). Es handelt sich also nicht um zwei verschiedene potentiae, von denen die eine an nichts, die andere an eine konkrete Ordnung gebunden wäre. Die Unterscheidung liegt vielmehr in der einen potentia Gottes selbst. Das grundsätzliche Wollen einer konkreten Ordnung wird unterschieden von dem der gewollten und verwirklichten Ordnung gemäßen Handeln. Das sind die beiden Aspekte der einen potentia Gottes. Die absolute Freiheit Gottes und seine Allmacht sind als Begründung jeder möglichen Ordnung, auch der tatsächlichen Ordnung der Welt, vorgegeben.

Diese ursprünglich theologische Unterscheidung von ›potentia dei ab- 449
soluta‹ und ›potentia dei ordinata‹ hatte eine philosophische Auswirkung von nicht zu unterschätzendem Gewicht. Es wurde dadurch die Welt des Faktischen aufgebrochen und so die Voraussetzung dafür geschaffen, nach dem logisch grundsätzlich Möglichen zu fragen. Die Freiheit und Allmacht Gottes einerseits sowie die Kontingenz der Welt und ihrer Schöpfungs- und Heilsordnung andererseits traten dadurch mit großem Nachdruck ins Bewußtsein. Der Gedanke einer ewigen Ordnung, die in der Welt ihren Ausdruck gefunden habe, war damit verabschiedet. Die Welt lief Gefahr, vom Kosmos zum Chaos zu pervertieren; dem Menschen drohte Ort- und Orientierungslosigkeit. Die Grenze zwischen der absoluten Freiheit Gottes und dem Zerrbild eines Willkürgottes wurde zunehmend verwischt. Diese negativen Konsequenzen waren jedoch nicht zwingend. Daß aber die ›via moderna‹ solche Gefahren in sich barg, sollte die spätere Entwicklung zeigen.

Für Ockham gab es jedoch noch eine Grundstruktur der Rationalität, 450
welche für die Allmacht Gottes ebenso gilt wie für die Kontingenz der Welt und beide dadurch miteinander verbindet: das Nichtwiderspruchsprinzip. Gottes Alles-Können besagt nicht Beliebigkeit und Irrationalität, sondern in der Lage sein, alles zu tun, was keinen Widerspruch einschließt (Quodl VI 1). Die Welt kann damit zwar nicht mehr als Abbild einer ewigen Ordnung verstanden werden; es gibt keine ontischen Notwendigkeiten. Gott hätte auch eine andere, bessere Welt schaffen können (In I Sent d. 44, q. unica). Gleichwohl bleibt dem Menschen durch den formalen Aspekt der grundsätzlich geforderten Widerspruchsfreiheit aufgrund dieser logischen Notwendigkeit die Möglichkeit wissenschaftlicher Weltinterpretation.

451 Neben dem Omnipotenz- und dem Nichtwiderspruchsprinzip ist für das Denken Ockhams ein dritter, ebenfalls in seinem theologischen Apriori verankerter Grundsatz bestimmend: das Ökonomieprinzip. Während das Nichtwiderspruchsprinzip für Gott und Mensch gilt, ist das Ökonomieprinzip allein ein Postulat an das Denken des Menschen. Als Gegenposition zu der Allmacht Gottes, die alles einzelne unmittelbar hervorbringt und deren Möglichkeiten keine Grenzen gesetzt sind, entspringt die Aufforderung zu Beschränkung und Sparsamkeit der Kontingenz des Menschen. Die Maxime verwirft die Setzung nicht notwendiger und deshalb überflüssiger Vielheit: »Pluralitas non est ponenda sine necessitate« (ohne Notwendigkeit darf eine Vielheit nicht gesetzt werden); »frustra fit per plura quod potest fieri per pauciora« (In I Sent Prol. q. 1; d. I q. 3; In II Sent q. 14,15,17,18; S. log. I 12; und passim). Diese beiden Formulierungen begegnen bei Ockham, bisweilen geringfügig modifiziert, immer wieder.

452 Seit der Mitte des 17. Jahrhunderts wird dieses Prinzip als ›Novacula Occami et Nominalium‹ bezeichnet; bei *Libertus Fromondus*, einem Löwener Philosophen und Theologen, läßt sich diese nicht gerade geglückte Metapher zum ersten Mal nachweisen (Hübener 1983). Die Sache selbst ist aber nicht von Ockham erfunden, wie diese Etikettierung als ›Ockhams Rasiermesser‹ (Ockham's Razor) vermuten lassen könnte. Das Ökonomieprinzip hat seine Wurzeln in der antiken Philosophie. Plato argumentierte in seinem Dialog ›Parmenides‹ mit dieser Maxime ebenso, wie sich Aristoteles in seiner Kritik an Plato darauf berief. Die spätere Tradition bezieht sich insbesondere auf die aristotelische Physik (I 4 und 6; hierzu Beckmann 1987, 283–89). Bei der Frage nach den Naturprinzipien wies Aristoteles eine unendliche Vielheit ebenso ab wie die Meinung, ein einziges Prinzip genüge. Er hielt es für besser, »eine kleinere und bestimmt begrenzte Mannigfaltigkeit anzunehmen …« (Physik I 187b 10). Mit Bezug auf diese Stelle formulierte Ockham die intentio Aristotelis, »quod frustra fit per plura quod potest fieri per pauciora« (In libros Physicorum Aristotelis, lib IV c. 17 §11).

453 An dieser Interpretation fällt zunächst auf, daß die noch offene Formulierung bei Aristoteles – »es ist besser« – im Mittelalter, auch schon vor Ockham, zu einer kategorischen Aussage wird. Zum andern vollzieht sich in dieser Phase der Übergang zu einem reinen Vernunftprinzip, zu einer Methode wissenschaftlich gesicherten Vorgehens. Bei Bonaventura etwa wird die Geltung des Ökonomieprinzips noch auf die Übereinstimmung von Natur und Vernunft zurückgeführt: »Man muß sagen, daß Vernunft und Natur völlig darin übereinstimmen, daß nicht durch mehreres geschieht, was in hinreichender Weise durch eines geschehen kann; andernfalls ist es überflüssig« (In Sent I d. 10, a. 1 ad 4). An der Wende vom 13. zum 14. Jahrhundert wird der Gedanke des Seinsbezugs wegen des

Wegfalls ontischer Notwendigkeit gegenstandslos. Duns Scotus führte in seinem ›Tractatus de primo principio‹ das Ökonomieprinzip als »haec generalis propositio« ein und ließ keinen Zweifel daran, daß bei jedem wissenschaftlichen Vorgehen – rationabiliter procedendo – die Vernunft über die geforderte Notwendigkeit der Explikationsschritte zu entscheiden hat, »quia plura non sunt ponenda sine necessitate« (III 6).

In dieser Linie steht Ockham. Für ihn ist die methodische Reduktion 454
auf die erforderliche Notwendigkeit von Erklärungsgründen der Weg rationaler Begründung und damit die unabdingbare Voraussetzung von Wissenschaft: »Nichts darf man ohne eine eigene Begründung annehmen, es sei denn es sei evident oder aufgrund von Erfahrung gewußt oder durch die Autorität der Heiligen Schrift gesichert« (In I Sent d. 30, q. 1). Diese Maxime ist für Ockham unumstößlich, sie ist ein principium quod negari non debet; nur wenn es die ratio, die experientia oder die Autorität Gottes (illius qui non potest falli) verlangt, dürfen die Erklärungsgründe vermehrt werden (De sacramento altaris, cap. 28).

In erster Linie ist das Ökonomieprinzip eine methodologische Anleitung; darin liegt seine alle Wissenschaften umgreifende Bedeutung. Daraus ergibt sich seine sprachkritische Funktion; es schärft das Bewußtsein dafür, daß Erkenntnis nur sprachlich vermittelt werden kann, Sprache und Wirklichkeit jedoch nicht identisch sind (In I Sent d. 2, q. 1). So gesehen impliziert das Ökonomieprinzip auch Metaphysikkritik: nicht zwingend erforderliche metaphysische Entitäten müssen eliminiert und der Hypostasierung von Begriffen muß entgegengewirkt werden (vgl. S. log I 51).

Die bis in die jüngste Zeit gebräuchliche Fassung von Ockhams Rasiermesser »Entia non sunt multiplicanda praeter necessitatem« kommt bei Ockham und seinen Zeitgenossen nicht vor. Sie stammt, wie das Schlagwort selbst, aus dem 17. Jahrhundert und verfehlt durch die Isolierung dieses einen Aspekts das umfassende und eigentliche Anliegen Ockhams.

II. Intuitive und abstraktive Erkenntnis

Nach dem Schöpfungsverständnis Ockhams kommt allein dem Konkret- 455
Einzelnen, dem Faktischen, Wirklichkeit zu. Es gibt keine Unterscheidung zwischen Wesen und Dasein, auch keine distinctio formalis, wie sie Duns Scotus noch vertreten hatte (S. log III p. 2 c. 27). Für die Erkenntnistheorie ist damit eine Vorentscheidung getroffen: die Erfahrung – notitia experimentalis – gewinnt dadurch große Bedeutung. Wie man vom Zufällig-Faktischen ausgehend zu notwendiger und allgemeingültiger Erkenntnis gelangen kann, wird zum entscheidenden Problem. Die Frage nach der Evidenz und Gewißheit des Wissens als Möglichkeitsbedingung

von Wissenschaft, »in der Notwendiges aus notwendigen Sätzen folgt« (III p. 2 c. 17), wird zum Angelpunkt der Überlegungen. Bei der Behandlung dieser Fragen legt Ockham strengste Maßstäbe der Rationalität an. Dabei war ihm als Theologen daran gelegen, die methodische Grenze zwischen Philosophie und Theologie klar zu markieren. In seinem wissenschafts- und erkenntnistheoretisch hoch bedeutenden Prolog zum Sentenzenkommentar stellte er unmißverständlich fest, daß die Theologie, da ihren Basissätzen die geforderte, vom Menschen einsehbare Evidenz mangelt, im strengen Sinne keine Wissenschaft ist: »non est scientia proprie dicta« (In I Sent Prol. q. 7). In diesem Urteil liegt weder eine Geringschätzung der Theologie, noch der Versuch, die Philosophie aus der Theologie zu eliminieren, es ist allein die Konsequenz aus seinem Wissenschaftsbegriff, dessen Kriterium die Evidenz ist. Glauben heißt »zustimmen ohne Evidenz zu haben, aufgrund des Befehls des Willens« (ebd.). Der ›Voluntarismus‹, der in dieser Glaubensdefinition seinen Ausdruck findet, ist ein nicht auf die Theologie beschränkter Grundzug von Ockhams Denken; nach seiner Überzeugung ist letztlich der Wille auch Wirkursache eines jeden Urteils (In I Sent d. 3 q.4).

456 Zu Beginn des Prologs umschreibt Ockham, was er unter evidentem Wissen versteht und worin die Evidenz eines Urteils gründet: Die Evidenz eines Urteils beruht auf der unmittelbaren oder vermittelten Evidenz der Terme, aus denen ein Satz aufgebaut ist (In I Sent Prol. q. 1). Dem Urteil muß das Erfassen des Sachverhaltes vorangehen. Als erstes ist also nach der Bedeutung eines Terms, eines sprachlichen Zeichens, zu fragen. Dabei gibt es zwei Möglichkeiten. Bei notwendigen Sachverhalten – propositiones per se notae – ist das Erfassen der Bedeutung der jeweiligen Terme für die Begründung der Evidenz und Wahrheit des Satzes ausreichend. Wenn die Bedeutung der Terme ›Ganzes‹ und ›Teil‹ erfaßt ist, bedarf die Evidenz etwa des Satzes ›Das Ganze ist größer als seine Teile‹ keiner weiteren Begründung mehr. Bei kontingenten Urteilen läßt sich die Evidenz aus der Kenntnis der Bedeutung der Terme allein nicht erheben, denn sie sind ja gerade dadurch charakterisiert, daß der Sachverhalt nicht notwendig so sein muß, wie es der Satz behauptet. Zunächst muß also Wirklichkeit und das heißt der einzelne Gegenstand erfaßt werden.

457 Bei dieser notitia terminorum incomplexa unterschied Ockham zwischen cognitio intuitiva und cognitio abstractiva (hierzu Imbach 1984, 131–135). Durch die intuitive Erkenntnis erlangt man das Wissen um die Existenz oder Nichtexistenz eines Gegenstandes (In I Sent Prol. q. 1) und damit die Basis für ein evidentes Urteil hinsichtlich eines kontingenten Sachverhaltes. Die unmittelbare Erfahrung eines Gegenstandes darf jedoch nicht auf reine sinnliche Wahrnehmung reduziert werden; Sinneswahrnehmung allein könnte nie Evidenz begründen. Sie ist immer und wesentlich eine notitia intuitiva intellectualis (ebd.). Der intuitiven Erkenntnis folgt unmittelbar, ohne weitere Aktivität des Intellekts (naturali-

ter), die notitia abstractiva. Mit der Bildung eines Allgemeinbegriffs hat dieser Vorgang nichts zu tun. Abstraktiv ist diese Erkenntnis, weil sie von der Existenz oder Nichtexistenz des Gegenstandes absieht (ebd.). Cognitio intuitiva und abstractiva unterscheiden sich nicht durch den Erkenntnisgegenstand, sondern dadurch, wie der Gegenstand als erkannter gehabt wird. Die intuitive Erkenntnis ist als Existenzerfassung Voraussetzung der abstraktiven Erkenntnis (Quodl I 14). Die cognitio abstractiva dagegen abstrahiert von der Existenz und bezieht sich nur noch auf die Termini, die auf die Existenz verweisen, sie kann deshalb auch keine Evidenz begründen. Beide Erkenntnisweisen sind der Art nach verschiedene (notitia specie distincta) Erkenntnis vom gleichen Ding (In I Sent Prol. q. 1).

Was über die extramentale Erkenntnis gesagt wurde, hat auch für den 458
Bereich der Selbsterfahrung Geltung, für die intuitive Erkenntnis geistiger Akte, wie Denken, Wollen, Sich-Freuen oder Traurigsein (ebd.). Daß solche Akte intuitiv erkannt werden, ist offenkundig. Die Aussage ›ich erkenne‹ wird von mir mit Evidenz erkannt: »… haec est evidenter mihi nota ›ego intelligo‹ « (ebd.). Beide Termini, das ›Ich‹ und das ›Erkennen‹, werden unmittelbar erfaßt. Die Aussage ›ich erkenne‹ ist eine einfachhin erste, simpliciter prima, und kann nicht aufgrund einer anderen, früheren mit Evidenz erkannt werden. Der Selbstgewißheit, die sich in den geistigen Akten manifestiert, kommt am Ende ein höheres Maß an Gewißheit und Evidenz zu als anderen kontingenten Wahrheiten, da man daran nicht zweifeln kann; es ist die höchste dem Menschen erreichbare Gewißheit. In diesem Zusammenhang der Evidenz der Bewußtseinsurteile verweist Ockham ausdrücklich auf Augustinus (De trin XV 12) und stellt sich damit selbst in jene Linie, die zu R. Descartes weiterführt.

Diese Betonung der Selbstgewißheit impliziert eine weitere Infragestellung der herkömmlichen Erkenntnistheorie. Durch eine theologische Hypothese wird die Problemstellung noch verschärft. Im Rückgriff auf die Omnipotenz Gottes entfaltet Ockham den Gedanken, Gott könnte de potentia dei absoluta die Intuition eines nichtexistierenden Dinges verursachen, ohne dabei gegen das Nichtwiderspruchsprinzip zu verstoßen (In I Sent Prol. q. 1; In II Sent q. 14–15; Quodl V 5; VI 6). Der menschliche Intellekt würde dadurch nicht getäuscht werden, da das Nicht-Existierende, auch wenn Gott davon eine intuitive Kenntnis hervorruft, immer als Nicht-Existierendes erkannt würde. Dieses Theologumenon hat weitreichende philosophische Konsequenzen. »Indem Ockham die Objektivität der Erkenntnisbeziehung suspendiert, lenkt er die Reflexion auf die subjektiven Bedingungen der Möglichkeit von Erkenntnis« (Imbach, aaO 133). Auf der anderen Seite war diese These Anlaß zu einer verständlichen Verunsicherung, die vor allem dem Skeptizismus einen starken Impuls verlieh, auch wenn Ockham betonte, man müsse mit einem derartigen Eingreifen Gottes nur im Ausnahmefall rechnen.

459 Ockhams grundlegende These, daß allein dem Individuellen Wirklichkeit eigne, hatte eine neue Erkenntnistheorie zur Folge. Von der intuitiven Erfassung des konkreten, kontingenten Gegenstandes nimmt die Erkenntnis ihren Ausgang; in der daraus unmittelbar hervorgehenden abstraktiven Erkenntnis steht, unter Absehung von der Existenz, der Terminus für den Gegenstand. Wort und Begriff sind nicht, wie in einem realistischen Erkenntnismodell, Abbild des Gegenstandes oder Erfassung seines Wesens, sondern Zeichen, die auf den konkreten Gegenstand verweisen. Die Terme sind das Instrumentarium, mit dessen Hilfe Sprache und Denken sich auf die extramentale Wirklichkeit beziehen. Da jeder Satz aus Termen aufgebaut ist und die Syllogismen aus der Verbindung von Sätzen bestehen, kommt dem Terminus für das gesamte Sprach- und Denksystem fundamentale Bedeutung zu.

460 Der terministischen Logik fällt die Aufgabe zu, die Sprache zu analysieren, zu prüfen, wie sprachliche Zeichen verwendet werden müssen, um die Begriffe, verstanden als signa rei in der Seele (S. Log I 12), adäquat und korrekt wiederzugeben. In seiner Summa Logicae, einem der bedeutendsten Werke der spätmittelalterlichen Sprachlogik, ging Ockham diesem Problem nach. Im formalen Aufbau orientierte er sich an der aristotelischen Dreiteilung Begriff–Urteil–Schluß. Viele der angesprochenen Themen wurden schon im 12. Jahrhundert vor allem von *Peter Abaelard* (gest. 1142) und im 13. von *Wilhelm von Shyreswood* (gest. ca. 1270), *Petrus Hispanus* (gest. 1270) oder *Lambert von Auxerre* (gest. ca. 1250), diskutiert; auch Zeitgenossen Ockhams sind zu nennen: *Johannes Buridanus* (gest. ca. 1358) etwa und *Walter Burleigh* (gest. ca. 1343). Trotzdem kommt Ockham auf dem Gebiet der Erkenntnistheorie und der Sprachphilosophie ein eigener Rang zu, da er in nahezu allen entscheidenden Fragen über den damaligen Diskussionsstand hinausgegangen ist.

461 Von den Termini handelt die Pars I der ›Summa Logicae‹. Unter einem Terminus versteht Ockham einen Teil einer Aussage, wobei drei Arten von Termini zu unterscheiden sind: Der geschriebene (scriptus), der ausgesprochene (prolatus) und der begriffene (conceptus) Terminus. Was unter der sprachlichen (vox) bzw. der schriftsprachlichen (scriptum) Äußerung als konventioneller Vereinbarung zu verstehen ist, leuchtet unmittelbar ein. Der Ausdruck ›Begriff‹ bedarf einer Erklärung. Conceptus bzw. intentio animae steht für etwas in der Seele – quiddam in anima –, das als mentales Zeichen die Funktion hat, für eine von ihm selbst verschiedene, real existierende Sache zu stehen (I 12). Sprache, Schrift und Begriff verweisen auf die gleiche bezeichnete Sache – aliquid idem –, unterscheiden sich jedoch durch die Unmittelbarkeit, die der intentio animae

eignet. Wegen ihrer Unzweideutigkeit ist allein die Mentalsprache angemessenes Medium wissenschaftlicher Sätze.

Von der significatio eines Terms spricht man, wenn nach der Bedeutung eines Wortes unabhängig von einem Kontext gefragt ist. Zu den wichtigsten Unterteilungen der Termini zählt die – sie war schon vor Ockham geläufig – in kategorematische und synkategorematische Terme (I 4). Die kategorematischen Termini haben eine begrenzte und feste Bedeutung, wie etwa der Name ›Mensch‹ alle Menschen bedeutet. Zum Unterschied davon haben die synkategorematischen Terme keine begrenzte und feste Bedeutung; als Beispiele werden genannt: jeder, keiner, einer und dergleichen. Sie gewinnen nur in Verbindung mit einem kategorematischen Ausdruck eine Bedeutung. Das besagt freilich nicht, daß sie völlig bedeutungslos seien, sondern nur, daß sie eine von kategorematischen Ausdrücken unterschiedene logische Funktion haben. Mit dieser Unterscheidung steht Ockham in der Tradition. 462

In der Differenz zwischen absoluten und konnotativen Namen dagegen manifestiert sich ein Grundzug seines Denkens (I 10; Quodl V 25). »Ganz absolut sind jene Namen, welche nicht etwas ursprünglich (aliquid principaliter) und etwas anderes oder dasselbe an zweiter Stelle (secundario) bedeuten, sondern alles, was durch einen solchen Namen bedeutet wird, wird in gleicher Weise zuerst bedeutet« (S. Log I 10). Im Unterschied dazu ist ein konnotativer Name ein solcher, »der etwas an erster und etwas an zweiter Stelle bedeutet« (ebd.). Das Gemeinte verdeutlicht Ockham an dem Namen ›das Weiße‹; bei der Definition dieses Terms steht ein Ausdruck im Nominativ, der andere in einem andern Fall: »Etwas durch Weiße Bestimmtes«. 463

Diese semantische Unterscheidung gewinnt ihre Brisanz, wenn man sie im Zusammenhang mit Ockhams Basis-Satz sieht, daß nur das Konkret-Einzelne, das selbständig existieren kann, wirklich ist. Es muß in dem Sinne eine res absoluta sein, daß es wenigstens durch die Omnipotenz Gottes von jedem anderen unabhängig sein kann. Diesem Anspruch werden nur Substanzen und Qualitäten gerecht; absolute Namen bezeichnen deshalb immer Substanzen oder Qualitäten. Daraus folgt, daß nur zwei der zehn aristotelischen Kategorien, Substanz und Qualität, als nomina absoluta direkt auf die extramentale Wirklichkeit zu beziehen sind. Die anderen Kategorien sind konnotative Namen und »setzen, sofern in ihnen Mehreres zusammen gesehen wird, die ordnende Tätigkeit eines Denkenden voraus« (Imbach [2]1985, S. 238; vgl. Miethke 1969, S. 201 bis 227). Hier deutet sich ein Umbruch von großer Tragweite im Kategorienverständnis an. 464

Die Theorie der Supposition – pro alio positio (S. Log I 63) – erweitert die Frage der Signifikation eines Terms auf seine logische Funktion in einem Satz; die Supposition ist also immer kontextabhängig (I 63 und 64). Da Ockham keine den Dingen gemeinsam zukommende allgemeine Form 465 kennt, die dann im Prädikatsbegriff von mehreren ausgesagt werden könnte, supponieren Subjekt und Prädikat ausdrücklich für eine singuläre Entität. Er unterscheidet grundsätzlich drei Möglichkeiten, wie ein Term für etwas stehen kann: personale, einfache und materiale Supposition (I 64). Personale Supposition ist gegeben, wenn »der Terminus für sein Bedeutetes steht – quando terminus supponit pro suo significato« (ebd.); der Term steht in diesem Fall für ein Individuell-Seiendes, er supponiert signifikativ. Einfach supponiert ein Terminus – suppositio simplex –, wenn er für eine Intention der Seele steht, aber nicht signifikativ gebraucht wird, wie in dem Beispiel ›Mensch ist ein Begriff‹. Von suppositio materialis spricht man, wenn der Terminus für das gesprochene oder geschriebene Sprachzeichen steht.

Eine gewisse Aporie erwächst daraus, daß nach Ockham diese Verschiedenheit der Supposition nicht nur dem gesprochenen und geschriebenen, sondern auch dem mentalen Terminus zukommen kann, er aber gleichzeitig daran festhält, daß der terminus mentalis Eindeutigkeit gewährleisten muß (McCord Adams 1987, S. 348–351).

IV. Das Universalienproblem und die Möglichkeit von Wissenschaft

466 Der Gedanke, daß dem Allgemeinbegriff irgendetwas in der extra-mentalen Wirklichkeit entsprechen könnte, wird von Ockham als fundamentaler Irrtum mit größter Entschiedenheit verworfen (S. Log I 15; vgl. auch In I Sent d.2 qq. 4–7). Das Wesentliche des Allgemeinbegriffs besteht darin, daß er von mehreren ausgesagt werden kann; das Universale ist eine »intentio animae nata praedicari de multis« (S. Log I 15). Demgegenüber ist radikale Individualität das Charakteristikum der wirklich seienden Dinge. Was Eines ist, kann weder Vieles sein, noch Zeichen von Vielem. Real Existieren und Universale-Sein schließen sich gegenseitig aus (I 14). Damit ist der Universalienrealismus jeder Ausprägung abgewiesen, das Universalienproblem jedoch noch keineswegs gelöst. Denken vollzieht sich ja gerade in Sätzen und Urteilen, die vom einzelnen absehen und mit Allgemeinbegriffen arbeiten müssen; nur so ist Wissenschaft möglich.

467 Mit einer Differenzierung im Verständnis des Begriffs, der intentio animae, die entsprechend auch für die sprachlichen Zeichen gilt, greift Ockham das Problem, wie es sich in seiner erkenntnistheoretischen Konzeption stellt, auf (I 12). Auch die mentalen Terme – conceptus – bezeichnen zunächst konkrete Objekte und stehen für diese in der oratio mentalis. Mit der Tradition spricht Ockham in diesem Fall von primae intentiones. Davon unterscheidet er Terme zweiter Intention; sie sind Zeichen der Zeichen erster Intention (I 12); dazu zählen die Begriffe ›Gattung‹, ›Art‹,

und derartiges. Neben der Objektsprache wird auf diese Weise eine Metasprache entworfen. Ockham zeigte damit zugleich aber auch die Ebene, auf der sich für ihn das Universalienproblem stellt: »Was allgemein ist und von mehreren ausgesagt werden kann, existiert im Geiste – in mente« (In I Sent d. 2 q. 8).

Diese Feststellung impliziert wenigstens zwei Fragen: Was ist die se- 468
mantische und logische Funktion eines allgemeinen Namens und was ist dessen ontologischer Status, was ist das durch ein Universale Bezeichnete? In der Beantwortung dieser Fragen läßt sich bei Ockham eine Entwicklung nachweisen; die verschiedenen Positionen (In I Sent d. 2 q. 8; Expositio Perihermeneias I; Quodl IV 35 und V 13) faßte er in der Summa Logicae zusammen. Es geht darum, was dieses Etwas in der Seele, welches ein derartiges Zeichen ist, nun wirklich sei: »Einige sagen, es sei nichts anderes als etwas von der Seele Eingebildetes (quoddam fictum per animam); andere behaupten, es sei eine gewisse vom Erkenntnisakt verschiedene Qualität, welche subjektiv in der Seele existiere (quaedam qualitas subiective existens in anima); andere sagen, es sei der Erkenntnisakt selbst (actus intelligendi)« (S. Log I 12).

Ockhams zuletzt vertretene Position einer Antwort auf die Unversalienfrage tendiert dahin, das Universale mit dem Erkenntnisakt zu identifizieren (ebd.; Quodl IV 35; V 13). Die intellectio, der konkrete geistige Akt, ist der Term mit universalem Bezug, aber er bezieht sich nicht auf etwas Universales, dem Bezeichnenden entspricht nichts im Denotatum, auch nicht im mentalen Bereich. Die Stringenz, mit der Ockham die von ihm verworfenen Thesen zurückweist, sollte nicht darüber hinwegtäuschen, daß es ihm nicht gelingt, seine letztlich akzeptierte Theorie in vergleichbarem Maße argumentativ zu stützen; gewichtige Fragen bleiben offen. So wird nicht klar, wie es eigentlich zur Begriffsbildung überhaupt kommt, und vor allem, wodurch sich eine intellectio von einer anderen unterscheidet angesichts der Tatsache, daß Ockham kein Individuationsprinzip kennt (vgl. hierzu McCord Adams 1987, S. 75–141).

In diesem Zusammenhang stellt sich die Frage, ob man die Position 469
Ockhams als ›Nominalismus‹ bezeichnen kann. Eine Antwort scheitert daran, daß der Begriff Nominalismus nicht klar definiert ist. In der darin zum Ausdruck kommenden Abgrenzung gegenüber jeder Spielart eines extramentalen Universalienrealismus besteht Einigkeit; was aber positiv und präzis darunter verstanden werden soll, läßt sich angesichts der tatsächlichen Verwendung nicht sagen (Perler 1990, S. 18–35). Wenn man das extreme Verständnis zugrundelegt, wonach das Universale nur ein Name sei – universalia sunt nomina tantum –, dann ist Ockham ebensowenig Nominalist wie Abaelard. Bei den allermeisten Autoren stellt sich der Sachverhalt jedoch viel differenzierter dar; man sollte deshalb um der philosophischen Eindeutigkeit willen auf diesen Begriff – als Schlagwort – lieber verzichten.

470 Von seiner Ontologie des Einzelnen, dessen Existenz in der notitia intuitiva unmittelbar erfaßt werden kann, über die Theorie der Signifikation und der Supposition der Terme führt ein schlüssiger und direkter Weg zu Ockhams Wissenschaftsverständnis, wie er es insbesondere in den Prologen zum Sentenzenkommentar und zum Physikkommentar entwickelt hat. Die Klärung des Ausdrucks ›wissen‹ – scire –, der in unterschiedlichen Zusammenhängen äquivok aufgefaßt wird, bietet die Voraussetzung dafür. In der Summa Logicae stellt Ockham drei, an anderer Stelle vier Weisen des Wissens heraus (III tr. 2, c. 1). In einer ersten Bedeutung heißt Wissen »das evidente Verstehen der Wahrheit (ebd.). Wahr und damit Gegenstand evidenter Erkenntnis können nur Sätze sein. Erforderlich (requiritur), aber auch ausreichend (sufficit) ist, daß Subjekt und Prädikat für das gleiche supponieren. In diesem Verständnis können nicht nur notwendige, sondern auch kontingente Sachverhalte gewußt werden. In einem zweiten Sinne nennt man Wissen »das evidente Verstehen der Wahrheit, die nicht falsch sein kann« (ebd.). In diesem Verständnis können nur notwendige Sachverhalte – necessaria – gewußt werden. Ein dritter Modus bezeichnet als Wissen, »ein evidentes Verstehen einer notwendigen Wahrheit, die vermittelt wird durch das evidente Verstehen zweier notwendiger Wahrheiten, welche nach Art und Figur so angeordnet sind, daß sie das evidente Wissen einer dritten Wahrheit, die sonst unbekannt geblieben wäre, erzeugen« (ebd.). Hier ist die Rede von einem Syllogismus, dessen Vordersätze notwendig wahr sind. Die durch die Methode der Schlußfolgerung gewonnene conclusio als Verbindung von Subjekt und Prädikat vermittelt ein Wissen, welches durch Notwendigkeit, Allgemeingültigkeit und Beweisbarkeit ausgezeichnet ist. Allein dieses Verständnis von Wissen, bei dem Notwendiges aus notwendigen Sätzen folgt (III 2,17), ist nach Ockham Gegenstand von Wissenschaft im strengen Sinne.

471 Wissenschaft vollzieht sich also auf der Ebene von Sätzen. Das von solcher Art Wissen Gewußte ist nicht ein extramentaler Gegenstand, sondern es sind Sätze, die gewußt werden (In I Sent d. II q. 4). Die von ihnen formulierte Allgemeinheit und Notwendigkeit haben in der Realität keine Entsprechung. Wie sich allgemeine wissenschaftliche Aussagen auf das Singuläre beziehen, in welcher Weise also in den gewußten Sätzen etwas über die Gegenstände gewußt wird, für welche die Terme stehen, das zu klären, ist Sinn und Aufgabe der Suppositionslehre.

472 Die Frage nach der Notwendigkeit, nach der anderen Grundanforderung also an wissenschaftliche Sätze, stellt ein besonderes Problem dar. Im Bereich der als radikal kontingent verstandenen Wirklichkeit kann es keine Notwendigkeit geben: »creatura autem sic est esse quod non est necessario esse« (S. Log III 2, 27). Kategorische und affirmative Aussagen, die auf diese Wirklichkeit verweisen, können also nie als Grundlage eines Beweisverfahrens herangezogen werden. Um solches zu erreichen, muß man diese Sätze in hypothetische Aussagen oder Aussagen über Mög-

liches umformen (III 2,5); Notwendigkeit wird zu einer Satzmodalität. Die Aussage ›Der Mensch ist ein vernunftbegabtes Sinnenwesen‹ ist ein kontingenter Satz; faßt man ihn hypothetisch: ›Wenn ein Mensch existiert, ist er ein vernunftbegabtes Sinnenwesen‹, dann wird daraus ein notwendiger Satz, da diese Aussage von der Zufälligkeit der Existenz eines Menschen unabhängig ist. Nur auf diesem Wege kann es von Kontingentem eine Wissenschaft geben. Die Aussage wird eine notwendige – propositio necessaria –; es wird nicht eine Aussage über etwas Notwendiges – propositio de necessario – gemacht. In der Konsequenz eines solchen Wissenschaftsbegriffs kann der Gegenstand kein Kriterium mehr sein für die Unterscheidung zwischen Realwissenschaften und Logik. Auch die Realwissenschaft handelt nicht von Dingen, sondern von Intentionen, welche für Dinge supponieren – »scientia realis non est de rebus, sed est de intentionibus supponentibus pro rebus« (In Phys. Prol. 41f.). Und die Logik handelt von Intentionen, die für Intentionen stehen – »logica est de intentionibus supponentibus pro intentionibus« (aaO 49f). Alle Wissenschaften handeln also ausschließlich von Sätzen und nicht von der extramentalen Wirklichkeit; die Differenz zwischen den Wissenschaften liegt in der jeweils anderen Supposition, was jedoch für den Vollzug von Wissenschaft ohne Belang ist (In I Sent d. 2, q. 4).

In Ockhams Verständnis von Wissenschaft kommen zwei gegenläufige 473
Entwicklungen zu ihrer äußersten Zuspitzung. Christlicher Provenienz ist die positive Wertung des Konkret-Einzelnen als von Gott geschaffener Wirklichkeit; bei Ockham wird dieser Gedanke so radikalisiert, daß sich im Seienden keine Spur von Allgemeinheit und Notwendigkeit mehr findet. Erbe griechischer Philosophie ist sein Anspruch an Wissenschaft im strengen Sinne, in der es weder Vereinzelung noch Kontingenz geben darf. Die daraus resultierende Diastase zwischen Sein und Denken sollte für den weiteren Gang der abendländischen Philosophie wegweisend werden.

V. Metaphysik und Gottesfrage

Ockhams kritischer Haltung der traditionellen Metaphysik gegenüber 474
kommt zweifellos eine wichtige Funktion zu. Darin erschöpft sich aber sein Beitrag zu dieser Disziplin nicht. Die neuere Forschung hat gezeigt, daß er in seiner Auseinandersetzung mit der als Transzendentalwissenschaft verstandenen Metaphysik des Duns Scotus die Fragestellung vorangetrieben und eine eigenständige Position zumindest im Ansatz bezogen hat (Honnefelder 1987, S. 165–186). Ockham hat zwar den geplanten Kommentar zur aristotelischen Metaphysik offensichtlich nicht geschrieben, »doch belegen die vorhandenen Texte nicht nur, daß er Metaphysik für möglich gehalten hat, sondern deuten auch an, in welcher Gestalt sie

für ihn möglich ist« (aaO S. 185). Daß auch die Überlegungen zur Metaphysik unter der Maßgabe seiner wissenschaftstheoretischen Erörterungen und Einsichten stehen, versteht sich von selbst.

475 Die Metaphysik wird nicht mehr von einem besonderen Gegenstand her als ›Erste Philosophie‹ qualifiziert; es kommt ihr keinerlei Vorrangstellung zu. Auch sie handelt von Termen und Sätzen sowie deren gegenseitiger Zuordnung und hat kein einheitliches Subjekt (In Phys., Prol. 60). Von der Einteilung der Begriffe in solche erster und zweiter Intention wurden die klassischen Transzendentalien, die transkategorial aussagbar sind, nicht erfaßt. Sie sind weder den Naturwissenschaften noch der Logik zuzuordnen; mit ihnen befaßt sich die Metaphysik (Leibold 1990, S. 124). Da die transzendentalen Begriffe mit ens konvertibel sind, kommt dem Begriff ›seiend‹ eine gewisse Erstheit – primitas – zu. »Manchmal ist eines das Erste wegen einer bestimmten Erstheit und ein anderes wegen einer anderen; so z.B. ist in der Metaphysik bei allen Subjekten wegen der Erstheit in der Aussage das Seiende das Erste, wegen der Erstheit der Vollkommenheit aber Gott (In Phys, Prol. 114–117). Dieses ›seiend‹ hat also keine ontische oder ontologische Entsprechung, es ist nur Prädikat; deshalb läßt sich dieser Term nicht vom Wirklichsein her interpretieren.

476 In der Metaphysik wird demnach ›seiend‹ als ein Name aufgefaßt, dem »ein allen Dingen gemeinsamer Begriff entspricht, der washeitlich von allen Dingen ausgesagt werden kann, in der Weise wie ein Transzendentale washeitlich ausgesagt wird (S. Log I 38; vgl. auch In I Sent d. 2 q. 9). Metaphysik als Wissenschaft ist »ein Zusammenhang von Sätzen, dessen Einheit ausschließlich als eine solche der gemeinsamen Prädikation des Terminus ens, keinesfalls aber als solche der Ableitbarkeit des Sinnes von ens aus einem ausgezeichneten, virtuell alles umfassenden Sinn von Seiendem verstanden werden kann« (Honnefelder aaO S. 183). Nicht das Sein des Konkret-Seienden in seiner Kontingenz, sondern allein die Notwendigkeit des Sein-Könnens ist Gegenstand des Wissens der Metaphysik. Die strenge Fassung der Metaphysik als Wissenschaft führt mit innerer Folgerichtigkeit zu den metaphysikkritischen Positionen Ockhams, denen unter dem Aspekt der Wirkungsgeschichte besondere Bedeutung zukommt. Das ausschlaggebende Kriterium war dabei immer die Frage der Beweisbarkeit unter dem Anspruch von Notwendigkeit und Allgemeinheit. Zentrale Gedanken mittelalterlicher Metaphysik hat Ockham auf diese Weise in Zweifel gezogen, ohne deshalb eo ipso die zugrundeliegenden Fakten zu leugnen. Das Kausalitätsprinzip (In II Sent q. 4 und 5) war davon ebenso betroffen wie die teleologische Grundausrichtung des Weltgeschehens (Quodl IV 1) mit Gott als letzter Zielbestimmung (IV 2).

477 Unter dem Gesichtspunkt der Erstheit der Vollkommenheit – primitate perfectionis – ist Gott Subjekt der Metaphysik. Die Möglichkeitsbedingung dafür ist die Univozität des Seinsbegriffs. Der Begriff ›ens‹ ist der allgemeinste Terminus, der vom Menschen erfaßt werden kann. Nur wenn

er univok ausgesagt wird, gibt es eine Erkenntnis von Gott und der konkreten Wirklichkeit, der Substanz (In I Sent d. 3, q. 8). Der absolute Abstand zwischen Gott und Kreatur wird dadurch nicht eingeebnet (In I Sent d.2 q.9). Die Univozität liegt in der Einheit der Bedeutung, der Prädikation des Begriffs, nicht etwa in der Bezugnahme auf eine Realität, die Gott und der Schöpfung univok zukäme (In III Sent q. 10). Bei signifikativem Gebrauch allerdings ist der Name ›ens‹ äquivok, »weil er nicht von allen Dingen, von denen er ausgesagt werden kann, gemäß einem Begriff ausgesagt wird« (S. Log I 38).

Menschliche Erkenntnis ist wesentlich notitia intuitiva, unmittelbares 478
Erfassen des konkret in der Erfahrung Gegebenen, wodurch gewußt werden kann, ob eine Sache ist oder nicht ist. Auf anderem Wege kann nichts auf natürliche Weise gewußt werden. Da die Einzelerkenntnis eines Konkret-Seienden noch nicht einmal einen Zugang zur Erkenntnis eines anderen Endlich-Seienden eröffnet, kann noch viel weniger ein von der Schöpfung ausgehender Weg zur Erkenntnis Gottes führen. Damit ist aufgrund von Ockhams erkenntnistheoretischer Voraussetzung die Frage nach einer natürlichen Erkennbarkeit der Existenz Gottes beantwortet: »Es kann nicht evident gewußt werden, daß Gott ist« (Quodl I 1). Bei der rationalen Erörterung der Gottesfrage kann es also nur um den Terminus Gott gehen, insofern er Subjekt der Metaphysik ist. In Entsprechung zu dem univok transzendentalen Begriff von Sein können andere Begriffe von der Wirklichkeit abstrahiert werden, die Gott und der Kreatur univok gemeinsam sind, wie etwa Weisheit, Liebe oder Güte. Wenn solche Begriffe zusammengedacht werden, dann formen sie einen Gott allein eigenen, wenn auch zusammengesetzten Begriff (In I Sent d. 2 q. 9; d. 3 q. 2; In III Sent q. 9 und 10). In einem solchen Begriff wird Gott erkannt, aber eben nicht in sich selbst – in se –, denn der Begriff ist ja etwas von Gott Verschiedenes, er supponiert für das vollkommenste Wesen und ist nur vermittelndes Zeichen. Die transzendentale Bedeutung von ens eröffnet damit auch die Möglichkeit, ein primum efficiens aufzuweisen und so die Existenz Gottes zu beweisen: »Potest demonstrari deum esse« (Quodl I 1).

Den Beweis für eine erste Wirkursache übernahm Ockham von Duns 479
Scotus. Er gab dem Argument aber eine eigene Gestalt, indem er nicht den Aspekt der Hervorbringung – productio –, sondern den der Erhaltung – conservatio – der Dinge zum tragenden Fundament machte. Der Grund dafür liegt darin, daß bei der productio nach Ockham ein regressus in infinitum rational nicht zwingend ausgeschlossen werden könne. Da der Ansatz bei der Erhaltung im Sein Ursache und Wirkung in ihrer inneren Zuordnung faßt, läßt sich von der erhaltenden unmittelbar auf eine wirkende Ursache schließen. In einer derartigen Reihe von erhaltenden Ursachen muß es einen Anfang geben, da, was anderes erhält, sein muß, so lange jenes besteht. Bei erhaltenden Ursachen gibt es aber keinen processus in infinitum, »da in einem solchen Fall einige unendlich verwirk-

licht wären« (In I Sent d. 2, q. 10), was nach Überzeugung aller Philosophen unmöglich ist. So läßt sich die Existenz Gottes beweisen; er »ist so, daß er nicht nicht sein kann« (S. Log III 2, 27). Die Einzigkeit eines solchen Wesens läßt sich jedoch nur als wahrscheinlich dartun (Quodl I 1).

480 Mit den steigenden Anforderungen an die Wissenschaftlichkeit des Argumentationsverfahrens wurden die Grenzen der natürlichen Vernunft immer enger gezogen. Der philosophische Ertrag der Gottesbeweise ist, verglichen mit der Theologia naturalis der Tradition, gering. Der Term ›Gott‹ steht für eine erste Ursache, welche die Welt hervorbringt und erhält. Alle weiteren Aussagen über Gott sind Sache der Theologie.

VI. Der Mensch und seine Freiheit

481 Die Grenzen, die der menschlichen Erkenntnis gesetzt sind, zeigen sich auch bei der Frage nach dem Wesen des Menschen. Daß der Mensch ein geistbegabtes Sinnenwesen ist, unterliegt keiner Diskussion. Die Annahme einer immateriellen und unsterblichen Seele läßt sich jedoch nicht beweisen und gehört deshalb in den Zuständigkeitsbereich des Glaubens (Quodl I 10). In der Franziskanischen Tradition steht Ockham bei der Verhältnisbestimmung von Leib und Seele. Er unterschied drei Formen im Menschen: eine sensitive, die eng mit der Leiblichkeit verbunden ist und mit dieser zugrundegeht; real davon unterschieden ist die intellektive Seele, die als Form, nicht nur als ›motor‹, mit dem Leib verbunden, aber abtrennbar und unsterblich ist (Quodl I 10). Als dritte Form schließlich sprach Ockham von der forma corporeitatis, um die Identität zwischen dem lebendigen Leib und dem Leichnam gewährleisten zu können. Aus Glaubensgründen zog Ockham diese dreifache Unterscheidung einer unitas formae vor (Quodl II 11–12). Im Gegensatz dazu betonte Ockham die innere Einheit der Geistseele mit großem Nachdruck; weder real noch formal ist die Seele von ihren Potenzen oder sind die Vermögen untereinander geschieden. Wille und Intellekt sind mit der Seele identisch (In II Sent q. 20).

482 Die Überlegungen über die metaphysische Konstitution des Menschen treten bei Ockham aber in den Hintergrund. Im Zentrum seiner Anthropologie steht, in konsequenter Weiterführung seines theologischen Ansatzes, die Frage nach der Freiheit als Wurzel der Sittlichkeit und Grundlage einer Ethik. Trotz ihres philosophischen Anspruchs liegt diesen Erörterungen letztlich eine theologische Frage zugrunde: Was kann die Freiheit des Menschen vor Gott leisten? Die Freiheit läßt sich zwar nicht argumentativ beweisen, sie ist aber durch das Bewußtseinsurteil gesichert (Quodl I 16) und deshalb Gegenstand der philosophischen Reflexion, im Gegensatz zur Freiheit Gottes, die allein Sache des Glaubens ist. Wiederum ist es eine Radikalisierung, die das Besondere Ockhams in der Freiheitsfrage charak-

terisiert. Thomas von Aquin hatte die Möglichkeitsbedingung von Freiheit in der der freien Entscheidung entzogenen Bindung an Gott gesehen. In der absoluten Determination hatte die kontingente Freiheit des Menschen ihren Grund. Nach der Überzeugung von Thomas kann der Mensch nicht nicht glücklich sein wollen. Ockham hob auch diese Bindung noch auf: Der Mensch kann sein Glück nicht wollen (In I Sent d.1 q. 6). Freiheit wird zur voraussetzungslosen Selbstbestimmung des Willens: »...voluntas pro statu isto potest nolle finem ultimum ...« (In IV Sent q. 16). Mit philosophischen Mitteln lassen sich keine ontologischen Vorgaben und Strukturen ausmachen, an denen das menschliche Sollen sich orientieren könnte (Quodl IV 1 und 2). Der aristotelische Gedanke der Teleologie hatte seine strukturierende und ordnende Kraft verloren. Grundlage von Sittlichkeit und Ethik ist allein die Freiheit. Nicht nur die Wahl zwischen verschiedenen Gegenständen, sondern der Akt des Wollens selbst liegt in der Macht der Freiheit (Quodl I 16).

Analog zur Freiheit Gottes muß bei jedem frei Handelnden, also auch 483
beim Menschen, zwischen einem facere absolute und facere ordinate unterschieden werden. Die potentia absoluta bleibt auch im Kontext einer konkreten naturalen oder sozialen Ordnung, in der sie sich realisiert, Quellgrund wirklich freien Tuns. Gut oder schlecht und damit sittlich – virtuosus – kann nur ein Akt des Willens sein, da nur er die Absicht und innere Ausrichtung einer Handlung bestimmt; außerdem unterliegt nur eine Tat des Willens der Verantwortung des Menschen, jede andere könnte grundsätzlich allein von Gott verursacht werden (Quodl III 14). Die Freiheit allein macht jedoch einen Akt des Willens noch nicht gut; sie ist als solche ein ambivalentes Vermögen (In I Sent d. 1 q. 2). Gefordert ist ein Willensakt, der notwendig gut ist. Das Kriterium dafür ist die Liebe zu Gott; in jedem sittlich guten Akt muß Gott über alles andere hinaus um seiner selbst willen geliebt werden (Quaestiones variae, q. 7). Die Qualität des notwendigen und absoluten Gut-Seins erhält dieser Akt dadurch, daß Gott selbst ihn will. Diesen Maßstab erkennt der Mensch in der sittlichen Einsicht. Die recta ratio in ihrer subjektiven und objektiven Dimension als rechte Einsicht in den wahren Vernunftgrund ist vom Akt selbst nicht verschieden; es ist eine unmittelbare praktische Einsicht (In III Sent q. 11 n. 12). Sittliche Vernunft und Wille sind identisch. Da sich der Wille frei entscheidet, den Geboten Gottes Gehorsam entgegenzubringen, bedeuten diese keine Fremdbestimmung, sondern bilden mit ihm eine innere Einheit.

Die richtige Einsicht ist unabdingbare Voraussetzung der Sittlichkeit menschlichen Handelns; faktische Übereinstimmung mit einem göttlichen Gebot allein macht den Willen noch nicht sittlich. Dieser Rationalitätsanspruch an den Willen und die Forderung der Widerspruchsfreiheit, die auch für die Freiheit Gottes gilt, entziehen dem Vorwurf, Ockham überantworte den Menschen in blindem Gehorsam einem Willkürgott, jedes Fundament. Um den freien Gehorsam mit Nachdruck ins Bewußtsein zu heben, wählte Ockham bisweilen extreme und durchaus mißverständliche Beispiele, wie etwa dieses, Gott könnte gebieten, daß wir ihn hassen sollen (In IV Sent q. 10–11 u. 16). Solche Gedankenspiele müssen auf die Aussageintention hin interpretiert und ihrerseits Ockhams Grundforderung nach Widerspruchsfreiheit unterworfen werden.

VII. Gesellschaft und Kirche

484 Die Flucht aus Avignon markiert in thematischer Hinsicht eine Zäsur im Schaffen Ockhams; seine philosophischen Axiome und methodischen Grundsätze halten sich jedoch durch und bestimmen auch sein Nachdenken über die sozialphilosophischen und politischen Fragen sowie seine kritische Auseinandersetzung mit dem konkreten Erscheinungsbild der Kirche und vor allem des Papsttums. Mit seinem Schöpfungsverständnis hatte Ockham allen Vorstellungen einer allgemeinen und notwendigen Wesensordnung den Boden entzogen. Aus dieser metaphysikkritischen Position ergaben sich unmittelbare Konsequenzen für die Diskussion politischer und gesellschaftlicher Probleme der Zeit. Keine faktisch gegebene Ordnung kann sich durch eine normative Vorgabe legitimieren. Alle Gesellschafts- und Regierungsformen sind von Menschen entworfen und deshalb zu hinterfragen. Diese grundsätzliche Relativierung von Institutionen bedeutet zugleich die Eröffnung neuer Perspektiven einer freien und verantworteten Weltgestaltung. Demokratische Ansätze zeichnen sich deutlich ab. Seine besonders scharfe Kritik galt allen Formen von Klerikalismus sowie den überzogenen weltlichen und innerkirchlichen Machtansprüchen des Papstes. Getreu seinem Ökonomieprinzip forderte er die Reduktion hierarchischer Herrschaftstrukturen innerhalb der Kirche.

485 Mehr noch als mit seiner theoretischen Philosophie forderte Ockham mit seinen politischen und kirchenpolitischen Thesen Widerspruch heraus. Der Vorwurf, er begünstige die Anarchie, ist verständlich, aber letztlich unbegründet.

Literatur

Miethke 1968
Pinborg 1972
Bannach 1975
Hübener 1983
Imbach 1984
Imbach [2]1985
Honnefelder 1987
Beckmann u.a. 1987
McCord Adams 1987
Beckmann 1987
Perler 1990
Leibold 1990
Vossenkuhl 1990
Beckmann 1995

Das Neue und in die Zukunft Weisende Ockhams resultierte aus der radikalen Konsequenz, mit der er bestimmte Entwicklungen in der Theologie und Philosophie seiner Zeit zu Ende dachte. Um seinem hohen Anspruch an wissenschaftliche Methode und argumentative Rationalität gerecht werden zu können, mußte er den Zuständigkeitsbereich menschlicher Erkenntnis eng umschreiben. In seinem Verständnis von Wissenschaft werden diese Grenzen unmittelbar greifbar. Menschliches Begreifen erreicht die Wirklichkeit nicht mehr. Sein und Denken fallen auseinander. Wissenschaft hat ausschließlich Terme und Sätze zum Gegenstand; sie handelt von Begriffen, nicht von Dingen. Demgemäß standen Logik, Sprachphilosophie und Erkenntnistheorie im Vordergrund seiner philosophischen Arbeit. Auf diesen Gebieten liegt seine herausragende philosophiegeschichtliche Bedeutung. Die daraus resultierenden Konsequenzen für Metaphysik, Ethik und politische Philosophie sollten darüber jedoch nicht übersehen werden. 486

Eine Schule im eigentlichen Sinne hat Ockham nicht begründet. 487
Gleichwohl kann man seinen Einfluß auf Zeitgenossen und Nachwelt nicht leicht überschätzen. Dabei standen nicht einzelne Themen im Vordergrund; wegweisend war der formale erkenntnis- und wissenschaftstheoretische Ansatz, an dessen Anspruch Ockham selbst von späteren Anhängern kritisch gemessen wurde. Seit etwa der Mitte des 14. Jahrhunderts spricht man, wenn von Ockham und der sich an ihm orientierenden Wissenschaft die Rede ist, von der ›via moderna‹. Sie unterscheidet sich von der ›via antiqua‹ durch die je andere Stellung zum Universalienproblem. Die via antiqua steht in der Tradition der großen Systeme des 13. Jahrhunderts und verteidigt eine realistische Position, wie sie insbesondere von Albertus Magnus, Thomas von Aquin und auch noch von Duns Scotus vertreten wurde. Daraus erwuchs der sogenannte ›Wegestreit‹, von dem im 15. Jahrhundert nahezu alle Universitäten mehr oder weniger betroffen waren. Erfurt, Heidelberg, Leipzig und Krakau sind als Repräsentanten der via moderna hervorzuheben. In Köln und Löwen bemühte man sich, die via antiqua zu verteidigen. Bisweilen, vor allem im 15. Jahrhundert, vertauschten sich jedoch die Fronten. So griff in Köln die politische Autorität ein, um zu verhindern, daß die zu gefährlichen Neuerungen neigende Partei der antiqui an dieser Universität allein bestimmend sei. Vergleichbares ist aus Heidelberg bekannt. Der Kurfürst bemühte sich nachdrücklich um die Einführung der via antiqua als Reformbewegung gegen den erstarrten Wissenschaftbetrieb der via moderna (Gössmann 1974, 109–116). In Paris hat man besonders hart auf die via moderna reagiert. Schon 1339 hat die Artistenfakultät ein Statut gegen die Lehren Ockhams erlassen. In einem weiteren Statut (1340)

wurden die Irrlehren inhaltlich näher umschrieben. Mehr als 100 Jahre später (1474) richtete Ludwig XI. noch einmal ein Edikt gegen den Ockhamismus, wonach bei der Erziehung der Jugend der Lehre der ›doc-
488 tores reales‹, nicht der ›nominales‹ zu folgen sei.

Der ›Ockhamismus‹ kann sich in seinem formalen Grundanliegen und in seiner Denkweise mit Recht auf Ockham berufen; in Einzelfragen wurde jedoch Ockham häufig radikalisiert und ohne Rücksicht auf die Gesamtkonzeption ausgelegt. In keinem Fall ist es legitim, Ockham mit dem Ockhamismus zu identifizieren. Außerhalb des wissenschaftstheoretischen Problemfeldes haben sich die Vertreter der via moderna ohnehin nicht unbedingt an Ockham orientiert. In Oxford wurde Ockhams Philosophie unmittelbar von seinen Schülern übernommen und weitergeführt; *Adam von Wodham* (gest. 1358) widmete Ockham seine ›Summa logicae‹. Neben einem weiteren Franziskaner *Walter Chatton* (gest. 1344) sind auch die Dominikaner *Robert Holcot* (gest. 1349) und *Johannes Crathorn* (gest. 1. Hälfte des 14. Jahrh.) als Anhänger Ockhams zu nennen. Eine extremere Variante von Ockhams Ansatz vertraten in Paris *Johannes von Mirecourt* (gest. ca. 1349) und *Nikolaus von Autrecourt* (gest. nach 1350). Demgegenüber nahm *Johannes Buridanus* (gest. 1358) eine gemäßigtere Position ein. Für die Ockhamrezeption im 14. und 15. Jahrhundert kam dem Augustiner-Eremiten *Gregor von Rimini* (gest. 1358) besonderes Gewicht zu. *Albert von Sachsen* (gest. 1390) und *Marsilius von Inghen* (gest. 1396) haben zur Verbreitung der via moderna im deutschen Raum wesentlich beigetragen. Unter den Gegnern Ockhams hatte sich vor allem *Johannes Lutterell* (gest. 1335) mit seiner Anklageschrift profiliert. Trotz erheblicher Differenzen untereinander bildeten Thomisten und Scotisten eine gemeinsame Front gegen den Ockhamismus. Nicht wegen seines philosophischen Ranges, sondern wegen seiner geistesgeschichtlichen Vermittlerfunktion verdient in diesem Zusammenhang *Gabriel Biel* (gest. 1495) besondere Erwähnung. Zunächst Domprediger zu Mainz, war Biel von 1484–91 Professor der Theologie in Tübingen. Nach eigenem Bekunden (Sentenzenkommentar, Prologus) wählte er als Basis seines Sentenzenkommentars den von Ockham mit einer doppelten Zielsetzung: er wollte Ockhams Text um die rein philosophischen Partien kürzen und dadurch verständlicher machen; es sollten aber auch andere Autoren, Ockham korrigierend, aufgenommen werden. Neben einer Anzahl weiterer ›Nominalisten‹ finden sich auch Texte der großen Theologen des 13. Jahrhunderts, mit denen Biel häufig in theologischen Fragen ausdrücklich Übereinstimmung konstatierte. Im Zentrum seiner Theologie stand die Frage nach der Freiheit des Menschen, sich auf die Gnade Gottes vorzubereiten. Das war auch das Grundanliegen Ockhamscher Freiheitsspekulation. Dieses ›Collectorium‹ Gabriel Biels nun zu den Sentenzen des Lombarden war der geistige Gesprächspartner von *Martin Luther* in seiner ›Disputation gegen die scholastische Theologie‹ (1517), ein Sachverhalt, der für das Verständnis der Reformation grundlegend ist.

Literatur

Gössmann 1974
Miethke 1990

R. Meister Eckhart (ca. 1260–ca. 1327)

489 In der Entwicklung der Philosophie um die Wende vom 13. zum 14. Jahrhundert nimmt Meister Eckhart eine Sonderstellung ein. Seinem Selbstverständnis und der Absicht nach war er Theologe, sah aber Theologie nicht in Abgrenzung oder gar in einem Gegensatz zur Philosophie, sondern verstand beide aus einer letzten inneren Einheit heraus. Es war seine Intention, »das, was der heilige christliche Glaube sagt und was in der Heiligen Schrift enthalten ist, auszulegen mit Hilfe philosophischer Begriffe, ›exponere per rationes naturales philosophorum‹« (Expositio s. Evangelii secundum Johannem. Die lateinischen Werke Bd. III [In Joh.] n.2). Dieser Haltung liegt der Gedanke zugrunde – man findet ihn nahezu ad verbum auch bei Thomas von Aquin –, daß alles Wahre vom Heiligen Geist ist (In Joh n.661). Da alles aus einer einzigen Quelle und Wurzel der Wahrheit hervorgeht, »was wahr ist, sei es im Sein, sei es im Erkennen, in der Schrift und in der Natur«, wird die Heilige Schrift in angemessener Weise so erklärt, »daß mit ihr übereinstimmt, was die Philosophen über das Wesen der Dinge und ihre Eigenschaften geschrieben haben« (n. 185). Moses, Christus und Aristoteles unterscheiden sich also nur nach dem Maß des Wahrheitsgehaltes, in der Sache sagen sie dasselbe (ebd.). Angesichts des zunehmenden Methodenbewußtseins und der damit verbundenen Differenzierung der verschiedenen Wissenschaften in dieser Phase der abendländischen Philosophiegeschichte ist die Einstellung Eckharts trotz der hohen Bedeutung, die er der Philosophie zumißt, philosophisch ein Rückschritt.

490 Aber noch in anderer Hinsicht kommt Eckhart eine Sonderstellung zu. Er war nicht nur wissenschaftlicher Theologe im traditionellen scholastischen Verständnis, mit gleicher Gewichtung war er auch Prediger und genoß als solcher ein außergewöhnlich hohes Ansehen. Nicht nur Lesemeister, auch Lebemeister wollte er sein. Akademischer Lehrer und Meister der Theorie, d.h. der theoretischen Metaphysik zu sein, das war Eckhart nicht genug; er wollte auch das Leben lehren, »leben mit Gott im Umkreis der Welt. Leben wird aber vor allem gelehrt in der Predigt und in der Ermahnung« (Welte 1979, S. 16). Eckhart war weder der erste noch der einzige mittelalterliche Theologe, der in der Volkssprache predigte und Traktate in deutscher Sprache verfaßte. Auch *Albertus Magnus* (gest. 1280), *Johannes von Sterngassen* (gest. 1327) oder *Nikolaus von Straßburg* (gest. nach 1327) haben das getan. Die Praxis der Predigt in der Volkssprache hatte als solche nichts Revolutionäres an sich, wie aus sehr unterschiedlichen Motiven immer wieder behauptet wird. Eckhart überragte aber Vorgänger, Zeitgenossen und Nachfolger (H.Seuse, gest. 1366,

J. Tauler, gest. 1361) durch den Rang seiner Spekulation, das Niveau und die Ausdruckskraft seiner Sprache und die Einbindung der Predigt in seine philosophisch-theologische Gesamtkonzeption. Darin sind zugleich die Ursachen zahlloser Mißverständnisse und Fehlinterpretationen gelegen. Eckhart wurde davon nicht überrascht. Er war sich dessen bewußt, denn es war seine Absicht, »nova et rara« vorzutragen, Dinge zu sagen, die beim ersten Hören ungeheuerlich, zweifelhaft oder gar falsch – »monstruosa, dubia aut falsa« – anmuten mußten (Prologus generalis in opus tripartitum, Die lateinischen Werke Bd. I [Prol. gener.] n. 2 u. 4).

Seit der Mitte des letzten Jahrhunderts ist es üblich geworden, Meister 491
Eckhart als Mystiker zu bezeichnen. Wegen seiner Vieldeutigkeit ist der Begriff ›Mystik‹ als Interpretationsschlüssel für das Verständnis Eckharts wenig hilfreich; viele Fehldeutungen gehen gerade zu seinen Lasten. Wenn damit jedoch jene Dimension seines Denkens angesprochen ist, in der die metaphysische Spekulation einen neuen, eigenen religiösen Vollzug ermöglicht, wo die äußerste Anstrengung des Denkens in eine adäquate Erfahrung umschlägt, dann ist damit Entscheidendes angesprochen.

Leben und Werke

Um 1260 wurde Eckhart in Thüringen geboren. In Erfurt trat er um 1275 492
in den Dominikanerorden ein. Im Jahre 1277 war er als Student der Artes liberales in Paris; noch vor 1280 ist der Beginn seines Theologiestudiums am Generalstudium seines Ordens in Köln anzusetzen. Daß er hier Albertus Magnus noch kennenlernte, liegt nahe. Im Jahr 1293/94 las er als Bakkalaureus in Paris die Sentenzen. 1294 wurde er dann Prior in Erfurt und Vikar von Thüringen. Zum Magister actu regens wurde er 1302/03 in Paris promoviert. Von 1303–1311 war er von Erfurt aus erster Provinzial der Ordensprovinz Saxonia und seit 1307 auch Generalvikar in Böhmen. In die Zeit von 1311–1313 fällt seine zweite Pariser Lehrtätigkeit. Von 1314 bis 22 war er dann Vikar des Ordensgenerals in Straßburg mit dem Auftrag der Seelsorge vor allem in den Frauenklöstern der Provinz Teutonia. Im Jahre 1223 übernahm Eckhart schließlich die Leitung des Generalstudiums in Köln; von dem dortigen Erzbischof wurde er der Verbreitung häretischer Lehren beschuldigt. Eckhart wies diese Vorwürfe in einer Rechtfertigungsschrift zurück und appellierte an den Papst in Avignon, wo Eckhart vor einer Entscheidung im Jahre 1327/28 starb. In einer einer Bulle vom 27. 3. 1329 wurden 28 Artikel aus Werken Eckharts verurteilt, 15 als häretisch, andere als »sehr kühn und der Häresie verdächtig«.

Gegenüber noch immer gängigen popularisierenden Verallgemei- 493
nerungen dieses Urteils muß nachdrücklich darauf aufmerksam gemacht werden, daß nicht Eckhart, sondern einzelne Thesen verurteilt wurden. Dabei ist noch einmal zu unterscheiden: Die Verurteilung galt nicht dem

vorgetragenen Gedanken als solchen, sondern der Tatsache, daß die Formulierungen – prout sonant – beim einfachen Volk, aber auch bei Theologen, die in anderen Paradigmen zu denken gewohnt waren, zu Mißverständnissen und Irritationen führen mußten. »Verurteilt wurde also eigentlich nicht das, was der Meister Eckhart wirklich gesagt hatte, vielmehr das, was die Verurteilenden und mit ihnen viele andere sich dabei gedacht und was sie verstanden hatten. Darum kann man sagen: Die Verurteilung kam gar nicht an das heran, was der Meister selber gesagt hatte« (Welte 1979, S. 256). Vollends abwegig ist es, aus dieser Verurteilung einzelner Thesen eine Opposition Eckharts zur kirchlichen Lehre seiner Zeit ableiten und konstruieren zu wollen.

494 Was das Werk von Meister Eckhart angeht, ist zunächst ein rein äußerlicher Sachverhalt zu nennen, der aber das Eckhartbild nachhaltig geprägt hat. Über Jahrhunderte waren nur seine deutschen Predigten und Traktate bekannt. Erst 1886 hat H. Denifle die lateinischen Werke entdeckt; die kritische Edition ist weit fortgeschritten, aber noch nicht abgeschlossen. In Paris entstanden die sogenannten ›Quaestiones Parisienses‹; eine davon – sie entstand im Studienjahr 1302/3 – behandelt bereits ein Zentralproblem Eckharts: »Utrum in deo sit idem esse et intelligere« (LW V S. 3748). Nur als Fragment erhalten ist Eckharts nach 1311 begonnenes Hauptwerk, das ›Opus tripartitum‹, dessen Gesamtplan jedoch von den Prologen her rekonstruiert werden kann (Prologus generalis, LW I S. 148–165; Prologus in opus propositionum [Prol. op. prop.], LW I S. 166–182; Prologus in opus expositionum [Prol. op. expos.], LW I S. 183–184 und S. 321–322). Der überwiegende Teil der Schriftauslegungen und der deutschen Predigten entstand während der Zeit der Seelsorge in Straßburg.

495 Mit seinem Denken steht Eckhart in der Tradition der Deutschen Dominikanerschule. Dem Neuplatonismus, vermittelt durch *Albertus Magnus* und *Dietrich von Freiberg* (gest. ca. 1310) – einen Denker, dessen philosophische Bedeutung erst in den letzten Jahrzehnten erkannt wurde – kommt dabei hohes Gewicht zu. Eckhart war aber nicht nur neben Bonaventura »der bedeutendste Platoniker des Mittelalters« (Albert 1988, S. 1), er war auch mit Thomas von Aquin, auf den er sich häufig beruft, bestens vertraut; so findet sich auch viel Aristotelisches bei ihm. Eckharts Bemühen, über Thomas hinauszugehen, ist allerdings nicht zu übersehen.

I. Zur Systematik des ›Opus tripartitum‹

496 Mit seinem ›Opus tripartitum‹ hatte Eckhart ein immenses Werk in Angriff genommen. Er wollte darin nach einem bestimmten Strukturprinzip die Grundgedanken seines Lebens sammeln und als ein Ganzes zur Darstellung bringen. Nur Weniges konnte realisiert werden; der Prologus ge-

neralis bietet jedoch einen Einblick in den Entwurf des Ganzen. Unter hermeneutischem Gesichtspunkt kommt ihm deshalb für jede Eckhart-Interpretation grundlegende Bedeutung zu. Nicht nur die zentralen Gegenstände seines Denkens – genau genommen sind es nur ganz wenige Themen, um die sein Denken kreist – werden darin angesprochen. Auch das Spezifische und Charakteristische seines Denkens wird offenbar. Auf der Basis der Metaphysik betrieb er Theologie und als Theologe philosophierte er. Die ursprüngliche Bezogenheit von Denken und Sein ist das Fundament, auf dem die Übereinstimmung von Wirklichkeit, Philosophie und Theologie als Reflexion auf das Wort der Schrift aufruht. Eckharts Bemühen um Konkordanz, um Übereinstimmung zieht sich wie ein formales Apriori durch sein Werk. Er stand damit gegen eine Grundtendenz seiner Zeit, die einzelnen Wissensgebiete aufzuspalten und zu isolieren.

Wie der Titel zum Ausdruck bringt, sollte das Werk drei Teile umfas- 497
sen: »Primum est opus generalium propositionum, secundum opus quaestionum, tertium opus expositionum« (Prol. gener. n. 3). Das ›Opus propositionum‹ sollte nach dem Vorbild der spätantiken und mittelalterlichen neuplatonischen Thesenwerke (Albert 1976, S. 24–26), diese dem Umfang nach weit überschreitend, mehr als tausend Thesen und deren Beweise umfassen. Für das ›Opus quaestionum‹, den zweiten Teil, sah der Plan eine Zusammenstellung von einzelnen Problemen und Quaestionen vor, und zwar nach dem Aufriß der ›Summa theologiae‹ des Thomas von Aquin. Im dritten Teil schließlich wollte Eckhart seine Schriftkommentare und Predigten als ›Opus expositionum‹ sammeln. Die Zuordnung der drei Teile ist nicht beliebig, sie stehen in einem inneren, von seiner Grundkonzeption geforderten Zusammenhang, durch den die Methode von Eckharts Denken vorgezeichnet ist. Am Ende des Prologs bemerkte Eckhart selbst dazu, »daß das zweite Werk und in ähnlicher Weise auch das dritte, derart vom ersten Werk, das heißt dem der Thesen, abhängen, daß sie ohne es von geringem Nutzen sind, und zwar deshalb, weil die Lösungen der Probleme und die Auslegungen der Schriftworte in den meisten Fällen in einer der Thesen begründet sind (Prol. gener. n. 11). Die für die Gesamtsystematik fundamentale und leitende Funktion der Metaphysik, der rationes naturales philosophorum also, kann nicht deutlicher ausgesprochen werden.

Das Material, das in das ›Opus propositionum‹ aufgenommen werden 498
sollte, wird in 14 Traktate zusammengefaßt und nach Grundworten – termini generales – gegliedert; diese sind die kleinsten Bestandteile der Traktate. In Anlehnung an Aristoteles sollen den Thesen über den jeweiligen Begriff Thesen über den entsprechenden Gegenbegriff gegenübergestellt werden, einerseits, um dadurch den Sachverhalt besser ins Licht zu setzen, und andererseits deshalb, weil beide ohnehin Gegenstand desselben Wissens sind (Prol. gener. n. 3). Wegen seiner Schlüsselfunktion soll der thematische Aufriß der 14 Traktate im Wortlaut aufgenommen werden:

»Der erste Traktat handelt vom Sein und vom Seienden (de esse et ente) und seinem Gegensatz, dem Nichts (nihil). Der zweite von der Einheit und dem Einen (de unitatete uno) und seinem Gegensatz, dem Vielen (multum). Der dritte von der Wahrheit und dem Wahren (de veritate et vero) und seinem Gegensatz, dem Falschen (falsum). Der vierte von der Gutheit und dem Guten (de bonitate et bono) und dem Schlechten (malo), seinem Gegensatz. Der fünfte von der Liebe und der Nächstenliebe (de amore et caritate) und der Sünde (peccato), seinem Gegensatz. Der sechste vom sittlich Guten, der Tugend und dem Richtigen (de honesto, virtute et recto) und deren Gegensatz, nämlich dem sittlich Schlechten, dem Laster und dem Unrichtigen (turpi, vitio, obliquo). Der siebte vom Ganzen (de toto) und vom Teil (parte), seinem Gegensatz. Der achte vom Gemeinsamen und Ununterschiedenen (de communi et indistincto) und seinem Gegensatz, dem Eigenen und dem Unterschiedenen (proprio et distincto). Der neunte von der Natur des Höheren (de natura superioris) und des Niederen (inferioris), seinem Gegensatz. Der zehnte vom Ersten und vom Letzten (de primo et novissimo). Der elfte von der Idee und vom Grund (de idea et ratione) und ihren Gegensätzen, nämlich dem Ungeformten und dem Mangel (de informi et privatione). Der zwölfte von dem, wodurch etwas ist (de quo est) und dem, was etwas ist (quod est), dessen Gegensatz. Der dreizehnte handelt von Gott, dem höchsten Sein (de ipso deo, summo esse), das keinen Gegensatz hat außer dem Nichtsein (non esse). Der vierzehnte von Substanz und Akzidens (de substantia et accidente)« (Prol. gener. n. 4).

Unter diesen mit den philosophischen Grundworten angesprochenen Thesen kommt der ersten ›esse est deus‹ eine herausragende Bedeutung zu. Nach der Überzeugung von Eckhart lassen sich aus der vorangestellten ersten These, »wenn sie richtig abgeleitet werde, alle oder doch fast alle Gott betreffenden Probleme leicht lösen und die ihn betreffenden Schriftworte, meistens auch die dunklen und schwierigen, auf einleuchtende Weise durch natürliche Begründung auslegen – naturali ratione clare exponuntur« (Prol. gener. n. 22). Diese erste These wählte Eckhart auch als Beispiel, um das Verhältnis des ›Opus propositionum‹ zu den beiden anderen Opera und damit den Modus procedendi im ganzen ›Opus tripartitum‹ (Prol. gener. n. 11) vor Augen zu führen. Die Propositio lautet: Esse est deus, das Sein ist Gott. Ihr entspricht die erste Quaestio: Utrum deus sit, ob Gott existiert. Die dazugehörende erste Expositio eines Schrifttextes befaßt sich mit dem ersten Satz der Genesis »In principio creavit deus caelum et terram – Im Anfang schuf Gott Himmel und Erde«. Die Erklärung der These bildet die Grundlage; auf dieser Basis wird die Quaestio einer Lösung zugeführt. Schließlich sind beide Schritte die Voraussetzung für die Auslegung der Schriftstelle (n. 11–n. 13).

II. Die Frage nach dem Sein

Der Zugang zu den ohnehin äußerst subtilen Spekulationen Eckhartscher Metaphysik wird durch einen rein äußerlichen Sachverhalt zusätzlich erschwert. In terminologischer Hinsicht mangelt es Eckhart an einer gewissen Konsequenz. Im Einzelfall bedarf es deshalb immer einer sorgfältigen Prüfung, ob sich nur der Terminus oder auch der Gedanke geändert hat, bzw. ob vielleicht zwei verschiedene Worte von der gleichen Sache sprechen. Das gilt auch für die zentrale Thematik des Seins. Wenngleich in diesem Zusammenhang die Metaphysik Eckharts natürlich nicht entfaltet werden kann, so sollen doch einige Hinweise auf die Grundpositionen zur Orientierung dienen. 499

1. ›Esse est deus – deus est intelligere‹

Daß von Gott das Sein ausgesagt wird, ist für die philosophische Theologie des Mittelalters nichts Besonderes. Der Gedanke, daß in Gott Wesen und Sein identisch sind, daß er sein Sein ist, impliziert die Einfachheit Gottes und gilt als unverzichtbare Grundlage jeder Gotteslehre. Auch bei Meister Eckhart begegnet die Formulierung ›deus est esse‹ ganz selbstverständlich, an zentralen Stelle im 13. Traktat des Opus propositionum ebenso wie in seinen Deutschen Predigten (vgl. etwa DW I S. 130,4–131,4; II S. 553, 10–554). Ungewöhnlich ist es jedoch, wenn das ›esse‹ zum Subjekt und ›deus‹ Prädikat wird. Dessen war sich wohl auch Eckhart bewußt; nach einer Beobachtung von K. Albert (1976, S. 195) kommt das ›esse est deus‹ nur in den lateinischen, für die Wissenschaft bestimmten Schriften vor. Gleichwohl ist dieser Ansatz beim Sein – er erinnert an den prädikativen Gebrauch des Wortes ›Gott‹ in der griechischen Metaphysik – für Eckhart charakteristisch. Schon zu seinen Lebzeiten haben solche Gedanken Eckhart den Vorwurf des Pantheismus eingetragen. Diese Anschuldigung darf aber nicht als Beweis dafür gewertet werden, daß die Aussage, das Sein sei Gott, unausweichlich zum Pantheismus führen müsse. 500

Der These ›esse est deus‹ kommt im Denken Eckharts grundlegende Bedeutung zu. Entsprechend ausführlich ist die Begründung dafür (Prol. gener. n. 12). Ein erstes Argument betrachtet Gott gewissermaßen in sich selbst und schließt eine mögliche Verschiedenheit vom Sein aus. »Denn wie sollte etwas sein, von dem das Sein verschieden und dem es fremd ist?« (ebd.). Wäre das Sein etwas anderes als Gott, so blieben nur zwei Möglichkeiten, die jedoch beide unhaltbar sind: Gott wäre entweder gar nicht oder er wäre nicht Gott, weil er seine Existenz einem anderen verdankte. Gott kann also nicht vom Sein verschieden sein: Deus igitur et esse idem. Diese Identität ist die Voraussetzung für die Formulierung ›esse 501 est deus‹ (vgl. auch In Exodum n. 103, LW II). Wenn das Sein, so argumentiert Eckhart weiter, mit Gott identisch ist, dann hat alles, was ist, durch das Sein und vom Sein, daß es ist (Prol. gener. n. 12). Konsequenterweise ist dann das Sein der Dinge das mit Gott identische Sein. Daß trotz dieser Identität eine Differenz zwischen dem Sein Gottes und dem Sein der Dinge besteht, wird vom Schöpfungsbegriff her entfaltet. Erschaffen bedeutet Mitteilung des Seins aus dem Nichts: »Creare quippe est dare esse ex nihilo« (ebd.). Eckhart spricht in diesem Zusammenhang auch von der »collatio esse post non esse« (In Sapientiam n. 19, LW II) oder von der »productio ex nihilo« (In Genesim II n. 9, LW I). In all diesen Formulierungen fungiert dabei das Nichts als Gegensatz zum Sein: »Esse enim et nihil sibi mutuo opponuntur« (In Sap. n. 25). Aus dem Axiom ›ante esse est nihil‹ (Prol. gener. n. 12) ergibt sich die Einsicht, daß, wer Sein mitteilt, erschafft und deshalb Schöpfer ist. Da aber alles Seiende sein Sein vom Sein hat, ist das Sein creator, Schöpfer. Der Schöpfer aber ist Gott, also ist das Sein Gott. Wäre das Sein etwas anderes als Gott, dann müßte auch der Schöpfer etwas anderes als Gott sein, was in sich widersprüchlich ist.

502 Wie sich das schaffende Sein zum geschaffenen Sein verhält, wird mit einem der Tradition entnommenen, bis auf Plato zurückreichenden Vergleich erläutert: »Es steht fest, daß alles das Sein vom Sein selbst hat, so wie alles Weiße vom Weißsein stammt« (ebd.). Diesem Beispiel, auf das Eckhart immer wieder zurückgriff, kommt eine zentrale, wichtige Zusammenhänge seiner Metaphysik erschließende Aufgabe zu (Prol. gener. n. 13; In Exod. n. 84; In Joh. n. 172; In Gen. II n. 69 und passim). Das Verhältnis von Ursache und Verursachtem steht also zur Sprache. Alles, was weiß ist – album –, hat, daß es weiß ist, vom Weißsein – albedo. Deshalb kommt der albedo die Priorität und die Kausalität zu: »Et sic albedo est ante album ut causa et auctor albi« (In Exod. n. 84). Analog dazu gilt für Eckhart, daß das Sein, und zwar als für sich selbst Bestehendes, die Ursache aller Seienden ist. Da alles, was Sein hat, ist – »omne habens esse est« (Prol. gener. n. 12) –, könnten die Dinge ohne Gott sein, wenn das Sein etwas anderes als Gott wäre. Dann wäre er aber nicht die causa prima und nicht die Ursache dafür, daß Seiendes ist. Ein letzter Gedanke zur Stützung der Grundthese ›esse est deus‹ greift auf schon Gesagtes zurück: »Extra esse et ante esse solum est nihil« (ebd.). Wäre also das Sein etwas anderes als Gott, dann wäre Gott nichts oder er hätte seinerseits einen ihm vorausliegenden Grund und dieser wäre dann der Gott für Gott und der Gott von allem Seienden: »et istud esset ipsi deo deus et omnium deus« (ebd.). Diese Überlegungen beschließend, beruft sich Eckhart noch auf die Autorität, und zwar auf Gott selbst, »der die Wahrheit ist« , um das ›esse est deus‹ zu untermauern, denn die traditionelle metaphysische Auslegung des Gottesnamens Jahwe (Exodus 3,14) besagt ja: »Ich bin, der ich bin« (Prol. gener. n. 12).

503 Nicht immer hatte Eckhart diese das Sein vom Absoluten her denkende Identität des Seins mit Gott vertreten. Um die Differenz zwischen Gott

und den Geschöpfen, denen man ja nicht absprechen kann, daß sie sind, ins Bewußtsein zu heben, hatte Eckhart in den ›Quaestiones Parisienses‹ (LW V. Bd, Quaestio 1, S. 37–48), einer zweiten Phase seiner denkerischen Entwicklung, von Gott das Sein nicht mehr ausgesagt. Er bekannte ausdrücklich, er sei nicht mehr der Meinung, daß Gott erkennt, weil er ist, sondern weil er erkennt, deshalb ist er (n. 4). Ob es sich hierbei um widersprüchliche Positionen oder um eine kontinuierliche Entfaltung eines letztlich sich durchhaltenden Grundgedankens handelt, ist bei den Eckhart-Interpreten umstritten. Vieles spricht jedoch dafür, daß mit einer je anderen Terminologie dem gleichen Anliegen schärfere Konturen verliehen werden sollten: Wenn Gott ist, sind die Dinge in ihrer Geschöpflichkeit nicht; wenn aber die Dinge sind, dann ist Gott nicht. Es steht dabei natürlich nicht die Existenz Gottes zur Diskussion (n. 12); es geht vielmehr um das alte, auf Parmenides zurückreichende Problem, ob der Seinsbegriff von Gott und der nichtgöttlichen Wirklichkeit zugleich prädiziert werden kann. Um Gott von einem ding-ontologisch eingeschränkten Seinsverständnis abzuheben und das Singuläre seiner Existenz zum Ausdruck zu bringen, wählte Eckart die Formulierung ›deus est intelligere‹ (Sermo XXIX LW IV n. 301; Sermo LIV,1 n. 528), Gott ist Erkennen und Denken. Dem Intellekt kommt nicht nur die Priorität zu, er ist auch das Fundament von Gottes Sein. Das Sein ist nur der Vorhof Gottes, sein Tempel ist die Vernünftigkeit, der Intellekt, so formulierte Eckhart das Gemeinte in einer Deutschen Predigt (Pr. 9, DW I 150).

Die These ›deus est intelligere‹ hat aber neben der formalen Unterschei- 504
dung von der Begrenztheit des Geschaffenseins auch eine inhaltliche Dimension von großer Tragweite für den Gottesbegriff ebenso wie für die gesamte Metaphysik Eckharts. Er griff damit eine Tradition auf, die im Prolog zum Johannes-Evangelium ihren Ursprung hat und über die neuplatonisch orientierte Logos-Spekulation sowie die augustinische Ideenlehre eine beachtliche Wirkungsgeschichte entfaltete. Unter Bezugnahme auf den Johannesprolog wird von Eckhart dem ›verbum‹ der Primat gegenüber dem ›ens‹ zuerkannt. Denn dort ist ja nicht davon die Rede, daß am Anfang das Seiende war, sondern das Wort, und von dem Wort wird gesagt, daß es Gott war. Der Terminus ›Wort‹ aber steht im Kontext des Intellekts. Der gleiche Bezugszusammenhang wird ausgesprochen, wenn Gott mit der Wahrheit identifiziert wird. Sein und seiend haben das Charakteristikum, erschaffbar zu sein: »Esse ergo habet primo rationem creabilis« (Quaestiones Parisienses q. 1 n. 4). Von der Weisheit und dem Wissen läßt sich solches jedoch nicht sagen, da sie sich auf den Intellekt beziehen. »Das, was in Gott ist, ist über dem Sein selbst und ist ganz Erkennen – totum intelligere« (n. 8). Die Indetermination und Grenzenlosigkeit des Intellekts, seine Form-Losigkeit und increabilitas werden der Unendlichkeit und Einheit Gottes in höchstem Maße gerecht. Im Sich-Erkennen spricht Gott im Wort, seinem Sohn, nicht nur sein eigenes Wesen aus, es ist zugleich der

Akt, in welchem die Ideen der gesamten geschaffenen Wirklichkeit gründen. Deshalb sind die Geschöpfe in ihrem Wesen als Ideen, d.h. in ihrem ungeschaffenen Sein, mit Gott gleich (Pr. 1, DW I S. 15). In diesem Sinne ist Gott Logos, Denken, und nicht Sein, da Sein das Geschaffene bezeichnen soll, weil es den Aspekt der Kreabilität thematisiert.

505 Wenn Eckhart im ›Opus Tripartitum‹ den Seinsbegriff wieder auf Gott anwendet, dann bedeutet das keine Änderung seiner inzwischen eingenommenen metaphysischen Grundkonzeption, sondern vielmehr, das ›esse est deus‹ vom ›deus est intelligere‹ her auszulegen. Das Verständnis Gottes als intelligere hat dem Seinsbegriff eine zusätzliche Dimension vermittelt.

2. *›Esse hoc et hoc‹*

506 Es unterliegt keinem Zweifel: Eckhart denkt von der Einheit des Absoluten her und auf die Einung mit ihm hin. Das absolute Sein im Sinne des esse simpliciter, des intelligere, ist aber nicht Gott vorbehalten, es findet sich auch in jedem Seienden, insofern es seiend ist. Diesem ungeschaffenen Sein gilt das leidenschaftliche Interesse Eckharts. Das einzelne geschaffene Seiende als Vereinzeltes wird, damit verglichen, belanglos. Darin kommt eine Grunddifferenz zum Ausdruck, die, wenn auch in unterschiedlicher Terminologie, das gesamte Denken Eckharts durchzieht; es ist die Differenz zwischen dem absoluten Sein Gottes – esse – und dem Sein der Geschöpfe – esse hoc et hoc: »Aliter sentiendum est de ente et aliter de ente hoc et hoc« (Prol. op. prop. n. 3). Streng genommen, schließen sich beide gegenseitig aus. Das Sein der Dinge ist durch Wandelbarkeit gekennzeichnet, »omne enim mutabile habet hoc et hoc, nec est simplex« (Collatio in libros Sententiarum, LW V S. 20, n. 3). Das göttliche Sein dagegen ist fest und beständig – firmum et stabile (In Gen. n. 77). Gott ist Sein verleihend – deo esse est dare esse –, das Geschaffen-Sein ist Sein empfangend = accipere esse (aaO n. 146). Diese Sicht der Gesamtwirklichkeit führt zu einer Entwirklichung der Schöpfung. Gemessen am Sein Gottes ist die Schöpfung in sich betrachtet nicht von minderem Seinsrang, sondern das reine Nichts – »unum purum nihil« – (Bulle ›In agro dominico‹, ed. H. Denifle, Berlin 1886, S. 639; vgl. G. Théry, Paris 1926, S. 205 n. 15; 247 n. 43). Das ist die Konsequenz aus der Unendlichkeit Gottes, denn unendlich muß als das definiert werden, außerhalb dessen nichts ist; »infinitum enim est extra quod nihil est« (ed. Théry, S. 248, n. 43). Durch diese klare Kontraposition wird auf dieser Ebene dem Vorwurf des Pantheismus jedes Fundament entzogen.

507 Damit ist aber dieses Problem noch nicht endgültig ausgeräumt. Eckhart spricht ausdrücklich davon, daß das ›esse absolute‹ nicht nur das Sein Gottes ist, sondern daß es sich auch bei den Geschöpfen findet. Das ›esse

hoc et hoc‹ hat ein doppeltes Sein (In Gen. I n. 77; vgl. Prol. op. prop. n. 4). Da Gott allein im strengen Sinne seiend ist, hat alles das Sein von ihm, und zwar unmittelbar – »ab ipso immediate omnia habent, quod sunt«. Das Sein schlechthin, wie auch die übrigen Transzendentalien, hat das Seiende also allein von Gott als der causa prima universalis. ›Dies-und-Das-Sein‹, wie etwa Stein, Löwe, Mensch und dergleichen (Prol. op. prop. n. 8), geht nicht unmittelbar auf die Erstursache zurück, sondern wird von den Zweitursachen hervorgebracht. Durch die Universalität der Erstursache werden die Zweitursachen nicht ausgeschlossen (n. 11), sondern befähigt, die Form zu wirken. Die Forma aber verleiht nicht das Sein (esse), sondern das Dieses-Sein, das hoc esse. (ebd.).

Das ›esse hoc et hoc‹ bedeutet jedoch kein Mehr an Sein (n. 4). Es bedeutet keinerlei Eigenständigkeit, denn die formae verleihen das ›esse hoc aut hoc‹ nur, insofern es ein ›hoc aut hoc‹ ist, nicht aber insofern es ist (n. 21). Das doppelte Sein des außergöttlich, konkret verwirklichten Seienden reduziert sich damit letztlich doch wieder auf ein einziges, in sich differenziertes Sein. Für sich genommen und geschieden von Gott ist jedes geschaffene Seiende nicht ein Seiendes, sondern nichts (In Exod. n. 40). Das Sein schlechthin, auch das ›esse simpliciter‹ der Geschöpfe, ist identisch mit Gott. Das bedeutet jedoch keinen Pantheismus. Denn das ›hoc aut hoc‹ ist nicht mit Gott identisch, es tendiert zum Nichts (In Joh. n. 20).

Einen aufschlußreichen Beitrag zur Erhellung dieser für Eckharts 508
Metaphysik grundlegenden Differenz bietet die Ideenlehre (vgl. vor allem In Gen. I), die ihrerseits in trinitarischem Kontext zu lesen ist, denn Idee im Singular, Logos und Verbum sind mit der zweiten göttlichen Person identisch. So kann Eckhart erklären, daß nichts geschaffen wird, »es sei denn vom ungezeugten Sein her und im gezeugten Sein, das der Sohn ist« (n. 20). Beide Weisen des Seins, das ›esse ingenitum‹ (die erste Person der Trinität) und das ›esse genitum‹ (die zweite Person der Trinität), sind ungeschaffen und göttlich. Im Sohn ist zugleich das Sein des Ganzen der innerweltlich Seienden als dem Principium hervorgebracht. Mit Blick auf die einzelnen Seienden kann dann von den Ideen im Plural gesprochen werden. So hat alles Seiende als Idee Gottes ein Sein in Gott. Als ›hoc et hoc‹ hat es ein Sein außerhalb der Idee als konkret Vereinzeltes (n. 77).

Eine letzte und endgültige Abwehr der Gefahr einer pantheistischen 509
Interpretation von Eckarts These von der Identität Gottes und des Seins stellt seine Lehre von der Analogie des Seins dar (vgl. vor allem Sermones et Lectiones super Ecclesiastici [In Eccli] n. 52–53, LW II 280,5–282,12). »Einzig zum Zwecke der Hervorhebung der Schwachheit der Geschöpfe gegenüber der Erhabenheit Gottes, zum Zweck der Markierung ihrer Nichtigkeit, sofern sie in sich selbst genommen werden, dient, wie Eckhart selbst bemerkt, die Analogielehre« (B. Mojsisch 1983, S. 51). Daß das Sein ebenso wie die anderen Transzendentalien von Gott und den Geschöpfen nur analog ausgesagt wird, unterliegt keinem Zweifel und wird

von Eckhart immer wieder betont (n. 52 et passim). Besondere Beachtung verdient aber die Frage, wie das Verhältnis der Analogie näherhin zu bestimmen ist. Es besteht nicht, wie man vermuten könnte, zwischen dem göttlichen und dem geschöpflichen Sein als solchem, also nicht zwischen dem ›esse simpliciter‹ und dem ›esse hoc aut hoc‹. Analoga unterscheiden sich nur durch verschiedene Weisen der einen identischen Sache (ebd.). Das analoge Verhältnis besteht also allein zwischen den modi des göttlichen Seins, zwischen dem göttlichen esse Gottes und dem göttlichen esse der Geschöpfe, trinitarisch gesprochen, zwischen dem Vater und dem Sohn. Alle Geschöpfe sind in Gott Gott, außerhalb Gottes, als in Raum und Zeit Verwirklichte, sind sie nichts.

III. Gottesgeburt in der Seele

510 Das Wort von der Gottesgeburt in der Seele begegnet zwar vornehmlich in den Deutschen Predigten, es ist damit aber ein Grundanliegen von Eckharts gesamtem Denken formuliert. Dieses Theologumenon, das auf das Neue Testament zurückgeht, wurde schon früh von der Tradition aufgenommen; insbesondere die Patristik dürfte Eckhart als Quelle gedient haben. Sein Versuch einer philosophischen Deutung des Prozesses der Gottesgeburt hat große Beachtung gefunden; er ist bis heute vielen Mißverständnissen ausgesetzt. Angemessen läßt sich dieser Gedanke nur auf dem Hintergrund seiner Metaphysik verstehen. Die Struktur, nach der sich die Gottesgeburt in der Seele vollzieht, ist durch die Lehre vom ›duplex esse‹ und von der Analogie vorgezeichnet, die ihrerseits ja mit der Ideenkonzeption eng verflochten ist. Was zunächst auf der Ebene des Seins und mit ontologischen Kategorien entworfen ist, wird ins Personale und Existentiell-Praktische transponiert. Das ›esse simpliciter‹ wird trinitarisch ausgelegt; das ›esse hoc‹, anthropologisch konzipiert, konkretisiert sich in der Geistseele, die als Wesensform des Menschen verstanden wird. Der Prozeß der Vermittlung zwischen dem ›esse simpliciter‹ und dem ›esse hoc‹ verdichtet sich im Intellekt, der jedoch gerade nicht im Sinne des Monopsychismus des 13. Jahrhunderts interpretiert wird. Der Vorgang der Gottesgeburt hat seine Möglichkeitsbedingung in dem trinitarisch verstandenen Gott und den innertrinitarischen Prozessen der Zeugung (generatio) des Sohnes durch den Vater sowie der Hervorbringung (spiratio) des Heiligen Geistes durch den Vater und den Sohn. Die Zeugung des Sohnes durch den Vater setzt sich, selbstredend in analogem Verständnis, in der Seele fort. Dadurch wird Gott in dem ›Seelenfünklein‹ geboren.

511 Mit den Begriffen ›Abgeschiedenheit‹, ›Gelassenheit‹, ›Armut des Geistes‹ benennt Eckhart jene Grundhaltungen und Tugenden, die zu der Erfahrung der Einung Gottes mit der Seele führen (Predigt 48 DW II

410–421; vgl. auch Predigt 12 DW I 190–206. Parallelstellen aaO S. 201). Diese Einheit darf nicht als statischdingliche Identität ausgelegt werden. Sie ist vielmehr dynamisch als Geschehen und Vollzug zu verstehen; die Seinsdifferenz zwischen Gott und Mensch wird dadurch nie aufgehoben. Wie diese Identität der Nichtidentität näherhin zu denken sei, erläutert Eckhart an dem Modell der aristotelisch-thomasischen Erkenntnistheorie, wonach im Vorgang des Erkennens zwischen Subjekt und Objekt bei ontischer Differenz ontologische Identität besteht. Dieser Vorgang führt weder zum Pantheismus noch steht die Lehre von der Gottessohnschaft eines jeden Menschen, trotz ihrer christologischen Struktur, im Widerspruch zur Inkarnation. Aus diesem Kontext und aus dieser Dynamik des Einswerdens mit Gott heraus entfaltet Eckhart seine Ethik.

IV. Wirkungsgeschichte

Schon rein äußerlich ist der Einfluß Eckharts auf die Nachwelt zwiespältig. 512 Seine lateinischen Werke sind, wohl als Folge der Verurteilung einzelner zentraler Thesen, nur in wenigen Handschriften überliefert und diese wurden erst in der zweiten Hälfte des 19. Jahrhunderts wiederentdeckt. Im Bereich der mittelalterlichen Universitäten kann man, mit Ausnahme von Köln, kaum von einem nachweisbaren Einfluß Eckharts sprechen. Anders verhält es sich mit den Deutschen Predigten; größtenteils sind es Predigtnachschriften. Etwa 200 erhaltene Handschriften zeugen von einer weiten Verbreitung und einer großen Breitenwirkung. *Heinrich Seuse* (1295–1366) und *Johannes Tauler* (1300–1361), die beiden berühmten Schüler Eckharts, haben seine Spiritualität aufgenommen und für die Folgezeit fruchtbar gemacht. Von *Nikolaus von Kues*, der ebenfalls in der geistigen Traditionslinie Eckharts steht und einer seiner prominentesten Verteidiger ist, wird noch zu handeln sein. Gleichwohl kann man aufs Ganze gesehen nur mit einer gewissen Zurückhaltung von einem Einfluß Eckharts sprechen. Seine Predigten sind ja in ihren wichtigsten Aussagen nur aus dem Kontext seines philosophischen Gesamtentwurfes heraus richtig zu deuten, so daß man mit einer nicht unbedingt authentischen und nur schwer greifbaren Wirkungsgeschichte rechnen muß. Das gilt auch für die Eckhart-Rezeption durch die Romantik und den Idealismus des 18. und 19. Jahrhunderts. Auf der Basis der kritischen Edition wurde erst in den letzten Jahrzehnten das Denken Eckharts wirklich erschlossen; vieles ist noch zu leisten.

Literatur

Fischer 1974
Albert 1976
Welte 1979
Kern 1982
Mojsisch 1983
Langer 1987
Trusen 1988
Albert 1988
Waldschütz 1989
Largier 1989

S. Nikolaus von Kues (1401–1464)

Man kann darüber streiten, ob Nikolaus von Kues der Philosophie des Mittelalters zuzurechnen sei, oder ob es nicht angemessener wäre, mit ihm die Neuzeit beginnen zu lassen. Für beide Positionen gibt es gute Gründe, in seinem Werk ebenso wie in seinem ausdrücklichen Selbstverständnis. Wenngleich seine Grundgedanken für die Philosophie der beginnenden Neuzeit wegweisend und von großer Tragweite wurden, so ist er doch nur aus der Tradition der von ihm selbst im Anschluß an Dionysius Pseudo-Areopagita sogenannten mystischen Theologie heraus zu verstehen. Immer wieder trifft man bei Nikolaus auf die Namen Philo, Pseudo-Dionysius, Johannes Scottus Eriugena, Maximus Confessor, Hugo von St. Viktor, Thierry von Chartres, Robert Grosseteste und vor allem Meister Eckhart. Nikolaus selbst ist schließlich einer der herausragenden Repräsentanten solchen vom Neuplatonismus inspirierten Denkens. Er wußte, daß diese Denktradition nicht unumstritten war, daß sie vielfach mißverstanden und der Häresie verdächtigt wurde, und teilte die Ansicht »der bedeutenden alten Weisen«, man solle ihre Geheimnisse nicht in die Hände Unerfahrener kommen lassen – »ne mystica ad indoctorum manus pervenirent« (Apologia doctae ignorantiae, Opera omnia II, 1932, S. 5). Obwohl er Meister Eckhart hoch schätzte und ihn nachdrücklich gegen den Vorwurf des Pantheismus verteidigte, sprach er sich doch dafür aus, man solle dessen Werke aus der Öffentlichkeit entfernen, da sie für das Volk nicht geeignet seien – » quia vulgus non est aptus ad ea« (aaO, S. 25). 513

Aus dieser Sicht der Dinge beurteilte der Cusaner auch die harten Angriffe und schweren Vorwürfe, die der Heidelberger Philosoph und Theologe *Johannes Wenck* (gest. 1460) in seiner Schrift ›De ignota litteratura‹ gegen ihn und sein Werk ›De docta ignorantia‹ vorgetragen hatte, und gewährt uns dadurch einen Blick auf seine geistige Souveränität. 514

Leben und Werke

Nikolaus Krebs (Chryffs) wurde 1401 in Kues an der Mosel geboren. Seine früheste Ausbildung erhielt er mit hoher Wahrscheinlichkeit in Deventer bei den der ›devotio moderna‹ anhängenden Fraterherren. Von 1416–17 studierte er Philosophie in Heidelberg, einem Zentrum des spätmittelalterlichen Nominalismus, 1417–23 in Padua, wo er im kanonischen Recht promoviert wurde und sich außerdem mit Mathematik und Naturwissenschaften sowie Aristotelischer Philosophie befaßte. Daneben knüpfte er dort Kontakte mit den führenden Vertretern des italienischen Huma- 515 nismus. 1425 studierte er in Köln Theologie und ist daneben als Rechtswissenschaftler tätig. Über *Heymericus de Campo*, einen Anhänger des Albertus Magnus, wird er mit der Albertistischen Tradition bekannt. Daß er, wie sein Zeitgenosse Lorenzo Valla, die ›Konstantinische Schenkung‹ als Fälschung aufdeckte, brachte ihm großes Ansehen als Rechtshistoriker ein. Schließlich wandte er sich ganz der Theologie zu und wurde 1430 zum Priester geweiht. Mit seiner Schrift ›De concordantia catholica‹ nahm er auf dem Konzil von Basel zu den kirchenpolitischen Auseinandersetzungen Stellung. Im Jahre 1438 war er Mitglied einer Gesandtschaft zum griechischen Kaiserhof zur Vorbereitung des geplanten Unionskonzils zwischen der griechischen und römischen Kirche. 1448 zum Kardinal und 1450 zum Bischof von Brixen ernannt, war er als päpstlicher Legat unermüdlich in Sachen der Kirchenreform unterwegs. Von 1458 an lebte er als Kurienkardinal in Rom. Auf einer Visitationsreise starb er 1464 in Todi.

516 Trotz dieser vielfältigen, einer wissenschaftlichen Tätigkeit nicht gerade förderlichen Aktivitäten blieb er kontinuierlich als Philosoph, Theologe und Mathematiker tätig und hat ein breitgefächertes und respektables Werk hinterlassen, in dem sich seine wissenschaftliche Entwicklung verfolgen läßt. ›De docta ignorantia‹ (Über das gelehrte Nichtwissen), sein erstes und eines seiner wichtigsten philosophischen Werke, legte Nikolaus im Jahre 1440 vor. ›De coniecturis‹ (Über die Mutmaßungen) folgte wenig später; es behandelt die gleiche Problematik unter methodologischem Aspekt. ›Apologia doctae ignorantiae‹ lautet der Titel der 1449 veröffentlichten Verteidigungsschrift gegen den Heidelberger Theologen Johannes Wenck. ›Idiota de sapientia‹ (Der Laie über die Weisheit); ›De mente‹ (Über den Geist); ›De staticis experimentis‹ (Über Versuche mit der Waage) sind drei 1450 verfaßte Abhandlungen, in denen sich auch das Interesse an den Naturwissenschaften zeigt. Neben einer Reihe kleinerer Schriften sind aus den letzten Lebensjahren noch zu nennen: ›De visione dei sive de icona dei liber‹ (Abhandlung über den Blick Gottes oder Buch über das Bild Gottes); ›De beryllo‹ (Über den Beryll); ›De possest‹ (Über das Können-Ist); ›De non aliud‹ (Über das Nichtandere); ›De venatione sapientiae‹ (Über die Jagd nach Weisheit).

517 Das Denken des Nikolaus von Kues wurde bislang vorwiegend von seinen systematischen Schriften her beurteilt. Für eine Gesamtwürdigung fehlt dabei jedoch Wesentliches, nämlich seine Predigten. Sie bilden nicht nur umfangmäßig den größeren Anteil am Gesamtwerk, sie eröffnen auch vom Inhaltlichen her neue Perspektiven, da hier dem theologischen Aspekt die Priorität zukommt, wodurch auch die philosophischen Probleme in einem neuen Licht erscheinen.

Nikolaus von Kues hat über seinen eigenen Standort im Wissenschafts- 518
betrieb seiner Zeit ausdrücklich nachgedacht und sich dabei klar von den Schulen seiner Zeit abgegrenzt und seine Absicht eines Neuanfangs zum Ausdruck gebracht. Schon rein äußerlich ist seine wissenschaftliche Entwicklung anders verlaufen. Er hat nicht auf dem Weg des üblichen Studienprogramms die entsprechenden Qualifikationen erworben; nie war er Mitglied des Lehrkörpers einer Universität. In seinen Schriften schlug sich das unmittelbar nieder. Die scholastische Methode, die sich in der Struktur der Quaestio konkretisiert hatte, war ihm fremd. Die gängigen Werkgattungen begegnen bei ihm nicht. Er schrieb weder Summen noch Kommentare. Schon in formaler Hinsicht fehlt also die Rückbindung an die Wissenschaft der Schule. In diesem Sinne trat er als Laie – Idiota – den Schultheologen gegenüber.

Inhaltlich manifestiert sich diese Haltung in seiner Ablehnung des 519
Aristotelismus, der ›aristotelica secta‹, die die Theologie und Philosophie seiner Zeit dominierte (Apologia aaO S. 6). Für die Erforschung der Wahrheit ist nach seiner Überzeugung die aristotelische Logik kein angemessenes Instrumentarium. Die Auswüchse spätscholastischer Logik waren für ihn Anlaß zu dem Ausruf: »A dialecticis libera nos, domine« (aaO S. 21). Die geschwätzige Logik verhindert den Aufstieg zur mystischen Theologie und hält deren Voraussetzung, den Ineinsfall der Gegensätze, für Häresie. Der Cusaner wollte Theologie und Philosophie von den methodischen Zwängen des logischen Formalismus befreien und dadurch dem Denken zu dem Durchbruch verhelfen, den die Schultheologie nach seiner Meinung nicht schaffte und nicht schaffen konnte. Hierin zeichnet sich das Ende jener Epoche der Theologie und Philosophie ab, die mit Boethius und der Rezeption der aristotelischen Logik begonnen hatte.

Der Widerspruch, den Nikolaus von Kues von seiten der gängigen 520
Theologie erfuhr, ist verständlich. Wenn darin auch das eigentliche Anliegen des Cusanus verfehlt wurde, so hat Johannes Wenck doch die letzte Ursache für den Dissens scharfsichtig erkannt. Die Vorwürfe, Nikolaus zerstöre Glauben und Wissen, er hebe den Unterschied zwischen Gott und Welt auf, mißdeute die Trinität ebenso wie die Inkarnation, lassen sich am Ende auf eine philosophische Wurzel zurückführen: »Dieser Mann kümmert sich wenig um die Aussagen des Aristoteles« (De ignota litteratura, S. 22). In der Tat, die ›coincidentia oppositorum‹ läßt sich mit der aristotelischen Logik nicht denken. Nikolaus brach aber nicht nur mit der Tradition, er war zugleich der Vergangenheit in der Gestalt der neuplatonisch ausgerichteten ›mystischen Theologie‹ in hohem Maße verpflichtet; ihr Grundanliegen griff er mit dem Gedanken der docta ignorantia und der coincidentia oppositorum auf. Er war sich bewußt, daß sein Denken eine

Wende markierte, die durch Kontinuität und Diskontinuität gekennzeichnet ist und durchaus Originalität beanspruchen kann.

II. ›Docta ignorantia‹ – belehrte Unwissenheit

521 Die Frage nach den zentralen Themen und den Grundzügen, in denen sich sein Philosophieren in gewisser Weise verdichtet, hat Nikolaus von Kues selbst unmittelbar beantwortet. Auch wenn jene ›Wegweisung‹ auf der Seereise von Byzanz nach Italien im Winter 1437/38 nur als Stilmittel zu verstehen wäre – das plötzliche Aufleuchten eines lange gesuchten Problemzusammenhangs erinnert an das ›unum argumentum‹ Anselms von Canterbury ebenso wie an das ›cogito ergo sum‹ von René Descartes –, die herausragende Bedeutung der angesprochenen Themen wird dadurch gleichwohl nachdrücklich unterstrichen. In der ›Epistula auctoris‹ schreibt Nikolaus einleitend, er habe lange auf den verschiedenen Wegen der Lehrmeinungen vergeblich nach einer Antwort gesucht, bis er auf der Reise aus Griechenland wie durch ein Geschenk des Himmels – superno dono – dahin gelangte, »daß ich das Unbegreifliche in nichtbegreifender Weise in belehrter Unwissenheit umfaßte … In diesen Tiefen muß alle Bemühung unseres menschlichen Geistes dahingehen, sich zu jener Einheit zu erheben, in der die Gegensätze in eins fallen – »ubi contradictoria coincidunt« (Epistola auctoris ad dominum Julianum cardinalem).

522 Das gesamte Philosophieren des Cusanus hat also diese drei ineinandergreifenden Problemfelder zum Gegenstand: Das belehrte Nichtwissen, den neuplatonischen Einheitsgedanken und den Ineinsfall der Gegensätze. Keines dieser Themen läßt sich isoliert und in direktem Zugriff darstellen, denn im Grunde geht es nur um eines: das Unbegreifliche, in dessen Einfachheit die Gegensätze zusammenfallen, und um die Frage der diesem Unbegreiflichen angemessenen Erkenntnisweise.

523 Naturgemäß führt der Zugang über die Erkenntnislehre. In der kleinen Schrift ›Idiota de sapientia‹ (lib. I) entfaltet Nikolaus in einem Dialog über das Geschehen auf einem Markt Grundpositionen seiner Gnoseologie. Von der sinnlichen Wahrnehmung von Menschen, die zählen, wiegen und messen, Tätigkeiten, die Sache des Verstandes sind, ausgehend, erhebt sich die Frage, wodurch, worin und womit dies geschieht. Die Antwort: durch Unterscheidung – per discretionem – verlangt nach einem Kriterium; es findet sich in der Eins, »per unum numeratur«. Das Eine ist der Ursprung, das Prinzip der Zahl, die Eins ist einmal das Eine, die Zwei zweimal das Eine und so fort. In dieser Antwort verbirgt sich die entscheidende Frage: Per quid autem attingitur unitas, wodurch gelangt man zur Einheit? Die Antwort ist zunächst negativ. Denn sicher ist nur, daß die Einheit nicht von der Zahl erreicht wird, weil die Zahl später ist als das

Eine; »… unitas non attingitur numero, quia numerus est post unum«. Das Einfache – simplex – ist von Natur aus immer das Frühere, das Zusammengesetzte – compositum – immer das Spätere. Deshalb kann das Zusammengesetzte das Einfache nicht messen, nur umgekehrt ist es möglich. Daraus wird einsichtig, »daß jenes, durch das, aus dem und in dem alles Zählbare gezählt wird, durch die Zahlen nicht erreichbar ist«. Dieser Sachverhalt gilt grundsätzlich. Der Ursprung aller Dinge ist das, wodurch, woraus und worin alles aus einem Ursprung Entspringbare – omne principiabile – entspringt, das aber selbst durch kein Hervorgebrachtes erreichbar ist. Dieses Prinzip ist es, durch das, in dem und aus dem alles Intelligible erkannt wird und das trotzdem der Vernunft unerreichbar bleibt. Darin zeigt sich, wie das Unerreichbare auf die Weise der Unerreichbarkeit erreicht wird: »… attingitur inattingibile inattingibiliter«. Und darin besteht die höchste Weisheit.

In diesen Überlegungen ist der Weg zur docta ignorantia vorgezeich- 524
net und nachvollzogen. Er führt von den Sinnen (sensus) über den Verstand (ratio) zur Vernunft (intellectus). Der Unterscheidung zwischen ratio und intellectus, der Cusaner spricht auch von der visio intellectualis (De beryllo I), kommt fundamentale Bedeutung zu. Der Verstand ist für das Zähl- und Meßbare zuständig; sein Objektfeld ist das Viele, das Andere und das Gegensätzliche. Seine Methode ist das Abgrenzen und Begrenzen, das definierende Begreifen. Das Kontradiktionsprinzip und die darauf aufbauende formale Logik sind die unabdingbaren und in keinem Fall verzichtbaren Voraussetzungen des diskursiven Verstandes. Von der ratio ist deshalb der Gedanke einer coincidentia oppositorum nicht nachvollziehbar, sie würde damit die Voraussetzungen ihrer eigenen Tätigkeit aufheben. Die Erkenntnis, die vom Menschen in Bezug auf die Außenwelt gewonnen wird, kann immer nur Mutmaßung sein. Im Prolog zu ›De coniecturis‹ stellt Nikolaus grundsätzlich fest, die Wahrheit in ihrer Genauigkeit sei unerreichbar. Eine positive Aussage des Menschen sei deshalb immer nur coniectura, »die an der Wahrheit, wie sie an sich ist, in Andersheit teilhat« (I 11).

Folgende Konzeption menschlicher Erkenntnis liegt dem zugrunde. 525
»Wie die reale Welt aus der unendlichen Vernunft, so gehen entsprechend die Mutmaßungen aus unserem Geist hervor« (I 1). Es besteht dabei eine doppelte Parallelität: Zum einen zwischen Gott als dem Urbild und dem menschlichen Geist als dem Abbild; zum anderen zwischen den realen, von Gott hervorgebrachten Dingen und, als deren Abbild, den vom Menschen hervorgebrachten rationalen Dingen. »Der menschliche Geist ist daher die Form der mutmaßlichen Welt, wie der göttliche die Form der realen« (ebd.). Die Einheit des menschlichen Geistes ist der Inbegriff, die Seinsheit, seiner Mutmaßungen, aus der diese hervorgehen. An anderer Stelle spricht Nikolaus davon, daß unser Geist begriffliche Kraft ist, die alle Dinge in ein begriffliches Sein verwandelt. »Daher ist die Wahrheit

sein Objekt, wenn er seine Begriffsbildung dieser Wahrheit angleicht, besitzt er alle Dinge im Begriff und die Dinge werden dann Gedankendinge genannt. So ist der Stein im Begriff des Geistes kein wirkliches, sondern ein gedankliches Seiendes« (De ludo globi II).

Der menschliche Geist ist demnach der Ursprung der Mutmaßungen; »die Vernunft allein ist das Maß der Vielheit, Größe und Zusammensetzung, und zwar so sehr, daß ohne sie nichts mehr davon übrig bleibt, wie auch offensichtlich die Verneinung der unendlichen Seinsheit die Verneinung der Seinsheit aller Dinge bedeutet« (De coniecturis I 1). Ihre eigentliche Wahrheit besitzen alle Dinge, einschließlich des menschlichen Geistes, nur in Gott. Da Gott aber für menschliches Wissen unerreichbar ist, kann menschliche Erkenntnis, die es nur mit dem Abbild, mit der Andersheit, die immer ein Mehr oder Weniger zuläßt, zu tun hat, nur Mutmaßung des der Wahrheit Ähnlichen sein. »Weil alles, was gewußt wird, besser und vollkommener gewußt werden kann, wird nichts so gewußt, wie es wißbar ist« (De venatione sapientiae, c. XII).

527 Das begreifende, auf die Vielfalt der Wirklichkeit bezogene Wissen der ratio unterliegt offensichtlich Beschränkungen. Die Feststellung, daß es sich nur um ein konjekturales Wissen handelt, kann die ratio nicht mehr treffen. Die Frage nach dem Kriterium, das dem Zählen sein Maß vorgibt, und nach der Geltung der eigenen Prinzipien führt zu einem höheren Vermögen, zum schauenden Intellekt. Er nimmt einen Standort ein, der über der ratio und den Gegenständen rationalen Begreifens liegt. Die Art des Begreifens der Vernunft ist deshalb nicht mehr das positive Wissen, sondern das Wissen darum, daß das Absolute ihrem Begreifen entzogen bleibt, daß sie nur nichtwissend davon wissen kann. Aber gerade danach strebt der Mensch: »Desideramus scire nos ignorare« (Docta ign. I 1). Seine Weisheit und Gelehrsamkeit nehmen zu mit dem Wissen um das eigene Nichtwissen. Die rationale Wissenschaft wird dadurch weder abgewertet noch in Frage gestellt; es wird lediglich darauf aufmerksam gemacht, daß sie auf Bedingungen zurückverwiesen ist, die sie als Bedingte nicht zum Gegenstand ihrer Reflexion machen kann. Durch diesen Verweischarakter kommt ihr gerade auch für das Wissen um das Absolute hohe Bedeutung zu.

528 Die docta ignorantia (vgl. dazu auch das Spätwerk ›De venatione sapientiae‹ c. XII) unterscheidet sich von der bloßen Negation, dem faktischen Nichtwissen, durch das Wissen darum. Es verhält sich »wie das Wissen eines Sehenden zum Wissen eines Blinden in Bezug auf den Glanz der Sonne« (Apologia, Opera omnia II, S. 2). Der Blinde weiß nichts davon, auch wenn er, weil ihm darüber berichtet wurde, glaubt, er wüßte etwas davon. Ein Sehender wird, danach befragt, bekennen, daß er über den Glanz der Sonne nichts weiß. Denn wer sieht, erfährt, daß der Glanz der Sonne das Sehvermögen übertrifft, er hat das Wissen des Nichtwissens (ebd.).

Wenngleich die Lehre von der docta ignorantia bei Nikolaus die mystische Schau letztlich zum Ziel hat, wie vor allem der ›Tractatus De visione dei‹ belegt, so steht doch die gnoseologische Dimension im Vordergrund. Dieser Aspekt kommt in der von Nikolaus selbst so genannten »regula doctae ignorantiae« (De venatione sapientiae c. XXVII) besonders klar zum Ausdruck. Sie geht von der Disproportionalität des Unendlichen gegenüber dem Endlichen aus. Daraus folgt, daß man zu einem schlechthin Größten – maximum simpliciter – nicht gelangen kann, wo immer es ein Überschreitendes und ein Überschrittenes gibt, da beides endliche Größen sind. Ein absolut Größtes muß jedoch unendlich sein (Docta ign. I 3). Dieses Größte ist also jedem Vergleich entzogen; da in ihm darüberhinaus Maximum und Minimum koinzidieren, ist es das Urbild und Urmaß von allem (I 4). Die regula des belehrten Nichtwissens führt also von der absoluten Differenz zwischen dem Endlichen, das ein Mehr und ein Weniger zuläßt, und dem Unendlichen zur Einsicht in die Koinzidenz der Gegensätze. Da es sich jedoch bei diesem Maximum um die unendliche Wahrheit handelt, erreichen wir es nur in der Weise des Nichtergreifens, »non aliter quam incomprehensibiliter attingimus« (ebd.). 529

III. ›Coincidentia oppositorum‹ – Ineinsfall der Gegensätze

Der menschliche Geist ist, wie gezeigt wurde, der einheitliche Ursprung, von dem sich die rationale Welt der Begriffe, der Gesetze der Logik und des konjekturalen Erkennens herleitet. In der Vernunft selbst fallen Vielheit, Andersheit und Gegensätzlichkeit in eins. Konsequenterweise können die Prinzipien der Verstandeserkenntnis, die natürlich nicht aufgegeben werden und ihre regionale Geltung behalten, nicht Erkenntnismittel der schauenden Vernunft sein, da ihre Erkenntnis naturgemäß überbegrifflicher Art sein muß. So wird die coincidentia oppositorum zum Erkenntnisprinzip der schauenden Vernunft, die auf eine Wirklichkeit gerichtet ist, welche nie definierbares Objekt sein kann, die unbegrenzter Ursprung, letzte, selbst nicht mehr bedingte Bedingung ist. So gesehen ist die coincidentia oppositorum das Fundament der Logik der schauenden Vernunft. 530

Dem korrespondiert die ontologische Seite dieses Gedankens. Gott ist der eine Ursprung, der die Welt, alle reale Vielheit, Andersheit und Gegensätzlichkeit aus sich entläßt und diese fundiert. In ihm selbst ist das entfaltete Viele wie das Verursachte in seiner Ursache: »Alle Dinge sind in Gott, aber dort sind sie als Urbilder der Dinge« (Idiota de mente, c. III). Die Koinzidenzthese besagt also, daß alles in der Welt als vereinzeltes und gegensätzliches Entfaltete in der absoluten Einheit als eingefaltet, als ineinsfallend zu verstehen ist. Das Erste »ist in eingefalteter Weise alles, 531 was sein kann – primum … omnia enim compliciter est quae esse possunt« (De beryllo, 11). Als Hinführung zu diesem Gedanken bedient sich Nikolaus geometrischer Beispiele (vgl. 25f). Am anschaulichsten ist vielleicht das Symbol des Dreiecks, dessen größter Winkel (180°) mit dem kleinsten (0°) zusammenfalle »und daher unendlich und unmeßbar« sei, »weil er nicht ein Mehr noch ein Weniger aufnimmt, und er der Ursprung aller Dreiecke ist« (34).

Auf die Unendlichkeitsspekulation des Cusanus, in der der revolutionäre Charakter seiner Philosophie und deren Bedeutung für die neuzeitliche Wissenschaftsgeschichte besonders greifbar werden, soll in diesem Zusammenhang wenigstens hingewiesen werden (vgl. hierzu Otto 1985, 252–257).

532 Unter anderem Blickwinkel wird die coincidentia oppositorum durch die Theorie der ›complicatio‹ und ›explicatio‹ erhellt. Es geht dabei um den Versuch, das Verhältnis des Einen zum Vielen zu denken. Wichtige Impulse verdankte Nikolaus in dieser Frage der Schule von Chartres, insbesondere Thierry; dort begegnet auch schon die Terminologie (vgl. Docta ign. II 9).

Im dritten Kapitel des zweiten Buches von ›De docta ignorantia‹ entfaltet Nikolaus die Grundstruktur dieses Gedankens: »Quommodo maximum complicet et explicet omnia inintelligibiliter.« Die Überlegung geht von der evidenten Einsicht aus, daß es nur ein absolut Größtes geben und daß diesem nichts gegenübergestellt werden kann. Demnach ist die unendliche Einheit die Einfaltung von allem: »unitas igitur infinita est omnium complicatio.« Einheit wird nämlich das genannt, was alles eint, und die Größte ist sie, weil sie die Einfaltung von allem ist. Und in allem, was ist, findet sich deshalb nur das Größte, und die Einfaltung von allem ist nur eine einzige. Der Einheit kommt immer der Primat vor der Andersheit zu. Das Vollkommene geht allem Unvollkommenen voraus, die Ruhe der Bewegung, die Identität der Verschiedenheit, die Gleichheit der Ungleichheit »und das gilt von allem, was mit der Einheit, welche die Ewigkeit selbst ist, gleichgesetzt werden kann«. So kommt Nikolaus schließlich zu dem Schluß, daß Gott, insofern alles in ihm ist, die Einfaltung von allem ist, und die Ausfaltung von allem ist, insofern er in allem ist (II 3). Obwohl man dieses weiß, muß man zugeben, daß man nur ein Wissen um das Nichtwissen über die Art und Weise der Einfaltung und Ausfaltung hat.

533 Diese Überlegungen des Cusanus sind geeignet, den Vorwurf, er vertrete den Ineinsfall des Vielen und Gegensätzlichen mit Gott, er lehre also einen Pantheismus, abzuweisen. Unter Bezugnahme auf diese Behauptung von seiten des Johannes Wenck, er hätte gelehrt, »daß das Geschöpf mit dem Schöpfer zusammenfalle«, daß das Abbild mit dem Urbild, das Begründete mit seinem Grund identisch sei, stellt Nikolaus lapidar fest, solches könne nur ein Verrückter (homo insensatus) behaupten (Apologia aaO, S. 16; vgl. hierzu Flasch 1973, 155–339).

IV. Gott als das Nichtandere – ›Non aliud‹

Die Frage nach Gott steht im Zentrum des cusanischen Nachdenkens. Es 534
gibt kein Thema, bei dem sie nicht als innerster Impuls seine Spekulation vorantreiben würde. Gleichwohl sucht man die klassische Frage, ob Gott existiert, in seinem Werk vergeblich. Und das ist von seinem philosophischen Ansatz her unmittelbar einsichtig. Das Bedingende bedarf weder eines Beweises noch kann es vom Bedingten her in Frage gestellt werden. Vielheit setzt das Eine notwendigerweise voraus. Da Nikolaus von Kues vom absoluten Einen her denkt, kann er es gar nicht in Frage stellen. Das Problem ist das Andere, das Viele, in seinem Verhältnis zum Einen. Sein ständiges Suchen nach dem letzten Grund des Seins und des Erkennens zielt nicht auf den Nachweis der Existenz eines absoluten Prinzips, es ist ein Suchen nach dem Wesen Gottes und nach einem Höchstmaß an approximativer Begreifbarkeit des Unbegreiflichen, nach einem Namen, welcher der allem menschlichen Begreifen sich entziehenden Wirklichkeit Gott am ehesten gerecht wird. In diesem Bemühen hat Cusanus von der absoluten Unendlichkeit und Einheit und dem allem vorausliegenden Ursprung gesprochen. In Gott hat er den Ineinsfall der Gegensätze gesehen. Er ist das Größte und das Kleinste, die complicatio omnium complicationum. Nichts kann über ihn hinaus größer sein.

In seinem Trialogus ›De possest‹ legte Nikolaus den Akzent auf den 535
dynamischen und schöpferischen Gesichtspunkt, auf das Ineinander von Sein und Können. Da aber in Gott Akt und Potenz identisch sind, kann nichts sein, was Gott nicht wirklich wäre (De possest 8). Aus dieser Überlegung heraus und um das Gemeinte in einem einzigen Begriff zu fassen und dadurch die innere Einheit von Sein und Können in Gott zum Ausdruck zu bringen, prägte Nikolaus den Neologismus ›possest‹. Gott ist das Können-Ist. (Vgl. dazu auch ›De venatione sapientiae‹ und die letzte, wenige Monate vor seinem Tod verfaßte Schrift ›De apice theoriae‹).

In seinem permanenten Bemühen, der philosophischen Ausdeutung 536
des Wesens Gottes durch einen entsprechenden Namen auch sprachlich möglichst nahe zu kommen, griff Nikolaus schließlich auf die klassische Transzendentalienlehre zurück und bezeichnete das Absolute als das ›non aliud‹, das Nichtandere. Nicht dem Wortlaut, aber der Sache nach sah er diesen Gedanken bei Pseudo-Dionysius grundgelegt (De non aliud c. I). Wie die transzendentalen Bestimmungen unum, verum, bonum ist auch aliquid mit ens konvertibel. Der Aspekt, unter dem jedes Seiende ein aliquid ist, ist seine innere Ungeteiltheit – indivisum in se – und die Abgegrenztheit von allem anderen – divisum ab omni alio. Es ist ein aliud quid (vgl. hierzu Thomas von Aquin, De ver I 1). Wie alles nur als ein Etwas sein kann, so kann es auch nur als solches erkannt werden, d.h. immer nur in Unterscheidung von anderem. Der Begriff ›aliud quid‹ setzt Vielheit

voraus, und die gemäße rationale Erkenntnisweise ist auf Vielheit bezogen. Was auf diese Weise ist, kann nicht Gott sein, und Gott kann auf diese Weise nicht erkannt werden. Für Gott bleibt notwendigerweise nur die Negation, das Nichtandere: »Ast ante aliud nil nisi ›non aliud‹ videri potest« (De non aliud c. XVII). Dieses Nichtandere läßt sich natürlich nicht durch anderes anders ausdrücken, »per alia aliter exprimi nequit« (c. IV), da es einfacher und früher ist. Es ist weder Affirmation noch Negation. Das non aliud liegt allem anderen voraus, es ist Ursprung des Seins und des Erkennens, principium essendi und principium cognoscendi (c. III). Nikolaus hatte schon gezeigt, daß vor dem unum das überwesentliche Eine stehe (c. XV). In vergleichbarer Weise ist das non aliud ein ante aliud. Das non aliud ist gewissermaßen ein trans-transzendentaler Begriff, der auf den letzten Urgrund zurückverweist (c. XVII). Im Anhang zu ›De non aliud‹ hat der Cusaner XX Grundsätze über die Sinnkraft des Nichtanderen – de virtute ipsius non aliud – zusammengestellt. Die Propositio IV lautet: »Wer einsieht, wie aufgrund dessen, daß das Nichtandere sich selbst definiert, das Nichtandere nichts anderes ist als eben das Nichtandere und wie auf Grund dessen, daß es alles und jegliches Einzelne definiert, es alles in allem und jegliches Einzelne in jeglichem Einzelnen ist, der sieht auch ein, daß das Nichtandere das Andere des Anderen ist und daß es dem Anderen nicht entgegengesetzt ist. Das ist ein Geheimnis, das seinesgleichen nicht hat.«

537 Alles Nachdenken über Gott mündet schließlich in das Bekenntnis, daß er in absoluter Jenseitigkeit von allem existiert, was man sagen oder denken kann (De visione dei XI). Gleichwohl ist der Cusaner davon überzeugt, daß man Gott nicht nichtfinden kann – non potest non reperiri –, wenn man ihn richtig sucht (De quaerendo deum I). Mit diesen Überlegungen steht er in der großen Tradition der apophatischen Theologie, deren Ziel es ist, Gott durch Negation zu erkennen.

V. An der Wende vom Mittelalter zur Neuzeit

538 Nikolaus von Kues war Kanonist, Mathematiker, Philosoph und Theologe, Bischof und Kardinal. Die Wissenschaft war eigentlich nicht sein Beruf. So ist es nicht verwunderlich, daß von ihm keine Schule ausgegangen ist, auch nicht auf philosophisch-theologischem Gebiet. Seine Art zu denken und seine Konzentration auf genau genommen ein einziges Problem, waren dafür wenig geeignet. Hinzu kam, daß er von den Fachvertretern der Theologie seiner Zeit nicht verstanden und deshalb weitgehend abgelehnt wurde. Während man im ausgehenden Mittelalter der Eigenständigkeit der einzelnen Fachgebiete und Disziplinen, vor allem auch hinsichtlich des Verhältnisses von Philosophie und Theologie, und

den jeweiligen methodischen Besonderheiten große Aufmerksamkeit schenkte, orientierte sich Nikolaus am ›non aliud‹, am absolut Einen, und war bemüht, die gesamte Wirklichkeit in einem umfassenden Begründungszusammenhang zu verstehen, der vom trinitarischen Gott über Christus bis in den Bereich der Empirie reicht. Als Universalgelehrter integrierte er alles ihm erreichbare Wissen in den Prozeß der Ausfaltung (explicatio) und Einfaltung (implicatio) des absolut Einen. Gerade unter diesem Gesichtspunkt stand Nikolaus außerhalb der Schule und knüpfte an jener Art philosophischer Theologie und theologischer Philosophie an, die in einem mit Boethius beginnenden Prozeß unter dem Einfluß aristotelischer Logik im Laufe der Jahrhunderte überwunden worden war. Nicht Trennung und Entgegensetzung, sondern die coincidentia oppositorum, der Ineinsfall aller Vielfalt und Gegensätze, waren Methode und Ziel seines Denkens.

Auch wenn ein Einfluß des Cusanus auf Renaissance und Humanis- 539
mus ohne Zweifel gegeben ist, so ist er doch nur schwer greifbar. Nikolaus »blieb im Grunde ein Vergessener – bis zum 19. Jahrhundert, als die Hegelsche Dialektik ein philosophisches Klima geschaffen hatte, in dem die kusanische Lehre vom Ineinsfall der Gegensätze neuerliches Interesse zu erwecken vermochte« (Otto 1985, S. 259). Namen, an denen man die Wirkungsgeschichte des Cusanus festmachen könnte, lassen sich also nicht nennen. Dafür gibt es in seinem Werk Ansätze und Gedanken von solcher Originalität und Tragweite, daß man in ihnen mit Recht Markierungen der Epochenwende vom Mittelalter zur Neuzeit sieht. Von seinem Bemühen, philosophische Spekulation mit exakter Forschung zu verbinden, gingen wegweisende Impulse für die Methodologie der Naturwissenschaften aus. Der Gedanke einer funktionalen Unendlichkeit des Universums, in dem alles individuell und einmalig ist und in dem kein Ding dem anderen vollkommen gleicht, hatte zur Konsequenz, daß die Erde nicht im Mittelpunkt der Welt steht und das Universum gar keinen Mittelpunkt hat (Docta ign. II 11). Mit dieser Einsicht war die Möglichkeitsbedingung für die Entdeckung des Kopernikus gegeben.

Im Universum des Geschaffenen kommt dem Menschen eine singulä- 540
re und herausragende Stellung zu. In ihm ist die körperliche und die geistige Welt vereint; er steht auf der Grenze zwischen Zeit und Ewigkeit – in horizonte temporis et perpetui – und ist so das Wesen der Mitte (De venatione sapientiae c. XXXII). Als individuierter Mikrokosmos ist er Abbild Gottes und partizipiert an dessen Kreativität. Der menschliche Geist ist das Bild des Urbildes aller Dinge (De mente c. V). In der Rückwendung auf sich selbst hat er das Kriterium, wonach er alles beurteilt (ebd.). ›Mens‹ leitet der Cusaner von mensurare ab (c. IX). Erkennen heißt Maß geben, »cognoscere enim mensurare est« (De beryllo XXXIX), und so gesehen ist der Mensch, eben weil er Bild Gottes ist, das Maß aller Dinge. »Der Mensch ist nämlich Gott, allerdings nicht schlechthin, da er ja

Mensch ist; er ist also ein menschlicher Gott. Der Mensch ist auch die Welt, allerdings nicht auf eingeschränkte Weise alles, da er eben Mensch ist; der Mensch ist also Mikrokosmos oder eine menschliche Welt. Der Bereich der menschlichen Natur umfaßt in seiner menschlichen Möglichkeit Gott und das Weltall« (De coniecturis II 14).

541 In diesen Sätzen wird die Wende zum Menschen, zum Subjekt unmittelbar greifbar. Nicht mehr das Sein an sich als vom Denken unabhängige Realität, sondern das Sein als vom menschlichen Intellekt Entworfenes und Gewußtes wird zum Gegenstand philosophischer Reflexion. Die Problemstellung der Philosophie der Neuzeit ist damit formuliert.

Literatur

Haubst 1961–1986
Henke 1969
Dangelmayr 1969
Flasch 1972
Flasch 1973
Schulze 1978
Otto [2]1985
Kluxen 1983
Bolberitz 1989
Haubst 1989
Stallmach 1989

LITERATURVERZEICHNIS

ABKÜRZUNGEN

BGPhThMA (vormals BGPhMA): Beiträge zur Erforschung der Geschichte der Philosophie und Theologie des Mittelalters (= Baeumker-Beiträge), Neue Folge, hrg. v. L. Hödl u. W. Kluxen, Münster 1970ff

BKV: Bibliothek der Kirchenväter (s. Werke/Allg. Textsamml.)

CCH: Corpus Christianorum (s. Werke/Allg. Textsamml.)

CSEL: Corpus Script. Eccl. Lat. (s. Werke/Allg. Textsamml.)

DThA: Deutsche Thomasausgabe (s. Werke/Thomas von Aquin)

DA: Deutsche Augustinusausgabe (s. Werke/Augustinus)

GCS: Griech. Christl. Schriftsteller (s. Werke/Allg. Textsamml.)

LexMA: Lexikon des Mittelalters (s. Lexika)

LThK: Lexikon für Theologie und Kirche (s. Lexika)

PG: Migne (Hrg.): Patrologia Graeca (s. Werke/Allg. Textsamml.)

PL: Migne (Hrg.): Patrologia Latina (s. Werke/Allg. Textsamml.)

SC: Sources Chrétiennes (s. Werke/Allg. Textsamml.)

TRE: Theologische Realenzyklopädie (s. Lexika)

VGI: Veröffentlichungen des Grabmann-Instituts, Neue Folge, hrg. v. M. Schmaus, W. Dettloff, R. Heinzmann u. U. Horst, München u.a. 1967ff

I. ÜBERSICHTSWERKE, BIBLIOGRAPHIEN, LEXIKA

1. Übersichtswerke:

Altaner, B., Stuiber, A.: Patrologie. Leben, Schriften und Lehre der Kirchenväter, Freiburg i. Br. u.a. 1978

Beierwaltes, W.: Platonismus und Idealismus, Frankfurt a. M. 1972

Bréhier, E.: La philosophie du Moyen Âge, Paris [2]1971

Copleston, F.C.: Geschichte der Philosophie im Mittelalter, München 1976

Dufour, C. A.: Die Lehre der Proprietates Terminorum. Sinn und Referenz in mittelalterlicher Logik, München u.a. 1989

Flasch, K.: Das philosophische Denken im Mittelalter. Von Augustin zu Machiavelli, Stuttgart 1986

Fries, H., Kretschmar, G. (Hrg): Klassiker der Theologie, 1. Bd.: Von Irenäus bis Martin Luther, München 1981

Geyer, B. (Hrg.): Die patristische und scholastische Philosophie (= Friedrich Ueberwegs Grundriß der Geschichte der Philosophie II), Tübingen 1951

Gilson, E., Boehner, P. (Hrg.): Christliche Philosophie von ihren Anfängen bis Nikolaus von Cues, Paderborn 1954

Gilson, E.: History of Christian Philosophy in the Middle Ages, London 1955

–: La philosophie au Moyen Âge, Paris (1944) [2]1947

Gombocz, W.: Philosophie der ausgehenden Antike und des frühen Mittelalters, München 1997

Grabmann, M.: Die Geschichte der scholastischen Methode, I–II, Freiburg i. Br. 1909 u. 1911

–: Mittelalterliches Geistesleben, I–II, München 1926 u. 1936; III, hrg. v. L. Ott, München 1956

Guttmann, J.: Die Philosophie des Judentums, Wiesbaden 1985

Hengel, M.: Judentum und Hellenismus. Studien zu ihrer Begegnung unter besonderer Berücksichtigung Palästinas bis zur Mitte des 2. Jh. v. Ch., Tübingen ²1973
Hirschberger, J.: Geschichte der Philosophie I: Altertum und Mittelalter, Freiburg i. Br. u.a. ¹⁰1976
Höffe, O. (Hrg.): Klassiker der Philosophie, 1. Bd.: Von den Vorsokratikern bis David Hume, München 1981, ²1985
Kelber, W.: Die Logoslehre. Von Heraklit bis Origenes, Stuttgart 1976
Koslowski, P. (Hrg.): Gnosis und Mystik in der Geschichte der Philosophie, Zürich/ München 1988
Kretzmann, N. u.a. (Hrg): The Cambridge History of Later Medieval Philosophy. From the rediscovery of Aristotle to the disintegration of Scholasticism 1100–1600, Cambridge u.a. 1982
Leff, G.: Heresy in the Later Middle Ages, I–II, Manchester/New York 1967
de Libera, A.: Denken im Mittelalter, München 1998
Marenbon, J.: Early Medieval Philosophy (480–1150). An Introduction, London u.a. 1983
Neumark, D.: Geschichte der jüdischen Philosophie des Mittelalters I, II/1, II/2, Berlin 1928, ND: Berlin 1988
Pinborg, J.: Logik und Semantik im Mittelalter. Ein Überblick, Stuttgart-Bad Cannstatt 1972
Ruh, K.: Geschichte der abendländischen Mystik, Bd. 1–3, München 1990f.
Scherer, G.: Philosophie des Mittelalters, Stuttgart 1993
Schulthess, P. und Imbach, R.: Die Philosophie im lateinischen Mittelalter. Ein Handbuch mit einem bio-bibliographischen Repertorium, Zürich/Düsseldorf 1996
Simon, H., Simon, M.: Geschichte der jüdischen Philosophie, München 1984
Sirat, C.: La philosophie juive au Moyen Âge, Paris 1983
Smalley, B. (Hrg.): Trends in Medieval Political Thought, Oxford 1965
Speck, J. (Hrg.): Grundprobleme der großen Philosophen (1): Philosophie des Altertums und des Mittelalters, Göttingen 1972
Steenberghen, F. van: Die Philosophie im 13. Jahrhundert, München u.a. 1977
Sturlese, L.: Die deutsche Philosophie im Mittelalter. Von Bonifatius bis zu Albert dem Großen, Müchen 1993
Ullmann, W.: A History of Political Thought: The Middle Ages, Harmondsworth 1965
Wedberg, A.: A History of Philosophy, Vol. 1: Antiquity and the Middle Ages, Oxford 1982

2. Bibliographien:

Revue Philosophique de Louvain, Répertoire Bibliographique, Löwen 1948ff
Brie, C. A. de: Bibliographia Philosophica, I–II, Brüssel 1950
Imbach, R.: Notabilia I–VI. Hinweise auf wichtige Neuerscheinungen aus dem Bereich der mittelalterlichen Philosophie, in: Freiburger Zeitschr. f. Phil. u. Theol. 39(1992)–43(1996)
Kristeller, P. O.: Latin Manuscript Books Before 1600. A List of the Printed Catalogues and Unpublished Inventories of Extant Collections, New York 1952
Caenegem, R. C. van, Ganshof, F. L.: Kurze Quellenkunde des westeuropäischen Mittelalters, Göttingen 1962
Totok, W.: Handbuch der Geschichte der Philosophie II.: Mittelalter, Frankfurt a. M. 1973
Steenberghen, F. van: La Bibliothèque du Philosophe Médiéviste, Louvain 1974

3. Lexika:

Allgemeine Lexika:

Lexikon für Theologie und Kirche (= LThK), 2. völlig neu bearb. Aufl., hrg. v. J. Höfer u. K. Rahner, Freiburg i. Br. 1957–1967
Theologische Realenzyklopädie (= TRE), hrg. v. G. Krause u. G. Müller, Berlin/New York 1976ff
Lexikon des Mittelalters (= LexMA), München/Zürich 1980ff
The Encyclopedia of Islam, Bde 1ff. New ed. by B. Lewis u.a., Leiden u. London 1960ff

Lexika zum Latein des Mittelalters:

Ch. Du Fresne, Seigneur Du Cange: Glossarium ad scriptores mediae et infimae Latinitatis, Paris 1840ff
Forcellini, E.: Totius Latinitatis Lexicon, Padua 1903ff
Prinz, O., Schneider, J.: Mittellateinisches Wörterbuch, München 1967ff
Blaise, A.: Lexicon Latinitatis Medii Aevi, Turnhoult 1975

Philosophische Lexika:

Brugger, W. (Hrg.): Philosophisches Wörterbuch, Freiburg i. Br. u.a. [16]1981
Ricken, F. (Hrg.): Lexikon der Erkenntnistheorie und Metaphysik, München 1984
Ritter, J. (Hrg.): Historisches Wörterbuch der Philosophie, (= HWP), Basel u. Stuttgart 1971ff
Volpi, F., Nida-Rümelin, J. (Hrg.): Lexikon der philosophischen Werke, Stuttgart 1988
Vries, J. de: Grundbegriffe der Scholastik, Darmstadt 1980

II. WERKE:

1. Allgemeine Textsammlungen:

Umfassende Textsammlungen:

Migne, J. P. (Hrg.): Patrologiae Cursus Completus, Paris. Erste Reihe: Patrologia Graeca (161 Bände, Texte bis zum Konzil von Florenz) (= PG); zweite Reihe: Patrologia Latina (221 Bände, Texte bis zum Beginn des 13. Jh.) (= PL) (unkritische Ausgabe)
Corpus Scriptorum Ecclesiasticorum Latinorum (= CSEL: »Wiener Corpus«), Wien 1886ff (enthält kritische Texte)
Griechische Christliche Schriftsteller der ersten drei Jahrhunderte (= GCS: »Berliner Corpus«), Leipzig 1899ff, Berlin 1953ff
Corpus Christianorum (= CCH). Series Latina (= SL, 1954ff), Continuatio Mediaevalis (= CM, 1971ff), Series Graeca (= SG, 1977ff), Series Apocryphorum (= SA, 1983ff), hrg. von der Abtei St. Peter in Steenbrugge, Turnhout 1954ff (kritische Ausgabe)
Sources Chrétiennes (= SC). Fond. par H. de Lubac et J. Daniélou (alle Bde. mit Einl., krit. Text, franz. Übers. und Anm.), Paris/Lyon 1941ff
Plato Latinus (Corpus Platonicum Medii Aevi). Ed. R. Klibansky u.a., London/Leiden 1940ff, ND: I. Nendeln (Liechtenstein) 1979
Aristoteles Latinus. Ed. G. Lacombe u.a., Rom 1939ff; Ed. L. Minio-Paluello u.a., Leiden u.a. 1961ff; Ed. G. Verbeke u.a. 1975ff
Avicenna Latinus. Krit. Ed. S. van Riet, Leiden 1968ff

Corpus Latinum Commentariorum in Aristotelem Graecorum. Ed. G. Verbeke, Leiden 1973ff
Corpus Philosophorum Teutonicorum Medii Aevi, hrg. v. K. Flasch u. L. Sturlese, Hamburg 1977ff

Kleine Textsammlungen in Übersetzung:

Bibliothek der Kirchenväter (= BKV). Eine Auswahl partistischer Werke in deutscher Übersetzung, 61 Bde. (Erste Reihe), hrg. v. O. Bardenhewer u.a., Kempten/München 1911ff; Neue Reihe 1932ff
Flasch 1982: Geschichte der Philosophie in Text und Darstellung, II: Mittelalter, hrg. v. K. Flasch, Stuttgart 1982
Fairweather 1970: A Scholastic Miscellany: Anselm to Ockham. Ed. and transl. by E. R. Fairweather, London 1956 (= Library of Christian Classics X.), New York 1970
Hyman/Walsh 1967: Philosophy in the Middle Ages. The Christian, Islamic, and Jewish Traditions. Ed. by A. Hyman and J. J. Walsh, New York 1967
Lerner/Mahdi 1963: Medieval Political Philosophy: A Sourcebook. Ed. by R. Lerner and M. Mahdi, New York 1963
McKeon 1929: Selections from Medieval Philosophers. Ed. and transl. by R. McKeon, I–II, New York 1929f
Wippel/Wolter 1969: Medieval Philosophy: From St. Augustine to Nicholas of Cusa. Ed. by J. F. Wippel and A. B. Wolter, London/New York 1969
Wöhler 1992: Texte zum Universalienstreit. Hrg. von U. Wöhler, Bd. 1 u. 2, Berlin 1992 u. 1994

2. Einzelne Autoren:

(Petrus) Abaelard

Ausgaben:

–: Ouvrages inédits. Ed. V. Cousin, Paris 1836
–: Opera. Ed. V. Cousin, 2 Bde., Paris 1849 u.1859
–: Philosophische Schriften, hrg. v. B. Geyer, Münster 1919–1933
–: Scritti filosofici, hrg. v. M. Dal Pra, Rom/Mailand 1954
Abaelardiana Inedita, hrg. v. L. Minio-Paluello, Rom 1959
–: Dialectica, hrg. v. L. M. de Rijk, Assen (1956) ^{2}1972
–: Opera theologica I–V. Ed. E. M. Buytaert (CCH,CM, 11–15), Turnhout 1969ff
–: Theologia »Summi Boni«, hrg. v. H. Ostlender, Münster 1939
–: Dialogus inter Philosophum, Judaeum et Christianum. Krit. Ed., Einl. von R. Thomas, Stuttgart-Bad Cannstatt 1970
–: Historia Calamitatum. Crit. Ed. J. Monfrin, Paris ^{3}1967
–: Sic et non. Ed. crit. B. Boyer and R. McKeon, Chicago/London 1976

Kommentierte Ausgaben und Übersetzungen:

Die Leidensgeschichte und der Briefwechsel mit Heloisa (Historia calamitatum). Übers. u. hrg. v. E. Brost, Heidelberg 1979
The Story of Abelard's Adversities. Transl. with notes by J. T. Muckle. Pref. by E. Gilson, Toronto 1954
Nosce te ipsum. Die Ethik des Petrus Abaelard. Übers. u. Einl. v. F. Hommel, Wiesbaden 1947
Peter Abelard's Ethics (Ethica). Ed. with intr., transl. and notes by D. E. Luscombe, Oxford 1971
Das Universalienproblem (Logica Ingredientibus, Ausz.) und Die Vieldeutigkeit der Texte – Interpretation als Problem. Prolog zu »Sic et non«. Übers. v. B. Milz u. K.

Flasch, in: Flasch 1982, 233–269
–: Exposition of the Epistle to the Romans (Excerpt from Book II). Ethics or the Book Called »Know Thyself« Excerpt). Hymn for Saturday Vespers. Transl. by G. E. Moffatt, E. R. Fairweather and J. M. Neale, in: Fairweather 1970, 276–299
–: A dialogue with a Jew and a Christian (Dialogus inter Philosophum, Iudaeum et Christianum). Transl. by P. J. Prayer, Toronto 1979
–: Du Bien Supreme (Theologia Summi boni). Intr., trad. et notes par J. Jolivet, Montréal–Paris 1978
–: Gespräch eines Philosophen, eines Juden und eines Christen. Lateinisch und deutsch. Hrg. u. übers. von H.-W. Krautz, Frankfurt/M 1995
Œuvres choisies d'Abélard. Textes pès. et trad. par M. de Gandillac. Logique, p. 1. Éthique. Dialogue entre un philosophe, un juif et un chrétien, Paris 1945

Albertus Magnus

Ausgaben:
–: Opera Omnia. Ed. A. Borgnet (38 Bde.), Paris 1890–1899
–: Opera Omnia (Editio Coloniensis). Krit. Ed. B. Geyer u.a., seit 1978 von W. Kübel u.a., Münster i.W. 1951ff
Fauser, Winfried: Die Werke des Albertus Magnus in ihrer handschriftlichen Überlieferung. Teil I: Die echten Werke (Opera omnia Tomus subsidiarius I), Münster 1981

Kommentierte Ausgaben und Übersetzungen:
–: Ausgewählte Texte, lat./dt., hrg. u. übers. von A. Fries. Kurzbiographie von W. P. Eckert, Darmstadt (1981) ²1987
Quaestiones Alberti de modis significandi. Crit. ed., transl. and comm. of the British Museum Incunabulum C.21. C.52 and the Cambridge Incunabulum Inc. 5.J.3.7. by L. G. Kelly, Amsterdam 1977

Al Gazzali

Kommentierte Ausgaben und Übersetzungen:
–: Die Niesche der Lichter (Miskat al-anwar). Aus dem Arab. übers. mit Einl., Anm. u. Indic., hrg. v. Abd-Elsamad Abd-Elhamid Elschazli, Hamburg 1987
–: Der Erretter aus dem Irrtum (al Munqid min ad-dalal). Aus dem Arab. übers. mit Einl., Anm. u. Indic., hrg. v. Abd-Elsamad Abd-Elhamid Elschazli, Hamburg 1988

Anselm von Canterbury

Ausgaben:
–: Opera Omnia. Ed. F. S. Schmitt OSB, I: Seckau 1938, II–VII: Edinburgh 1946–61, ND: Stuttgart-Bad Cannstatt (1968) ²1984
A Concordance to the Works of St. Anselm I–IV. Ed. G. R. Evans, Millwood, New York 1984

Kommentierte Ausgaben und Übersetzungen:
R. Allers: Anselm von Canterbury (dt. Textanhang), Wien 1936
–: (Einzelausgaben), lat./dt., hrg. u. übers. v. F. S. Schmitt, München und Stuttgart 1956–1966: Cur Deus Homo. Warum Gott Mensch geworden 1956, ND: Darmstadt ⁴1986; Monologion 1964; Proslogion ²1984; De veritate. Über die Wahrheit 1966
–: Kann Gottes Nicht-Sein gedacht werden? Die Kontroverse zwischen Anselm von Canterbury und Gaunilo von Marmoutiers, lat./dt., übers., erl. u. hrg. v. B. Mojsisch, Einl. v. K. Flasch, Kempten 1989
St. Anselm's Proslogion. With a reply on behalf of the fool by Gaunilo, and the author's reply to Gaunilo. Transl., with an intr. and philos. comm. by M. J. Charlesworth, Oxford 1965

–: Fides quaerens intellectum id est Proslogion. Liber Gaunilonis pro insipiente atque Liber apologeticus contra Gaunilonem. Texte et trad. par A. Koyré, Paris ^{3}1964

–: Wahrheit und Freiheit. Vier Traktate. Übers. u. Einl. von H. Verweyen, Einsiedeln 1982

–: De grammatico, lat./engl., in: D. P. Henry, Commentary on De Grammatico. The historical-logical dimension of a dialogue of St.Anselm's, Dordrecht/Bosten 1974

–: Trinity, Incarnation and Redemption. Theological Treatises. Ed. and transl. by J. Hopkins and H. Richardson, New York 1970

–: Why God became Man. The Virgin Conception. Original Sin, transl., intr. and notes by J. M. Colleran, New York 1969

–: Pourquoi Dieu s'est fait homme (Cur deus homo), lat./franz., intr., bibliogr. et notes de R. Roques, Paris 1963

Augustinus

Ausgaben:

–: Opera omnia. Studio monachorum ordinis S. Benedictini, 11 Bde., Paris 1679 bis 1700 (Maurinerausgabe)

–: Opera: CCh, SL, Bde 27–57, Turnhout 1954ff

–: Einzelausgaben in: CSEL, Wien 1887ff

Lexikon und Konkordanz:

Augustinus-Lexikon, hrg. v. C. Mayer u.a., Basel 1986ff

EDV-Wortkonkordanz aller Augustinus-Werke an den Universitäten Würzburg und Gießen 1981–1983 (ca. 5 Mio. Wörter); seit 1984 laufende Überarb. durch Austausch der Migne/PL-Texte durch die CSEL- bzw. CCL-Editionen

Kommentierte Ausgaben und Übersetzungen:

(a) Reihen:

Bibliothek der Kirchenväter (= BKV): I–III. Über den Gottesstaat (Schröder) 1911–22; IV–VI: Vorträge über das Evangelium des hl. Johannes (Specht) 1913–14; VII: Bekenntnisse (Hoffmann) 1914; VIII: Ausgewählte praktische Schriften: De doctrina christiana; de catechizandis rudibus; de fide et operibus; Enchiridon ad Laurentium sive de fide, spe et caritate (Mitterer) 1925; IX–X: Ausgewählte Briefe (Hoffmann) 1917; XI–XII: Fünfzehn Bücher über die Dreieinigkeit (Schmaus) 1935

–: Werke in deutscher Sprache (Deutsche Augustinus-Ausgabe: DA), übers. v. C. Perl u.a., Paderborn 1940ff: (nur dt:) Alleingespräche 1955; Die Ordnung 1967; Der freie Wille ^{4}1972; Die wahre Religion 1957; Die Größe der Seele 1960; Die Musik ^{3}1963; Bekenntnisse ^{2}1964; Das Handbüchlein ^{4}1984; Die Auslegung der Psalmen (Ausw.) 1955; Über den Wortlaut der Genesis I, B. I–IV (1961) ^{2}1989, Bücher VI–XII 1964. (Lat./dt.:) Der Lehrer ^{3}1974; Der Nutzen des Glaubens. Die zwei Seelen 1967; Geist und Buchstabe 1968; Drei Bücher über den Glauben 1968; Dreiundachtzig verschiedene Fragen 1972; Retractationes 1976; Der Gottesstaat 1981

St. Augustinus der Lehrer der Gnade (AL). Deutsche Gesamtausgabe seiner antipelagianischen Schriften, lat./dt., hrg. v. A. Kunzelmann u. A. Zumkeller, Würzburg 1964ff: I: Strafe und Nachlassung der Sünden. Geist und Buchstabe. Natur und Gnade, 1971; II. Die Vollendung der menschlichen Gerechtigkeit. Die Verhandlungen mit Pelagius. Die Gnade Christi und die Erbsünde, 1964; III: Ehe und Begierlichkeit. Natur und Ursprung der Seele. Gegen zwei pelag. Briefe, 1977; VII: Gnade und freier Wille. Zurechtweisung und Gnade. Die Vorbestimmung der Heiligen. Die Gabe der Beharrlichkeit, ^{2}1987. Prolegomena I.: Die Auslegung einiger Fragen aus dem Brief an die Römer, 1989

St. Augustinus der Seelsorger (AS). Gesamtausgabe seiner moraltheologischen Schriften, hrg. v. A. Kunzelmann u. A. Zumkeller, übers. v. P. Keseling u.a., Würzburg 1949–1975: Die Enthaltsamkeit 1949; Die Lüge. Gegen die Lüge ^{2}1986; Der christliche Kampf. Die christl. Lebensweise ^{2}1986; Die Handarbeit der Mönche 1972; Das Gut der Ehe ^{2}1986; Heilige Jungfräulichkeit 1952; Das Gut der Witwenschaft

1952; Die Geduld 1956; Die ehebrecherischen Verbindungen. Zwei Bücher an Pollentius 1949; Die Sorge um die Toten 1974; Der Nutzen des Fastens 1958
Die Bibliothek der Alten Welt (= BaW). Antike und Christentum, hrg. v. K. Hoenn u. W. Ruegg, übers. v. W. Thimme u.a., Zürich 1950ff: Bekenntnisse (auch Stuttgart 1950); Selbstgespräch über Gott. Die Unsterblichkeit der Seele, lat./dt. [2]1986; Vom Gottesstaat I–II, [2]1978 (auch dtv 1978). Theologische Frühschriften, lat./dt.: Vom freien Willen; Von der wahren Religion 1962. Philosophische Frühdialoge: Gegen die Akademiker. Über das Glück. Über die Ordnung, 1972. Philosophische Spätdialoge, lat./dt.: Die Größe der Seele. Der Lehrer, 1973
–: The Works I–XV. A new transl., Ed. M. Dods, Edinburgh 1871–1876
–: Earlier Writings (Select.). Transl. with intr. by J. H. Burleigh. Confessiones and Enchiridion (Select.). Transl. by A. C. Outler. Later Works (Select.). Transl. by J. Burnaby (= Library of Christian Classics Vol. 6–8), London 1953f
Bibliothèque Augustinienne. Œuvres de S.Augustin, lat./frz., Paris 1949f (»2. Pariser Ausgabe«)

(b) Einzelausgaben:
–: De beata vita. Lat./dt., Übers., Anm. u. Nachw. v. I. Schwarz-Kirchenbauer u. W. Schwarz, Stuttgart 1982
–: De vera religione. Lat./dt., (= BaW), Stuttgart 1983
–: Selbstgespräche. Lat./dt., hrg. v. P. Remark, München 1951
–: Aufstieg zu Gott. Einl., hrg. u. übers. v. L. Boros, Olten 1982
–: Vom ersten katechetischen Unterricht. Neu übers. v. W. Steinmann, bearb. v. O. Wermelinger, München 1985
–: Confessiones. Lat./dt., Einl., übers. u. erl. v. J. Bernhart, München (1955) [4]1980
–: Bekenntnisse. Übers, Einl., Anm. v. K. Flasch u. B. Mojsisch, Stuttgart 1989
–: Confessiones (Ausw.), Einl. u. Komm. v. W. Siewert, 2 Bde (Text und Komment., Neubearb.), Münster 1987
–: The Confessions. A new transl. by R. Warner. Intr. by V. J. Bourke, New York/London 1963
–: De Dialectica. Lat./engl., transl, intr. and notes by B. D. Jackson, Dordrecht, Bosten 1975
–: Contra Academicos. Einl. u. Komm. von Th. Fuhrer, Berlin 1994

Averroes

Ausgaben:
Aristotelis opera cum Averrois commentariis. Venedig 1562–1574; ND des Vol. X (= Die medizinischen Kompendien des Averroes und Avicenna. »Colliget« und »Cantica«): Frankfurt a. M. 1963
Corpus Commentariorum Averrois in Aristotelem. Ed. Medieval Academy of America, Cambridge (Mass.) 1949ff
Averroes Latinus. Ed. R. Hissette, Louvain 1996ff

Kommentierte Ausgaben und Übersetzungen:
Philosophie und Theologie von Averroes (Fasl al-maqal). Aus dem Arab. übers. v. M. J. Müller, hrg. v. d. Königlich-Bayerischen Akademie der Wissenschaften, München 1875. ND: Osnabrück 1974. Mit einem Nachwort v. M. Vollmer, Weinheim 1991
The Philosophy and Theology of Averroes (Fasl al-maqal), übers. v. M. Jamil-Ur-Rehman, Baroda 1921
–: On the harmony of religion and philosophy, transl., intr. and notes of Ibn Rushd's Kitab Fasl al-maqal, with its appendix (Dhamima) and an extract from Kitab al-kashf 'an manahij al-adilla by G.F. Hourani, London 1961
–: Traité décisif sur l'accord de la religion et de la philosophie (Fasl al-maqal). Suivi de l'appendice (Dhamima). Arab./frz., notes et intr. par L. Gauthier, Alger [3]1948
Die Hauptlehren des Averroes nach seiner Schrift: Die Widerlegung des Gazali (Tahafut at-tahafut:). Aus dem arab. Originale übers. u. erl. v. M. Horten, Bonn 1913

–: The incoherence of the incoherence (Tahafut at-tahafut), Transl. from the Arabic with intr. and notes by S. van den Bergh, I–II, Oxford 1954
Die Metaphysik des Averroes. Nach dem Arab. über. und erl. v. M. Horten, Halle 1912, ND: Frankfurt a. M. 1960
Die Epitome der Metaphysik des Averroes. Übers., Einl. u. Erl. v. S. van den Bergh, Leiden 1924
–: Commentary on Plato's »Republic«. Ed., intr., transl. and notes by E. I. J. Rosenthal, Cambridge 1956
–: On Plato's Republic. Transl., intr. and notes by R. Lerner, Ithaca, N.Y. 1974
–: Does finite and temporal motion require a resistant medium? Comment 71 on Book IV of Aristotle's Physics. Transl., intr., annot. by J. E. Murdoch and E. Grant; The Mover or cause in natural motion. Comment 28 on Book III of Aristotle's On the Heavens (De caelo). Transl., annot. by E. Grant, in: Grant 1974, 253–262 u. 263–264
Averroes (1126–1198). Transl. by G.F. Hourani and A. Hyman, in: Hyman/Walsh 1976, 283–325

Avicenna

Ausgaben:
–: Werke. Krit. Ed. J. Madkur, Kairo 1952ff
–: Opera. Venedig 1508. ND: Frankfurt a. M. 1961
–: Metaphysica sive prima Philosophia. Venedig 1495. ND: Frankfurt a. M. 1961
–: The Life of Ibn Sina (Sirat as-sayq al-ra'is). A crit. ed. and annot. transl. by W. E. Gohlman, Albany, N.Y. 1974
Avicenna Latinus. Krit. Ed. S. van Riet (De anima seu Sextus de Naturalibus I–V; De philosophia prima sive Scientia divina I–X, Lexiques; Libri naturales I–III–IV (II/V. i.Vb.), Codices, Leiden 1968ff

Kommentierte Ausgaben und Übersetzungen:
Avicennae Metaphysices Compendium, ins Lat. übers. mit Anm. v. N. Carame, Rom 1926
Die Metaphysik Avicennas (al-Ilahiyat), enthaltend die Metaphysik, Theologie, Kosmologie und Ethik. Übers. u. erl. von M. Horten, Leipzig 1907, ND: Frankfurt a. M. 1960
The »Metaphysica« of Avicenna (Ibn Sina). A critical translation-commentary and analysis of the fundamental arguments in Avicenna's »Metaphysica« in the Danish Nama-i 'ala'i (The Book of Scientific Knowledge). By Parviz Morewedge, London 1973
–: Le livre de science (Danis-name). Trad. par M. Achena et H. Massé. I. Logique, Métaphysique. II. Physique, Mathématiques. Paris 1955–58
–: On the Divisions of the Rational Sciences. Healing: Metaphysics X. On the Proof of Prophecies and the Interpretation of the Prophets' Symbols and Metaphors. Transl. by Muhsin Mahdi and Michael E. Marmura, in: Lerner/Mahdi 1963, 95–121
–: The Healing, Metaphysics (al-Ilahiyat; Ausz.). Transl. by A. Hyman, in: Hyman/Walsh 1967, 240–254
–: Das Lehrgedicht über die Heilkunde (Canticum de medicina) (al-Qanun fi 't-tibb). Aus dem Arab. übers. v. K. Opitz, in: Quellen und Studien zur Geschichte der Naturwissenschaften und der Medizin 7 (1939), 150–220
A treatise on the Canon of medicine of Avicenna (al-Qanun fi't-tibb). Incorporating a transl. of the First Book by O. C. Gruner, London 1930, ND: New York 1973
Avicenna's Psychology. An English transl. of Kitab al-Najat book II, chapter VI, with historico-philosophical notes and textual improvements on the Cairo edition by F. Rahman, London 1952, ND: Westport, Conn. 1981
Psychologie d'Ibn Sina (Avicenna) d'après son oeuvre as-Sifa ('Ilm annafs). Ed. et trad. par J. Bakos, I–II, Prague 1956
Avicenna on Theology, transl. by A. J. Anberry, London 1951
–: La Métaphysique du Shifa'. Livres I à V (al-Ilahiyat). Trad. francaise du texte ara-

be de l'édition du Caire, intr., notes et comment. par G. C. Anawati. Paris 1978
–: Livres des directives et remarques (Kitab al-isarat wa-'t-tanbihat). Trad., intr. et notes par A.-M. Goichon, Beyrouth/Paris 1951
–: Le livre des définitions (Risala fi 'l-hudud). Ed., trad. et annoté par A.-M. Goichon, Le Caire 1963
Introduction à Avicenne. Son épitre des définitions (Risala fi l'hudud). Trad. avec notes par A. M. Goichon, Paris 1933
–: Le récit de Hayy ibn Yaqzan (Risalat Hayy ibn Yaqzan). Commenté par des textes d'Avicenne. Avant-propos, trad., explications et notes par A.-M. Goichon, Paris 1959

Bernhard von Clairvaux

Kommentierte Ausgabe mit Übersetzung:
–: Sämtliche Werke lateinisch/deutsch. Hrg. von G. B. Winkler, Innsbruck 1990ff

Boethius

Ausgaben:
Aristoteles Latinus. Translatio Boethii, Ed. Laurentius Minio-Paluello, Leiden 1961ff, Brugge/Paris 1965f
–: De institutione arithmetica libri II. De institutione musica Libri V. Accedit Geometrica. Ed. by G. Friedlein, Leipzig 1867, ND: Frankfurt a. M. 1966
–: Consolatio philosophiae. Ed. L. Bieler, Turnhout 1957 (= CCh, SL 94)
–: Philosophiae consolationis libri V. Ed. Vindobonae, Leipzig 1934, ND: New York, London 1964 (= CSEL, Bd. 67)
–: Philosophiae consolationis libri quinque. Hrg. v. K. Büchner, 3. ern. Aufl. 1977

Kommentierte Ausgaben und Übersetzungen:
–: Wie die Substanzen gut sind, sofern sie sind, obwohl sie nicht wesenhafte Güter (substantialia bona) sind (De hebdomadibus). Übers. von K. Flasch, in: Flasch 1982, 127–132
–: Fünf Bücher über die Musik (De musica). Übers. u. erl. v. O. Paul, Leipzig 1872. ND: Hildesheim, New York 1973
Boethius's De topicis differentiis. Transl., notes and essays on the text by E. Stump, Ithaca-London 1978
Boethian Number Theory. A transl. of the De institutione arithmetica with intr. and notes by M. Masi, Amsterdam 1983
–: Die Theologischen Traktate, lat./dt., übers., Einl. u. Anm. v. M. Elsässer, Hamburg 1988
–: The Theological Tractates. With transl. by H. F. Stewart, E. K. Rand and S. J. Tester. The Consolation of Philosophy. Engl. transl. by S. J. Tester, New ed. London 1973
–: Trost der Philosophie (De consolatione philosophiae), lat./dt. hrg. und übers. v. E. Gegenschatz u. O. Gigon. Einl. u. Erl. v. O. Gigon, Zürich-München [4]1990
–: Gruber, J.: Kommentar zu Boethius De Consolatione Philosophiae. Hrg. v. O. Gigon u.a., Berlin/New York 1978
–: Trost der Philosophie (De consolatione philosophiae). Übers. u. hrg. v. K. Büchner, Einf. v. F. Klingner, Stuttgart 1971
–: Consolatio philosophiae (Ausw.). Einl. u. erl. v. F. X. Herrmann, lat./dt., 2 Bde (Text und Kommentar), Münster 1974
–: The consolation of philosophy, with transl. by J. Thorpe, London/New York (1918/1926) [2]1973
–: The consolation of philosophy. Transl., intr. and notes by R. Green, Indianapolis 1975

Bonaventura

Ausgaben:
–: Opera Omnia I–X. Krit. Ed., Quaracchi 1882–1902.
–: Questions disputées »De caritate« »De novissimis«, hrg. v. P. Glorieux, Paris 1950 (in den Opera nicht enthalten)
–: Collationes in Hexaemeron, hrg. v. F. Delorme, Florentiae 1934 (Eine zweite Redaktion, die in den Opera nicht enthalten ist.)

Kommentierte Ausgaben und Übersetzungen:
–: Obras I–VI. Lat./span., ed. L. Amorós u.a., Madrid 1945–1949
–: Breviloquium. Einf. u. übers. v. F. Imle u. J. Kaup, Werl 1931
–: Der Zuchtspiegel (Speculum disciplinae). Übers. u. Erl. v. T. V. Gerster, Bregens 1934
K. Ruh: Bonaventura deutsch. Ein Beitag zur dtsch. Franziskaner-Mystik u. -Scholastik: Itinerarium mentis in Deum. De triplici via. Epistola continens 25 memorabilia, Bern 1956
–: Pilgerbuch der Seele zu Gott (Itinerarium mentis in Deum) – Die Zurückführung der Künste auf die Theologie (De reductione artium ad theologiam). Einl. u. Erl. v. J. Kaup, München 1961
–: Itinéraire de l'esprit vers Dieu. Lat./frz., Intr., trad. et notes par H. Duméry, Paris 1960
–: De reductione artium ad theologiam – Itinerarium mentis in Deum. Ed. by P. Boehner and F. Laughlin, Saint Bonaventure, N.Y. 1955–56 (Works of Saint Bonaventure I, II)
–: Disputed questions on the mystery of the Trinity (Quaestiones disputatae de mysterio SS. Trinitatis). Indr. and transl. by Zachary Hayes, St. Bonaventure, N.Y. 1979 (Works of St. Bonaventure III)
–: The souls's journey into God. The tree of life. The life of St. Francis. Transl. and intr. by E. Cousins. Pref. by I. Brady, New York 1978
–: Das Sechstagewerk (Collationes in Hexaemeron), lat./dt., übers. u. Einl. v. W. Nyssen, München (1964) ²1979
–: Kritik am Aristotelismus (Collationes in Hexaemeron, Ausz.), übers. von K. Flasch, in: Flasch 1982, 333–354
–: Alleingespräch (Soliloquium). Über die vier geistlichen Übungen De quattuor mentalibus exercitiis, lat./dt., hrg. u. übers. v. J. Hosse, München 1958
–: Über den Grund der Gewißheit. Ausgewählte Texte. Übers. u. erl. v. M. Schlosser, Weinheim 1991
–: On the Eternity of the World (s. Thomas von Aquin)
–: The character of a Christian leader. Originally titled The six wings of the seraph (De six alis seraphim). Transl. by Philip O'Mara, Ann Arbor (Mich.) 1978
–: Is God's Existence a Truth That Cannot Be Doubted? Theory of Illumination. Theory of Seminal Reasons. Transl. by A. B. Wolter, in: Wippel/Wolter 1969, 300 bis 327
Bonaverturas »Legenda Sancti Francisci« in der Übersetzung der Sibilla von Bondorf, hrg. v. D. Brett-Evans, Berlin 1960
–: Vom Wissen Christi. Lat./dt., Einl., Übers. u. hrg. v. A. Speer, Hamburg 1992
–: Über den Grund der Gewißheit. Ausgewählte Texte. Übers. u. Einl. von M. Schlosser, Weinheim 1991
–: De triplici via – Über den dreifachen Weg. Übers. u. Einl. von M. Schlosser (= Fontes Christiani 14), Freiburg 1993

Clemens von Alexandrien
Ausgaben:
–: Ed. O. Stählin, L. Früchtel u. U. Treu I–IV (= GCS), Berlin 1936–1980

Übersetzungen:
–: Ausgewählte Schriften I–V: Mahnrede an die Heiden (Protreptikos). Der Erzieher (Paidagogos). Welcher Reiche wird gerettet werden? (Quis dives salvetur?). Teppiche (Stromateis). Übers. v. O. Stählin (BKV), Kempten/München 1934–1938 u. 1983
–: Paidagogos. Mit Einleitung zu Justins »Dialog«. In Ausw. hrg. v. J. Fischer, 2 Bde. (Text und Kommentar), Münster 1964f
–: The Writings I–IV. Transl. by W. Wilson, Edinburgh 1867–1872
–: Works. Griech./engl., transl. by G. W. Butterworth (Select.), Cambridge (Mass.)/ London 1953
–: Alexandrian Christianity. Select. Transl. of Clemente and Origen. Intr. and Notes by J. E. L. Oulton and H. Chadwick, London 1954
–: Œuvres, in: Genoud, A.: Les Pères de l'église trad. en franc. IVf, Paris 1837–1839

Dionysius (Pseudo) Areopagita
Ausgaben:
–: Opera. Komm. des Hugo v. St. Victor, Thomas Gallus, Robert Grosseteste, Albertus Magnus, Thomas von Aquin, Ambrosius Traversari, Marsilius Ficinus. Straßburg 1502, ND: Frankfurt a. M. 1970
–: Opera. Ed. Migne, PG 3, Paris 1857, ND: Turnhout 1968 (= CCh)
–: Corpus Dionysiacum (Krit. Ed.). Bd. I: Pseudo-Dionysius Areopagita, De Divinis Nominibus, hrg. v. B. R. Suchla, Berlin/New York 1990 (drei weitere Bände. i.Vb.)
–: De divinis nominibus (Verbesserter Text), in: S. Thomae Aquinatis In librum beati Dionysii De divinis nominibus expositio, hrg. v. C. Pera, Rom 1950
Dionysiaca. Recueil donnant l'ensemble des traductions latines des ouvrages attribués au Denys l'Aréopagite, hrg. v. Philippe Chevalliers, Bruges/Paris 1937/50, ND: I–IV, Nachw. v. M. Bauer, Stuttgart 1989

Kommentierte Ausgaben und Übersetzungen:
–: Œuvres complètes. Trad., préf. et notes par M. de Gandillac, Paris 1943
–: La hiérarchie céleste. Krit. Ed. G. Heil, Intr. p. R. Roques, trad. et notes par M. de Gandillac, Paris ²1970 (SC 58)
Des heiligen Dionysius Areaopagita angebliche Schriften über die beiden Hierarchien (De caelesti hierarchia. De ecclesiastica hierarchia). Übers. v. J. Stiglmayr (BKV), Kempten/München 1911
–: Über die himmlische Hierarchie. Über die kirchliche Hierarchie. Einl., übers. u. Anm. v. G. Heil, hrg. v. P. Wirth u. W. Gessel, Stuttgart 1986
–: Angebliche Schriften über »Göttliche Namen« (De divinis nominibus). Angeblicher Brief an den Mönch Demophilus. Übers. v. J. Stiglmayr (BKV, 2. R.), München 1933
–: Die Namen Gottes. Einl., übers. u. Anm. v. B. R. Suchla, hrg. v. P. Wirth u. W. Gessel, Stuttgart 1988
–: Von den Namen zum Unnennbaren (De divinis nominibus). Ausw. und Einl. v. E. von Ivanka, Einsiedeln 1981
–: On the Divine Names and the Mystical Theology. Ed. C. E. Rolt, London 1920
–: Theologia mystica, with 1. and 5. epist. Transl. and intr. by A. W. Watts, New York 1944

(Johannes) Duns Scotus
Ausgaben:
–: Tractatus de primo principio. Krit. Ed. M. Müller, Freiburg i. Br. 1941
–: Opera omnia. Krit. Ed. C. Balic., Civitas Vaticana 1950ff
–: Opera omnia, Ed. Wadding, Lyon 1639 (Neuauflage der Ed. Vivès, Paris 1891 bis 1895 (vollständig, enthält aber auch unechte Werke)

Übersetzungen:
–: Abhandlungen über das erste Prinzip (De primo principio). Hrg., übers., Einl. u. Komm. v. W. Kluxen, Darmstadt (1974) ²1987
–: Tractatus de primo principio. Ed. and transl. E. Roche, St. Bonaventure, N.Y. 1949
–: A treatise on God as first principle. A revised Latin text of the De primo principio, transl. along with two related questions from an early commentary on the Sentences of Peter Lombard. By A. B. Wolter, Chicago 1966
–: Ordinatio (Ausw.). Übers. u. Einln. v. T. Barth u. H. L. Fäh, in: Franziskanische Studien: Ordinatio Prolog q. 1. (Duns Scotus und die Notwendigkeit einer übernatürlichen Offenbarung): 40 (1958) 382–404, 42 (1960), 51–65; Ordinatio I, d. 2, q. 1–3 (Ist Gottes Dasein durch sich bekannt?): 43 (1961), 348–373 und 44 (1962), 192–241; Ordinatio I, d. 3, pars 1, 1. 1–3 (Die Erkennbarkeit Gottes) 47 (1965), 187 bis 299; 50 (1968) 162–223, 268–367; 52 (1970) 137–183; 54 (1972) 109–357.
–: The philosophical writings (select.). Lat./engl., transl. by A. B. Wolter, Edinburgh, u.a. 1962, Indianapolis 1964
–: Questions on the Metaphysics. Book 9: potency and act (Quaestiones super libros Metaphysicorum Aristotelis; Ausz.). Transl. from a corrected text by A. B. Wolter, Washington 1979
–: God and creatures. The quodlibetal questions (Quodlibeta). Transl., intr., notes and glossary by F. Alluntis and A. B. Wolter, Princeton N.J. 1975, ND: Washington 1981

(Meister) Eckhart

Ausgaben:
Meister Eckhart: Die deutschen Werke. Die lateinischen Werke. Krit. Ed. J. Quint, Stuttgart (1936ff) ²1986
–: Opera latina auspiciis Instituti Sanctae Sabinae ad codicum fidem edita: I. Super oratione dominica, hrg. v. R. Klibansky; II. Opus tripartitum: Prologi, hrg. v. H. Bascour; III: Quaestiones Parisienses, hrg. v. M. A. Dondaine, Leipzig 1934–1936
Eine lateinische Rechtfertigungsschrift des Meister Eckhart, hrg. v. A. Daniels, Münster 1923
Denifle, H.: Akten zum Prozeß Meister Eckarts, in: Archiv für Literatur- und Kirchengeschichte des Mittelalters II., Berlin 1886, 616–640, ND: Graz 1956
Thery, G.: Ed. crit. des pièce relatives au procès d'Eckhart contenues dans le manuscrit 33b de la Bibliothèque de Soest, in: Archives d'histoire doctrinale et littéraire du moyen âge, Paris 1926–1927, 129–268
Largier, N.: Bibliogr. zu Meister Eckhart, Freiburg/Schweiz 1989

Kommentierte Ausgaben und Übersetzungen:
–: Die lateinischen Werke III u. IV (= Ed. Quint), hrg. u. übers. v. K. Weiß u.a., Stuttgart 1990 u. 1987
–: Deutsche Predigten und Traktate. Hrg. u. übers. von J. Quint, München ⁶1985, Neuausg. Zürich 1990
–: Das Buch der göttlichen Tröstung. Übers. v. J. Quint, Frankfurt a. M. 1987
–: Kommentar zum Buch der Weisheit. Eingel., übers. u. komm. v. K. Albert, St. Augustin 1988
–: (Ausw.), hrg., Einl. u. Übers. v. D. Mieth, Olten u.a. 1979
–: Vom Wunder der Seele (Ausw. aus den Traktaten und Predigten). Einl. u. hrg. v. F. A. Schmid-Noerr, Stuttgart 1979
Meister Eckharts Rechtfertigungsschrift vom Jahre 1326. Einl., Übers. u. Anm. von O. Karrer und H. Piesch, Erfurt 1927

Gilbert von Poitiers

Ausgaben:
–: Opera. Ed. Migne, PL 64, 1247–1412
–: Expositio in symbolum, Quicumque vult. Ed. v. N. Häring, in: Medieval studies 34

(1972), 208–252
–: The Commentaries on Boethius. Krit. Ed. N. Häring, (Studies and Texts. Pontif. Inst. of med. stud. 13), Toronto 1966
–: Tractatus de Trinitate. Ed. by N. Häring, in: Recherches de théologie ancienne et médiéval 39 (1972), 14–50
Sententiae magistri Gisleberti. Ed. N. Häring, in: Archives historiques du département de la Gironde 45 (1978), 83–180; 46 (1979), 45–135

(Robert) Grosseteste

Ausgaben:
Die philosophischen Werke des Robert Grosseteste. Ed. L. Baur (BGPhMA 9), Münster i.W. 1912
Commentarius in VIII libros Physicorum Aristotelis. Ed. R. C. Dales, Boulder (Colorado) 1963
Aristoteles Latinus. 26, 1/3. Ethica Nicomachea. Fasc.3,4. Transl. Roberti Grosseteste. Ed. R. A. Gauthier, Leiden 1972f
–: Commentarius in Posteriorum analyticorum libros. Krit. Ed. P. Rossi, Florenz 1981
–: Il commento di Roberto Grossetesta al »De mystica theologia« del Pseudo-Dionigi Areopagita. Ed. (9 Hss.) U. Gamba, Milano 1942
–: Hexaemeron. Ed. R. Dales and S. Gieben, London 1982
–: De cessatione legalium. Ed. R. C. Dales, London 1986
–: De decem mandatis. Ed. R. C. Dales, Oxford u.a. 1987

Übersetzung:
–: On Light (De luce). Transl. with intr. by C. C. Riedl, Milwaukee 1942

Hugo von St. Victor

Ausgaben:
–: Opera Omnia. Ed. Migne, PL 175–177, Paris 1880
–: Didascalicon de studio legendi. Krit. Ed. C. H. Buttimer, Washington 1939
–: Opera propaedeutica. Practica geometriae, De grammatica, Epitome Dindimi in philosophiam. Ed. R. Baron 1966
–: De tribus diebus. De unione corporis et spiritus. Lat./ital., ed. V. Liccaro, Firenze 1972
–: De unione spiritus et corporis. Ed. A. M. Piazzoni, in: Studi medievali 3, Ser. 21 (1980), 861–888

Kommentierte Ausgaben und Übersetzungen:
–: Das Lehrbuch (Didascalicon); Johannes Gerson: Traktat über die Hinführung der Kleinen zu Christus. Übers., Einl. u. erl. v. J. Freundgen, Paderborn 1896
–: The Didascalicon. A medieval guide to the arts. Transl., intr., notes by J. Taylor, New York/London 1961
–: Didascalicon. De studio legendi. Übers. u. Einl. von T. Offergeld (= Fontes Christiani 27), Freiburg u.a. 1997
–: On the sacraments of the Christian Faith (De sacramentis). Transl. by R. J. Deferrari, Cambridge (Mass.) 1951

Johannes Scot(t)us Eriugena

Ausgaben:
–: Opera. Ed. Migne, PL 122, 125–1244, Paris 1853. Index zu Periphyseon (zu PL 441–1022): Indices generales. Conf. G. H. Allard, Montréal/Paris 1983
–: De Divisione Naturae Libri V. Accedit appendix ex ambiguis S. Maximi graece et latine, Oxford 1681. ND: Frankfurt a. M. 1964
–: Expositiones in ierarchiam coelestem. Ed. J. Barbet, Turnhout 1975 (CCH, CM 31)

–: De divina praedestinatione liber. Ed. Coulven Madec, Turnhout 1982 (= CCh, CM 50)
–: Annotationes in Martianum. Ed. C. E. Lutz, Cambridge/Mass. 1939
–: Annotationes in Martianum I, in: E. Jeauneau: Quatre thèmes érigéniens, Montréal/Paris 1978, 91–184 (nach Hs. Oxford Bodl. Auct. T. 2 19)

Kommentierte Ausgaben und Übersetzungen:
–: Über die Einteilung der Natur (De divisione naturae). Übers. u. Schluß-Abhandlung v. L. Noack, Berlin 1870–1874, mit bibliogr. Hinweisen v. W. Beierwaltes, Hamburg 1984
–: Periphyseon (De divisione naturae I–IV). Ed. by I. P. Sheldon-Williams, collab. L. Bieler. Lat./engl., Dublin 1968, 1972, 1995
–: Periphyseon. On the Division of Nature. Ed. and tansl. v. M. L. Uhlfelder, summaries by J. A. Potter, Indianapolis 1976
–: Homilia in prologum S. Evangelii sec. Joannem, lat./frz., Ed. crit., Intr. et notes de E. Jeauneau, Paris 1969 (SC 151)
–: Commentum in S.Evangelii sec. Joannem, lat./frz., Ed. crit., Intr., notes et index de E. Jeauneau, Paris 1972 (SC 180)

Justin der Martyrer
Ausgaben:
–: Corpus Apologetarum Christianorum Saeculi Secundi. Ed. J. C. T. Otto, I–V, Jenae 1876–81, ND: Wiesbaden 1969–1971

Kommentierte Ausgaben und Übersetzungen:
–: Writings. Transl. by T. B. Falls, New York 1948
–: Die Apologien. Ed. G. Krüger, Freiburg i. Br. 1891, Tübingen ^{4}1915, ND: Leiden 1968
–: Erste Apologie. Zweite Apologie. Dialog, in: E. J. Goodspeed: Die ältesten Apologeten, Göttingen 1914, ND: New York 1950, Göttingen 1984, 26–77, 78–89, 90 bis 265
–: Dialog mit dem Juden Tryphon. Übers v. P. Haeuser, Kempten 1917 (BKV 33)
–: The Dialogue with Trypho. Ed. by A. L. Williams, London/New York 1930
–: Dialogue avec Tryphon (frz.) I–II. Ed. G. Archambault, Paris 1909

(Moses) Maimonides (= Mose Ben Maimon)
Ausgaben:
–: Doctor perplexorum, Basel 1629, ND: Westmead, Farnborough 1969
–: Dux dubitantium aut perplexorum. Ed. A. Justinianus, Paris 1520, ND: Frankfurt a. M. 1964

Kommentierte Ausgaben und Übersetzungen:
–: Führer der Unschlüssigen. Übers. v. A. Weiß, I–III, Leipzig 1923f, ND: (2 Bde., Einl. u. Bibl. v. J. Maier, Hamburg 1972
–: Führer der Unschlüssigen. Übers. v. J. Leibowitz, Frankfurt a. M. 1992
–: The Guide of the Perplexed. Übers., Einf. u. Anm. v. S. Pines, einf. Essay v. L. Strauss, Chicago 1963
–: Dalalat al Hairin/Le Guide des égarés I–III. Arab. (en écriture hébr.)/frz., trad., notes crit., litt. et expl. par S. Munk, Paris 1856–1866. ND: Osnabrück 1964
–: Acht Kapitel. Eine Abhandlung zur jüdischen Ethik und Gotteserkenntnis. Arab./dt. von M. Wolff, mit Einf. u. Bibliogr. v. F. Niewöhner, Hamburg 1981
–: Mischna heute. Hrg. u. übers. v. J. Doppelwitz, Frankfurt a. M. 1991
–: Heutige Halacha. Hrg. u. übers. v. J. Doppelwitz, Frankfurt a. M. 1992
Ein Querschnitt durch das Werk des Rabbi Mosche Ben Maimon (Ausw.). Übers. v. Nahum N. Glatzer, Köln 1966

The code of Maimonides. Book 5: The Book of Holiness. Transl. by L. J. Rabinowitz and P. Grossmann, New Haven/London 1965
Ethical writings of Maimonides. By R. L. Weiss, New York 1975

Nikolaus von Kues

Ausgaben:

–: Opera omnia (Academia Heidelbergensis). Krit. Ed. E. Hoffmann et R. Klibansky, Heidelberg 1929ff u. Leipzig/Hamburg 1932ff
–: De pace fidei, hrg. v. R. Klibansky u. H. Bascour, London 1956

Kommentierte Ausgaben und Übersetzungen:

–: Die philosophisch-theologischen Schriften, hrg. v. L. Gabriel, lat./dt., I–III, Wien (1964ff) Jubil.-Ausg. 1989
–: Schriften in deutscher Übersetzung (Heidelberger Akademie der Wiss.), hrg. v. E. Hoffmann u.a., Leipzig 1936ff, Hamburg 1958ff. (Nur dt.:) Drei Schriften vom verborgenen Gott 1958; Über den Ursprung 1967; Vom Nichtanderen 1976; Vom Globusspiel 1978; Die mathematischen Schriften 1980. (Lat./dt.:) Die belehrte Unwissenheit I–III 1970 u. 1977; Kompendium 1970; Mutmaßungen 1971; Dreiergespräch über das Können-Ist 1973; Über den Beryll 1977; Die höchste Stufe der Betrachtung 1986; Der Laie über die Weisheit 1988; Sichtung des Korans I–III 1989ff
–: Unity and Reform: Selected writings of Nicholas de Cusa, ed. by J. P. Dolan, Notre Dame/Ind. 1962
–: The layman. About mind (Idiota de mente). Transl. and intr. by C. L. Miller, New York 1979

(Wilhelm von) Ockham

Ausgaben:

–: Opera philosophica et theologica. Krit. Ed. S. Brown OFM u.a. St. Bonaventure, N.Y. 1967ff.
–: Opera plurima, Lyon 1494–1496, ND: London 1962
–: Super quattuor libros sententiarum subtilissimae quaestiones, Lyon 1495. (Vollständige Ed. des Sentenzen-Kommentars)
–: Quaestio prima principalis Prologi in primum librum sententiarum cum interpretatione Gabrielis Biel, hrg. v. P. Boehner, Zürich/Paderborn 1939
–: Expositio aurea et admodum utilis super artem veterem, Bologna 1496, ND: New Jersey 1964
Quaestio de universali secundum viam et doctrinam Guilelmi de Ockham. Ed. M. Grabmann, Münster 1930
–: Quodlibeta septem una cum tractatu de Sacramento Altaris, Paris 1487, Straßburg 1491, ND: Louvain 1962; Frankfurt 1981
–: Opera politica I–III. Krit. Ed. J. G. Sikes u.a., Manchester 1940ff
–: Breviloquium de potestate papae. Crit. Ed. L. Baudry, Paris 1937
–: Breviloquium de principatu tyrannico, in: R. Scholz: Wilhelm von Ockham als politischer Denker und sein Breviloquium de princ. tyr., Leipzig 1944, ND: 1952
The De imperatorum et pontificum potestate of William of Ockham, hrg. v. C. V. Brampton, Oxford 1927
–: De imperatorum et pontificum potestate, in: R. Scholz (Hrg.): Unbekannte Kirchenpolitische Streitschriften aus der Zeit Ludwigs des Bayern 1327–1354, I–II, Rom (1911–1914) 1944

Kommentierte Ausgaben und Übersetzungen:

–: Philosophical Writings (Select.). Ed. and transl. by P. Boehner. Lat./engl., Edinburgh u.a. (1957) 1962
–: Commentary on the Sentences. Seven Quodlibets / Super 4 Libros Sententiarum –

Quodlibeta Septem (Select.). Transl. by J. J. Walsh, in: Hyman 1967, 618–653
–: Commentaire sur le livre des prédicables de Porphyre. Précédé du Proeme du commentaire sur les livres de l'art logique (Expositio in librum Porphyrii De praedicabilibus – Expositionis in libros artis logicae prooemium). Intr. de L. Valcke. Trad. par R. Galibois, Sherbrooke, Québec 1978
–: Texte zur Theorie der Erkenntnis und der Wissenschaft. Lat./dt., hrg., übers. u. komm. v. R. Imbach, Stuttgart 1984
–: Summe der Logik (Summa logicae, Ausz.). Aus Teil I: Über die Termini. Lat./dt., hrg., übers., Einf. u. Anm. v. Peter Kunze, Hamburg 1984
Expositio in librum Perihermeneias Aristotelis prooemium; Quodlibet III, q. 8 u. IV, q. 16, lat./dt., in: Satztheorien. Texte zur Sprachphilosophie und Wissenschaftstheorie im 14. Jh., hrg., übers. u. komm. v. D. Perler, Darmstadt 1990
Ockham's Theory of Terms (Summa logicae Part I). Transl. and intr. by M. J. Loux, Notre Dame, Indiana/London 1974
Ockham's Theory of Propositions (Summa logicae Part II). Transl. by A. J. Freddoso and H. Schurman. Intr. by A. J. Freddoso, London 1980
–: Kurze Zusammenfassung zu Aristoteles' Büchern über Naturphilosophie (Summulae in libros physicorum). Hrg. u. übers. v. H.-U. Wöhler, Leipzig 1983
The De sacramento altaris of W. v. Ockham. Ed. by T. B. Birch, lat./engl., Burlington (Ia.) 1930
–: The Tractatus de praedestinatione et de praescientia dei et de futuris contingentibus, in: William Ockham: Predestination, God's Foreknowledge and Future Contingents, transl. by M. McCord Adams and N. Kretzmann, New York 1969

Origenes

Ausgaben:
–: Werke I–XII. Ed. P. Koetschau u.a. (GCS), Leipzig 1899ff u. Berlin 1955ff

Kommentierte Ausgaben und Übersetzungen:
–: Œuvres I–V. Ed., intr., trad. et notes p. M. Borret u.a., Paris 1947ff (SC)
–: Ausgewählte Schriften I–III (Ermahnung zum Martyrium. Gegen Celsus), übers. v. P. Koetschau (BKV), München 1926f
–: Gegen Celsos (Ausw.). Übers. v. P. Koetschau, bearb. v. K. Pichler, München 1986
–: Vier Bücher von den Prinzipien, hrg., übers., komm. u. Anm. v. H. Görgemanns und H. Karpp, Darmstadt 1976
–: Traité des Principes. Ed. H. Crouzel u. M. Simonetti (= Sources Chrétiennes 252, 253, 268, 269), Paris 1978–1980
Alexandrian Christianity (s. Clemens von Alexandrien)
–: Contra Celsum. Transl., intr. and notes by H. Chadwick, Cambridge ³1980
–: Commentarii in epistulam ad Romanos I–II / Römerbriefkommentar I–II. Lat./dt., Übers. u. Einl. v. Th. Heither, Freiburg i. Br. 1990f
–: In Lucam homiliae / Lukas-Homilien I–II. Lat./dt., Übers. u. Einl. v. H. Sieben, Freiburg i. Br. 1991

Petrus Lombardus

Ausgaben:
Magistri Petri Lombardi Sententiae in IV libris distinctae. 2 Bde., Grottaferrata (Romae) 1971 und 1981

Kommentierte Ausgaben und Übersetzungen:
–: The Four Books of Sentences. Libri quatuor sententiarum (Selections). Transl. and Notes by O. R. Orr, in: Fairweather, 1970, 334–351

Philo von Alexandria

Ausgaben:

–: Opera. Ed. L. Cohn u. P. Wendland (Editio maior) I–VII, Berlin 1896–1930, ND: Berlin/New York 1962

–: Opera. Ed. L. Cohn u. P. Wendland (Editio minor) I–VII, Berlin 1896–1915, ND: Berlin/New York (i.Vb.)

Kommentierte Ausgaben und Übersetzungen:

–: Die Werke in deutscher Übersetzung I–VI. Ed. L. Cohn, I. Heinemann, M. Adler und W. Theiler, Breslau 1898–1938, ND: I–VI Berlin 1962; VII 1964

–: Les œuvres I–XXXIV. Ed, intr., trad. et notes p. R. Arnaldez u.a., Paris 1961–1984 (= SC)

Siger von Brabant

Ausgaben:

Les Quaestiones super Librum de causis de Siger de Brabant. Ed. crit. A. Marlasca, Louvain/Paris 1972

–: Quaestiones in tertium De Anima. De anima intellectiva. De aeternitate mundi. Ed. crit. B. Bazán, Louvain/Paris 1972

–: Questions sur la Métaphysique. Texte inédit. Ed. C. A. Graiff, Louvain 1948

–: Quaestiones in metaphysicam. Ed. revue de la reportation de Munich, Texte inédit de la reportation de Vienne. Ed. W. Dunphy, Louvain-La-Neuve 1981

–: Die Quaestiones metaphysices tres des Siger von Brabant. Ed. J. Vennebusch, in: Archiv für Geschichte der Philosophie 48 (1966), 163–89

–: Quaestiones sur la Physique d'Aristote, (Texte inédit). Ed. Philippe Delhaye, Louvain 1941

–: Ecrits de logique, de morale et de physique. Ed. crit. de B. Bazán (Philosophes Médiévaux 14), Louvain/Paris 1974

–: De aeternitate mundi. Ad fidem manuscr. ed. R. Barsotti, Münster 1933

Die Impossibilia des Siger von Brabant. Eine philos. Streitschrift aus dem XIII. Jh. Ed. C. Baeumker, Münster 1898

Übersetzungen:

–: Über die Geistseele, in: W.-U. Klünker, B. Sandkühler: Menschliche Seele und kosmischer Geist. Siger von Brabant in der Auseinandersetzung mit Thomas von Aquin. Mit Übers. d. Schrift De anima intellectiva, Stuttgart 1988

–: On the Intellective Soul (De anima intellectiva, Select.). Transl. by J. A. Arnold and J. F. Wippel, in: Wippel/Wolter 1969, 360–365

–: On the Eternity of the World (s. Thomas von Aquin)

Thierry von Chartres (= Theodoricus Carnotensis)

Ausgaben:

Commentaries on Boethius by Thierry of Chartres and his school. Ed. by N. M. Häring, Toronto 1971

–: De sex dierum operibus (Ausz.), in: B. Hauréau notices et extraits I, Paris 1893, 52–68

Thomas von Aquin

Ausgaben:

–: Opera omnia. Editio Leonina. Krit. Ed., Rom 1882ff (unvollst.)

–: Opera omnia, 25 Bde., Parma 1852–1873. ND: New York 1948–1950

–: Opera omnia, 34 Bde. Ed. S. E. Fretté et P. M. Vivès, Paris (1872–1873) [2]1889f

–: Opera Omnia (= Index Thomisticus Suppl. I–VII), Stuttgart 1980

–: (Einzelausgaben) Ed. Marietti, Turin/Rom 1948ff (Texte nach der Ed. Leonina)
–: Scriptum super Libros Sententiarum Magistri Petri Lombardi. Ed. P. Mandonnet u. F. Moos, 4 Bde, Paris 1929–1947
–: Expositio super Librum Boethii de Trinitate. Rec. B. Decker, Leiden 1965

Lexika – Index:
Schütz, L.: Thomaslexikon, Paderborn 1895, ND: Stuttgart ²1983
Deferrari, R.J. u.a.: A Lexicon of St. Thomas Aquinas based on Summa Theologica and selected passages of his other works, Baltimor 1948
Index Thomisticus. Sancti Thomae Aquinatis Operum Omnium Indices et Concordantiae. Ed. R. Busa, I–IL, Stuttgart 1974ff (auch auf CD-ROM)

Kommentierte Ausgaben und Übersetzungen:
–: Über das Sein und das Wesen. Lat./dt., übers. u. erl. v. R. Allers, Darmstadt (1953) 1991
–: De ente et essentia. Das Seiende und das Wesen. Lat./dt., hrg. v. F. L. Beeretz, Stuttgart 1979
–: Über Seiendes und Wesenheit. De ente et essentia. Lat./dt., mit Einl., Übers. u. Komm. hrg. v. H. Seidl, Hamburg 1988
–: Untersuchungen über die Wahrheit (Quaestiones disputatae De veritate). Übertr. v. Edith Stein. 2 Bde., 3. erw. Aufl. Löwen/Freiburg 1964 (Edith Stein, Werke 3, 4)
–: Von der Wahrheit. De veritate q. 1. Lat./dt., hrg., übers. u. Einl. v. A. Zimmermann, Hamburg 1985
–: Die Summe wider die Heiden. Nach der lat. Urschrift dtsch v. H. Nachod u. P. Stern, erl. v. A. Brunner, I–IV, Leipzig 1935–1937
–: Summa contra gentiles, übers. mit Anm. v. H. Fahsel, Zürich 1942–1960
–: Summe gegen die Heiden (Summa contra gentiles). Hrg. u. übers. v. K. Albert, P. Engelhardt u. L. Dümpelmann, Darmstadt 1974ff
–: The Summa contra Gentiles. Literally transl. from the latest Leonine, ed. by Engl. Dominican Fathers, I–V, London 1928f
–: Summa contra gentiles. Transl. by A. C. Pegis, J. E. Anderson, V. J. Bourke and C. J. O'Neil, Notre Dame (Ind.) 1975
–: Summa theologica (Die deutsche Thomas-Ausgabe = DThA). Lat./dt., mit umfass. Komm., übers. v. Dominikanern und Benediktinern Deutschlands und Österreichs, hrg. von der Albertus-Magnus-Akademie Walberberg bei Köln, Salzburg/Heidelberg 1933ff (noch unvollständig)
–: Recht und Gerechtigkeit (S.Th. II/II 57–79), übers. v. J. F. Groner, komm. v. A. Utz, Bonn 1987
–: Summe der Theologie I–III (Ausw.). Einl. u. Erl. v. Joseph Bernhart, (Leipzig 1934 bis 1938), Stuttgart ³1985
–: Das Geheimnis der Person (S.Th. I 29, 1–3), übers. u. erl. v. A. Hufnagel, Stuttgart 1949
–: Fünf Fragen über die intellektuelle Erkenntnis, S.Th. I 84–88, übers. u. erl. v. E. Rolfes, Hamburg (1977) 1986
–: Summa theologiae. Lat./engl., Intr., notes, append. and gloss., London/New York 1964ff
–: Summa theologica. Transl. by Fathers of the English Dominican Province, New York 1947–48. ND: Westminster, Md. 1981
–: Somme théologique. Trad. par A. D. Sertillanges et al., Paris 1947ff
–: Somme Théologique. Trad., intr. et comment. I–II, Paris 1984
–: Treatise on separate substances (De substantiis separatis). A Lat.-Engl. ed. of a newly established text based on 12 mediaeval mass., introd. and notes by F. J. Lescoe, West Hartford (Conn.) 1963
–: De rationibus fidei. Lat./dt., komm. v. L. Hagemann u. R. Glei, Altenberge 1987
–: Compendium theologiae. Grundriß der Glaubenslehre. Lat./dt., Übers. v. H. L. Fäh., hrg. v. R. Tannhof, Heidelberg 1963
–: Über die Herrschaft der Fürsten, übers. v. F. Schreyvogel, Nachw. v. U. Matz,

Stuttgart 1975
–: On Evil. Transl. by J. T. Oesterle, Notre Dame (Ind.) 1995
–, Siger of Brabant, Bonaventure: On the Eternity of the World (De aeternitate mundi). Transl. with intr. by C. Wollert, L. H. Kendzierski, P. M. Byrne, Milwaukee (Wis.) 1964
–: Über die Einheit des Geistes gegen die Averroisten. Über die Bewegung des Herzens. Lat./dt., Übers., Einf. u. Erl. v. W.-U. Klünker, Stuttgart 1987
–: On the unity of the intellect against the Averroists (De unitate intellectus). Transl. with intr. by B. H. Zedler, Milwaukee (Wis.) 1968
–: The trinity and The unity of the intellect. (In librum Boethii De trinitate expositio – De unitate intellectus). Transl. by R. E. Brennan, St. Louis–London 1946
–: Über die Trinität (In librum Boethii de trinitate expositio). Lat./dt., Übers., Einf., Erl. v. W.-U. Klünker, Stuttgart 1988
–: The division and methods of the sciences (De Trinitate qq. 5f). Transl., intr. and notes by A. Maurer. 3d rev. ed, Toronto 1963
–: Vom Wesen der Engel. Übers. v. W.-U. Klünker, Stuttgart 1987
–: Die Seele. Erklärungen zu den drei Büchern des Aristoteles »Über die Seele« (In Aristotelis librum De anima Commentarium). Übertr. u. Einl. v. A. Mager, Wien 1937
–: Commentary on the Metaphysics of Aristotle (In duodecim libros metaphysicorum Aristotelis expositio). Transl. by J. Rowan, I–II, Chicago 1961
–: Commentary on Aristotle's Physics. (In octo libros physicorum Aristotelis commentaria). Transl. by R. J. Blackwell, R. J. Spath and W. E. Thirkel. Intr. by V. J. Bourke, London 1963
–: Commentary on the Posterior analytics of Aristotle (In Aristotelis librum Analyticorum Posteriorum expositio). Transl. by F. R. Larcher, pref. by J. A. Weisheipl, Albany, N.Y. 1970
–: Commentary on Aristotle's De anima. Transl. K. Forster u. S. Humphries, Notre Dame (Ind.) 1994
–: Commentary on Aristotle's Nicomachean Ethics. Transl. C. I. Litzinger, Notre Dame (Ind.) 1993
–: Der Prolog des Johannesevangeliums. Lat./dt., Übers., Einf. u. Erl. v. W.-U. Klünker, Stuttgart 1986

Spezielle Textsammlungen in Übersetzung:
–: Die menschliche Willensfreiheit. Texte zur thomistischen Freiheitslehre (Qu. disp. de veritate/Ausz.; de malo 6). Einl. v. G. Siewerth, übers. v. P. Wehbrink, Düsseldorf 1954
Antweiler, A.: Die Anfangslosigkeit der Welt nach Thomas von Aquin und Kant (Quellenheft und Kommentarband), Trier 1961
–: Die Gottesbeweise in der Summa contra gentiles und der Summa theologica. Lat./dt., hrg., eingel. u. komm. v. H. Seidl, 2. verb. u. erw. Ausg. Hamburg 1986
–: Über den Lehrer. De magistro. (Qu. disp. de veritate XI; S.Th. I 117,1). Lat./dt., hrg., übers. u. komm. v. D. Jüssen u.a., Einl. v. H. Pauli, Hamburg 1988
–: Prologe zu den Aristoteles-Kommentaren. Lat./dt., hrg. v. R. Imbach, Frankfurt a. M. (i.Vb.)
–: Erörterungen über die Wahrheit. Frage 16 und 17. In: U. Störmer-Caysa (Hg.), Über das Gewissen. Texte zur Begründung der neuzeitlichen Subjektivität, Weinheim 1995, S. 111–175

Allgemeine Anthologien in Übersetzung:
–: Die Philosophie des Thomas von Aquin. In Auszügen aus seinen Schriften hrg. und mit Anm. von E. Rolfes. Leipzig 1920; mit Einl. u. Bibl. von K. Bormann, Hamburg 1977
–: Thomas-Brevier. Lat./dt., Übers. u. Einl. v. J. Pieper, München 1956
–: (Ausw.). Übers. u. Einl. v. J. Pieper, Frankfurt a. M. 1958
–: Sentenzen über Gott und die Welt. Lat./dt., Einl. u. Ausw. v. J. Pieper, Einsiedeln

1987
–: Gott und seine Schöpfung. Texte. Übers. v. P. Engelhardt u. D. Eickenschulte, mit Einl. v. M. Müller, Freiburg 1963
–: The pocket Aquinas. Selections from the writings of St.Thomas. Ed., some newly transl., intr. by V. J. Bourke, New York 1960
–: Philosophical texts. Selected, transl., notes and intr. by Th. Gilby, London/New York 1951. ND: Durham, N.C. 1982

Wenck, Johannes

Le De ignota litteratura de Jean Wenck de Herrenberg contre Nicolas de Cuse. Hrg. v. E. Vansteenberghe, Münster 1910 (BGPhMA 8, 6)

Wilhelm von Champeaux

Ausgaben:
–: Opera. Ed. Migne, PL 163, Paris 1893, 1037–1072
–: Sententiae. Ed. O. Lottin, in: Lottin: Psychologie et morale aux 12. et 13. siècle V, Gembloux 1959, 189–227

III. LITERATUR:

(Autoren und Werke, die bereits unter I. oder II. genannt sind, werden im nachfolgenden Literaturverzeichnis nicht mehr eigens aufgeführt. Nur auf zitierte Beiträge, die sich in Werkausgaben finden, wird verwiesen. Zur älteren Literatur siehe: Totok 1973)

Aertsen, J. A.: Medieval Philosophy and the Transcendentals. The Case of Thomas Aquinas (= Studien und Texte zur Geistesgeschichte des Mittelalters 52), Leiden 1996

Aicher, O. u.a. (Hrg.): Wilhelm von Ockham. Das Risiko modern zu denken, München ²1987

Albert, K.: Meister Eckharts These vom Sein. Untersuchungen zur Metaphysik des Opus tripartitum, Saarbrücken 1976

Arraldez, R.: Ibn Rushd (Averroes), in: Encyclopedia of Islam III (1971) 909–920

Bannach, K.: Die Lehre von der doppelten Macht Gottes bei Wilhelm von Ockham, Wiesbaden 1975

Baum, H.: Das Licht des Gewissens. Zu Denkstrukturen Bonaventuras, Frankfurt a. M. u.a. 1990

Beckmann, J. P. (Hrg.): Philosophie im Mittelalter. Entwicklunglinien und Paradigmen (W. Kluxen zum 65. Geburtstag), Hamburg 1987

–: Wilhelm von Ockham, München 1995

Behler, E.: Die Ewigkeit der Welt. Problemgeschichtliche Untersuchungen zu den Kontroversen um Weltanfang und Weltunendlichkeit in der arabischen und jüdischen Philosophie des Mittelalters, München u.a. 1965

Beierwaltes, W.: Eriugena. Grundzüge seines Denkens, Frankfurt/M. 1994

–: Denken des Einen. Studien zur neuplatonischen Philosophie und ihrer Wirkungsgeschichte, Frankfurt a. M. 1985

– (Hrg.): Eriugena redivivus. Zur Wirkungsgeschichte seines Denkens im Mittelalter und im Übergang zur Neuzeit; (Abhandlungen der Heidelberger Akademie d. Wiss., phil.-hist. Klasse 1987, Abh. 1) Heidelberg 1987

–: Proklos. Grundzüge seiner Metaphysik, Frankfurt a. M. ²1979

Benton, J. F.: A reconsideration of the authenticity of the correspondence of Abelard and Heloise, in: Thomas 1980, 41–52

Berger, K.: Gnosis/Gnostizismus I., in: TRE XIII (1984) 519–535

Bernath, K. (Hrg.): Thomas von Aquin. I.: Chronologie und Werkanalyse; II.: Philosophische Fragen (Wege der Forschung 188 u. 538), Darmstadt 1978 u. 1981

Berner, U.: Origenes, Darmstadt 1981

Bernhard, M.: Boethius Anicius Manlius Severinus, in: LexMA II (1983) 308–315

Bernt, G.: Artes liberales, in: LexMA Bd. I (1980) 1058–1061

Blume, H.-D., Mann. F. (Hrg.): Platonismus und Christentum. Festschrift für Heinrich Dörrie (Jahrbuch für Antike und Christentum, Ergänzungsband 10), Münster 1983

Böhlig, A.: Manichäismus, in: TRE XII (1991) 25–45

Böhm, S.: La temporalité dans l'anthropologie augustienne, Paris 1984

Bolberitz, P.: Philosophischer Gottesbegriff bei Nikolaus Cusanus in seinem Werk »De non aliud«, Leipzig 1989

Boman, Th.: Das hebräische Denken im Vergleich mit dem griechischen, Göttingen ⁵1968

Bougerol, J. G.: Introduction à saint Bonaventure, Paris 1987

Clanchy, M. T.: Abaelard. A Medieval Life, Oxford/Cambridge 1997

Cohn/Heinemann 1962 (s. Werke/Philo von Alexandria)

Colpe, C.: Philo von Alexandrien, in: Die Religion in Geschichte und Gegenwart, 5 (³1961) 341–46

Coreth, E. u.a. (Hrg.): Christliche Philosophie im katholischen Denken des 19. und 20. Jahrhunderts. I.: Neue Ansätze im 19. Jahrhundert, Graz u.a. 1987

Craemer-Ruegenberg, I.: Albertus Magnus, München 1980

Dangelmayr, S.: Gotteserkenntnis und Gottesbegriff in den philosophischen Schriften des Nikolaus von Kues, Meisenheim 1969
Dettloff, W.: Bonaventura, in: TRE VII (1981) 48–55
–: Die Bedeutung des Lichtes für die Interpretation und die Erkenntnis des Seienden bei Bonaventura, in: Wissenschaft und Weisheit 52 (1989) 181–193
–: Duns Scotus, in: TRE IX (1982) 218–231
Dörrie, H.: Zur Geschichte der Mystik. Eriugena und der Neuplatonismus, Tübingen 1925
Duchrow, U.: Christenheit und Weltverantwortung. Traditionsgeschichte und systematische Struktur der Zweireichelehre, Stuttgart 1970
Eckert, W. P. 1981 (s. Werke/Albertus Magnus)
Elders, L. J.: Die Metaphysik des Thomas von Aquin in historischer Perspektive. I–II, Salzburg/München 1985 u. 1987
Elsässer 1988 (s. Werke/Boethius)
Entrich, M.: Albertus Magnus. Sein Leben und seine Bedeutung, Graz u.a. 1982
Fischer, H.: Meister Eckhart. Einführung in sein philosophisches Denken, Freiburg/München 1974
Fischer, N.: Augustins Philosophie der Endlichkeit. Zur systematischen Entfaltung seines Denkens aus der Geschichte der Chorismosproblematik, Bonn 1987
Flasch, K.: Nikolaus von Kues: Die Idee der Koinzidenz, in: Speck 1972, 221–261
–: Die Metaphysik des Einen bei Nikolaus von Kues, Leiden 1973
–: Augustin. Einführung in sein Denken, Stuttgart 1980
–: Aufklärung im Mittelalter? Die Verurteilung von 1277. Das Dokument des Bischofs von Paris, Mainz 1989
–: Was ist Zeit? Augustinus von Hippo. Das XI. Buch der Confessiones, Frankfurt/M. 1993
Fries, H., Kretschmar, G. (Hrg.): Klassiker der Theologie I., München 1981
Fuhrmann, M., Gruber, J. (Hrg.): Boethius, Darmstadt 1984
Gandillac, M. de u.a. (Hrg.): Abélard: Le »Dialogue«. La Philosophie de la logique. Actes du Colloque de Neuchâtel 16–17 Nov. 1979, Genève u.a. 1981
Gerken, A.: Bonaventura, in: LexMA II (1983) 402–407
Geyer, B.: Die Stellung Abaelards in der Universalienfrage nach neuen handschriftlichen Texten (BGPhMA Suppl. I), Münster 1913, 101–115
–: Peter Abaelards philosophische Schriften (BGPhMA XXI, 1–4), Münster 1919–1933
Geyer, C.-F.: Überlegungen zum Wahrheitsanspruch der Religion im Anschluß an die These von der »Hellenisierung des Christentums« in: W. Oelmüller (Hrg.): Wahrheitsanspruch der Religionen heute (= Kolloquium Religion und Philosophie II), Paderborn 1986, 43–61
Gibson, M.: Boethius. His Life, Thought and Influence, Oxford 1981
Gilson, E.: Johannes Duns Scotus. Einführung in die Grundgedanken seiner Lehre, Düsseldorf 1959
–: Die Philosophie des hl. Bonaventura, Köln 1960
Görgemanns 1976 (s. Werke/Origenes)
Gössmann, E.: Antiqui und Moderni im Mittelalter. Eine geschichtliche Standortbestimmung (VGI 23), München u.a. 1974
Goichon, A.-M.: Ibn Sina (Avicenna), in: Encyclopedia of Islam III (1971) 941–947
Gombocz, W.: Abaelards Bedeutungslehre als Schlüssel zum Universalienproblem, in: Thomas 1980, 153–164
Grabmann, M.: Albertus Magnus. Theologe, Philosoph und Naturforscher, in: Phil. Jahrbuch 61 (1951) 473–480
Gruber, J.: Boethius, in: LexMA II (1983) 309–311
Haeffner, G.: Bemerkungen zur augustinischen Frage nach dem Wesen der Zeit im XI. Buch der »Confessiones«. in: Theologie und Philosophie 63 (1988) 569–578
Häring, N. M.: Chartres, Schule von, in: TRE VII (1981) 698–703
–: Boethius, in: LexMA II (1983) 312–314
Haubst, R. (Hrg.): Mitteilungen und Forschungsbeiträge der Cusanus Gesellschaft, 18 Bde, Mainz 1961–1989; Bd. 18: Das Sehen Gottes nach Nikolaus von Kues, Trier

1989
Hayoun, M.-R.: La Philosophie et la Théologie de Moise de Narbonne (1300–1362), Tübingen 1986
–: Maimonide, Paris 1987
Heimsoeth, H.: Die sechs großen Themen der abendländischen Metaphysik und der Ausgang des Mittelalters, Darmstadt [8]1987
Heinzmann, R.: Die Unsterblichkeit der Seele und die Auferstehung des Leibes. Eine problemgeschichtliche Untersuchung der frühscholastischen Sentenzen- und Summenliteratur von Anselm von Laon bis Wilhelm von Auxerre (BGPhThMA XL,3), Münster 1965
–: Anselm von Canterbury, in: Fries/Kretschmar 1981, 165–180
–: Thomas von Aquin (1224/25–1274), in: Höffe 1985, 198–219
–: Anima unica forma corporis. Thomas von Aquin als Überwinder des platonisch-neuplatonischen Dualismus, in: Phil. Jahrbuch 93 (1986) 236–259
–: Anselm von Canterbury, in: Weger 1987, 20–32
–: Thomas von Aquin, in: Weger 1987, 370–381
–: Thomas von Aquin. Eine Einführung in sein Denken. Mit ausgewählten lateinisch-deutschen Texten, Stuttgart 1994
Henke, N.: Der Abbildbegriff in der Erkenntnislehre des Nikolaus von Kues, Münster 1969
Henrich, D.: Der ontologische Gottesbeweis. Sein Problem und seine Geschichte in der Neuzeit, Tübingen [2]1967
Hjarpe, J.: Averroes, in: TRE V (1980) 51–55
Hödl, L.: Averroismus, in: HWP I, 734–735
–: Doppelte Wahrheit, in: HWP II, 285–287
–: Amalrich von Bena/Amalrikaner, in: TRE II (1978) 349–356
–: Anselm von Canterbury, in: TRE II (1978) 759–778
–: Aristotelesverbote, in: LexMA I (1980) 948–949
Honnefelder, L.: Ens inquantum ens. Der Begriff des Seienden als solchen als Gegenstand der Metaphysik nach der Lehre des Johannes Duns Scotus, Münster 1979
–: Duns Scotus, in: TRE IX (1982) 232–240
–: Die Einmaligkeit des Geschichtlichen. Die philosophischen Voraussetzungen der Geschichtsdeutung Augustins, in: Ztschr. f. phil. Forschung 40 (1986) 33–51
–: Der zweite Anfang der Metaphysik. Voraussetzungen, Ansätze und Folgen der Wiederbegründung der Metaphysik im 13./14. Jahrhundert, in: Beckmann 1987, 165–186
Honnefelder, L., Wood, R., Dreyer, M. (Hrgg.): John Duns Scotus. Metaphysics and Ethics (= Studien und Texte zur Geistesgeschichte des Mittelalters 52), Leiden u.a. 1996
Horn, Ch.: Augustinus, München 1995
– (Hrg.): Augustinus, De civitate dei (= Klassiker auslegen 11), Berlin 1997
Horten, M.: Die Hauptlehren des Averroes (s. Werke/Averroes)
Hübener, W.: Occam's Razor not Mysterious, in: Archiv f. Begriffsgeschichte XXVII (1982) 73–92
–: Die Nominalismus-Legende. Über das Mißverhältnis zwischen Dichtung und Wahrheit in der Deutung der Wirkungsgeschichte des Ockhamismus, in: Spiegel und Gleichnis. Festschr. f. J. Taubes, hrg. v. N. W. Bolz u. W. Hübener, Würzburg 1983, 87–111
Illmer, D.: Artes liberales, in: TRE IV (1979) 156–171
Imbach, R.: Wilhelm Ockham, in: Höffe 1985, 220–244
Ivanka von, E.: Plato christianus. Übernahme und Umgestaltung des Platonismus durch die Väter, Einsiedeln 1964
Jacobi, K.: Diskussion über Prädikationstheorien in den logischen Schriften des Petrus Abaelardus, in: Thomas 1980, 165–179
Jolivet, J., Rashed R.: Al-Kindi, in: Encyclopedia of Islam V (1986) 122–123
Kern, U.: Eckhart, Meister, in: TRE IX (1982) 258–264
Kienzler, K.: Glauben und Denken bei Anselm von Canterbury, Freiburg u.a. 1981

Kleber, H.: Glück als Lebensziel. Untersuchungen zur Philosophie des Glücks bei Thomas von Aquin, Münster 1988
Klinkenberg, H. M.: Artes liberales/artes mechanicae. in: HWP I, 531–535
Kluxen, W.: Philosophische Ethik bei Thomas von Aquin, Mainz (1964) ²1980
–: Thomas von Aquin. Das Seiende und seine Prinzipien, in: Speck 1972, 177–220
– (Hrg.): Thomas von Aquin im philosophischen Gespräch, Freiburg/München 1975
–: Abendländischer Aristotelismus. V/1. Mittelalter, in: TRE III (1978) 783–789
–: Averroismus im lateinischen Mittelalter, in: TRE V (1980) 57–61
– u.a. (Hrg): Sprache und Erkenntnis im Mittelalter I–II, Berlin 1981
–: Nicolaus Cusanus de homine, in: Der Mensch und die Wissenschaften vom Menschen, hrg. v. G. Frey u. J. Zelger, I.: Anthropologie der Gegenwart, Innsbruck 1983, 17–30
Körner, F.: Augustinus: Das Grund-Problem der Existenz. Die Frage nach der Ratio im Dasein und Denken des Menschen, in: Speck 1972, 129–176
Kretschmar, G.: Origenes, in: Fries/Kretschmar 1981, 26–43
Kübel, W.: Albertus Magnus, in: LexMA I (1980) 294–299
Külling, H.: Wahrheit als Richtigkeit. Eine Untersuchung zur Schrift ›De veritate‹ von Anselm von Canterbury, Bern u.a. 1984
Langer, O.: Mystische Erfahrung und spirituelle Theologie. Zu Meister Eckharts Auseinandersetzung mit der Frömmigkeit seiner Zeit, München/Zürich 1987
Leaman, O.: Arabic Thought and Culture. Moses Maimonides, London/New York 1990
Leff, G.: Augustinismus im Mittelalter, in: TRE IV (1979) 699–717
Leibold, G.: Zum Problem der Metaphysik als Wissenschaft bei Wilhelm von Ockham, in: Vossenkuhl/Schönberger 1990, 123–127
de Libera, A.: La Querelle des Universaux. De Platon à la fin du Moyen Age, Paris 1996
Lutz-Bachmann, M. (Hrg.): Beiträge zum Problem der Metaphysik bei Aristoteles und Thomas von Aquin, Frankfurt a. M. 1988
McCord Adams, M.: William Ockham, I–II, Notre Dame, Indiana 1987
McGinn, B.: Die Mystik im Abendland. Bd. 1 u. 2, Freiburg 1994–1996
McLachlan, W. R.: Gnosis/Gnostizismus II, in: TRE XIII (1984) 519–535
Méhat, A.: Clemens von Alexandrien, in: TRE VIII (1981) 101–113
Meijering, E. P.: Augustin über Schöpfung, Ewigkeit und Zeit. Das elfte Buch der Bekenntnisse, Leiden 1979
Meinhardt, H.: Neuplatonismus, christliche Schöpfungsmetaphysik, Geschichtsphilosophie. Interpretationsthesen zu Eriugena-Texten, in: Renovatio et Reformatio. Wider das Bild vom »finsteren« Mittelalter. Festschr. f. L. Hödl zum 60. Geburtstag, hrg. v. M Gerwing u. G. Ruppert, Münster 1985, 141–154
Mercker, H.: Schriftauslegung als Weltauslegung. Untersuchungen zur Stellung der Schrift in der Theologie Bonaventuras, München u.a. 1971
Metz, J. B.: Christliche Anthropozentrik. Über die Denkform des Thomas von Aquin, München 1962
Meyer, G. u.a. (Hrg.): Albertus Magnus Doctor Universalis 1289/1980, Mainz 1980
Miethke, J.: Ockhams Weg zur Sozialphilosophie, Berlin 1968
–: Zur Bedeutung von Ockhams politischer Philosophie für Zeitgenossen und Nachwelt, in: Vossenkuhl/Schönberger 1990, 305–325
Mojsisch, B.: Meister Eckhart. Analogie, Univozität und Einheit, Hamburg 1983
Moos, P.: Post festum – Was kommt nach der Authentizitätsdebatte über die Briefe Abaelards und Heloises?, in: Thomas 1980, 75–100
Müller, M.: Zeit und Ewigkeit in der abendländischen Metaphysik, in: ders., Erfahrung und Geschichte, Freiburg 1971, 201–222
Nagel, F.: Nicolaus Cusanus und die Entstehung der exakten Wissenschaften, Münster 1984
Neumann, N. M.: Die Stellung des Gottesbeweises in Augustins De libero arbitrio, Hildesheim u.a. 1986
Nicolai, E.: Hermeneutical Principles in the »Didascalicon« of Hugh of St. Victor, Rom 1996

Niewöhner 1981 (s. Werke/Maimonides)
Niewöhner, F.: Maimonides. Aufklärung und Toleranz im Mittelalter, Heidelberg 1988
O'Daly, G.: Dionysius Areopagita, in: TRE VIII (1981) 772–780
Oeing-Hanhoff, L. (Hrg.): Thomas von Aquin 1274–1974, München 1974
O'Meara, D. J. (Hrg.): Neoplatonism and Christian Thought (Studies in Neoplatonism: Ancient and Modern, III), Albany 1982
–: Eriugena, Oxford 1988
Otto, S.: Nikolaus von Kues, in: Höffe 1985, 245–261
Peppermüller, R.: Abaelard (1079–1142), in: TRE I (1977) 7–17
Perler, D.: Wilhelm von Ockham. Das Risiko, mittelalterlich zu denken. Rezensionsartikel zu McCord Adams, M.: William Ockham I–II, Notre Dame Indiana 1987, in: Freiburger Ztschr. f. Phil. u. Theol. 37 (1990) 209–231
Pesch, O. H.: Thomismus, in: LThK X (1965) 157–167
–: Kommentar zu: DThA Bd. 13 (Das Gesetz), Graz u.a. 1977
–: Thomas von Aquin. Grenze und Größe mittelalterlicher Theologie. Eine Einführung, Mainz 1988
Pozzi, L.: Boethius, in: TRE VII (1981) 18–28
Quinn, J. F.: The Historical Constitution of St. Bonaventure's Philosophy, Toronto 1973
Ralfs, G.: Die Erkenntnislehre des Boethius, in: Fuhrmann/Gruber 1984, 350–374
Richter, V.: Studien zum literarischen Werk von Johannes Duns Scotus, München 1988
Ricken, F.: Philosophie der Antike (Grundkurs Philosophie 6), Stuttgart 1988
Rijk de, L. M.: Logica Modernorum I–II, Assen 1962 u. 1967
–: The Semantical Impact of Abailard's Solution of the Problem of Universals, in: Thomas 1980, 139–151
Rudnick, U.: Das System des Johannes Scottus Eriugena. Eine theologisch-philosophische Studie zu seinem Werk, Frankfurt a. M. u.a. 1990
Ruh, K.: Die mystische Gotteslehre des Dionysius Areopagita. (Sitzungsbericht d. Bayer. Akad. d. Wiss., phil.-hist. Klasse, 1987, Heft 2), München 1987
–: Die Geschichte der abendländischen Mystik, Bd. 1: Die Grundlegung durch die Kirchenväter und die Mönchstheologie des 12. Jahrhunderts, München 1990
Schindler, A.: Augustinus, in: TRE IV (1979) 646–656
Schipperges, H.–Courth, F.: Chartres, Schule von, in: LexMA II (1983) 1753–1758
Schmidinger, H. M.: Zur Geschichte des Begriffs »Christliche Philosophie«, in: Coreth 1987, 29–45
Schmidt, E. A.: Zeit und Geschichte bei Augustin (Sitzungsbericht der Heidelberger Akademie d. Wiss., phil.-hist. Klasse, 1985, Bericht 3) Heidelberg 1985
Schmidt-Kohl, V.: Die neuplatonische Seelenlehre in der Consolatio Philosophiae des Boethius, Meisenheim 1965
Schmitt, B.: Der Geist als Grund der Zeit. Die Zeitauslegung des Aurelius Augustinus, Freiburg 1967
Schönberger, R.: Die Transformation des klassischen Seinsverständnisses. Studien zur Vorgeschichte des neuzeitlichen Seinsbegriffs im Mittelalter, Berlin/New York 1986
Schöpf, A.: Wahrheit und Wissen. Die Begründung der Erkenntnis bei Augustin, München 1965
–: Augustinus. Einführung in sein Philosophieren, Freiburg/München 1970
–: Augustinus, in: Höffe 1985, 154–176
Schrimpf, G.: Die Axiomenschrift des Boethius (De hebdomadibus) als philosophisches Lehrbuch des Mittelalters, Leiden 1966
–: Das Werk des Johannes Scotus Eriugena im Rahmen des Wissenschaftsverständnisses seiner Zeit. Eine Hinführung zu Periphyseon, Münster 1982
–: Ursprünge und Anfänge: Vor- und Frühscholastik, in: Beckmann 1987, 1–25
–: Johannes Scottus Eriugena, in: TRE XVII (1988) 156–171
Schröer, C.: Praktische Vernunft bei Thomas von Aquin, Stuttgart 1995
Schulze, W.: Zahl, Proportion, Analogie. Eine Untersuchung zur Metaphysik und Wissenschaftshaltung des Nikolaus von Kues, Münster 1978

Sezgin, F.: Geschichte des arabischen Schrifttums, Leiden 1967f
Simon, P.: Albert der Große, in: TRE II (1978) 177–184
Skarsaune, O.: Justin der Märtyrer, in: TRE XVII (1988) 471–478
Southern, R. W.: Saint Anselm. A Portrait in a Landscape, Cambridge 1990
Stallmach, J.: Ineinsfall der Gegensätze und Weisheit des Nichtwissens. Grundzüge der Philosophie des Nikolaus von Kues, Münster 1989
Stead, Ch.: Philosophie und Theologie. 1. Die Zeit der Alten Kirche, Stuttgart u.a. 1990
Steenberghen van, F.: Maître Siger de Brabant, Löwen 1977
Stockmeier, P.: Glaube und Kultur. Studien zur Begegnung von Christentum und Antike, Düsseldorf 1983
Thomas, R. (Hrg.): Petrus Abaelardus (1079–1142). Person, Werk, Wirkung, Trier 1980
Torrell, J.-P.: Magister Thomas. Leben und Werk des Thomas von Aquin, Freiburg 1995
Trusen, W.: Der Prozeß gegen Meister Eckhart. Vorgeschichte, Verlauf und Folgen (Rechts- und Staatswissenschaftliche Veröffentlichungen der Görres-Gesellschaft NF, Heft 54), Paderborn u.a. 1988
Tweedale, M.: Abailard on Universals, Amsterdam 1976
Vollmer, M.: Nachwort, in: Philosophie und Theologie von Averroes (s. Werke/Averroes), 143–173
Vossenkuhl, W.: Wilhelm von Ockham, in: Aicher 1987, 97–179
–, Schönberger R. (Hrg.): Die Gegenwart Ockhams, Weinheim 1990
Wagner, M.: Die philosophischen Implikate der ›Quarta Via‹. Eine Untersuchung zum vierten Gottesbeweis bei Thomas von Aquin (S.Th. I 2,3 c.), Leiden u.a. 1989
Waldschütz, E.: Denken und Erfahren des Grundes. Zur philosophischen Deutung Meister Eckharts, Freiburg 1989
Walzer, R.: Al-Farabi, in: Encyclopedia of Islam II (1965) 778–781
Warkotsch, A.: Antike Philosophie im Urteil der Kirchenväter. Christlicher Glaube im Widerstreit der Philosophen, München u.a. 1973
Watt, W. M.: Al-Ghazzali, in: Encyclopedia of Islam II (1965) 1038–1041
Weger, K.-H. (Hrg.): Argumente für Gott. Gottdenker von der Antike bis zur Gegenwart, München 1987
Weisheipl, J. A.: (Hrg.): Albertus Magnus and the Sciences. Commemorative Essays 1980, Toronto 1980; darin ders.: The Life and Works of St. Albert the Great, 13 bis 51
Welte, B.: Meister Eckhart. Gedanken zu seinen Gedanken, Freiburg u.a. 1979
Wieland, G.: Untersuchungen zum Seinsbegriff im Metaphysikkommentar Alberts des Großen, Münster 1972
– (Hrg.): Aufbruch–Wandel–Erneuerung. Beiträge zur ›Renaissance‹ des 12. Jahrhunderts, Stuttgart 1995
Wittmann, L.: Ascensus. Der Aufstieg zur Transzendenz in der Metaphysik Augustins, München 1980
Wohlmann, A.: Thomas d'Aquin et Maimonide. Un dialogue exemplaire, Paris 1988
Zimmermann, A. (Hrg.): Albert der Große. Seine Zeit, sein Werk, seine Wirkung, Berlin/New York 1981

Namenregister

Sachregister